當代社會問題

Contempary Social Problem

葉至誠 ◎著

序言

近年來，我們的社會在現代化的潮流衝擊下，歷經了快速的社會變遷，使社會型態與個人生活有著急驟的變化，同時人們的價值及意念也有相當的變異。在變遷的狀況中，社會規範及價值等這些紐帶，顯得鬆弛或者斷絕。因此，有人隨著心之所欲，而自由的採取行動；同時在社會與團體當中，由於它的功能出現障礙，因而，人群的不滿、挫折、緊張、以及相對的缺乏感等特別容易產生，是以造成不擇手段等社會問題的情況。

社會問題是指該行爲的表現，不能夠得到多數的社會與各團體所接納，脫離了既有文化所能夠容忍、支持的標準，所顯現的現象。在社會解體下，人們的權利意識與自由觀念較平日爲強烈，容易出現走捷徑以滿足欲求的行爲，而彼此在溝通不充分與相互的不信任，將使不安定感增加，導致偏差現象愈爲頻繁。另外各種社會團體，因未能有效的組織運作，以致喪失了它的統合性，而不能正常的發揮功能。社會一旦喪失統合性，則各種規範對於成員的統制力，便發生減退，成員便易有更多的異常行爲。當個人無法有效面對及調適新的社會型態則極易造成反社會行爲，心理疾病問題的日益嚴重，便是其中社會問題彰顯的現象之一。

社會問題是對社會既有規範的反動，儘管開放的社會可包容相當數量的偏差作爲，而不會產生太過嚴重的干預。但持續性或牽涉廣泛的社會問題對社會上就會發生嚴重的影響。包括：第一，妨害人際之間的互動系統。第二，搖撼團體中他人遵守規範的動機。第三，危害團體生活所需的互信互賴；等影響，因而引發人們的正視。

古今中外的任何社會幾無可避免會有社會問題的存在。此誠如社會學家尼斯比（Naisbitt）所言：「不管社會是多麼簡單和穩定，沒有可能完全免除社會的失序、偏差的困擾。從人類行爲的比較研究中，我們可以清楚看出，只是社會問題的類型及其強度，因爲觀點的差異和時代的不同而略有差別而已。」至於我們應如何面對此些日益紛雜的社會現象？Naisbitt則以「理性主義」、「人道主義」爲訴求，認爲：運用理性主義使人們不僅能清楚界定社會問題爲何，並且能更有信心地解決該問題；而人道主義的運用則使我們發掘更多的偏差行爲，認知其嚴重性，並積極促使人們對此現象產生更多的關懷和作爲。以此態度面對不單是使社會道德秩序得以穩定建構，同時能促發人們運用理性、健康方式，克服偏差行爲所帶來的各項問題。

黑格爾（Hegel）的名言「理性就是根據現實來思考。」闡明理想並非空洞冥思，也不是全然遙不可及的桃花源。只要運用理性，認清現實背後的客觀發展邏輯，並運用理性洞察自然、社會與個人之間的結構性，掌握環境與個人之間運作的法則，則仍可對人類的未來寄與樂觀的期待。哈佛大學教授梭羅（L. Thurow）也強調，在競爭激烈的當今世界，新知識的創造與運用比傳統的因素更加重要。在面對一個變動不羈的社會生活或是社會問題逢生，導以理性探索，使人們的得以解除蒙昧，以知其然並知其所以然的啓迪，爲人類指出一條發展門徑，顯然這是探討社會問題學習者努力的目標之一。而研究社會問題的知識絕非僅止於熟悉問題產生的根源，而是期盼經由對該現象的理解，爲共同建構一個理想的社會而善盡社會成員一己的本分。

本書的撰述即植於上述的理念，另爲能使讀者對於這門知識有更爲明晰的概念，於每章內容除介紹學理以爲理性判準外，並且佐以時事現況、統計圖表，用爲貼近事實眞相，以期幫助讀者能運用理性的知識，檢視我們生活的周遭世界，達到「學與思」的緊密結合，進而共爲理想社會貢獻所學所長。

本書能順利的印行，特別感謝揚智文化林新倫先生的玉成。惟知識分子常以「金石之業」、「擲地有聲」，以形容對論著的期許，本書距離該目標不知凡幾。唯因忝列杏壇，雖自忖所學有限，腹笥甚儉，然常以先進師長之著作等身，爲效尤的典範，乃不辭揣陋，敝帚呈現，尚祈教育先進及諸讀者不吝賜正。

葉 至 誠 謹序

目錄

第肆篇 個人性社會問題 409

第壹篇

概論

第1章

社會問題概述

- 前言
- 社會問題的定義
- 社會問題的類別
- 社會問題的理論
- 社會問題的克服

前言

「社會問題」是大家耳熟能詳的概念。然而若是要請每個人就其所思，列舉出所知的社會問題，則吾人得到的答案，可能未盡全然一致，造成個中原因的是一般人的思維中，只要是社會上不求自來，且無法克服的困難，都是「社會問題」。是以社會問題的認定，便涉及了一般人對社會的看法，也反應了對社會的觀點。近十幾年來，我們的社會在現代化的潮流衝擊下，歷經了快速的社會變遷，使社會的型態由典型的傳統農業社會轉變至現代工商社會。此種社會蛻變，不僅使社會結構與個人生活有著急驟的變化，同時人們的價值及意念也有相當的變異。換言之，經由現代化所引發的社會變遷，爲社會植入了新的意念與價值觀；然而，也產生了若干新的問題。

根據，社會學者葉啓政教授的分析：「就社會問題促成的原因而論，現代化的社會變遷所帶來的社會問題至少有三種：主要是由快速變遷本身所促成的社會問題，如心理疾病問題；主要是由變遷後的現代社會及生活特徵所促成的社會問題，如勞工問題、消費者問題、環境污染問題等；主要是由現代社會及生活特徵與傳統社會及生活特徵交互作用所促成的社會問題，如家庭與婚姻問題、升學主義教育問題等。這種分類當然是十分粗疏的，實則在社會變遷的歷程中，任何一種社會問題都會同時涉及快速變遷本身、現代社會及生活特徵、傳統社會及生活特徵三類因素。」（葉啓政，1982：1）

人類爲了能追求完美理想的生存環境，便會設法克服周遭產生的社會問題，而人類的進步軌跡也就循著「挑戰—成長—茁壯」的脈絡向前邁進。本章將就「社會問題的定義」、「社會問題的類別」、「社會問題的理論」、「社會問題的克服」等部分，進行扼要的說明。

社會問題的定義

由於社會問題幾乎是任何社群普存的一種現象，加以其內容、肇因的複雜，因此要爲社會問題做清楚的界定並不容易，甚至自不同的觀點也有著不同的說法，較爲人們熟知或引用的諸如：「社會問題乃是一種情境，此種情境與社會大眾的價值相悖，並且共認爲其爲造成社會困難或不幸的根源，而需要採取社會行動以謀求改善。」(Smigel & Erwin, 1971：278)

自上述的定義，我們可以發現：一個社會所出現的問題，之所以被視爲「社會問題」，在於認爲它將妨害到一個社會秩序的維持，因而必須把它當做社會的問題而加以解決，在條件上，需有以下兩個因素：

1. 社會的大多數成員認爲，導致問題發生的根本原因在於社會，而它的解決必須要謀求整體社會的克服，如果僅僅是企圖由個人的層次要設法解決，勢必將面臨著事倍功半的有限效果。
2. 在社會上有許多輿論，提出對於這些現象，由整體的層次加以解決，並且有若干群眾運動，促其實現。

究此，社會問題是指「能影響到相當多數的人們，並被視爲是不慾的一種社會情境，同時對此情境，人們意識到可以透過集體行動加以解決者。」(Harton & Leslie, 1966：304)

另外，我們可以引用美國社會學者Fuller和Mayers對社會問題的定義，他們認爲一個社會問題即是：「一種被相當數目的人們認爲是與他們所持有的某些社會規範產生了偏離情形的狀況。是故，每個社會問題包含著客觀條件和主觀定義。所謂客觀條件即指：可由公正、經由訓練之觀察者確認出其存在和數量（比值）的可驗證情境，如經濟狀況、出生率趨勢、失業率等等；主觀定義則指：某些人體認到某種情況對其所持有之若干價值造成了威脅的情形。這種偏離情形只有靠眾人集體的行動才有去除或改善的可能，單憑一個或少數幾個人是無法做到的。」（Fuller & Mayers, 1941：320）就上述兩項定義，我們可以歸結一種社會現象是否被視爲社會問題？便涉及了：（楊國樞，1984：11）

1. 現象違背了某些公認爲（或至少有一部分人認爲）良好的社會規範或價值，或觸犯了某些人的利益。
2. 多數人（或一部分人）認爲是普遍存在於社會結構中的問題，且其嚴重性持續一段相當長的時間，可能對許多人產生不利的影響。
3. 在絕大多數的情形下，這個現象的發生非由個人或少數人所應當負責的。
4. 對此現象，人們有加以改進或去除的意願，並相信有可以改進或去除的可能，但是改進或去除並非一個人或少數人可以做到的，必須透過某種集體行動的方式才可能達成。

嚴格的說，一個社會現象只要是不具備上述這四個條件中的任何一個（或其中的一部分），就很難稱得上是社會問題了。至於國內社會學者龍冠海教授對其社會問題的定義則爲：「社會問題是人類社會中所發生的某種情境，其影響足以危害社會全體或一部分人的福利或生活安全，因而引起人們的注意，認爲需要採取集體行動，予以對付或改善的。」如果詳加分析，任何一個社會問題，大都包含有四個要點：

1.它是一種社會情境，即社會中所發生的一種狀態或現象，例如，兩個團體的衝突、貧民窟或殺人放火的行爲之類。
2.這種情境是有危險性的，即它的發生或存在；是被該社會中的分子（通常是由少數有見識或有資格的觀察者首先指出）認爲它對他們全體或部分的人是不利的或有害的，例如，使大家遭受生命財產的損失或心理上的恐怖。
3.發現有害的情境之後，跟著來的是要想辦法來對付或改善它，沒有那一個社會對於危害它的東西，是視若無睹或坐以待斃的。
4.需要採取集體的行動，因爲既然是社會問題，它乃是與大家有關的，也不是某一個人之能力所能應付，而是需要借助大家的力量。

總之，一種情境發展到這個地步，它才眞正成爲一個社會問題了。綜合上述，我們可以說社會問題也就是一種社會關係的失調。

由於社會的存續與發展，是建構在社會中各單元的和諧互動，並完全發揮其機能，此種關係如果因道德價値的改變、社會制度的變遷，而有所破壞，各部分不能發生適當的作用或相互矛盾，因而妨害整個或部分的順利進展，就成爲社會問題。

社會問題的類別

人類的社會由於有其廣泛性與複雜性，人類的互動也具有其多面性的特質。因此，社會問題的範圍，可說是和社會本身一樣的多元與廣泛。是以社會問題的分類，也極不容易依照一定的標準臚列詳盡。當我們以社會變遷爲脈絡，自1990年代開始，探求各年代間對社會問題的分類，或許能較清楚得悉社會問題與社會變遷的關係：

1.愛爾烏德（L. A. Ellwood）（1910），認爲社會問題係包括：（孫本文，1973：23）
（1）家庭問題。
（2）人口問題。
（3）都市問題。
（4）貧窮問題。
（5）犯罪問題。

2.凱史（C. M. Case）（1924）認爲社會問題可分爲四類：（孫本文，1973：15）
（1）自然環境問題：資源利用和保存、公共衛生等。
（2）人口問題：人口數量、移民、農村人口減少、都市擁擠、種族、健康等。
（3）社會組織問題：貧窮、犯罪、兒童教養、失業、娛樂、教育等。
（4）社會理想問題：勞資關係、社會改革等。

3.諾爾（North）（1932）認爲社會問題可分爲九種：（黃維憲，1983：52）

（1）人口問題。
（2）經濟問題。
（3）國際問題。
（4）種族問題。
（5）政治問題。
（6）家庭問題。
（7）道德問題。
（8）教育和休閒問題。
（9）宗教問題。

4.中國早期著稱的社會學家孫本文在《現代中國社會問題》一書中，列舉了當時的社會問題：（孫本文，1973：17）

（1）家族問題：包括家庭組織、家庭解組、婦女教育與職業、兒童教養、婚姻等問題。
（2）人口問題：包括人口數量、人口分布、人口品質等問題。
（3）農村問題：包括農村經濟、農村教育、農村衛生、農村組織等問題。
（4）勞資問題：包括工資、工時、童工、女工、失業、勞資爭議、勞工福利等問題。

5.任底斯（Landis）（1959）則將社會問題，分為五大類：（龍冠海，1966：355）

（1）個人適應的失敗。
（2）社會結構的缺憾。
（3）個人的制度適應失敗。
（4）政治與經濟問題。
（5）社會政策中的制度落後問題。

6.龍冠海（1964）在《社會學與社會問題論叢》，則將社會問題分為：

（1）人口問題。
（2）移民問題。
（3）都市住宅問題。
（4）都市社會建設問題。
（5）都市計畫問題。
（6）勞工關係問題。
（7）婚姻問題。
（8）教育問題。
（9）文化建設問題。
（10）大眾傳播問題。
（11）少年犯罪問題。
（12）賣淫問題。
（13）戰爭。

7.郝繼隆（1973）於其所著《社會問題》一書，認為社會問題有：

（1）人口問題及生育控制。
（2）家庭和離婚問題。
（3）兒童福利問題。
（4）少年犯罪問題。
（5）勞工問題。
（6）農村問題。
（7）養女問題。
（8）娼妓問題。
（9）遺傳問題。
（10）種族問題。

（11）自殺問題。

（12）都市化問題。

8.楊國樞（1984）在所編著《台灣的社會問題》，則將社會問題區分爲三大類型，分別爲：

（1）社會性的社會問題

- 人口問題。
- 貧窮問題。
- 農村問題。
- 都市發展問題。
- 環境污染及保護。
- 消費者問題及運動。
- 山地社會問題。

（2）制度性的社會問題

- 家庭與婚姻問題。
- 老人問題及老人福利。
- 升學主義下的教育問題。
- 宗教問題。
- 勞工問題。
- 就業問題。

（3）個人性的社會問題

- 少年犯罪問題。
- 成人犯罪問題。
- 色情與娼妓問題。
- 自殺現象與問題。
- 心理、精神疾病問題。
- 藥物濫用問題。
- 醫療行爲問題。

•休閒生活問題。

9.葉啓政（1991）於《台灣的社會問題》，則將社會問題區分為：

（1）環境區位的問題

•農村問題。

•都市問題。

•人口問題。

•環境問題。

（2）社會制度的問題

•家庭問題。

•教育問題。

（3）資源分配的問題

•貧窮問題。

•勞工問題。

•婦女問題。

•弱勢族群。

•醫療照護。

（4）偏差行為的問題

•犯罪問題。

•貪污問題。

•色情問題。

•賭博問題。

•心理衛生。

綜合上述的文獻資料，我們無法找到任何一位學者對社會問題的論述或分類是如出一轍的。這表示了各年代所知覺的社會問題有不同的看法，同時似乎其界定的範圍有愈益擴大，愈益深入的趨勢。然而在雷同性上，則我們約可以歸結出：犯罪問題、家庭問題、婚姻問題、人口問題、貧窮問題、心理與生理健康問題……等，似乎是出現頻率較高。這除了與個人意識的覺醒，工業化和各種社會運動息息相關外，也彰顯了社會變遷的方向。換言之，由社會問題的界定，我們除了能體會到社會的脈動之外，也可以探究出人們對社會價値的看法。

社會問題的理論

社會問題的理論，來自於社會學家對社會問題的探究。多年來社會學家對社會問題提出的研究觀點頗多，彼此之間也有相當差異。這是因爲立足的角度及採取的觀點不同所致。本節引介較爲著稱的數端；以供學者參研。

文化失調論

文化失調（cultural lag）一詞，首先爲美國社會學家烏格朋（Ogburn）於1920年代出版的《社會變遷》一書中所採用。依此說，文化進展速度有快慢的不同，一般是物質文化比非物質文化進展爲快，於是彼此之間有失調或不能適應的現象，便產生了社會問題。有的學者也用社會變遷或社會失調的名詞與文化失調一詞交換來用。除烏格朋外，有好些的社會學家，也採取同樣的觀點，其中比較著名的有念果夫（Nimkoff）、巴安斯（H. E. Barnes）及龍冠海等。這個理論的特點是：它不僅注意問題本身，而且檢討問題產生的過程；不僅集中注意力於問題的變遷，而且注意問題的發展，社會對問題的反抗，以及對付變遷的社會政策和實施之失敗的緣由。

社會價值衝突論

社會價值衝突論（the valueconflict theory），此說是美國社會學家傅拉式（R. C. Fuller）於1937年首先提出，根據他的看法，所謂價值係指一特定社區的標準、理想和信仰，至於社會問題，卻是任何客觀的社會情境依許多人的社會價值來判斷，是要不得的或有害的。因爲社會中各團體的人，有不同的價值，它們對某種情境的判斷，便有見仁見智之別，便發生了問題，依所謂社會問題，事實上就是價值的衝突。例如，勞工問題的產生，係由於資本家和工人階級之間價值的或利害關係的衝突。傅拉式同時又指出，社會問題的分析牽連三方面的事實：第一，客觀的社會情境；第二，社會價值的衝突指示問題的存在；第三，改良的建議，隨此而來的，又是行政組織與效率的問題。每個問題，從其發現到解決，都要經歷這些過程，故他的這種探究法又被稱爲社會問題的自然史說。這個學說的優點，在於強調社會問題的主觀方面的事實，同時也指出社會問題是可以依其發展程序來作分析研究的。

行爲迷亂論

行爲迷亂論（anomie）的意義，原本意味著對法律的忽視，或者沒有法規的存在之意。而在社會學當中，對於這個概念，用來表示在社會與團體當中，顯現相對無規範狀態的概念。因此，anomie是用來表示社會狀態所顯現特質的一種概念，有時也用於希望喪失、目標喪失、心靈不安、自我疏離等特殊的精神狀態的意義，而到了現在，爲著在個人層次表示此種特殊狀態，則以anomie一語說明。當初把anomie，做爲社會學的概念，並加以詮釋使用，爲法國的社會學者涂爾幹（E. Durkheim）。涂爾幹發現，當社會面臨著經濟快速繁榮的時代，自殺率會呈現增加的趨勢，他著眼於此種事實，而對這種現象，用anomie的概念嘗試加以說明。他發現，在經濟快速發展，個人的慾望直線的上升，以往漸進式的提高生活水準方式，已不能讓人群感到滿足，他觀察入微的發現到此種現象，因而指出，此種無限的慾望提高，趨使人群爲著能夠得到滿足，而破壞了社會原本具有的社會規範。除了此種快速的繁榮之外，突然的遇到不景氣導致地位或角色的快速變化等，社會對於個人的慾望，所產生的控制力亦會喪失，規範對於社會控制功能顯現不足的狀態，涂爾幹稱爲anomie。

社會解體論

社會解體（social disorganization）的理論，在1910年代的美國社會學中出現，隨著此後的發展，此種理論愈形完備。有關社會解體（social disorganization）的概念，顧里（ C. Cooley）有以下的敘述：所謂社會解體，爲人性與社會的諸制度之間，不能夠調和，因此，社會秩序與規範呈現缺憾的狀態。再者，湯姆斯（W. J. Thomas）與辛尼格（F. W. Znaniecki）等指出，所謂社會解體，爲現存的社會行動基準，對各個成員所產生影響力的減退，成員之間呈現強烈的反社會態度。社會結構呈現崩壞，社會對於成員所採取的社會行動基準影響力減少，人群具有濃厚的反社會態度，人群缺乏遵守社會規範的共識，所呈現的狀態。再者，在此種解體的狀況下，社會的種種構成要素，即目標、價值標準或規範、行動模式、社會資源等相互之間，存在著不均衡的關係，全體社會、區域社會、或社會諸集團的功能產生障礙。費瑞斯（R. E. L. Faris）將社會解體定義爲，社會或團體的成員之間，功能的關係出現崩壞，導致成員之間的統合性喪失，無法正常執行所給予的目標，在目標達成上受到阻礙的狀態。社會一旦喪失統合性，則各種規範對於成員的統制力，便發生減退，成員當中有更多的異常行爲顯現。

偏差行爲論

所謂偏差行爲（deviant behavior），指行爲的表現，不能夠得到廣大的社會與社會各團體所接納，脫離了文化所能夠容忍、支持的標準，所顯現的行爲之意。偏差行爲的評量標準，以往係比照習以爲常以及大致能夠接受的平均類型，而以是否屬於例外的情況來判定；但是，在現代社會，則演變爲在大社會以及社會各種團體中，它的行爲表現，是否受到大多數的成員所接納而定。換句話說，是由是否違反制度化所期待的標準而評定是否屬於偏差行爲。由此，可以理解的是，偏差行爲具有相對的意義，隨著社會與團體性質的不同，判定偏差行爲的標準，當然也呈現相異性，再者，這些偏差行爲的認定，即使是在相同的一個社會當中，也由於時局的變遷、時代的不同，它的認定標準亦不相同。偏差行爲，被當做社會問題來看待，它所具有的意義，並非僅限於偏差行爲的出現，違反了社會規範與社會制度化的期待，因而擾亂公共的秩序、安寧，侵害到個人的權利而已。而是偏差行爲的出現，對該社會的反應作用（social reaction），常能夠反應新的社會問題所採取的方法有各種方式。而一個社會，對於偏差行爲，諸如承認、漠視的心理等，一旦超越了社會大眾所能夠容忍的限度時，人群立即會感受到它是一項社會問題。但是有些種類的偏差行爲，由於人群的容忍或者漠不關心，將會逐漸蔓延，而使得這些偏差行爲，爲社會帶來嚴重社會問題。而在今日，對於偏差行爲的原因，已不再從個人與生俱來的衝動表現中探討，或者已不把偏差行爲歸因於社會控制功能的失效，而是在社會結構所存在的問題與社會的互動中，探尋偏差行爲的原因。

社會問題的克服

根據《天下雜誌》所進行的2002年度國情調查發現，有四分之三到二分之一的人民對經濟、政治、社會、環境的現況，都分別表示極不滿意。更有三分之二的人擔心自己或家人會有失業的危險。由於經濟低迷，75％的受訪者對台灣經濟現況不滿，滿意者僅占6％；對政治則有54％的人民不滿意，滿意者只有8.5％；對社會公平則有58％表達不滿意，滿意者爲7.6％；環境品質則有46％不滿意，滿意者占17％。這種不滿意反映在具體的生活層面，其中以治安、政治安定、貧富差距、失業等四大議題，人民失望的感受最爲強烈。三分之一的受訪民眾本人或家人已經失業，更有高達68％的人憂心未來家中會有失業問題；61％的人覺得台灣的貧富差距比從前嚴重。另外有五成五的人對台灣的政治安定沒有安全感，更有五成三的人對目前的治安也沒安全感。

和2001年的國情調查相比，原來排名第一：人民認爲最應該對國內亂象負最大責任的在野黨，2002年掉到倒數第二名（占12％），落在總統和行政院團隊（19.1％）、媒體（17.4％）、立院（17.4％）、執政黨（15.6％）、人民（13.9％）之後。總統和行政院團隊現在首當其衝，責無旁貸，成爲該爲國內亂象、人民不滿意負責的人。

更值得重視的是，人民的不安若加劇，會用腳投票。目前有21％的人想要移民，每五個人中就有一人想移民，而且有移民能力的人，往往是社會上條件較好者。調查顯示，想移民者中有研究所學歷的人占40％，家庭月收入20萬元以上的人的人占37.5％。對二成一想移民的民眾，它們想移民的首選地點雖仍是美加，而想移民大陸的台灣人則占全體想移民者的二成一。

表 1-1　台灣地區民衆對現況滿意情形（2002年）　單位 %

類別	滿意	普通	不滿意	不清楚
經濟表現	5.9	14.9	75	4.2
政治發展	8.5	25.9	53.9	11.7
社會公平	7.6	25.6	58.1	8..7
環境品質	17.1	34.9	45.8	2.2

資料來源：《天下雜誌》，「2002年國情調查報告」。

表 1-2　台灣地區民衆對克服社會問題議題情形

年度	第一位	第二位	第三位
1996	加強經濟實力	掃黑改善治安	改善教育品質
1998	改善教育品質	掃黑改善治安	提升行政效率
1999	加強經濟實力	改善教育品質	提升行政效率
2000	加強經濟實力	改善教育品質	加強經濟實力
2001	加強政治安定	加強經濟實力	改善教育品質
2002	加強經濟實力	加強政治安定	提高政府行政效率

資料來源：《天下雜誌》，「2002年國情調查報告」。

最近六年的《天下雜誌》國情調查中，「加強經濟實力」有四年居冠。而緊追在經濟議題之後的，則是「加強政治安定」、「提高政府行政效率」等項議題，顯示經濟低迷、政爭、政府效率不彰，都是人民念茲在茲的最痛，也是台灣最需要改進的地方。

社會問題足以威脅社會的發展，不僅爲社會科學研究者所關懷，並且企圖加以調整改善。就社會問題的解決大致上可分爲下列方式：

1.在社會快速變遷情況下，運用理性態度探求人類的生活與社會環境中所呈現的事實與問題，並為妥善的設計與規則，圖謀社會各方面的均衡發展，才能使社會轉向於新的發展價值和目標。

2. 社會問題的發生，具有連鎖性及循環性的現象，其因素非常複雜。所以，必須先就病象事實及其內外在因素從事調查研究，並擬訂政策和計畫，進而推行積極性的改善措施。亦即，當社會問題的癥結被清楚地瞭解其性質、範圍、原因及影響後，便宜提出具體有效的辦法，俾為改善的依據。
3. 社會政策與社會立法的協調與配合，亦即解決社會問題的必要條件，如社會立法的順應實際需要，社會政策的健全完整，社會工作的專業化等，皆能助益於社會問題的解決工作；同時，必可減少許多原則性和片面性的行動，來影響預期的成效。
4. 社會問題之妥善與適當的解決，必將避免社會病態現象的重現，以及減輕威脅人類社會繁榮與進步的阻力，共謀維護人類的尊嚴、權益與正常的生活，增進社會的和諧發展。
5. 社會各方面之合作，社會問題是與整個社會有關的，要徹底圓滿解決，必須借助社會的力量及各方面之合作，方能克竟事功。

總之，就社會學的觀點，中外古今任何社會幾無可避免會有社會問題的存在。此誠如美國社會學家尼斯比（Naisbitt）所言：「不管社會是多麼簡單和穩定，沒有可以完全免除社會的失序、偏差的困擾。從人類行為的比較研究中，我們可以清楚看出，只是這二類型的社會問題及其強度，常因文化的差異和時代的不同而略有差別而已。甚至，有些社會學者還以爲社會失序和偏差是相當正常的，它對社會生活的日常運作還具有其功能。」（Naisbitt, 1971：14）若以社會問題的產生過程而言，具有主觀上和客觀上的認定。所謂客觀上的認定是指：一部分相當人類的成員，其行爲結果的內涵違背了某些道德、價值標準或是利益。該問題的嚴重危害性爲有識之士、社會大眾所注意，成爲公眾論題，最後由特定的組織及制度來處理。

至於主觀上的認定則係來自個人的意念及價值；由於人類表現在社會階層、群眾、利益、權威和知識程度等方面的差異，人們的道德、價值和觀念也可能隨之不同，因此對於一個社會現象的「問題感」的體認和確立也有了差別。這就如同社會學家孫末楠（Sumner）所說：「民俗締造了眞理，因此好與壞，或對與錯的概念，乃是靠社會秩序體系中流行的規範和具神聖意義的民俗來界定。」（Naisbitt, 1971：3）換言之，諸多社會現象和人類行爲「好壞」、「對錯」、「善惡」的判定，是與判定者的經驗、價值、觀念、利益，以及當時流行的規範有著密切的關係，這其中自然存在著主觀的成分。至於我們宜如何面對此些日益紛雜的社會現象，Naisbitt則以「理性主義」、「人道主義」爲訴求。認爲運用理性主義使人們不僅能清楚界定社會問題爲何，並且能更有自信的來解決該問題。而人道主義的運用則使我們發掘更多的社會問題，肯定其嚴重性，並積極促使人們對社會問題產生更多的關懷和奉獻。以此態度面對不單是使社會道德秩序得以穩定建構，同時能促發人們以更爲理性、健康態度，克服社會變遷所帶來的各項問題。

第貳篇

社會性社會問題

第2章

人口問題

■前言
■人口現況
■人口數量
■人口品質
■人口分布
■晚婚情形
■性別比
■結語

前言

人口 （population）「在社會學中通常指一地區內的全體居民。它所強調的是人的數目，即個別的人或人類有機體單位，在一特定空間上集會而成的總體。」任何一個特定地區內的人口聚集，我們都叫做一個人口集團。一個人口集團所呈現的狀態或特徵，稱爲人口現象。人口的狀態分爲動態人口與靜態人口，前者指人口的出生、死亡及遷徙等現象。後者指一地人口在特定時間之內的數量及其組合情形。更爲普通的分類法是以人口的性質或所表現的特徵爲根據，將它分爲數量與品質兩種。人口過程是指一個社會人口的自然變動（人口的出生和死亡)、遷移變動（人口在空間上的移動)、社會變動（人口社會構成的變動）這三種變動的總和。人口的存在和發展要受一定的自然條件影響的。這種自然條件既包括人口所在的自然環境，又包括人類自身的諸如遺傳、變異及各種生理機能的因素。人口問題是一個複雜的社會問題。要明白問題的產生原委，進而尋求有效之道，就必須清楚社會生活的各個主要方面，這涉及各種社會關係，特別是人口與經濟、政治、文化、家庭等關係。人口問題涵括人口的出生率、死亡率和人口增長率，同時也關注人口過程的存在和發展如何因社會生活條件的影響所衍生的問題。

人口現況

90年底台閩地區總人口數2,247萬人，較89年底增加20萬人，人口成長率續降至5.8‰，其中聚居於都會區比率68.8%；人口密度每平方公里619人，在全球千萬人口以上國家中，排名第二，而北、高兩市人口密度每平方公里均近萬人，且自90年五月起高雄市人口密度已超過臺北市。近年來出生率趨降，雖89年受千禧龍年嬰兒潮影響，略回升至13.8‰，但90年再滑降至千分之11.7‰，創歷年來新低，較南韓、新加坡之14‰及美國、中國大陸15‰為低，與英國12‰相當，而較德國、日本9‰略高。

90年台閩地區死亡人數127,647人，標準化死亡率降至3.2‰。由於生育率下降與國民壽命延長，人口老化已為全球性議題，我國六十五歲以上老年人口於82年即超越7%，正式躋身老化人口國家之列，至90年底占8.8%，人數超過197萬人，八十歲以上人口亦超過32萬人，五年來增加38.6%，高齡化特徵明顯。90年底每百位青壯人口扶養幼年及老年人口比率（扶養比）42.1%，雖較89年底下降，但減幅已持續縮小，未來隨高齡人口增加及出生率續降，扶養負擔長期將轉呈上升，人口結構改變之影響殊值重視。

表 2-1　台灣地區人口現況

年底別	總人口（萬人）	出生率（‰）	死亡率（‰）	65歲以上人口（萬人）	65歲以上人口（%）	80歲以上人口（萬人）	平均餘命 男	平均餘命 女	扶養比（%）	扶老比
85年底	2,153	15.2	3.8	169.2	7.9	23.6	71.9	77.8	44.9	11.4
86年底	2,174	15.1	3.6	175.2	8.1	25.1	71.9	77.8	44.2	11.6
87年底	2,193	12.4	3.5	181.0	8.3	26.6	72.2	78.0	43.3	11.8
88年底	2,209	12.9	3.5	186.5	8.4	28.2	72.5	78.1	42.6	12.0
89年底	2,228	13.8	3.3	192.1	8.6	30.1	72.7	78.4	42.3	12.3
90年底	2,241	11.7	13.2	197.3	8.8	32.7	172.8	178.5	42.1	12.5

附註：扶養比＝（0～14歲＋65歲以上）年底人口數／15～64歲年底人口數，扶老比＝65歲以上年底人口數／15～64歲年底人口數。

資料來源：內政部、衛生署、行政院主計處。

人口數量

隨千禧年的來臨，回顧過去2000年，世界人口變化頗大，依聯合國統計資料顯示，這期間人口成長可分爲三個階段：西元1000年以前，因戰爭、瘟疫、饑荒頻仍，高出生率、高死亡率，平均壽命短暫，世代更替迅速，人口增加並不顯著；西元1000年至1800年，隨科學文明興起，人類活動範圍擴大，人口開始穩定增加，至本階段末期，全球人口約達10億人，800年間人口增加2.2倍；西元1800年以後，由於工業革命帶動相關民生產業發展，糧食供應益趨豐富，醫療水準顯著提升，出生率提高，死亡率下降，人口迅速成長，至西元2000年 世界人口已較此階段初期（1804年）增逾5倍。 由西元1800年後每增加10億人所需年數觀察，初期（1804年）人口10億人，至1927年增至20億人，需時123年，爾後所需年數逐漸縮短，近期則僅需約10年時間，人口數即可增加10億。依聯合國統計，1999年10月12日，世界人口已跨越60億大關，預計54年後（2054年），全球人口數更將突破百億，勢必對社會經濟及生態環境產生重大影響。以全球現有人口統計，其中已開發國家約占二成；各洲中以亞洲36億人（占60.7％）最多，其次爲非洲7.6億人（12.8％），而以大洋洲0.3億人（0.5％）最少；就國家地區觀之，以中國大陸（12.4億）居冠，印度（9.9億）次之，兩者合占世界人口近四成，而中華民國台閩地區2,200萬人，則約占世界人口0.4％。

受到價值觀念的影響，觀察我們近幾年來的人口成長情形，可以預判我們的人口數在長期發展下，將呈現遞減的趨勢。按目前人口的趨勢來看，尚沒有一種力量能扭轉這個趨勢。人口增加固會產生一些問題，而人口銳減更會產生一些問題。從台灣人口

表 2-2　世界人口成長變化統計

西元（年）	人口數（億人）	增加10億人口所需年數
1000	3.1	123年
1500	5.0	33年
1900	16.5	14年
1950	25.2	13年
1960	30.2	12年
1970	37.0	10年
1980	44.5	12年
1990	53.0	14年
2000	62.3	19年
2050	100.2	39年

資料來源：Population Information Network（POPIN） Gopher of the United Nation、美國人口資料局「1998世界人口估計要覽」。

統計，按年齡組來觀察，台灣人口中，零至十五歲年齡組人口自民國73年起開始減少，至84年，每年平均減少58,830人。至於十五至十九歲年齡組人口從87年起開始減少。這一現象告訴我們的事實是：第一，台灣幼齡人口已自72年起開始下降，而且迄無回升跡象，對此一趨勢，不可忽視。第二，台灣總人口雖然仍在增加，但增加之勢十分薄弱。到84年，較上年僅增加8.43‰，或者178,000人。可是六十五歲以上年齡組人口，該年之增加率卻高達4.43％，占台灣總人口的7.63％。這也顯示老化現象愈來愈嚴重。

台灣生育率急速下降，目前平均每對夫婦只有 1.5個小孩。2000年比六〇年代整整少了150萬嬰兒；二十年後， 25 歲到30歲的青壯年勞動人口，將比現在減少四十多萬人；而老年人口比率，更將高達15％。台灣人口結構迅速改變，從個人、企業、社會、到國家公共政策，都將遭受空前衝擊，其影響的層面包括：

1.人口危機的社會：由於台灣生育率下降，人口壽命延長，使老人愈來愈多。2002年台灣人口結構中，65歲以上老人已超過8.8%。未來人口結構，老年人成長速度會一直增加，年輕人慢慢減少，而小孩子更少。人口金字塔底層已慢慢縮小，頂尖擴大，未來的形狀像一根直柱子。
2.舉目無親的社會：依目前低生育率及人口變遷的趨勢，將來形成一個沒有兄弟姐妹、伯叔姑嫂的社會。依據內政部人口統計，至2020年台灣老人將占總人口15%，會變成四個年輕人要扶養一個老人。屆時年輕人也將非常辛苦，老人將成為年輕人無法承受的重擔。
3.活力變遷的社會：目前台灣地區人口的中位數為三十一點二歲，反映出來的社會性格極為年輕。但二十五年以後，社會上一半的活動人口將是五十五歲以上的人，社會自然會較成熟、穩重，但相對的也較無活力。
4.勞力不足的社會：根據內政部統計資料顯示：台灣目前勞動參與率已偏低，僅59%。但估計二十五年後，25歲至30歲新增加的勞動人口，將比現在更減少四十多萬人。勞力不但量不足，且質也會改變。因為一般家庭子女數只有一至二個，接受教育的程度將大大提升。「二千年大趨勢」，一書中指出：未來新加入勞動市場的工作者，將是高教育而家庭富裕，他們忍受挫折的能力低，也不在乎有沒有一份工作養家活口，所以跳槽、改行的情形會更普遍。
5.福利危機的社會：世界銀行在1994年「避免高齡化危機」報告中指出：「高齡化使世界上所有國家的社會安全制度都面臨危機」。日本在1996年通過立法，將原本60歲就能領老人年金的規定，延長到65歲。瑞典老年人口已超過17%，1994年瑞典政府決定將縮減對老人的補助，「如果不阻止債款增加，留給後代子孫的將只剩下債務而已」。人口結構的改變，也吞食原本運作良好的社會福利制度。根據日本於1997年的一項調查指出，因老人健康問題導致家庭經濟困難者占25%，近一半的受訪者因爲受不了長期壓力而有自殺念頭；看護病弱的老人已成爲家庭最大負擔，有55%的家庭因而感到身心疲倦和壓力，有自殺念頭者44%，3%想一走了之，四分之一的家庭造成家庭經濟困難，12%的家庭失和。學者認爲，台灣缺乏老人安養福利制度，老人造成小家庭危機的情況會更嚴重，日本經驗值得警惕。

6. 年輕人口愈來愈減少，相對地，老年人口卻愈來愈增加：自民國45年至今四十餘年，每年人口增加率均在3.5%上，這些增加的人口現在均逾六十五歲。今後他們的安養問題與醫療問題會愈來愈多，對整個社會的負擔也會愈來愈重。
7. 就學人數減少後的學校教育，必須重新考量：現在適於讀小學、國中的人數已在大量減少，而適於讀高中的人數也在減少。這種趨勢馬上會影響各級學校的就學人數。到時將會有私立學校搶招學生的現象。而政策上要不要再增設學校？這些變化牽涉到教師的培植與就業、轉業問題，也牽涉到學校建築的增設及利用問題。
8. 公共建設的極限問題：幼齡人口逐年減少的趨勢，到2020年，台灣的總人口會減少。而且當一個國家的人口老化之後，對公共建設，如鐵路、公路等的利用會相對減少，而總人口的減少也會減少對公共建設的利用。

9.兵役問題：今後單子家庭或無子家庭的數目會不斷的增加，廿歲至卅歲的男性青年在十年之後會大量減少。無論是徵兵制或募兵制，在實施時都會有困難。

10.移民問題：政府已經倡言經濟自由化、國際化，生產因素中的勞動也會有較大的自由移出或移入。某些部門勞動力的不足，又產生外籍勞工問題，今後如何因應這個問題的持續存在？同時兩岸人民的流動必會增強，這對人口變動也有影響。

「兩個孩子恰恰好，一個孩子不嫌少」的口號已經無人再提起，家庭計畫也改變了控制人口急速成長的主張，原因是：孩子出生率降低，而台灣人口成長在銳減，這個現象帶來相當廣泛而深遠的影響。

由於人口變遷與社會發展息息相關，是以為了促進國人的人口品質及健康，針對人口議題所訂定的社會對策，包括：

1.鼓勵適當生育，達成人口合理成長：為防止人口結構嚴重老化，應促使生育率回升到替換水準；除繼續加強宣導「兩個孩子恰恰好」之措施、倡導適婚年齡結婚和防止離婚率上升，以提高有偶生育率，期能維持未來台灣地區人口之合理成長。

2.加強老人福利措施，健全老人安養體系：隨著老年人口的快速增加，為有效防範未來老人問題，應加強辦理老人福利措施。

3.注重優生保健工作，提高人口素質：其措施為透過婚前健康檢查、遺傳諮詢、產前遺傳診斷、婦幼保健指導及新生兒篩檢等方法，期能杜絕先天性缺陷兒或惡性遺傳素質的綿延發生。

4.實施區域計畫，促使人口均衡發展：由於鄉村人口大量移入都市；爲緩和都市人口過份成長，並促進人口與產業活動合理分布，應加強基層建設、開發新市鎮以及分散各項重大經濟建設，期使人口均衡分布，並促使人口都市化現象趨於緩慢。

自積極落實上述人口政策下，以期能使人口成爲社會發展中的助力。人口與社會現象有密切關連，因此人口問題不僅成爲觀察社會的重要指標，也成社會政策研擬時一個重要的考量因素，正如同社會學家在描述社會現象時，須經由人口的數目、轉變、分布加以呈現，社會政策在訂定時尤其須考慮人口的現況和變遷，方能達到政策的周延規劃和有效推動。

人口品質

人口品質係指人口單位的體質和心理的特質。亦即，全體人口認識和改造自然、社會及自身而使生產力發展的綜合能力。其內容包括人的身體素質、科學文化素質和思想道德素質三個方面。身體素質是人口質量的自然條件和基礎。這種特質有好有壞，有優有劣，凡是不增加團體負擔，或有助於社會文化之發展的都是好的、優的；反之，就是壞的、劣的。一般而言，人口品質的好壞不但可以影響個人的生存，同時也可以影響社會、經濟、政治、軍事等等的設施以及國家民族的前途。人口品質對社會和經濟的發展具有決定性意義，人口數量和質量是人口問題的核心。在一定生產力水準下，過快的人口增長，過多的人口數量，會使人口質量下降，所以必須實行計畫生育，使人口適度增長，以保證人口質量不斷提高。

人口品質的影響既然是多方面的，它的來源當然也不只一個，普通分爲遺傳與環境兩者。遺傳對人口品質之作用有些地方雖然比較確定，但大半都是有伸縮性的，容易受環境的改變。人口品質的問題係因健康或智能缺陷所引發的個人殘障、社會經濟成本增加和國家衰弱等問題。人類健康與先天性缺陷的預防和後天健康促進有關，尤其是先天性缺陷的預防可從產前檢查、產前遺傳診斷以及孕期婦女避免某些環境因素如藥物、輻射線和感染等著手；智能則主要與先天遺傳有關，如唐氏症和貓啼症等會造成智能不足現象，亦應加強產前檢查和產前遺傳診斷，以期早期發現並做適當處置。現今世界各國爲提升其人口素質，無不採行優生保健和遺傳學的方法，以保護婦女健康、防止因先天性或遺傳性疾病所致的死亡與殘障。

改進人口品質的方法可分爲積極的和消極的方法：

1.消極的方法主張預防不良品種的繁殖，其主要方法有：
  （1）限制一切有缺陷的人結婚。
  （2）把他們隔離起來。
  （3）斷絕生育。
2.積極的方法主張增加優種的人數，即鼓勵有好遺傳的人多生育。

不過，由於積極的辦法難於實行，所根據的理論也不健全，所以主張積極的人便減少了，而主張消極的反而增加起來。但還是有許多困難。除此之外，如發展醫藥衛生、改良營養、普及教育等皆爲人口學所主張的良策。

人類發展指數（Human Development Index, HDI）係聯合國發展委員會（UNDP）自1990年起定期編製發布，提出綜合性指數對各國進行評比，2000年報告中排名的國家已有174個，選取壽命、教育程度及經濟水準三個領域統計數值來衡量一國發展概況，選用指標爲零歲平均餘命、成人識字率（權數占教育程度之2／3）與粗在學率（權數占教育程度之1／3），及按購買力平價計算之平均每人GDP等四項，爲一測度人類發展的綜合性指標。根據2002年最新報告，174個國家地區之HDI以挪威居首，其次是瑞典及加拿大，我國HDI爲0.891，排名第23位，居四小龍之首，屬聯合國定義之高度人類發展國家（全球計54國）。就各單項指標觀察，零歲平均餘命以日本81歲居首，我國75.3歲居第35名；成人識字率反映基本教育概況，各先進國家間差距極微，我國因國民教育發展時程仍短，老年人口識字率偏低，影響指標數值及排名（扣除65歲以上人口之成人識字率爲98.2％）；粗在學率表現當前就學普及情形，以澳洲116％爲冠，我國爲89％，居21位；平均每人GDP以盧森堡約5萬美元居冠，我國以22,186美元排名第22位。四小龍中，香港及新加坡在壽命及經濟水準方面領先我國，惟教育程度方面則呈弱勢；南韓各方面狀況與我國較爲相近，惟平均每人GDP係四小龍中唯一未達2萬美元者。與十年前相較，先進國家HDI排名互有消長，其中挪威、瑞典、比利時、澳洲及英國排名上升，美、日、德、法、加拿大及瑞士則退步；四小龍中，新加坡及南韓雙雙前進8名，我國進步5名，香港則退步2名。中國大陸人類發展指數排名下降9名，2000年居第97位。

表 2-3　人類發展指數（HDI）之國際比較（2000 年）

	人類發展指數（HDI）		零歲平均餘命		成人識字率		粗在學率		按購買力平價計算之平均每人GDP		1990年人類發展指數	
	值	排名	歲	排名	%	排名	%	排名	PPP$	排名	值	排名
挪威	0.942	1	78.5	10	99.0	14	97	8	29,918	3	0.901	7
瑞典	0.941	2	79.7	2	99.0	14	101	6	24,277	17	0.894	11
加拿大	0.940	3	78.8	7	99.0	14	97	8	27,840	7	0.926	1
比利時	0.939	4	78.4	13	99.0	14	109	2	27,178	9	0.896	9
澳洲	0.939	5	78.9	5	99.0	14	116	1	25,693	12	0.888	14
美國	0.939	6	77.0	25	99.0	14	95	12	34,142	2	0.914	2
日本	0.933	9	81.0	1	99.0	14	82	32	26,755	11	0.909	4
瑞士	0.928	11	78.9	5	99.0	14	84	25	28,769	6	0.905	5
法國	0.928	12	78.6	9	99.0	14	94	14	24,223	18	0.897	8
英國	0.928	13	77.7	19	99.0	14	106	3	23,509	20	0.878	18
德國	0.925	17	77.7	19	99.0	14	94	14	25,103	15	0.885	15
中華民國	0.891	23	75.3	35	95.6	58	89	21	22,186	22	0.828	28
香港	0.888	24	79.5	3	93.5	68	63	110	25,153	14	0.859	22
新加坡	0.885	26	77.6	21	92.3	74	75	62	23,356	21	0.818	34
南韓	0.882	28	74.9	39	97.8	45	90	19	17,380	29	0.815	36
中國大陸	0.726	97	70.5	74	84.1	102	73	67	3,976	96	0.625	88

資料來源：聯合國開發計畫署"Human Development Report 2002"、內政部統計處、教育部統計處。HDI值界於0～1之間，值愈高愈好。

人口分布

人口的變動總是在一定的時間、空間內進行的。是以人口在一定時間內的空間存在形式稱為「人口分布」。人口分布是人口數量、人口質量、人口結構不同地區的組合與聯繫。人口分布在形成的兩個因素是人口的自然增長和人口的自然遷移。它們是塑造依人口地理的兩個基本因素，但在不同時期、不同地區、它們所引起的作用程度不同，有時自然增長是主要因素，有時遷移增長是主要因素。人口分布是不斷形成又不斷變動的過程。它是相對靜止的又是絕對運動的。人口的靜止分布是指在一定的歷史時間內人口相對靜止的分布狀況，它反映特定時間內人口分布的特徵。人口的動態分布是指人口分布的歷史發展和變動情況，它反映較長的歷史時期中人口分布特徵的變化，這兩方面結合在一起，反映人口分布在總體狀況。

人口密度與人口分布的關係密切，其足以提供人們對人口狀態的認知，同時也反映著與環境空間的互動現況。人口密度為表示人口與土地關係的一種指數，又稱人口密度指數，即某一地區或國家全人口數與其土地面積的比例。人口問題之發生與生活空間有密切關係，而探討生活空間時，就需考量土地的大小，因而人口與土地的比例係人口問題研究的一個基本要素。台灣地區土地總面積為36,000平方公里，至民國90年人口密度已高達每平方公里619人，僅次於孟加位而為世界第二位。其中以台北市、高雄市每平方公里9,718人、9,720人較高，台東縣每平方公里70人較低。近年新興都會型態之桃園縣、台中市及新竹市遷入人口持續增加，此三縣市淨移入人口分別為23,736人、13,993人及2,757人，社會增加率各為14.2％、15.1％及7.7％，遠高於其他縣市；

而台東縣、澎湖縣、嘉義縣等以農業爲主之縣市，人口數則續呈減少。

人口遷移（Population migration）是人口動態的一種，普通限於涉及有較長期居住變更的人口遷徒，並非指任何一種人口移動。例如，甲地人口移往乙地從事較長期的居留，這才叫做遷移。從甲地的立場來說，這種人口移動稱爲人口外移（emigration）；從乙地的立場來說，則稱爲人口內移（immigration）。人口遷移的類型：根據遷移的目的和動機可分爲謀生求職與非謀生求職型；根據遷移時間長短可分爲：臨時性、季節性、間期性與永久性移民；根據遷移的空間範圍可分爲國內遷移與國際遷移等等。人口遷移受自然、經濟、政治、軍事和宗教等因素的制約，是一定社會生產方式下的產物，同時，它又對遷出地和遷入地的社會經濟和文化發展產生深遠影響。人口遷移貫穿人類歷史，越到近代，人口遷移頻率越高，規模越大，遷移過程也大大縮短。世界上爲什麼有人口遷移的現象？考其原因，主要的有以下四個：

1.經濟的：如自然資源缺乏，農工商業不發達、災荒等使居民謀生不易。
2.人口的：如人口壓力過高或人口過剩，工作難找等。
3.社會的：先移出者成功，親友受其影響或引誘。
4.政治的：因政治意識、宗教信仰的理由，強迫遷徒或流亡國外。

受到人口遷移的影響，不僅使人口密度有所變化，同時也使城鄉人口產生差距。台灣地區目前人口都會化的比例則達68%，其中以北台灣的台北基隆爲第一大都會區（645萬），其次是高雄大都會區（270萬），台中彰化大都會區（205萬），再次才是中壢桃園大都會區（168萬），和台南大都會區（120萬）。在都會化的衝擊之下，台灣社會整體的生活形態和內涵想必已有大改變，甚至連未來的行政區劃分也都應該有新的標準。

晚婚情形

隨晚婚風氣漸盛，國人結婚年齡逐漸延後，89年台灣地區15歲以上女性共計851萬7千人，其中未婚者計246萬9千人，未婚比率爲29.0％。就年齡別觀察，15至19歲與20至24歲兩年齡組因尙屬求學階段，未婚率分別高達98.4％與82.5％；惟25至29歲組之未婚率已近五成，爲47.5％；30至34歲組女性未婚比率亦達19.9％，即每5人中即有1人尙未結婚；35至39歲組亦增爲9.8％。各年齡組未婚率均較二十年前大幅攀升，其中尤以20至24歲與25至29歲兩年齡組之增幅最鉅，分別上升21.6與28.5百分點。89年男性初婚年齡中位數29.2歲、女性25.7歲；近二十年來女性平均初婚年齡已由21.2歲，增爲22.7歲，各年齡組之初婚年齡多有後延傾向，其中以初婚年齡居冠之30至34歲組提高2.3歲最爲明顯。復按地區別觀察，各縣市女性之初婚年齡以台北市、台中市及高雄市等三大都會區最晚，分別爲24.3歲、23.6歲與23.0歲；而東部地區之花蓮與台東二縣則普遍較早，均僅21.2歲。由於婚齡延後，婦女生育年齡逐年提高，89年出生嬰兒生母平均年齡爲28.2歲，較70年增加2.7歲，生母年齡超過30歲所占比重也上升至35.4％，較70年則增23.3個百分點，產婦高齡化趨勢明顯。89年15歲以上已婚女性理想之子女數爲2.7人，較二十年前減少0.6人，略低於平均生育子女數2.8人，兩者差距逐年縮小。已婚育齡婦女平均生育第一胎年齡爲24.3歲，較十年前提升1.4歲，其中以大學（含）以上程度28.3歲女性最高。15至64歲已婚女性最小子女在未滿三足歲前照顧方式，仍以「自己」（小孩之父親或母親）照顧爲主，比率高達72.3%，惟近二十年間已降低12.4百分點。

表 2-4　15歲以上婦女婚育概況

	69年	74年	79年	82年	89年
未婚率（%）	30.1	28.8	28.8	28.5	29.0
20-24歲未婚率（%）	61.0	67.2	76.9	78.9	82.5
25-29歲未婚率（%）	19.0	21.4	31.7	36.4	47.5
30-34歲未婚率（%）	4.6	7.7	10.7	11.4	19.9
35-39歲未婚率（%）	2.2	3.6	4.6	5.6	9.8
初婚年齡（歲）	21.2	21.3	21.9	22.0	22.7
已婚女性理想子女數（人）	3.3	3.0	3.0	2.9	2.7
已婚女性平均生育子女數（人）	3.6	3.4	3.1	3.0	2.8
已婚育齡婦女生第一胎平均年齡（歲）	…	22.2	22.9	23.7	24.3
15-64歲已婚女性自己照顧最小子女比重（%）	84.7	77.0	72.9	75.3	72.3

資料來源：行政院主計處，「八十九年台灣地區婦女婚育與就業調查」，2001年9月11日。

性別比

男女兩性的分配狀態即它的性別組合；男女人數的比例即稱爲性別比例（或簡稱性比例）。這是人口組合最簡單的測量方法，通常是指一時一地的人口中每一百女子與男子人數之對比，即以女子人數除男子人數再乘以一百，所得結果就是性別比例。在人類當中男女兩性的人數從出生到死亡很少完全相等。在懷孕時，男性比較多，其比率大約120～130男性對100女性，但因爲男的未出生之前死亡率較高，故在出生時性比率平均常在105左右。在嬰兒時期男的死亡率往往超過女的，因此又將性比例稍爲降低。又男的長大到童年及成熟時期，他們在戶外活動較多，易於傳染疾病，所從事之職業也常有更多的危險，故死亡的也多，因而更加減少其人數，而使兩性在中年時數目差不多相等。不過女的壽命平均比男的長，大約到了四十五歲之後，女的數目漸漸超過男的，大概年齡愈高，性比例就愈低，即女的人數愈多於男的。這僅就一般的趨勢而言。目前西洋各國的情形，大半是女多於男；至於東方的國家如中國、印度則是男多於女。影響兩性不均的因素，除生育與死亡的生物因素外主要的有三個——戰爭：在戰爭中傷亡的多半是男的。移民：向遠地遷移的普通是男的多。社會態度：重男輕女的社會大半男多於女，如我國。

性比例的高低和許多社會經濟問題有直接的或間接的關係，故從一個人口集團的性別之分配情形，我們大概可以窺見它的社會組織和經濟活動的狀態，例如在婚姻方面，如男多於女，則能結婚的男子少；如女多於男，則不結婚的女子多。又男女勞動性質既不同，工作的種類也有差異。重工業宜於利用男工，故在煤鐵工業的中心普通是男多於女。輕工業宜於女工，故在紡織業的中心是女多於男。總之，社區的經濟狀況足以影響男女兩性的分配。根據統計台灣地區目前的性別比爲104.4，男女性別大致維持相當平衡情況。惟受到傳統文化「重男輕女」觀念影響使初生嬰兒的性別比稍高於世界的統計值。

90年底台閩地區女性人口1,096萬人，占總人口48.8%；隨經濟成長與社會進 步，女性受教育機會不斷提高，女性15歲以上民間人口中，國中以下教育程度占46.4%，較十年前下降14.2個百分點；大專以上占20.3%，則增加9.3個百分點。

另90學年度女性高等教育在校學生數50.4萬人，較80學年度之21.9萬人，增加1.3倍，占高等教育學生比率爲51.4%（增4個百分點），顯見兩性受高等教育機會已無差異。

90年我國女性勞動力人口397萬人，較十年前增22.1%。十年來，我國女性勞 動力參與率維持44～46%，較日本、韓國之50%、新加坡51%及美國60%爲低，顯示我國女性人力資源仍可持續開發及運用。另女性非勞動力人口449萬人，以料理家務、求學及準備升學爲主要原因，分占58.2%及23.2%。未來隨服務業比率續升，托兒、托老機構普設及彈性工時推廣等因素，女性勞動力參與率應可提升。

隨教育普及暨女性自主意識抬頭，女性於就業市場之地位日趨重要，90年我國女性就業人數397萬人，其中專業、技術人員占25.2%，較十年前提升7.4個百分點；事務及服務工作人員占43.9%，亦增10.9個百分點；另生產操作工人占23.6%，則減少14個百分點。

爲衡量女性政經參與程度及決策影響能力，聯合國發展委員會自1995年起定期編製發布性別權力測度（GEM），各項衡量指標中，2000年我國以按購買力平價計算之平均每人GDP居第22名排名較高，而國會議員、專技管理人員及經理人員女性比率則分別排名第26、53及62；我國女性在教育程度及經濟能力上均見顯著提升，因此未來躋升公共事務及企業決策位置的空間仍廣。惟與其他國家相較，我國性別權力測度綜合指數0.558，世界排名第17位，雖較美加及北歐各國爲低，但優於日本（第35名）、中國大陸（第36名）及南韓（第69名）等國。

表 2-5　我國女性教育與就業概況

	80年	90年
15歲以上民間人口教育程度結構（%）		
國中以下	60.6	46.4
高中（職）	28.4	33.3
大專以上	11.0	20.3
學生人數（萬人）	256.1	257.6
高等教育學生人數（萬人）	21.9	50.4
占總高教學生比率（%）	47.4	51.4
博、碩士班學生人數（萬人）	0.5	4.0
勞動力（萬人）	315.9	385.6
勞動力參與率（%）	45.4	46.0
未參與勞動力原因（%）		
料理家務	65.7	58.2
求學及準備升學	20.2	23.2
其他	14.1	18.6
就業人數（萬人）	311.0	376.1
按職業分（%）		
民代及主管人員	1.8	1.5
專業、技術人員	17.8	25.2
生產操作工人	37.6	23.6
事務及服務工作者	33.0	43.9
農、林、漁、牧業	9.8	5.8

資料來源：行政院主計處，「人力資源調查統計年報」、「女性政經參與之國際比較」、教育部「教育統計」。

附註：勞動力參與率＝勞動力／15歲以上民間人口（勞動力＋非勞動力）。

結語

人口是一個具有許多內涵的總體，可以從不同的方面，不同的層次，採用不同的標準來研究它的內部關係。人口結構分為：第一，人口的自然結構，即以人口的自然屬性為標誌來分析人口結構，主要包括人口的性別結構和年齡結構，以及這兩者相結合的性別—— 年齡結構。人口自然結構和社會經濟發展有極密切的關係，所以這些組成情況是進行人口預測的基礎資料，也是安排國民經濟的重要依據；第二，人口的地區結構，即以人口的居住地區來分析人口結構，主要包括人口的自然地理結構，人口的行政區劃結構和人口的城鄉結構。人口地區結構與自然資源、生活環境以及經濟發展狀況有著極為密切的關係，它影響各地區社會經濟的發展，是國家制定地區發展規劃和各項政策的依據；第三，人口的社會結構，即以人口的社會標誌和經濟標誌來分析人口結構，主要包括人口的階級構成、民族構成、宗教構成、職業構成、部門構成、文化構成等。人口社會結構既是社會經濟發展的結果，又在很大程度上影響著社會經濟的發展，並且是國家制定有關社會經濟政策的依存、互相制約，對人口發展產生重要影響。

台灣社會社會的人口變遷大軌跡是「高齡化」和流動的「都市化」。到90年底，台灣的65歲人口所占的比例已達8.8％，已堪稱為「高齡長壽國度」。在人口學的研究中扶養比為42.1％，隨著老年人口的增加該數字將會日漸昇高將使得生產人口產生較大的負擔，至於年老化指數〔(65歲以上人口數）／（0～14歲人口數）＊100〕。該數值我國目前為37.6％，隨著老年人口增加及幼年人口減少，勢必使數值日益增高。這些皆為人口問題上宜正視的。

第3章

老人問題

- 前言
- 高齡人口概況
- 老人安養
- 老人經濟生活維繫
- 老人失偶問題
- 老人的醫療照護問題
- 結論

前言

聯合國認爲六十歲以上老人超過總人口10%；或六十五歲人口超過7%都屬於高齡社會。91年台閩地區人口數達2,247萬人，全球排名第46位，較89年增加7.21%（20萬人），人口成長率續降；由於出生率下降及國民平均壽命延長，人口結構明顯轉變，台閩地區老年人口比率8.8%，人口年齡中位數亦由29.1歲增爲31.6歲，高齡化特徵益趨明顯。近年出生人數較過去各年代爲低，青壯年扶養負擔逐年減輕，90年每百位青壯年扶養42.1人（幼年30.1人，老年12人），較五年前減少2.8人；與主要國家比較，略高於新加坡扶養42人，但較美國52人、中國大陸47人及日本45人爲低。就台灣地區的人口結構而言，從64～83年間，零至十四歲的幼年人口，由35.8%降到24.4%；老年人口則由 2.4%升至7.37%，台灣在83年，就符合聯合國所公認的「老人國」，老年人口占總人口的7%以上，到90年，全國老年人口數爲197萬人，每五點一名就業人口就必須照顧一名老年人，負擔將相當沉重。台灣的高齡人口迅速增加，這不單是影響到「老人數量」的問題，還牽涉到「安養品質」的問題，其過程所伴隨而來的老人居住與生活照顧問題，對家庭已經造成極大的衝擊，政府必須有因應的策略和措施來調節。

社會大眾界對於「老人」的看法，已從傳統「長壽」、「有福」、以及「仁者、智者風範」的象徵意義，轉化爲「依賴人口群」、「社會的負擔」和「福利的無底洞」（胡幼慧，1995）。當老年人口成爲依賴人口群時，其生活、安養、醫療、照護、育樂等的需求，自然成爲社會的重大議題。針對老年人的安養與照護，由於我國社會傳統向來係強調以家庭肩負該責任。是以，面對人口高齡化的趨勢，政府政策向鼓勵老人與其成年已婚子女一起居住，由子女就近照顧。但老年人的安養問題在三代同堂的家庭裡是否就能獲得解決？及因應人口高齡化後，老人照護問題宜如何解決？是社會亟需面對的。

高齡人口概況

近年來台灣地區人口趨向高齡化，89年戶內有65歲以上高齡者家庭約占全體家庭二成九，十年來增加8.7個百分點。就戶內有高齡人口家庭型態觀察，老人獨居比率由79年11.4％升至89年15.0％，夫婦二人同住者亦由14.8％提高爲23.3％，與子女親朋同住家庭則相對由73.8％降至61.7％，其中仍以較有益於老人安養與照護之三代同堂家庭占33.9％爲主，惟較79年45.3％大幅下降11.4個百分點。

依所得來源觀察，89年戶內有高齡人口家庭平均每戶所得85.8萬元，其中移轉收入占25.5％，較全體家庭14.5％爲高，主要爲單人、夫婦及祖孫等家庭移轉所得比重較高，分別爲64.1％、46.3％及43.7％，其來源首由親朋支應，占所得比重均達二成以上，其次則來自社會保險給付，約占一成；要素所得則以三代及核心家庭所占比重較高，均逾八成，主要爲薪資所得。

就消費情況來看，89年戶內有高齡人口家庭平均每戶消費支出58萬元，其中醫療保健支出占16.3％，高於全體家庭11.1％，而全民健保補助之醫療就診費用即占10.9％，顯示全民健保對於高齡人口之醫療服務需求提供相當的保障；未來期望能透過更完善的健康保險體系，建立良好的老人醫療保障制度，以因應高齡化社會的需求。

表 3-1　高齡人口家庭概況

	79年有高齡人口家庭比重(%)	89年											
		有高齡人口家庭比重(%)	平均每戶所得(萬元)									平均每戶消費支出(萬元)	
				要素所得所占比重(%)				移轉所得所占比重(%)					
					薪資所得	產業主所得	財產所得		來自親朋	政府社福補助	社會保險給付		醫療保健所占比重(%)
全體家庭	20.6	29.3	102.5	85.5	61.7	17.0	6.8	14.5	4.5	0.6	6.7	66.3	11.1
有高齡人口家庭	100.0	100.0	85.8	74.5	52.3	13.4	8.8	25.5	8.5	2.4	9.5	58.0	16.3
家庭型態													
單人	11.4	15.0	29.1	35.9	17.6	4.9	13.4	64.1	27.5	7.9	12.4	22.7	20.7
夫婦二人	14.8	23.3	53.0	53.7	26.6	9.5	17.5	46.3	20.4	5.5	13.1	39.3	22.3
單親	4.9	5.9	74.6	77.0	59.1	10.8	7.1	23.0	7.7	2.0	8.3	48.9	14.6
核心	14.0	12.2	105.4	80.4	65.4	6.7	8.4	19.6	4.6	1.3	8.7	66.7	15.4
祖孫	2.3	2.5	71.6	56.3	35.6	9.0	11.7	43.7	24.4	3.8	11.2	57.3	16.9
代	45.3	33.9	128.1	82.8	58.7	17.7	6.4	17.2	3.9	1.3	8.5	85.6	14.1
其他	7.3	7.2	92.2	75.2	54.9	13.6	6.7	24.8	7.9	2.9	9.8	54.9	17.5

資料來源：行政院主計處，「台灣地區家庭收支調查報告」，2001年12月5日。

根據內政部90年公布行的「台閩地區老人福利機構需求概況調查」，發現目前台灣地區老人在生活上極待協助的爲：（內政部，2001年）

1.從事老人家庭個案工作：以個案工作協助老人身心的健康。
2.重整孝道，重視家庭倫理：利用學校或社會教育或透過大眾傳播媒體發揚孝道，以及運用社會控制力量約束個人及糾正偏差行爲，確立小家庭的孝道觀念，使老人獲得精神生活的滿足，減少老人心因性疾病之發生。
3.以民法規定扶養義務或扶養義務次序，使老人獲得物質生活保障，減少老人生理性疾病之發生。
4.提供病弱或殘障臥病老人生活必需工具如輪椅等，並派遣老人家庭服務員或醫護人員訪問老人。
5.訪問獨居生活老人，協助其解決生活上的困難或代尋老人寄養家庭。
6.訂定低收入老人認定標準，以確實照顧低收入老人的生活：可依地區、性別、職業、健康狀況訂定計算標準，或依其實際需要發放所需生活補助金。
7.辦理低收入老人創業貸款，促使其自力更生：貸款可維持受助者之自尊，更可促使受助者自力更生。
8.結合民間力量，加強照顧老人生活：鼓勵民間興辦老人福利事業，亦可由政府出錢、百姓出力，發揮政府與人民的合作力量，解決老人社會問題的功能。

面對人口結構日趨老化的現象，妥慎規劃老人福利措施，滿足老人各項福利需求及因應伴隨高齡化社會所衍生之老人問題，實爲社會政策的重要目標。

老人安養

三代同堂體現傳統孝道精神

就我國傳統社會而言，在所有制約個人行爲和調適的制度中，以家庭最爲重要，而家庭對於老年人尤其重要，因爲老年人在桑榆之年，對其它團體的參與日趨減少。在社會與經濟資源稀少或缺乏的情況下，若再加上退休和喪偶所造成的「無角色的角色」（rolelessness）時，必須依靠子女以獲得經濟支持或情感慰藉。在中國人的觀念中，孝順和奉養父母是傳統的家庭倫理，父母從小撫育我們，當他們年邁時就需照顧他們，這是爲人子女的義務與責任，與父母或公婆同住是天經地義的事。讓父母在家中能與子女、孫子女相聚，共享天倫之樂，一直被視爲是家庭生活的最佳模式；故這種孝行家庭一直爲政府所倡導。當前政府對於「孝行」的提倡，和對於「家」的社會責任承擔的強調，是有歷史淵源的。「以孝治天下」是我國傳統的政治哲學。這種政治哲學不但在古籍中一再被申述，如：《大學》「欲治其國者先齊其家」、《孟子離婁》「天下之本在國，國之本在家」等，而且中國歷代的統治者，均一再引用「齊家、治國、平天下」的論調，並以各種社會獎勵及法規來大力提倡。

許多實證研究結果均顯示：絕大多數的父母認爲三代或多代同住是理想的家庭型態（李美珍，1990；黃時遵，1995；林松齡，1996）。因爲：

1.未成年子女有祖父母照顧。

2.成年子女與父母或公婆同住可以彼此照應，如身體健康的照養，危難時相扶助，或由父母代勞家事等。

3.子女與祖父母可以互爲玩伴，祖父母可以享受含飴弄孫之樂。

4.子女可以學習到尊敬與服從長輩。

5.子女有祖父母提供人生經驗或敘述家庭歷史。

6.成年子女能盡孝道，孝順與奉養父母，並增進親情。

7.家裡較熱鬧。

8.增進父母或公婆的健康長壽。

這些研究結果，強調家庭於老人安養上擔負的功能與重要性，相對照於目前整個西方社會中老人福利的發展，也是以回歸家庭功能爲主軸，則可證諸：親情是無法取代的，所以老有所安、老有所終就是希望有「家」的溫暖，若不得已需要有其他機構的照顧，也需要有家的感覺與照顧的溫暖。然而，因應台灣人口老化所帶來的老人安養問題，應著眼於老人的經濟力以及其親屬共居扶養的可能性；換言之，其認爲在討論父母與子女共居意願之前，應先考慮有無子女可以共居的可能性，即須先確認老人安養背後的人口基礎。否則老人光有共居的意願，而無子女與之同處的可能，則多代同居的情形仍無可能。

台灣的家庭結構「瓦解」程度不如美國等西方國家，但因家庭結構變化影響，目前至少有35萬名老人獨居、或僅有老夫老妻相依爲命，且在快速增加中。家庭人口空洞化的現象，使台灣社會勢必面臨嚴重的老人照顧問題。 根據統計目前台灣地區老人安養狀況爲：（內政部，2001）

1.住老人福利機構者占5.17％，較85年上升4.3個百分點；而同時認爲住老人福利機構較爲理想者，亦由4.3％增爲7.47

%，顯示越來越多的老人認同老人福利機構的生活方式。

2.如果有適合的老人福利機構，約有六成民眾願意去居住，只有二成左右不願意，也就是若政府能提供合適的老人福利機構，還是有很高的比例的人會去居住。

3.老年時的理想養老方式仍以與子女同住爲主，但有逐年下降的趨勢。

4.在長期照護的選擇方式中，選擇家庭式照顧者約占五成，機構式及社區式各約占二成。

5.老人對各項老人福利機構的服務認爲很需要或需要者依序爲：老人安養機構（86.72%），老人文康機構（84.73%），老人長期照護機構占（84.14%），老人養護機構占（81.01%），老人服務機構占（80.77%）， 比例均在八成以上，可見多數老人對上述各項福利機構之需求殷切。

6.老人自認爲健康硬朗者，占39.48%，認爲健康不太好，但可自行料理生活者，占58.28%，其中健康尚可，行動尚無大礙者占45.83%，有病且行動不太方便者占12.45%；無自理能力臥病在床者占2.20%，可見要提升老人健康的品質，仍有待各項老人福利的推動。

在「理想中」認爲與子女同住較好，其理由包括可以含飴弄孫、有人照應等；而「實際上」老人的居住方式卻以「獨居」及「夫婦同住」有愈來愈高的趨勢，其原因爲飲食習慣不同、對孫子的管教方式與年輕人不同、自己住較爲輕鬆等。所以老人的居住方式在理想與實際上的落差，也導致三代同堂的問題轉變爲「三代同鄰」，即所謂「新三代同堂」的觀念。如何建構「健康的距離」，維持遠距離的親密，將是新三代同堂努力的目標，如此也較能符合現實環境的需要，而且彼此也將有更多的自由，若有病痛也較方便照應。

老人安養體系現況

爲因應人口持續老化，政府已逐步構建老人生活安全網，除提供各類津貼外，在安養方面，89年底健保特約居家照護機構計290家，較88年底增37家，全年日間托老服務26.6萬人次，老人在宅服務64.7萬人次，均呈增勢；另86年老人福利法修正，給予未立案之安養養護機構二年實施緩衝期，至89年底立案老人安養養護機構521家，較88年底大幅增加284家，且連續第六年擴增，老人安養體系的擴充以應社會的需求。

表 3-2　老人福利服務統計

年底別	中低收入老人與老農生活津貼核發人數（萬人）	日間托老服務人次（萬人次）	老人在宅服務人次（萬人次）	立案安養養護機構（家）
84年底	63.0	18.5	15.3	61
85年底	63.9	19.7	16.5	64
86年底	58.3	25.6	19.3	70
87年底	63.4	31.4	29.5	83
88年底	77.9	23.2	62.1	237
89年底	84.1	26.6	64.7	521

資料來源：內政部、勞保局。

89年底台閩地區立案之老人安養機構、社區安養堂及老人公寓74所，就養人數8,584人，分別較88年底減少14所及1.4%，惟因區位問題導致若干縣市供過於求情況，平均進住率降至62.7%；以照顧生活自理能力缺損或罹患長期慢性疾病之養護與長期照護機構475所，就養人數9,688人，分別較88年底擴增1.6倍及1.4倍，主因86年修正老人福利法，給予未立案之安養養護機構二年實施緩衝期，對未符標準者積極改善所致。另89年底長青學

表 3-3　老人養護機構現況

項目		89年統計數	與88年比較說明
老人安養機構	機構數	53所	-1所
	公立	17所	+1所
	安養人數	8,049人	+0.8%
	進住率	65.3%	-2.2個百分點
	平均每位工作人員服務老人數	3.1人	相同
社區安養堂		17所	-13所
	進住人數	242人	-198人
老人公寓		4所	相同
	進住人數	293人	+5.4%
老人養護機構	機構數	471所	+288所
	公立	3所	相同
	養護人數	9,530人	+1.3倍
	進住率	72.4%	-6.4個百分點
	平均每位工作人員服務老人數	2.4人	-0.2人
老人長期照護機構	機構數	4所	89年新設立
	照護人數	158人	公費28人，自費130人
	進住率	74.5%	可供照護人數212人
	平均每位工作人員服務老人數	2.8人	工作人員56人
長青學苑		303所	+62所
	參加活動人次	9.3萬人次	+16.8%
老人文康中心		259所	+1所
	服務人次	262.6萬人次	-6.3%
社區長壽俱樂部		3,899所	-41所
	服務人次	173.6萬人次	+5.5%

資料來源：行政院主計處，「國情統計通報」，2001年8月7日。

苑、老人文康活動中心及社區長壽俱樂部共計4,461所，全年服務人次達445.5萬人次，顯示我國提供老人再充實、再教育及休閒育樂之服務漸趨重現。

與父母同住，不但便於奉養，而且能使父母享受含飴弄孫的天倫之樂，因此政府於1990年代初期致力於倡行三代同堂老人安養政策，讓老人安養問題能回歸家庭照顧系統。然而隨著家庭結構的變遷、價值觀的轉變等因素的影響，使得父母與子女共居的比例逐漸下降。值得注意的是由於未婚及少生育者人數的持續增加，再加上婦女生育子女數的減少，因此以目前的人口趨勢看來相當不利於代間共居的可能性，也就是說，當老人有相當的意願和子女共居時，老人所面臨的問題卻是無子女可以共居。所以發展社區化的照顧系統將成爲更普遍的趨勢。家庭是老人終其一生最佳的生活場所，即使三代同堂日趨式微，社區式或機構式的收容養護也必須與各方相互配合以製造「家的溫暖氣氛」，如此養護老人才有眞正的溫暖與親情。

老人於家庭安養之省思

由前段的討論中瞭解到家庭是老年人最可依靠的安養場所。但是有四個問題值得注意與省思：

1.老人問題不單只是家庭問題，它還是社會問題、是公共問題。高齡人口的社會結構所代表的未來趨勢是老人問題是社會的共同責任，並且是由政府主導規劃結合社會參與的福利制度。
2.三代同堂的家庭，很多是由於成年子女購屋困難，所以才與父母或公婆住在一起。但對缺乏資源的老年人而言，在家中的地位大受影響，孝道的道德觀成爲唯一的社會資源，是維護「三代同堂」這基礎的唯一防線，在「不安全感」下，他們期望倡導三代同堂的政策來保障自己不受遺棄。有鑑於此，政府在倡導孝道觀念的同時，也應該致力於維護三代同堂的相關措施的擬定，例如，提高所得稅中父母扶養寬減額的優惠，提供折衷家庭新購房屋或翻修的貸款補助以適應老年人的需要等。

3. 在家庭關係中不論是育兒或是奉養的責任，被要求的往往是婦女，照顧的天職往往與婦女劃上等號。「女性的天職是照顧者」這是性別社會化的過程中所塑造出的概念。在多元文化價值觀的影響下，社會規範對於男女性別角色與家庭責任應有更彈性的調整。如果不能調整對女性角色的定位，如果仍是將女性的天職鎖定在家庭中的照顧者，那麼所有的福利政策對女性而言只是一種制約；反之，若能以眞正開放、尊重的態度重新肯定女性多元的角色功能，這才是一個正確的起點。
4. 台灣目前女性的平均壽命比男性高出5.43歲，再加上男女在婚齡上的差異爲3.5歲，就此現況而言，老年女性守寡的平均年數高達九年。另外，據統計女性到了七十五歲以後，七成以上是寡婦。目前未喪偶的夫妻仍以「妻侍夫」這種老伴照顧的型態爲主。老年婦女在「父系家庭」、「喪偶居多」及「缺乏長期照護體系」的狀況下，造成「代間依賴性高」，而且媳婦往往承擔最重的負荷，三代同堂阻礙了兩性的不平等，也使家中兩代女性——婆婆和媳婦的困境都隱形化了。由此可見國家對於老年人安養醫療及婦女福利的照顧是刻不容緩的。

在工商社會裡，夫妻多爲雙薪家庭，因此老人日間乏人照顧的問題日益凸顯，一個老人從「完全健康、獨立」到「完全依賴他人照顧」，必須有一個完整的、連續性照顧的概念，使服務完整化而非零碎化、切割化，這個「連續性照顧體系」可分爲四大類：（一）居家服務；（二）協助生活服務；（三）社區服務；（四）機構服務。有些人視退休後的老人爲「撤退人口」（disengagement population），並認爲他們的工作是多餘的。但是專家評估表示，老年人仍然需要工作，主要理由包括：經濟需求、自我實現、寂寞排遣、人際接觸、心理補償、老化延緩、自尊維護、精神寄託等。所以社會應把老人也當作一份社會的資源，不要因其漸老，就將之放棄或摒棄，而應積極地將老人組織起來，使此一資源得以投向生產。例如，有文教專長的老人可輔導其進入民間機構從事社會工作或文宣策劃；住在社區中的老人可向工廠包攬工作；另外也可以爲老人舉辦職業訓練或成立老人人才中心，讓老人能尋求機會以充分發展潛能，過著具有生命尊嚴及彩霞滿天的晚年生活。

老人經濟生活維繫

就以老人安養機構問題而言，民間團體「老人基金會」曾經按照法定設置標準計算安養成本，結果發現平均每位老人每月所需費用即達四萬餘元，超出現在一般老人安養機構收費二至三萬元的標準甚多。另一方面，一般民眾平均每月可支配的所得，也不過三萬餘元。顯而易見，低價位、不合格的老人安養機構能夠擁有廣大的市場，最主要的因素是家屬無法負擔較高的照護費用。至於國家財政的介入支持的老人福利年金，在人口急速老化的情況下，恐怕也是杯水車薪。

爲呼應人口日益老化的趨勢，妥爲規劃建構完整的社會保險制度，集眾人之力，以補個人和政府部門之不足，已成必然的趨勢。包括英國、德國、荷蘭和日本等國家，都已陸續完成年金、保險、醫療等制度結合的配套措施，妥爲因應老人福利問題。在未來我國正式開辦「國民年金」制度之後，六十五歲以上的老人，將可按期受領老人年金，必能進一步保障安養照護的基本需求。

老人生活品質與老人經濟狀況息息相關，然而根據內政部於90年公布的「臺閩地區老人福利機構需求概況調查」資料顯示，其間並未予人有樂觀的期待，因爲：

1. 六十五歲以上老人賦閒在家者占83.11％，從事全職性工作者占5.61％，從事兼職性工作者占5.32％，從事幫忙性工作者占4.69％，從事志願性服務工作者占0.78％。從以上資料顯示，大量老人退出經濟生產，造成許多寶貴之老年人力及腦力資源的閒置甚爲可惜，值得政府及民間團體善加規劃利用。
2. 老人主要經濟來源，以依賴子女奉養占52.32％最高；其次爲本人或配偶之工作收入、退休金及儲蓄利息、租金、投資收入等，合占36.45％；仰賴社會或親友救助者10.68％，顯示大多數的老人缺乏自主性的經濟收入。
3. 就老人目前經濟狀況觀察，認爲有足夠支應儲蓄者占26.35％，認爲收支平衡者占52.76％，認爲不夠用者占20.89％，亦即平均每五位老人就有一位感覺入不敷出。顯示大多數老人因爲提早由勞動市場退出，致經濟收入偏低。

就上述資料顯示，「國民年金」的規劃是有其重要性和必要性。

老人失偶問題

在許多以開發的國家的人口統計資料中都顯示，女性的平均壽命比男性長五到七年，再加上女性通常與年紀較長的男性結婚，使得老年人口中女性成爲失偶的機率遠大於男性。以英美爲例，1998年的資料顯示，六十五歲以上的失偶女性占女性老人的比例在兩國均爲49%，而失偶男性占男性老人的比例卻分別占17%和14%；若以其人數計算，失偶女性和失偶男性比值幾達五比一。

而台灣地區的人口組成也於1994年邁進高齡化的社會，雖然台灣老年人口比例不像歐美那麼高，但失偶者的比例卻和英美兩國類似，根據行政院主計處的資料，在2000年，女性老年人口中失偶者占53%，男性老年人口中的失偶者則僅占17%；人數的比例接近三比一。由此可見無論是台灣或是歐美，老年失偶的問題其實主要在於老年婦女的問題。

對於任何一個人而言，配偶的死亡是生活遭遇中產生壓力最大的事件，而就女性而言，平日生活多以男性爲主，一但配偶死亡，對於女性而言，不僅帶來極大的悲傷，她同時會面臨所得、社會網路和健康等方面的重大變化。這時，來自子女、其他親屬和朋友的各種社會支持對於悲傷情緒的平撫扮演重要的角色。雖然每一位失偶婦女的哀悼時期長短不一，但通常在一年半之後，悲傷哀悼的情緒會漸漸撫平，開始展開她的新生活。由於老年失偶婦女的子女大多已經成年，子女奉養情形不是問題，而她們再婚的機率遠比同樣情況的男性低，因此在往後的生活中，所得的保障、健康的維持，以及子女親友的支持網路便成爲影響失偶婦女生活的關鍵因素。

所得的保障及健康的維持是每一位老年人是否安享晚年的兩大關切的議題。由於台灣地區除了少數老年享有所得的保障外，大多數的老年主要是靠子女供給生活開銷之所需。對於這些婦女曾經進入勞動市場的比例很低，是否有子女供養就成爲晚年所得保障的主要決定因素。

在健康方面，無庸置疑地，影響老年生活品質最關鍵的因素是健康，健康狀況不良則不僅會耗盡所有的積蓄，使生活陷入困境，而且須要他人照顧的生活容易使老人失去自尊心、心生不滿和充滿絕望。研究指出自評健康狀況是影響老人是否需要家人照顧的一個重要因素。由於婦女一生中常扮演照顧別人的角色，若非健康因素不輕易接受別人的照顧，所以對一個老人而言，健康代表獨立，亦即生活可以自理，而生活可自理就意味著自我尊嚴。

支持網路或社會支持指的是能提供友誼、生活協助、建議或個人照顧的人，通常是一個人的父母、子女、配偶、好友、鄰居和其他親屬等。對老年失偶婦女而言，則其子女、好友、鄰居和其他親屬是支持網路的重要組成。至於支持的類型可分爲經濟的（如金錢），日常事物性的（如交通、打掃、洗衣和病痛照顧等）。社會的或精神上的支持（如閒聊慰藉）。

根據學者的相關實證與調查分析中，於老人失偶問題上可獲得下列幾項結論：（林松齡，1996；陳燕楨，1998；徐麗君，1999）

1.台灣地區的失偶老年婦女普遍有年齡稍高、教育程度偏低、且多與子女或子孫同住的現象。她們的教育程度多集中於不識字、這與她們生長的環境有關；由於失偶的女性老人需依賴子女提供生活保障，導致居住在三代同堂家庭的比例最高。

2. 在經濟保障與健康方面，老年失偶婦女的每個月所得金額不高，但大多足以自給自足，影響開銷度不足的原因與健康有關。大多數的失偶婦女自覺健康狀況良好，生活大多可以自理，但患有一種慢性病以上的比例高達79％。資料顯示傳統的婚姻角色對婦女身體健康有負面的影響，對男性則反而有正面的保護作用。

3. 在支持網路方面，多數的老年失偶婦女依賴兒子提供金錢上的支持，生活事物的協助除了自己之外，主要是靠兒子、媳婦，精神上的支持則子女、孫輩與鄰居朋友同具重要的位子。

由以上的分析中可以看出，失偶婦女無論在生活、健康、支持網路方面，都遭遇相當大的問題，主要的原因在於環境的影響，目前台灣失偶婦女的生活多依賴其子的支援，再加上早年失學、以及生活環境多局限於家中，健康問題亦隨年紀而惡化，失偶婦女各方面都引起注意。所幸政府積極推動成人基本教育，提供不識字的民眾學習識字並獲得生活基本知能，使這一些早年失學的婦女得以於此展開新的生活；又加上政府現已推動全民健保，對於一些家境清寒的老年人的確是一大福音。

老人的醫療照護問題

根據行政院研考會90年公布行的「台閩地區老人福利機構需求概況調查」，老人自認健康硬朗者，占39.48％，較85年調查結果減少4.8個百分點；認為健康不太好，但可自行料理生活者，占58.28％，較85年上升8.0個百分點；其中健康尚可，行動尚無大礙者占45.83％，有病，且行動不太方便者占12.45％；無自理能力臥病在床者占2.20％，已較85年減少3.2個百分點。可見要提升老人健康的品質，仍有待各項老人福利的推動。

老人醫療照護體系嚴重不足

隨著醫療衛生科技進步，近五十年來，除國民平均壽命的大幅提昇外，十大死亡原因，也由40年時的「急性傳染病」轉變為「惡性腫瘤、腦血管病變、糖尿病」等慢性急病。至於人口結構的改變，有快速朝向「人口高齡化」的趨勢；因此整個社會的醫療需求，將由往常以治療取向的服務，逐步邁入以照護為取向的發展方向。職是之故，未來在預防保健體系，疾病照護體系及後續照護體系等工作，將成為醫療福利的重心，也是老人照護的重點工作。

為應高齡化社會的來臨，長期照護規劃主要可分為兩大體系：「居家護理」與「護理之家」的照護。其中居家照護旨在提供居住於社區家庭中的個體服務，避免住入醫院造成老年人對環境適應困難及費用浪費。是以居家護理最適合病情穩定不需住院，但病情又會持續一段時間的病患。在長期照護系統中，對於病患其活動能力仍能部分自理，且仍有家人協助者，可由居家護理接案照護，若患者已完全依賴並造成家人難以承受的極大負擔，而影響家庭正常功能時，可轉介至護理之家，給予短期性或全天二十四小時照護。

根據社會統計觀察這兩年老人福利服務的發展狀況，可以發現有兩項福利服務急遽成長，一是老人居家服務，從86年的19萬人次，到90年增加爲超過94萬人次，成長了4.5倍。另一項是老人的養護機構，從86年的20家，到90年增加爲604家，成長了30倍之多；養護人數也從1,049人增加爲12,482人，成長了約12倍。不過這項數字成長如此驚人，有可能部分來自於原本未立案的養護機構，在政府的輔導與取締壓力下立案所致，並不代表我國老人養護機構實際供給的增加速度。而目前即使將所有立案與未立案的養護機構計算在內，其所提供的服務量仍遠不足以滿足我國民眾的需求，且品質與價格大都不能令人滿意。相對於居家服務和養護機構服務使用的增加，日間照顧服務人次和安養機構的安養人數卻似乎有減少的趨勢。這是否意味著前面兩種服務的提供，部分取代後面這兩種服務的使用，值得進一步研究。

另外，國內失智症老人死亡率比一般老人高出五倍，但八成以上失智老人卻仍未享有相關福利措施。專門服務失智者的照護體系也仍在起步。學者推估，目前台灣約有四萬到六萬五千名俗稱老人癡呆症的失智者，平均每百名老人就有二到五名有失智問題，但其中三分之一家庭從未帶老人就醫。（陳惠姿，1999）國內相關調查研究顯示，台灣地區六十五歲以上非失智老人死亡率低於10％，而失智老人的死亡率爲50％，失智者偏高的死亡率意味要更重視失智者照護。失智者已被納入「身心障礙法」適用對象，經過鑑定，可領取身心障礙手冊享有相關福利。目前實際領有身心障礙手冊的失智老人只有六千多人，至少80％以上的失智者是隱藏人口群體，尚未經過鑑定因而未能享有相關福利措施。若依官方體系統計評估失智者的照護需求，可能只是冰山一角。

家庭照護的隱憂

目前國內失能老人有八成以上都是依賴家人及親友的照顧，家庭照護以老人的配偶、媳婦與兒女為主。雖然在家庭照護可提供老人傳統與親情的照護，但因家庭照護者長期獨撐照護責任，承受相當大的壓力；在醫療方面，沒有專業人員指導照護知識技巧、缺乏諮詢管道、缺乏醫人員駐診巡視；在金錢方面，則可能因為需要照護病人而停止工作，還增加了醫藥等費用。家庭照護者也可能因此而必須減少自己的社交活動及休閒，而在家庭結構變遷、婦女就業及價值觀改變的潮流下，家庭照護的功能可能會日趨式微。

衛生署於的最新統計顯示：台灣老年人口中需要長期照護者就超過七萬八千人，但其中接受合法機構照護的人數約只有一萬二千多人，其餘還有六萬六千多人無法接受合法安養照護，都要借助未申請立案的安、療養機構，這些機構的照顧素質參差不一，令人擔心受照護者所受到的照顧。台灣目前的照護資源確實不足，以護理之家為例，據估計需求床位數在兩萬床左右，但實際上目前合法的床數，供需間差距四十到五十倍。同時根據臺大公衛所吳淑瓊教授的研究亦顯示：台灣在目前，至少有一項失能而需長期照護的老年人口，有六十八萬人左右，且隨著老年人口增加，人數一直持續上升（吳淑瓊，1999年）。他們許多並不需要住院，但卻需要部分專業醫療護理。這些事實和未來發展，更可看出「護理機構」設置的迫切性。

機構照護的需求

有別於許多財團近年來致力設立的千床以上大型化照護機構走向，但就學理或老人需求的實證調查而言，都認為社區化、小型化的方式是最適合的長期照護方式。目前最主要的工作在督促政府制定社區化長期照護公共政策，要求立法和行政機關儘速修訂並通過鼓勵社區化長期照護的法案。

全民健保開辦後，慢性病人占住各大醫院急性病床的情形更加嚴重，許多大醫院統計增加兩倍以上。其解決之道，除了設置專業照護機構外，護理之家應納入健保給付，讓慢性病人有後送管道。根據衛生署的統計，83年健保開辦後，各大醫院住院30天以上的慢性病患占全部住院病患人數比例不斷上升，像台大醫院由健保前的10％升爲31.5％，長庚醫院由原本的5.3％升到15.6％。該調查也顯示，住院30天以上的病患中，五分之四是可以出院的，其中有近四成適合轉送慢性病床或護理之家，二成四可由居家護理照顧。慢性病患脫離急性醫療期後，缺乏後送管道是造成急性病床「塞床」的主因。因此，護理之家應納入給付，以提供完整的照護體系，並有助於福利社會的開創。教學醫院長期以來，因爲老年的慢性或復健病人占住成本高昂的加護病房或急性病床，使得眞正病危者住不進來，醫院也深受不敷成本之苦。這些問題，在急性醫療系統以外的照護機構設置，如：老人或慢性病療養機構以提供解決之道。同時從醫院的立場來說，急性病床或加護病房的投資成本極高，而且功能是設定在救治緊急狀況的病人。究此，可明確看出當台灣人口正快速老化，亟需趕快建立老人及慢性病護理機構。

結論

以往的農業社會平均壽命不高，人們常未達到老年階段即已死亡，故而無所謂老人問題的產生。而今日的工業社會中，由於經濟的發展，導致生產規模、生活方式、家庭組織、生存機會的改變，尤其在醫藥衛生與保健方面的進步與發展，不但使死亡率降低，也使平均壽命提高，而且降低出生率，使兒童等低年齡層的人口，占全人口的比率逐漸下降，使老人在全人口的比例中相對提高，造成人口結構急速老化的現象。

台灣社會邁入「高齡化」的現象，專家學者的研究成果早已提出警示。回顧50年時，全國六十五歲以上的老人，僅占總人口的2.49％。至82年底，六十五歲以上的老人便突破總人口的7％，遽增至將近一百五十萬人，使我國進入聯合國所定義的「老人國」行列。而且，這種趨勢還在逐年上升。預計二十年之後，我國的老年人口將超過總人口的15％，三十年後更將到達20％。也就是，屆時台灣每十個人當中，就有兩個是老人。

由此可見，包括改善老人安養機構在內的老人福利制度，有必要及早建立，以免未來「人口老化」現象衍生成爲社會問題。先進國家如法國的老年人口由7％增至14％，歷時一百一十五年之久，美國則經歷了六十三年。反觀台灣，極有可能在不到三十年就會完成相同的過程。人口快速老化，自然應將現有的體制與政策進一步充實，否則不但未來老人安養會出問題，青壯人口的負擔也會更加沉重。75年，台灣平均每十二名青壯人口供養一位老人，但十年之後就變成每九名青壯人口供養一位老人。依照目前的人口老化速度，預計三十五年後，會形成每三名青壯人口供養一名老人的局面。長期來看，如何妥善照顧老人，確實是一個應當未雨綢繆的課題。

在政治變革的聲浪中，老人福利向來都是最熱門的話題，這不僅是因爲老人人數的增加所造成的人口結構的轉變，因此人們預期將引發一連串的社會連鎖效應；另一理由則是老年人有投票的權利，每逢選舉就使得老人的議題備受重視。綜觀老人的福利議題，如敬老津貼、中低收入戶生活津貼、老農津貼和老人年金等，顯然大部分老人福利過分著重於救助或是補助，而模糊了老人福利服務的本質。

現代國家無不積極以提高國民生活水準，促進國民生活幸福爲主要目的，一般學者將之稱爲：福利國家。並認爲透過社會福利制度的實施，能有效達到社會安全，增進人民福祉的功能。老人的生活應不是意謂著孤單、失落、悲傷或被忽略、被遺棄，即使是完全癱瘓、無意識的老人，都應享有「被愛」與「被尊重」的生活。當我們社會中的老人安養與照護問題日益受到重視之際，健全的老人政策亦將是推動社會福利工作的具體體現；老人福利工作並非只靠政府部門就可以做好。例如，健康照護問題，需要衛生醫療單位的配合；日間托老的服務接送，需要交通單位的支援；老人的保護工作，需要司法單位介入；居住安全則需住宅建築的調整……唯有各部門之間相互協調整合，才能發揮整體性的最大效果。老人的安養並不限於身體的照護，老人心理的發展與尊嚴的維護更不容忽視，因此老年人力的運用也有助於老人對自我價值的肯定。就此，社會不僅應保障老人經濟安全、醫療保健、住所、就業、社會參與、持續性照顧等權益，更重要的是所有的服務要能維持個人的自立、增進社會參與、促進自我實現、獲得公平對待和維護尊嚴，以達社會福利的目標。

第4章

貧窮問題

- 前言
- 貧窮的概念
- 低收入戶家庭生活概況
- 民間消費生活概況
- 家庭所得差距
- 單親家庭的貧窮問題
- 貧窮問題的對應——社會救助
- 貧窮問題的克服
- 結語

前言

貧窮是一個複雜的社會現象，不僅存在於落後地區，也存在於經濟已開發地區。從英、美等福利先進國家的經驗，各國所採解決貧窮問題之政策，多半依其貧窮原因，並量度其財源而行。盱衡我國社會與環境之變遷，貧窮問題的解決除致力於貧富差距的不再擴大外，另參酌先進國家的軌跡逐步推動與改善此種現象。

貧窮的概念

從理論的角度來說，貧窮問題，可從三個觀點來分析。第一個觀點是把貧窮視爲「生計」（subsistence）貧窮，生計貧窮與維持個人健康和生活的最低水準有密切的關係。第二個觀點是把貧窮視爲社會的「不平等」（inequality）現象，由於社會階層化的結果，必定造成「貧窮」現象的存在，從這個觀點看貧窮，就是所謂結構性貧窮。第三個觀點則是「外在性貧窮」，指的是貧窮的存在，不僅使貧窮的個人或家庭無法得到基本生活的滿足，同時也是導致其他問題的根源（詹火生，1992）。

生計的貧窮

以「生計」的標準來範定貧窮，是以最低生活標準的「貧窮線」（poverty line）來界定貧窮與非貧窮。早期貧窮的觀念，就是建立在絕對貧窮線的標準之上。早期研究貧窮現象學者的計算，根據每個人每天在食、衣、住、行和育樂等方面所需要的基本數量，計算出「貧窮線」，貧窮線即爲「全家所得不足夠或獲取維持生理功能的最低必需品」。英國研究貧窮的學者郎樹（Seebohm Rowntree）把貧窮劃分爲兩種：

1.初級貧窮（primary poverty）：凡是個人或家庭所得確不敷支出者，即爲初級貧窮。
2.次級貧窮（secondary poverty）：所得數額雖足敷應用，但因道德的缺憾或先天才智不足，爲適度花費，以致不夠維持生理功能者，就是次級貧窮。

社會結構的貧窮

以「結構貧窮」（structural poverty）來說明在一般經濟正常發展、組織結構健全社會下的貧窮。社會學者認爲貧窮現象的存在，不單純是物質條件的缺乏而已，它涉及政治權力分配、教育福利服務、以及法定地位的不平等。因此要瞭解貧窮，就必須考量一個社會不平等的性質，湯生德（Peter Townsend）因此把貧窮解釋爲「五項資源的缺乏」——所得，財產，職業福利，已有公共福利措施，以及私人福利服務等。

從社會資源的缺乏來說明貧窮的概念，就是一般所稱的「相對剝奪」（relative deprivation）的貧窮。相對剝奪貧窮的概念具有兩種特殊的意義：

1.它純粹利用客觀標準來判斷，必須考量一個社會社會整個階層的結構，以及社會資源如何被分配在這些階層。
2.高所得和低所得者的一般生活習慣（包括所得多寡、居住條件、飲食習慣、及其他公共福利服務等）相互比較，以便更加深入確實辨明「貧窮」的問題。

相對剝奪的貧窮，除考慮經濟因素之外，更考慮到整個社會結構中資源分配的情況。從相對剝奪貧窮的觀點來看，貧窮的現象即與「低收入」相近，貧窮本身不再是病態的現象之一， 而是任何社會不可避免的情境。

外在性貧窮

是貧窮人口具有共同的生活方式和文化特質，有代代相傳的趨勢，因此，將使下一代更難以逃避貧窮的困境。這些文化特質，美國學者陸易士（Oscar Lewis）稱之為「貧窮文化」，這些特質將如影隨形，附著在貧窮人口之中。陸易士指出貧窮文化的特質共有七十餘項之多，在經濟方面，包括失業與未充分就業造成家庭短絀，非技術性和專門性職業者經常更換工作，購買力弱、依賴童工、家庭缺乏食物的儲存等。但在歐美的社會學研究，已經證明「貧窮文化」並不存在於流動迅速、社會階層化不嚴謹的社會。

低收入戶家庭生活概況

89年底台閩地區家戶成員平均每人收入在最低生活費標準（最近一年平均每人消費支出之60%）以下之低收入戶共計66,467戶，戶內人數156,134人，分別較上年底增加14%及14.2%，占總戶數及總人口比率1.0%及0.7%，均較88年底上升0.1個百分點，與85年相較，則增0.2個百分點。

第一款爲全戶人口均無工作能力、無恆產、無收益，非靠救助無法生活者；第二款爲全戶人口中有工作能力者未超過全戶總人數1／3，而全戶總收入未超過全戶最低生活費用2／3者；第三款爲全戶人口中有工作能力者未超過全戶總人數1／3，而全戶總收入未超過全戶最低生活費用者。

89年底之低收入戶中，屬全戶無任何收入全靠救助生活之第一款戶數與人數，較上年底微幅增加0.1％及0.2％，結束連續七年遞減走勢，惟占全體低收入戶比重7.5％及3.7％，仍各較上年底續降1.0及0.5個百分點；全戶總收入未超過最低生活費用2／3之第二款及未超過最低生活費用之第三款戶數分別增加14.6％及15.8％，所占比重36.8％及55.7％，則分別較上年底增0.2及0.9個百分點，顯見低收入戶之結構仍持續朝第三款傾斜。

政府對低收入戶之照顧，包括提供生活扶助金、輔助承購或承租國宅、配住或租賃平價住宅、平價供應日用品等，對於低收入戶中之特殊族群，如老人、身心障礙者及兒童，亦另行提供生活津貼及補助，以台灣省爲例，89年度第一款低收入戶每人每月可獲家庭生活補助費7,100元，第二款每戶每月可獲4,000元，二、三款15歲以下兒童及高中職以上在學生每人每月另可獲1,800元及4,000元生活補助費。89年全年臺閩地區給付之家庭與就學生活補助、以工代賑、子女教育補助及節日慰問金額40.3億元，較上年增加8.9％，其中家庭生活補助及就學生活補助分別增加10.4％及14.9％，兩者合占比重近八成。

表 4-1　台閩地區低收入戶概況

	85年	86年	87年	88年	89年
低收入户户數（户）	49,307	49,780	54,951	58,310	66,467
第一款	7,855	6,544	5,795	4,980	4,983
第二款	17,884	18,486	20,696	21,357	24,470
第三款	23,568	24,750	28,460	31,973	37,014
占總户數比例（%）	0.82	0.80	0.86	0.89	0.99
低收入户人數（人）	115,542	116,056	125,426	136,691	156,134
第一款	9,533	7,906	6,767	5,769	5,778
第二款	42,738	42,852	45,658	47,064	52,630
第三款	63,271	65,298	73,001	83,858	97,726
占總人數比例（%）	0.54	0.53	0.57	0.62	0.70
生活扶助金額（億元）	30.6	32.6	34.4	37.0	40.3
家庭生活補助	19.5	20.6	21.5	23.4	25.8
就學生活補助	3.4	3.6	4.3	5.0	5.7

資料來源：內政部，「內政統計月報」，2001年8月23日。

民間消費生活概況

爲判斷貧窮現況，需就一般民間消費情形有所瞭解，根據行政院主計處統計，民間消費爲國內生產毛額（GDP）處分中最大支出項目，占GDP比重於四〇年代高達七成，五〇年代及六〇年代經濟發展快速，儲蓄能力與意願提高，消費比重下滑，至76年降至47.7％之最低點；嗣後隨財富累積與消費觀念改變，復因政府推動自由化政策，降低關稅與非關稅障礙，以及開放中國大陸探親等影響，民間消費占GDP比重亦見回升，由七〇年代51.2％增至八〇年代58.5％。

自民國40年以來，我國實質民間消費平均每年成長8.2％，與平均經濟成長率8.4％相當，實質消費彈性為0.98，其中四〇年代至六〇年代約0.9，七〇年代起由於新台幣快速升值，加上政府開放措施激勵，實質消費彈性提高為1.1，八〇年代則維持此水準。

就消費結構觀察，由於國人所得逐年提高，衣食類基本需求已漸豐足，致其消費比重呈遞減趨勢，其中飲食類八〇年代僅占

表 4-2　五十年台灣地區民間消費結構變化　　單位：％

	40年代	50年代	60年代	70年代	80年代
民間消費占GDP比重	71.3	62.1	52.4	51.2	58.5
平均每年經濟成長率（A）	8.0	10.0	9.4	8.1	6.3
平均每年實質民間消費成長率（B）	7.4	9.3	8.7	9.1	6.9
實質消費彈性（(B)／(A)）	0.9	0.9	0.9	1.1	1.1
民間消費結構比	100.0	100.0	100.0	100.0	100.0
1.食	60.1	55.2	48.0	35.7	26.2
a.食品費	53.3	47.1	40.3	29.4	21.9
b.飲料費	2.4	3.2	4.1	4.0	3.1
c.菸絲與捲菸費	4.4	4.9	3.6	2.3	1.2
2.衣	5.9	5.3	5.3	4.9	4.5
3.住	17.3	18.8	21.0	22.4	24.7
d.燃料及燈光費	4.5	4.2	3.8	3.8	2.3
e.房租及水費	12.8	11.1	12.0	13.6	17.0
f.家庭器具及設備費 }		1.6	3.1	2.9	3.0
g.家庭管理費		1.9	2.1	2.1	2.4
4.行（交通及通訊費）	1.8	2.8	5.2	10.4	12.0
5.育樂及其他	14.9	17.9	20.5	26.6	32.6
h.醫療及保健費	2.9	4.3	4.4	5.2	7.7
i.教育娛樂消遣費	5.5	6.3	9.1	14.2	17.4
J.其他費用	6.5	7.3	7.0	7.2	7.5

資料來源：行政院主計處，「國情統計通報」，2001年11月13日，四〇年代係民國40年至49年，餘類推。

26.2%，五十年來降幅高達33.9個百分點；住、行及育樂等消費比重則相對上升，其中教育娛樂消遣及交通通訊費增幅最大，分別爲11.9及10.2個百分點，居住類消費亦因房租易漲難跌及追求較高居住品質，比重持續增加，八〇年代達24.7%。

實質消費彈性指每增加一個百分點的實質所得（生產）影響實質消費支出變動之百分點。

家庭所得差距

90年台灣地區家庭依可支配所得排序後五等分，戶內人口數由所得最低20%家庭（低所得家庭）之2.1人遞增至最高20%家庭（高所得家庭）之4.8人，低所得家庭多數爲人數較少之單人及夫婦二人之家庭型態，合占64.2%，反之，高所得家庭則以核心及三代同堂家庭占86.5%爲主，高所得家庭因戶內人數多，就業者亦多，平均每戶可支配所得178.5萬元，爲低所得家庭27.9萬元之6.3倍。

90年高所得家庭平均每戶消費支出（110.3萬元）爲低所得家庭（28.3萬元）之3.9倍，低於可支配所得之差距倍數，顯示低所得家庭仍多以生活必需的消費支出爲主。低所得家庭有近六成消費係用於食品及居住相關費用，同時亦因其戶內老年人口比重較高，醫療保健支出占15.1%相對較高；高所得家庭則較重視生活品質的提升，娛樂教育及文化支出占14.8%，遠高於低所得家庭之7.3%。

高低所得家庭生活基本設備的普及狀況差異不大，惟在現代科技的享受上則有明顯的差距。如低所得家庭電視、電話、洗衣機等基本設備達八成以上的普及率；惟有線電視頻道設備普及率

四成三、汽車及家用電腦等設備不及二成，與高所得家庭分別達八成及六成以上的普及狀況相較則遜色不少。另低所得家庭中住

表 4-3　90 年台灣地區高低所得家庭概況

	依可支配所得按户數五等分位分					
	全體	1	2	3	4	5
平均每户人數（人）	3.8	2.1	3.5	4.1	4.4	4.8
平均每户可支配所得（萬元）	86.8	27.9	52.4	74.0	101.5	178.5
平均每户消費支出（萬元）	64.6	28.9	49.7	63.3	76.4	105.0
家庭組織型態（%）						
單人	9.6	37.0	7.3	2.3	1.2	0.4
夫婦	11.0	27.2	11.5	6.1	5.3	4.7
單親	7.2	9.6	11.4	6.8	4.9	3.4
核心	50.3	15.7	52.7	61.8	61.7	59.4
三代	16.4	4.0	11.1	17.8	22.1	27.1
消費結構（%）						
食品、飲料及菸草	25.8	28.1	28.1	27.3	26.1	22.9
房地租、水費、燃料及燈光	25.2	30.8	26.8	25.0	24.5	23.6
醫療及保健	10.3	15.1	11.9	10.9	9.8	8.3
運輸交通及通訊	10.6	7.4	9.4	10.0	10.7	12.3
娛樂教育及文化服務	12.8	7.3	11.0	12.7	13.5	14.8
住宅及家庭設備普及率（%）						
電視機	99.3	97.8	99.5	99.8	99.7	99.7
洗衣機	95.1	85.4	95.5	97.4	97.9	98.9
機車	79.7	60.0	83.8	87.1	87.4	81.9
冷暖氣機	80.5	54.7	78.1	85.5	89.8	94.6
有線電視頻道設備	72.3	50.2	71.5	76.0	79.4	84.6
汽車	55.6	17.7	46.3	61.4	71.7	82.7
家用電腦	50.9	12.8	36.4	54.6	68.5	82.0
自有住宅比率	85.6	79.6	81.8	85.9	89.0	91.9
平均每人居住建坪（坪）	11.5	16.2	11.8	11.0	10.2	10.6

資料來源：行政院主計處，「台灣地區家庭收支調查報告」，2002年9月7日。

宅爲自有之比率79.6％，雖不及高所得家庭之91.9％，但因戶內人數少，平均每人居住建坪16.2坪反高於高所得家庭之10.6坪。

單親家庭的貧窮問題

90年台灣地區單親家庭爲五十二萬戶，占總戶數7.7％，較77年提高2個百分點，其中經濟戶長性別男女約各占一半，明顯不同於全體家庭以男性爲主（占85％）的型態；另單親家庭經濟戶長具大專以上教育程度者占19％，較全體家庭低5個百分點，職業爲主管或專業人員者比重，亦較全體家庭低6個百分點。

以父或母爲經濟戶長的單親家庭（23.5萬戶）中，母親爲主要家計負擔者（占七成），較77年提高8個百分點；由於戶長具大專以上程度僅占10.6％，加以每戶就業人數僅1.39人，致平均每月收入4.8萬元，遠低於全體家庭之6.7萬元。

若觀察戶內有未滿 18歲子女且以母親爲經濟戶長的單親家庭（9.8萬戶），近半數至少有兩位未滿18歲之子女，除母親教育程度偏低外（大專以上僅8％）， 所從事的職業多屬較低薪的服務、售貨及組裝工人員占（合占52％），致每月收入4.2萬元，爲單親家庭中最低者。另子女正處於受教育階段，致教育支出比重（19％）較高，此類家庭除面臨在勞動與薪資等不利的環境外，又須負擔家務與子女照護之責，相較一般家庭係處弱勢。

子女爲經濟戶長的單親家庭（19.1萬戶），戶長七成爲男性，教育程度在大專以上者占三成，由於每戶就業人數1.65人，每月收入達5.6萬元，較其他單親家庭爲高，惟戶內有年邁寡居的父或母，家庭醫療支出比重（14.1％）相對較高。

表 4-4　台灣地區單親家庭概況分析（2001年）

	全體家庭	單親家庭
户　　數（萬户）	673.0	52.0
經濟户長性別		
男　性（%）	84.6	48.5
女　性（%）	15.4	51.5
經濟户長教育程度		
大專以上（%）	24.3	19.0
高中（職）（%）	28.3	32.6
國中以下（%）	47.4	48.4
經濟户長職業		
主管經理及專業人員（%）	13.2	6.7
服務及售貨人員（%）	14.7	21.4
機械操作組裝工（%）	14.8	18.3
平均每户户內人口數（人）	3.58	2.74
平均每户就業人口數（人）	1.56	1.31
平均每户每月所得收入（萬元）	8.8	6.4
平均每户每月消費支出（萬元）	6.3	4.6
消費型態結構		
食衣住行（%）	63.7	64.3
醫療保健（%）	12.1	12.1
教育娛樂（%）	16.0	14.7

資料來源：行政院主計處，「台灣地區家庭收支調查報告」，2002年1月12日。

貧窮問題的對應——社會救助

我國社會救助，係秉持「主動關懷，尊重需求，協助自立」的原則，結合民間社會之公益資源，使貧病、孤苦無依或生活陷入急困者獲得妥適之照顧，以保障國民基本生活水準。現行各級政府對低收入戶採行之服務措施，包括提供家庭生活補助費、產婦及嬰兒營養補助、配住或租賃平價住宅、輔助承購或承租國宅、日用品平價供應、老人生活津貼、身心障礙者生活補助、兒童生活補助、就學生活補助等救助。另為提昇低收入者之工作能力，並輔以職業訓練、就業服務、創業輔導、以工代賑等積極性之服務，以協助其自立更生並改善生活環境。此外，也持續辦理災害救助、急難救助、醫療補助、遊民收容輔導等工作，協助民眾解決生活急困及滿足其基本生活之需求。

生活扶助

生活扶助係針對家庭總收入平均分配全家人口，每人每月在最低生活費標準以下者（通稱為「低收入戶」）提供持續性的經濟協助。生活扶助以現金給付為原則（目前我國提供低收入戶的現金給付主要包括家庭生活補助費、中低收入戶老人生活津貼、身心障礙者生活補助費以及貧困兒童生活補助費等四項），另可依實際需要委託適當之社會救助機構、社會福利機構或其他家庭予以收容。院所收容向為我國歷代重要的救濟設施，也是早期社會救助的核心工作，即使在小康（安康）計畫推動時期，機構收容仍然是相當重要的工作。惟近年來，社會福利的專業分工漸趨細密，而去機構化的呼聲高漲，回歸主流社會對接受救助者而言較不會產生烙印感與排斥社會的心態，故機構發展的方向已由傳統社會救助機構統籌概括收容的方式，逐漸轉變爲依照各該福利需求人口群，分由各該類型福利機構提供更符需求的服務，並從機構照顧的理念轉型爲社區照顧的理念，希望透過居家服務與社區服務的方式，使老人或兒童能夠在社區或正常的家庭中生活，或儘量求其機構小型化、社區化。

醫療補助

依據統計，低收入戶主要致貧原因重要度中，年邁體衰、久病不癒、身心障礙即在前五名之列，低收入戶及一般民眾如因金錢問題未能就醫，得不到妥適的治療與照顧，將造成貧病的惡性循環，更顯示醫療補助對低收入戶的迫切性。是以目前經由全民健康保險之費用補助方式，辦理醫療補助，以期能保障低收入戶就醫的權利，降低就醫時之經濟性障礙，爲配合全民健康保險之實施，政府早在民國79年即開辦低收入戶健康保險（簡稱「福保」），民國84年正式納入全民健康保險範圍內。

急難救助

急難救助的目的，在針對遭逢一時急難之民眾，及時給予救助，得以渡過難關，迅速恢復正常生活的臨時救助措施。

災害救助

災害對人類社會之危害，自古以來皆然，儘管社會不斷進步，物質生活、科技水準持續提升始終無法使人類免於天然災害的威脅，特別是由於台灣地區地理環境之特殊條件，颱風、水災、地震時有發生，往往造成民眾生命與財產之重大損失，災後之復建亟需政府救助與社會援手，以安定受災民眾生活，協助重建家園。

低收入戶精神病患收容治療

為照顧低收入精神病患者，減輕低收入家庭負擔，84年3月1日全民健康保險施行，持全民健康保險卡前往特約醫療院所就醫，無法以健康保險住院就醫者，則由地方政府委託合格精神科醫療院所收容治療。

貧窮問題的克服

我國的社會救助法在87年底完成修訂並公布，從政府的支出來看，我國的社會救助支出在新法實施後反而一路下滑，從86年的360億元，在87年縮減成250億元，到88年再縮減成236億元。89年升高則是受到九二一大地震影響所致。過去我國低收入戶數占總戶數的比率都維持在0.8％到0.9％間，低收入人口占總人口數的比率大都是在0.5％到0.7％間。造成此種結果的原因，那麼可能可以有兩種解釋。一是我國民眾的消費能力差距擴大了，反映出貧富不均和生活方式的階層化情形更為嚴重；另一種可能的解釋，則是由於低收入戶的補助須經申請審查，而許多合格的民眾不知道可以申請或不願申請，或是審查人員的認定方式（例如，對於家戶成員的認定）過於嚴苛，以致於獲得社會救助的人口未如預期般增加。此外，若將我國目前的貧窮率和美國的15％到20％比較，則顯然我國目前的貧窮認定標準仍然過於嚴格，不足以反映社會眞正的貧窮狀況。根據現行社會救助的成效尚有下述是値得努力的方向：

低收入户之認定標準及扶助措施

應以民眾需求爲導向，並落實公平正義原則未來應在公平原則及不影響低收入戶成員工作意願的前提下，考量其基本生活的需求訂定之，或配合國家財政所能負擔的條件下，適度放寬低收入戶的所得認定標準，將所得瀕臨貧窮線的人口納入社會救助體系中，避免以身分別區分受救助對象，將資源用在眞正需要照顧的人口群。

生活扶助給付項目與方式的多元化

發展現行生活扶助項目除了家庭生活補助費及相關現金給付的核發外，主要仍以創業貸款、職業訓練、以工（訓）代賑、教育補助等項目行之，惟因未落實個案輔導工作，無法針對個案需求規劃扶助方案，推展成效有限。對於身處生活水準日漸提昇環境中的低收入戶成員而言，除加強辦理上開積極性扶助措施外，實有必要再謀求更符個人及社會需求的扶助項目，予以更適當的協助。

生活扶助業務資訊化

生活扶助係屬經常性的救助工作，需付出較高的人力行政成本，宜建立資訊化之資料庫以掌握完整的受助人口群並解決人力不足的問題實屬當務之急。

廣結社會資源，積極推展社會救助業務

「政府能力有限，民間力量無窮」，社會救助工作要有效推展，必定要結合各種社會資源（包括人力與財力），尤其是慈善團

體的力量，方可補政府力量之不足，結合各種資源將可造福更多受助者。

改善醫療資源分布不均之問題

現行醫療補助最主要的問題，也是我國醫療體系最主要的問題醫療資源分布不均，過度集中都會地區，造成偏遠地區低收入戶就醫的成本較高，降低就醫的意願。醫療資源分布不均的問題，仍有待衛生單位全力協助解決。同時，現行政府提供之醫療補助措施，對於部分迫切需要該服務之人口群仍力有未逮，例如，針對低收入戶之外籍配偶無力繳納全民健康保險費問題，宜廣為利用民間資源，提供相關服務或補助措施，以補政府能力之不足。

災害救助方面

有關天然災害救助措施，應本諸救急原則，由地方政府辦理為主，以掌握時效。並妥善運用社會資源，協助遭逢急難變故家庭獲得充分救助。利用各項管道宣導急難救助，鼓勵各界踴躍捐獻急難救助基金，充實財源擴大辦理救助工作。應針對個案情境主動轉介適當之福利服務及他類救助，並運用社會資源予以協助，使急難個案獲得及時完整而有效的照顧，免於淪入貧窮。

結語

阿扁從貧戶之子而貴為元首，他常津津樂道。這樣一則傳奇說明台灣以前的社會流動順暢，只要努力，貧微可以顯貴，貧富階級並不僵固，人人都有出頭天。

如今，阿扁傳奇會不會淪爲絕響？在經濟衰退的打擊下，答案越來越讓人憂慮。高所得者以知識、資產賺錢，對抗景氣的能力強，靠勞力討生活的工農階層，載浮載沉，卻有遭吞噬的危機。根據行政院主計處統計90年，低所得家庭所得減少了10.7％，遠高於全體家庭平均減少2.7％的幅度。進一步反映出的現象是貧富差距空前擴大，高低所得家庭所得差距達6.39倍。

貧富差距在台灣已經不是一時的問題，將成爲長期趨勢。富人家庭，小孩受雙語教育，有機會取得最新資訊，寒暑假出國遊學。相對地，窮人家孩子繳不出學費，吃不起營養午餐，沒錢買電腦，沒機會學才藝，起跑點已遠遠落後。窮孩子受不到好教育，將來很難有好工作，上一代窮，下一代仍舊窮，如同「複製貧窮」，貧窮永難反轉。

阿扁當年靠苦讀出頭，那時的台灣很靜態、很封閉，念好幾本教科書，拼過聯考，就能向上爬。今天台灣必須在激烈的國際競爭求生存，無錢、無力投入豐沛教育資源的家庭，孩子能有多少機會？貧窮問題不緊深及人民生計也關乎社會公義，是宜正視與克服。

第5章

社會風氣問題

- 前言
- 社會風氣寫眞
- 消費文化縮影
- 心靈改革、社區營造與社會改造的推展
- 結語

前言

台灣地區近年來隨著工商業迅速發展，國民生產毛額急遽上升，經濟成長以及民主化的趨勢，導致社會以及個人行爲思想的改變，已是不爭的事實。人們的生活型態與價值意識也和以往大不相同，從報章雜誌中幾乎不曾間斷的經濟犯罪與金錢引發的暴力事件可看出端倪，以往農業時代辛勤安分的精神已不復見，改由盲目逐利的金錢遊戲所取代。這種現象對我們所處的生活環境已經造成極大的危機，值得身爲社會加以重視、檢討。台灣物質社會不斷成長，原有的社會、經濟與精神結構卻未能因應環境的改變而隨之調整擴張，以致舊有體制無法容納眾多成長的事物，使的社會規範失去對社會成員的約束。在這樣的一個背景之下，不但個人的價值觀有著極大的變化，甚至整個社會風氣也受到嚴重的挑戰。有識者正努力設法加以匡正，藉助於適當的理念與措施，以重新建構一個健全的社會。

國內學者經由實證研究的結果認爲：社會文化的內涵與整體社會風氣有高度的關聯性，並且會隨著社會的變遷而改變其主體價值。（瞿海源，1991；葉至誠，1998）亦即當社會充斥著：個體意識的覺醒，自主參與意願的抬頭和功利氣息的增長，社會成員便身體力行的展現此種特質。經歸納今日社會風氣大致而言有三大類型：第一，悲觀疏離型：對於既存的體制充滿不信任感，對社會的前途多抱悲觀的想法，因此產生一種與大環境脫節的情況。第二，積極行動型：面臨社會的劇變與政治環境的衝擊，往往還保持樂觀的信任，企圖發揮個人對社會的影響力，創造出一些具有較大影響力的社會文化。第三，冷漠從俗型：這一類的人最多，追尋的是現實生活的滿足，對社會外在漠不關心，這些人們多半不能在文化上有所創新，是大眾文化及消費商品的主要顧客，在特徵上是功利、從俗的。換言之，現今社會成員經過社會化後，多半傾向於追尋個己現實生活的保障與改善，對於與自己生存有關的環境有認識外，對整體的社會大多數是漠不關心的。

美國社會心理學家羅克齊（M. Rokeach）認為「價值是個人或社會偏好某種行為方式或生存目標的持久信念，是構成人類態度與行為的要素之一，包括情感性和認知性兩種成分。」人們的價值觀並不是與生俱有的，乃是受到社會文化的變遷及本身心理人格發展的因素所支配，並隨著自我的認知或認同逐步發展形成的，其形成的原因主要受社會化、教育、文化及社會風氣因素的影響。

社會風氣寫眞

所謂的社會價值是指：「社會大眾在經驗世界中，經由長期互動所達成或體現的共識性價值。」其中的共識性，是指多數人經由自由意志的互動結果，而獲得的共同認知，至於價值是具有多樣和複雜的特性，彼此構成相關的互賴關係。任何社會價值的建立，都是社會大眾在經驗世界中，經過長期互動所造成的，而非一朝一夕所形成。

由社會化的過程，使社會大眾的個人價值觀在差異中維持統一與雷同，進而影響或支配日常生活中的互動，藉以體現社會的和諧與整合。相反的如果沒有社會價值體系的存在，個人所承受的價值社會化將會凌亂不堪，根本沒有社會互動的共同基礎，那麼社會秩序一定會混亂。因此社會價值與道德是維持社會秩序的兩大支柱。

在社會學的領域裡，對於人類行爲中的道德規範，做過廣泛與深入研究的首推法國社會學家涂爾幹（E.Durkheim）。他認爲：道德事實也跟其他社會事實一樣，得以被觀察、被描述、被分類、以及被尋找出它的解釋法則。所謂道德事實，包括了某些明顯特性的行動規範。在他所著《社會學方法論》中，涂爾幹直截了當地認爲「道德事實就是社會事實。」我們每一個人，都靠著法律與道德而緊緊地跟社會整合在一起。所以他主張：所有足以形成社會連帶淵源的東西都是道德的來源。道德乃是個人對於社會的義務；這些社會義務代表著不允許個人冒犯的集體意志。譬如在今天的社會裡，在各種神聖意識之中，有一股尊重人類尊嚴的強烈感性，靠著它，不但可以指導我們個人自己的行爲，而且，它也在支配著我們跟別人之間的互動關係。

易言之，涂爾幹認爲所有道德，都會以一種「行爲規範的體系」形式出現在社會裡。這種行爲規範爲何對社群的生活產生如此大的影響力？這就如同康德所說：「道德的優越性，在於能使每一個人都能夠發生一種責任感與義務感。」這種責任感與義務感緊密地與社會權威、社會期待相連接，並經由內化的過程，社會化的效果，造成社會所共有的規範，對個人發生約束力。這種約束力有效地控制著人們的作爲，恰如涂爾幹在「社會分工論」上所論及：「只有面對著人類自己所尊敬的道德力量之前，人們的激情才能有所控制。如果這類道德力量失去了它的社會權威，那必然是一種強權就是公理的混亂狀態……在古代社會裡，經濟只扮演著一種次要的社會功能，如今它卻已成爲天之驕子。面對著它，軍事、行政與宗教等等功能，已經逐漸趨向衰退。惟有科學功能似乎還能夠跟它一較上下，然而，科學也僅止於有實用價值可言的情況下始能運作。換言之，當科學有利於經濟活動時，才會受世人的重視。在我們的社會趨向工業化，整個社會生活層

面裡，形成了一種脫序的景象，就是普遍性道德腐化的淵源，這誠有賴我們大家加以正視並解決。」（陳秉璋，1986）

涂爾幹所屬的時代正值西方社會的轉型時期，此時傳統社會的道德體系已經瓦解，而新的工業社會道德體系卻尚未定型。正如同我們社會今日所處的現象，因此在其對社會建構的思想體系，對道德規範，集體意識在社會變遷中的特性，有相當獨特而精湛的剖析，該見解適足以用來觀察我們整體社會的客觀事實，並用以期待一個有序、嶄新社會的君臨。

本文引內政部發布之「台灣地區國民對生活滿意情形調查分析」（2002）茲將調查重要結果摘述如下：

國民對各項生活滿意情形

（一）國民對自己目前生活感到滿意者占62%，較上年大幅降低11個百分點，主要係受到經濟景氣低迷、失業率提高之影響。國民對自己目前的生活感到滿意者（包括很滿意及滿意）占62.2%，感到不滿意者（包括不滿意及很不滿意）占34.2%。若與2000年比較，對自己目前的生活感到滿意者大幅降低10.8個百分點。對自己目前的生活感到滿意者，就性別觀察，以女性滿意者占66.5%，較男性之58.3%為高；就年齡觀察，以20～29歲者占73.5%最高，50～64歲者占56.6%最低；就有無工作觀察，則有工作者（65%）較無工作者（57.8%）為高。

（二）國民對目前生活各項狀況之滿意度，以與父母關係、親子關係及夫妻生活最高，均逾九成。

（三）國民對目前生活各項狀況感到不滿意比例，以財務狀況達52%最多，休閒生活33%居次。其中對財務狀況不滿意比例較去年遽增16個百分點。

國民對社會風氣、治安狀況及宗教活動滿意情形

（一）大部分國民對目前社會風氣、倫理道德感到不滿意。國民對目前社會風氣、倫理道德，感到不滿意者高達79.4%，而感到滿意者僅占14.9%，顯示社會風氣、倫理道德亟待改善。不滿意者比例若就性別觀察，男性較女性略高；就年齡別觀察，以20～49歲較高；就都市化程度觀察，都市地區遠較城鎮與鄉村為高。

（二）國民認為最近一年來社會治安比以前差者占37%，較認為有改善者22%高出15個百分點；主要原因為新聞媒體經常報導犯罪案件。

（三）國民自認有宗教信仰者占64%；惟對目前社會上宗教活動感到滿意者僅占52%。

國民對住宅四周環境滿意情形

國民對目前住宅四周環境感到滿意者占82%，較去年增加13個百分點；不滿意者以常有噪音污染為主因。

國民對未來生活的期許

（一）國民預期一年後的生活狀況，有36.6%國民預期一年後生活狀況會跟目前差不多， 21.1%的國民預期一年後生活狀況會變好（包括好很多及好一些），而預期一年後生活狀況會變壞（包括壞一些及壞很多）的有31.8%。預期一年後生活狀況會變壞者，就性別觀察，男性遠比女性多；就年齡別觀察，以40～64歲者居多；就有無工作觀察，有工作者較無工作者略多。

（二）國民認為未來生活上最憂心的問題，依序是財務問題、

事業問題、小孩教養及求學問題，各占41％、39％及35％。就性別比較，男性與女性對未來生活上最憂心的問題之順序略有差異，男性依序爲事業問題（40％）、財務問題（39.3％）、小孩教養及求學問題（28.6％）；女性則依序爲財務問題（42.9％）、小孩教養及求學問題（42％）及事業問題（37.4％）。顯示男性與女性關注層面重心之不同。就年齡別比較，20～29歲對未來生活上最憂心的問題爲事業問題；30～49歲者則最憂心小孩教養及求學問題；50～64歲者最憂心財務問題；65歲及以上最憂心的是健康問題。

（三）國民對未來生活之期望，以期望能過治安良好安全的生活與有良好工作或事業順利的生活最多：國民對未來生活之期望，以期望有治安良好安全的生活占46.3％最多，有良好工作或事業順利的生活占44.3％居次，再次爲身體健康的生活占33.1％及能與家人團圓的生活占26％。

表 5-1　國民對目前生活各項狀況滿意情形　　單位: %

項目別	總計	滿意			不滿意			無意見或很難說
		計	很滿意	滿意	計	不滿意	很不滿意	
對自己目前生活	100.0	62.2	6.1	56.1	34.2	27.8	6.4	3.6
健康狀況	100.0	79.3	9.8	69.5	19.7	18.3	1.4	1.0
財務狀況	100.0	45.2	2.3	42.9	51.7	43.2	8.5	3.1
休閒生活	100.0	60.5	5.1	55.4	33.1	29.7	3.4	6.4
社交活動	100.0	68.4	5.1	63.3	22.7	21.2	1.5	8.9
夫妻生活	100.0	91.9	24.4	67.5	6.1	5.6	0.5	2.0
與父母關係	100.0	93.2	28.3	64.9	5.4	4.8	0.6	1.4
親子關係	100.0	93.0	31.7	61.3	5.1	5.0	0.1	1.9
工作狀況	100.0	69.5	9.2	60.3	28.4	25.0	3.4	2.1
鄰居相處情形	100.0	85.0	15.7	69.3	9.4	8.5	0.9	5.6
交通狀況	100.0	71.7	10.7	61.0	27.2	22.7	4.5	1.1

資料來源：內政部，《2002年台灣地區國民對生活滿意情形調查分析》。

表 5-2　近二年國民對生活各項狀況滿意度比較　　單位：%

項目別	90年（A）	89年（B）	比較增減（C=A-B）
對自己目前生活	62.2	73.0	-10.8
健康狀況	79.3	—	—
財務狀況	45.2	60.3	-15.1
休閒生活	60.5	61.5	-1.0
社交活動	68.5	65.0	3.5
夫妻生活	91.9	91.5	0.4
與父母關係	93.2	—	—
親子關係	93.0	90.6	2.4
工作狀況	69.5	70.5	-1.0
鄰居相處情形	85.0	—	—
交通狀況	71.7	63.7	8.0

資料來源：內政部，《2002年台灣地區國民對生活滿意情形調查分析》。

表 5-3　國民對目前社會風氣倫理道德滿意情形　　單位：%

項目別	總計	滿意			不滿意			無意見或很難說
		計	很滿意	滿意	計	不滿意	很不滿意	
總計	100.0	14.9	0.5	14.4	79.4	59.3	20.1	5.8
性別								
男	100.0	14.1	0.5	13.6	80.4	59.9	20.5	5.4
女	100.0	15.6	0.4	15.2	78.3	58.7	19.6	6.1
年齡								
20～29歲	100.0	16.0	0.3	15.7	82.3	63.9	18.4	1.7
30～39歲	100.0	11.6	0.1	11.5	85.2	61.2	24.0	3.2
40～49歲	100.0	13.2	0.6	12.6	82.5	59.7	22.8	4.2
50～64歲	100.0	14.8	0.7	14.1	76.4	58.5	17.9	8.8
65歲及以上	100.0	22.1	0.9	21.2	60.4	46.7	13.7	17.5
都市化程度								
都市	100.0	12.3	0.4	11.9	83.2	60.4	22.8	4.6
城鎮	100.0	19.4	0.8	18.6	72.6	56.2	16.4	8.0
鄉村	100.0	20.7	1.0	19.7	72.2	57.3	14.9	7.1

資料來源：內政部，《2002年台灣地區國民對生活滿意情形調查分析》。

表 5-4　國民預期一年後的生活狀況　　單位: %

項目	總計	變好			差不多	變壞			無意見
		計	好很多	好一些		計	壞一些	壞很多	
總計	100.0	21.2	3.5	17.7	36.6	31.8	21.5	10.3	10.4
性別									
男	100.0	20.0	2.9	17.1	33.8	36.4	23.9	12.5	9.8
女	100.0	22.6	4.2	18.4	39.5	26.9	19.0	7.9	11.0
年齡									
20～29歲	100.0	38.0	7.4	30.6	39.3	20.1	15.1	5.0	2.7
30～39歲	100.0	24.5	3.9	20.6	35.6	31.7	22.4	9.3	8.2
40～49歲	100.0	14.4	1.7	12.7	34.8	39.1	24.5	14.6	11.5
50～64歲	100.0	13.3	1.5	11.8	33.0	38.6	26.1	12.5	15.0
65歲及以上	100.0	5.2	1.2	4.0	41.5	32.0	20.5	11.5	21.2
有無工作									
有工作	100.0	22.7	3.5	19.2	36.2	32.8	22.7	10.1	8.3
無工作	100.0	18.8	3.5	15.3	37.2	30.3	19.7	10.6	13.7

資料來源：內政部，《2002年台灣地區國民對生活滿意情形調查分析》。

消費文化縮影

依據行政院主計處公布的統計指出：近二年國人儲蓄率下降情況嚴重；與歐美及亞洲主要國家相較，國內從民國71年以來，二十年的國民儲蓄率變動下降20％，亦即民國71年儲蓄率為24.5％，但是到了民國91年，則是下滑到23.9％。相較於其他國家，如美國的17.1％、英國的15.3％，則我們的儲蓄率雖然較高，但明顯低於新加坡的52.6％，韓國的29.7％，日本的27.1％等。且值得注意的是：歐美國家因消費習性不同及社會福利制度推行，所以長期以來國民儲蓄率相對較低，而我國的社會福利尚且在建

表 5-5　國民未來生活上最憂心的問題

問題	百分比
財務問題	41.1%
事業問題	38.7%
小孩教養求學問題	35.1%
健康問題	23.4%
人身安全問題	20.2%
父母健康奉養問題	15.1%
自己養老問題	13.0%
居住問題	6.0%
求學問題	4.9%
婚姻問題	4.0%
交友問題	1.7%
其他	1.8%
沒有憂心的問題	6.8%

資料來源：內政部，《2002年台灣地區國民對生活滿意情形調查分析》。

構中，儲蓄率的驟降及消費的擴增，勢將影響人民今日乃至未來的生活福祉。

該項統計亦指出：我國民間消費迅速擴增，平均每年增加12.3%，相較於我們傳統社會向來以「勤儉樸實」爲尚的風格，此亦足以顯示當前社會的消費文化特色，同時亦影響我國的資本累積，直接遷動著未來的經濟發展。造成消費行爲改變的主要因素，包括：「物質慾望的追求」、「外在環境的刺激」、「廣告媒介的充斥」、「都會生活的型態」等原因。

隨著生活水準日益提高，人們對物質追求亦逐漸增長。尤其是當多數的人認爲，使用社會所認可的名牌可以突顯自己的地位和風格時，因此形成追逐流行時尚的風潮。傳統社會一個人的認同感並不建築在消費模式上，多數人的生活重心是工作角色；至

表 5-6　國民對未來生活之期望

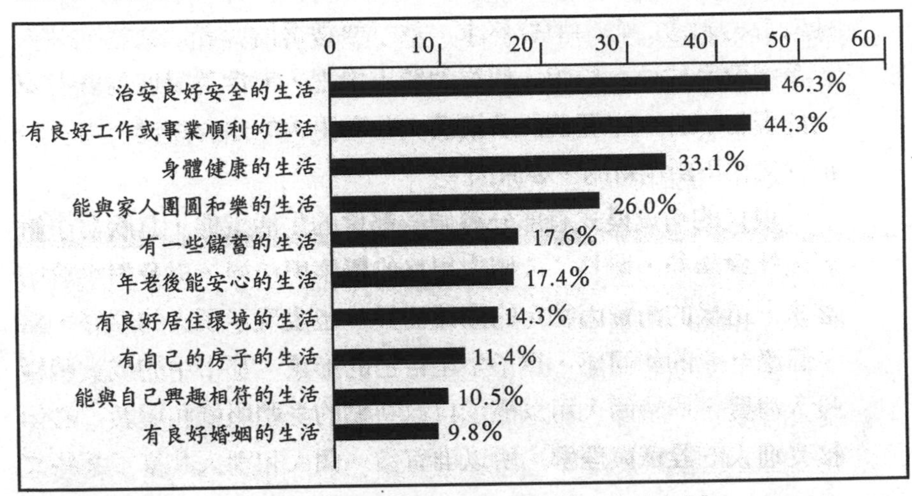

資料來源：內政部，《2002年台灣地區國民對生活滿意情形調查分析》。

於現代社會人們已有足夠的能力及餘暇發展出除工作之外的其他角色，如運動、休閒、居家、娛樂等，因此容易受到物質慾望的左右。

一個人的消費心理取向無時無刻不受外界環境刺激的影響，這些環境因素包括：社群文化、價值觀念、生活型態、個人心理、家庭成員、資產所得、社會評價、商品特性及銷售服務等，這些因素皆足以形成消費慾求，並且隨著外在環境的擴增而提高消費慾望，其中炫耀性的消費行爲正彰顯這種事實。

今日的消費型態已不是以「實用」、「需用」爲主軸，只要能打動人心的產品都會受到青睞。消費者作爲不僅源於商品性的物質消費行爲，而且逐漸轉化與意念有關的文化性消費的行爲。爲了活絡商機、增進利潤，許多企業紛紛採取符號區隔的策略，並藉由修辭與意念刺激的方式，以增加個體對消費的需求。這使得現代消費行爲與其說是基於有用性的物質交換過程，不如說是作爲象徵意義的交換過程。而廣告資訊與傳播媒介的加入，更加快速有效的刺激人們的消費慾求。爲了要獲得消費者的共鳴，廣告已重塑商品的原有風貌，使得消費市場裡，充斥著爭取消費者認同的廣告媒介，亦促使許多消費文化有更大的生存空間，這正是消費文化不斷創新的主要原因。

現代的消費模式有部分導源於都會的生活型態，其觸發了嶄新的社會趨勢，增長了人們對風格的覺察與仿同，以及對消費的需求，這樣的消費因特定的團體而異，也表現了個人的喜好，爲了符應社會的認同感，爲了型塑自己的形象，都市中的成員積極投入消費，同時個人用以標示自己特點的身體服飾和服裝，必須接受別人的詮釋與理解，所以唯有當一個人和別人共享了某些文化符號，他才可能藉由某些方式去凸顯自己的獨特性，於是對消費的追求永無止盡。至於作爲社會大眾行爲的參考主體者，只好一直更換自己的消費模式，在這種生活格調當中，諸如衣物、個人飾品和昂貴的享樂追求等消費，成爲生活重心，而這種生活風格逐漸擴展到整體的社會。

根據社會學者尼可西亞和梅爾（Nicosia & Mayer）說法，消費文化的發展是與整個社會現象、都市文明，彼此相互呼應；亦即消費是一種文化及社會的現象。不論任何時代，一種消費行爲或風格品味的成立，是由當時歷史背景，整個都市發展的進程以及消費者本身對日常生活及商品品味的渴求，廠商在商品形式與內容上的推陳出新等現象，共同塑造而成；而其所代表的是具有深刻的文化性、社會性意涵。每一種消費現象正式說明了當時居民特有的生活面貌，這對於當時的文化背景與社會基礎正好提供了最佳的詮釋。

心靈改革、社區營造與社會改造的推展

隨著許多有識之士憂心於社會快速的變遷所帶來的社會發展困窘，遂提出「心靈改革、社會營造」期能達到社會改造的目標。追本溯源社區工作乃是源於第二次世界大戰結束以後，由聯合國提倡的一項全球性運動，其主要的目的是希望能成爲一種簡易而有效的解決社會問題的方法，用以改善居民的生活方式，運用政府與民間力量的統合，提昇生活素質。根據聯合國有關社區發展的報告指出：「今日，世界上大約有五百萬個鄉村社區，這些地域性結合具有共通的心理意識和制度結構，有遊牧性部落，也有農業村莊。隨著經濟、社會和技術變遷的進步結果，並未能爲農村社區帶來更多的利益，反而打破了傳統農村自給自足的生活型態，且破壞了社會文化的整合力量。鄉村社區正遭逢極大的分裂性壓力，和來自都市文化的各種誘因。隨著人口大量移往都市找尋工作以獲取報酬，這些急驟的改變，使家庭和社區傳統和諧的關係瓦解。未開發國家的農村人民失去原有的純樸勤奮，變成冷漠平淡，新事務引進受到阻礙，對社會經濟的變遷茫然不知所措。」社區工作就是在此種情境下展開，以期有效地改善社區生活，並提出根本的解決方法。然而，該工作的推動並不能僅憑藉資本的大量投入，或是生產技術方法的改進，而必須配合當地人文風土的特性，發展出有效的社會制度結構，以促使社區居民能自發性地改善自身條件，提供接納未來進步的基礎，才能有所成就。

所謂的社區：「自社會學的觀點，是指一個社會的單位，而非法定的行政單位。社區存在於所有的人類社會，與家庭一樣是眞正普遍的單位。其占有一定區域的一群人，因職業、社會文化

的差別，而形成各種不同的自然團結，自然地域，在該地域中生活的契合，使彼此間存有相互依賴的關係。」就此定義，則社區特別強調：生活於該社群的居民具有地緣的感受，及從屬的集體意識和行爲，彼此相互隸屬、相互依賴，並以集體行動實踐共同的目標。社區工作的主要目的，即是爲進行社區營造。社區營造是指：「人民自己與政府機關協同改善社區經濟、社會及文化情況，把這些社區與整個國家的生活結合爲一體，使它們能夠對國家的進步有充分貢獻的一種程序。」此一程序包括兩項基本要素：第一，居民本諸自動自發精神以改善自己生活水準。第二，運用自助互助的精神以發揮效力的方式，提供技術和服務。亦即，社區營造工作是經由激發社區民眾的需求性，引導其參與各項計畫與工作，並以自助的原則，達到社區建設的目標。社區營造工作對引導社會變遷的過程是有價值與建設的成果，因此其被稱作「民主的社會工程學」。由於國情的差別，聯合國推行社區發展時係強調：解決社會問題、改善人民生活、增進社會福利爲目標。我國在推展該工作時，則著重於完成基礎工程，實施生產福利，推行倫理建設；也就是期望自精神到物質建設，以締造均富、安和、樂利的社會爲主要目標。

隨著社會的快速變遷，社區型態與特質也隨之產生若干的改變；是以，過往所強調的基層建設，生產福利建設，已逐漸移轉到精神倫理建設，這也正心靈使改革的主要精神所在，不僅能促使社區生活能隨著環境、潮流的變遷而有效的推移與成長，以達到社區更新，符合現代生活的需求，並藉此促進社區居民的團結意識，發揮共存共榮、守望相助的目標。爲達成此目標，宜朝向下列方向努力：

建立「社區意識」型塑「生活共同體」

所謂的「同屬感」、「歸屬感」。認爲該社區與其關係密切；正如同一個人對自己的家庭、故鄉、社會及國家等懷有特別的情感。這種「我群」的意識，使社區成員對於該社區的建設成就有一種關注與榮譽的感受，對於隸屬該社區的活動，譬如：標誌、球隊、文化特徵、公共建築……都有相當的關注。此種心理的反應便是參與社區活動的動力基礎；因此，在社區營造工作上往往強調社區意識的凝聚與發揮。德國社會學家杜尼斯（Tonnies）運用意識的概念，建構了「社區」（Gemeinschaft）到「社會」（Gesellschaft）的基本類型。傳統的社區多半是基於自然的意願而形成的結合，由於同理心的發展、習慣的接近，共同的宗教信仰等因素，遂形作自然的生活團體，現代的社區則多半是基於理性意願的結合，主要是著眼於共同利益，爲達成特定目的而建立的契約關係。傳統社區較著重於社區利益與社區價值的維繫；現代社區則往往是個人利益的考量高於一切。因此，吾人可以發現意識左右著社區的發展，爲謀社區的認同與社區建設，則需賴提高社區意識著手。就我國傳統社會的特質而論，非常強調人際關係，因而有以「五倫」的互動爲行爲規章，並爲多人際相處的標準。然而對於個人與群體之間的「群己關係」則少有適當的規範，形成一般民眾重族群而輕社群，重私德而輕公德。此種過度強調五倫而忽略個人與社會、社區的群己關係，使社會不能不達到統合，社區未能有效發展，國民流於「一片散沙」的譏評。這也是長期以來，何以社區生活無法引發居民自動自發、共存共榮的主要原因。既知今日社會中，社區生活與個人的關連性，爲謀社區發展，則需賴自高居民的心靈改革做起，增進民眾對社區的認同，以達到社區建設的目的。

經由「心靈改革」的淨化和「社區意識」的強化，將有助於型塑「生活共同體」，乃至於落實「生命共同體」的體現。因爲倘使居民具有我群的意識，自然會流露出對生活環境的關懷和參與。這種社區歸屬感，也將使社區居民易於產生與地方休戚與共，榮辱共存的心理意念，不僅有助於造福鄉梓，同時社會與國家的關係都能有健全的發展。

運用實證方法以瞭解社區居民的共同需要

在現代化的社區，有別於傳統強調以宗親及私人的情感爲特質，而是受到社區居民普遍教育素質的提高，流動性的增加，理性化的擴散等影響；崇尚理性易於創新，且著重現實利益。因此，一個社區能否趨向於團結合作，並非運用文化統合力量可以達成，必須是尋求居民的共同需求、共同利益及共同發展的目標，方足以促使居民放棄個人情感的私利想法，而訴諸理性公利的公益行爲。爲瞭解社區居民的共同需求，以釐清共同需求的輕重程度，以訂定推動社區工作的先後順序。

鼓勵熱心人士的參與和服務

儘管社區工作的推展可透過專業人員的介入，但是如果缺乏地方人士的共同參與，則不易形成持續、整合的力量。因此，喚起民眾的參與和投入成爲社區發展所必須。該項工作宜由社區中的領導者，經由社工員的協助，鼓勵居民認同與投身社區建設行列。經由熱心人士的促發，並鼓勵帶動民眾的投入，社區發展工作方可推行。並足以克服人際之間的疏離與冷漠。

增進社區居民彼此互動的機會

由於現代社會的流動性較高，因此社區居民易呈現快速新陳代謝的景象。為能促使新、舊成員的彼此認識與瞭解，則有必要增進社區居民彼此互動的機會。此種融和的互動方式，包括：

1. 發展新、舊社區成員的共同價值、信仰和習慣。
2. 擴展彼此互動的範圍，使社區居民能加強語言、文字的溝通與合作的機會。
3. 引介新進的社區居民，裨益於彼此的接納和認同。
4. 運用既有的團體、組織，如：學校、教堂、廟宇……等的資源，促使各團體人士共同參與，以增進社區居民互動與接觸的機會。

藉由互動的方式，可增進社區居民的瞭解與合作，並從而發掘領導人才，發展出共同的利益與情誼，形成整合的力量。

運用社區所認同的標識和儀式，促進社區情感

尋求社區所特有的自然景觀、紀念建築、特別傳統……等（如：迪化街的大宗買賣、三峽鎮的祖師廟、平溪鄉的放天燈、淡水鎮的紅毛城、鹽水鎮的蜂炮、美濃鎮的客家民俗），用以建立社區居民所認同的符號標識和儀式，促發共同的情感，發展民眾對所屬社區的「我群」歸屬感。

營造終生學習的社區環境

社區發展的目標是在提供社區居民良好的生活空間，其過程需強調教育的重要性，因為只有人，才是整個社會營造的核心，

促使民眾獲得啓發、參與，以發展出公民意識與社區認同。尤其是當知識已成爲人們迎向未來的最大保證，終生學習亦爲人們不可或缺的生活做領域。爲此具體的做法有：

1. 定期舉辦成長性的聚會，如成長團體、讀書會、社區講座、聯誼會等，居民由團體中成長，有更寬闊的人際關係網，能追求理想的生活型態，能經營自己的親密家庭。
2. 透過前項的成人教育方案，培植與訓練社區內具有潛力的輔導人士，做爲領導幹部或未來的儲備人才，做爲將來的人力資源，同時鼓勵具有地方特質的發展類型。
3. 結合學校資源推動「社區學院」，以提供民眾進修機會。以達到理想的教育體系是學校與社區密切結合的生活共同體，讓社區豐富的生活文化以提供學校活潑的素材，並以學校充沛的知識資源協助提昇社區生活品質，達到全面培養社會人力，提昇人民文化水準和生活素質，建立高素質現代社會的目標。

現代社會的特質是快速而急劇的變遷，除了造成社區型態的變化外，也帶動了社區結構與人際關係的改變。此種改變形成人際關係的疏離，這更突顯在變遷社會中社區營造工作的重要性。爰諸，可以理解在變遷社會裡推動社區工作的重要性。台灣的工業化，使其生活型態從農業漸漸轉化成現代化的社會。無疑的，這種轉變使一般人民的物質生活更加富足，國民所得攀升至已開發國家的行列。但也因爲轉化的腳步過於倉促，以及各種文化體系的條件無法在短時間迅速融合，而造成了之間的斷層，甚至產生脫序的現象。這個現象表現在對名利的追求，對物質資源的無限浪費，而且日趨嚴重，面對這個失序的社會，我們應該要重建社會價值的標準。然而「徒善不足以爲法，徒法不足以自行」，良好的道德規範仍賴人人的踐行與落實，這項心靈重建的工作，尤須運用社區營造加以開展；因爲個人是組成社區的基本單元，沒有個人則社區就無由存在，同樣的個人也依存於社區以滿足人類的各種需慾；是以個人與社區是相互依賴和影響的。經由社區意識的強化，把握社區發展的原則，用以增進現代社區居民對「群己關係」的認同，加以原有規範人倫互動的五倫，予以現代化、生活化及大眾化，建立能配合現代社群發展的合宜意識，進而裨益社區發展的目標「生活共同體的建設」。不僅有助於造福鄉梓，同時社會與國家的關係都能有健全的發展，這項有意義的工作，將不只是心靈改革的體現，也是社區成員的共同期待。

結語

由於工業化及都市化的影響，淡化了社會人際網路的和諧及親密度，窄化我們生活的空間，極化了社會秩序與個人情緒。這種疏離文化充斥於我們的血緣關係（如家族、姻親），地緣關係（如鄰居、朋友）以及僚屬關係（同學、同事）中，使我們的人群關係逐漸地式微；雖然空間距離很近，但社會及心理距離卻很遙遠。我們社會正暴露在一個疏離文化的環境中，因此，若干人自我放逐，將自己孤立於家庭、學校及社會之外，而投入光怪陸離的不良場所。若干問題的來源正是因缺乏成就感、責任感及認同感；而導致疏離的現象，此種疏離包括：學業的疏離、角色的疏離、規範的疏離、價值的疏離。在富裕生活之下，慾望的解放充斥，「只要我喜歡」成了人們的口號，同樣是在彰顯我行我素生活態度，並且從「只要我敢」、「有什麼不可以」的態度中，產生目中無人爲我獨尊的作爲。

要慨歎「這個社會病了」、「世風日下，人心不古」是很容易的事；但這類慨歎並無濟於事，因爲社會需要的是對症下藥的治療，而不是自怨自艾的感歎。只有坦然面對問題並理性尋求癥結，才能找到矯治之道。如果我們把目前的台灣社會定位在「轉型中」，則不管是結構變遷或個人改造，要從過去的威權控制中「解放」出來，大概難免有一番過猶不及的嘗試。不論個人或社會，如果推翻舊有規範、從禁錮中解放的目的，是爲追求個人的自主，則這種重新尋求定位的過程，必然涉及深刻的自省及嚴格的自律。如果只是一味地鼓吹解放，卻沒有同時謹守成熟、理性的態度；亦即只是懂得開放而不懂得認眞，只是追求享樂而忘卻後果，結果造就了放縱與不負責。

一九七〇年代以來，美國社會變遷迅速，尤其是自由主義興起，強調以自我爲中心，傳統上的道德規範被揚棄，而造成社會問題叢生，引發了有識之士對道德教育的提倡。道德教育包括體貼、尊重、容忍、寬恕、誠實、合作、負責、勇敢、和平、忠心、禮貌等。面對我們今日社會的現象，我們實不宜再疏漏提供人們道德教育。社會風氣問題已引起社會大眾的關心，協助社群的發展，除了需對社會的價値、思維有所瞭解外，同時，我們社會宜責無旁貸、劍及履及地提供純淨善良的社會互動，以積極引導人們能見賢思齊，則社會的未來或許可期。

第6章

經濟問題

- 前言
- 台灣經濟現況
- 產業結構變動快速，勞動情勢益趨嚴峻
- 影響
- 結論

前言

「教育、經濟與國防」等三項向被視爲國力的象徵，尤以我國而言，因物質資源並非豐沛，經濟發展長期被民眾認定爲一切發展的基礎，是以說經濟問題是社會問題的根源誠不爲過，台灣地區在勤奮的人民耕耘及正確的政策引導，加以適時的國際情勢，使我們曾創造出傲人的「經濟奇蹟」；但曾幾何時，這番驕傲的成果已成爲過往雲煙。究竟何以導致失業率攀升，生活不保，經濟蕭條，願景褪色……是本章希望討論的。

從上個世紀到這個世紀，全球的政治、文化、軍事，莫不以經濟馬首是瞻，深受美國一舉一動的影響。在二十世紀的最後十年，美國更以其空前繁榮的景象，挾帶著令人望風披靡的新經濟浪潮，成爲全球仰慕的對象，各國爭相模仿學習，冀能得附驥尾，共享榮景。然而，才不過一年半的光景，美國突然成爲擾亂全球經濟運作、拖累全球股價向下滑落的禍首，究竟何時才能不再向下沉淪，仍在未定之天。台灣經濟今天的情形，與美國近十年的榮景，有十分緊密的牽連。1990年代尤其在其後半美國經濟蓬勃向上的景況，受到幾個因素的影響。美蘇和解乃至蘇聯的解體，爲美國創造出的巨大和平紅利，在此期間逐步兌現；一方面大量資金與資源釋放出來，投入民間經濟活動，擴展國內需求，另一方面大量軍用的設備、人員、技術轉爲民用，擴大了全社會的生產能量，同時，軍事預算的停止成長甚至萎縮，也使美國的財政赤字逐漸改善最後轉爲盈餘。企業組織的改善、效率的提升，固然在此期間讓美國的生產力大進。而深受這個核心國家影響的台灣亦步亦驅產生經濟榮景，而愈來愈靈活的財務操作，透過槓桿作用以小搏大，對於金融面更有無可忽視的膨脹作用。網路技術的突破，創造了網路時代的神話，風起雲湧的網路公司，更讓股價一飛沖天，「本夢比」取代了「本益比」，讓投資者如中風狂走，沉迷於美夢之中。而1997年的亞洲金融風暴，將各國資金抽離出來湧入美國尋求庇護，1999年被無限上綱的千禧蟲恐慌更爲美國的資訊業創造無比的商機，也將美國景氣推向熾熱的最高峰。經濟學家由於高熱的經濟並未出現過去難以避免的通貨膨脹，而杜撰出新經濟的神話，爲已經被高漲的股價沖昏頭的企業與投資者壯膽，讓他們消除一切顧慮，放膽地炒作股票、購買房產、大肆揮霍，爲國內需求不斷補充薪材。無疑地，因此忘卻了經濟發展的律則──「萬丈高樓平地起」的基礎耕耘，加以國內政治意識賁張的氛氳，遂使經濟載一次之重挫中每下愈況，成爲政府，民眾亟待克服的問題。

台灣經濟現況

經濟成長率

我國經濟奇蹟向以高經濟成長率爲榮，唯在陶醉政黨輪替的89年第四季起受國際景氣急速降溫及國內股市隨國際股市向下修正而表現不佳影響，內需成長趨緩，經濟成長率降爲4.1％。全年經濟中度成長5.9％，90年更降至1.9％，相較於全球的1.5％，美國的1.2％，亞太的0.8％，則有明顯的差距。至於貿易成長率，國民生產毛額皆低於歷年資料，顯見經濟現況的嚴竣。

表 6-1　我國經濟近年來發展概況簡表

年別	經濟成長率(%)				世界貿易量成長率	國民生產毛額(GNP)	平均每人國民生產毛額	消費者物價上升率
	全球	美國	亞太地區	我國				
85年	3.3	3.6	6.6	6.1	6.0	2,836	13,260	3.1
86年	3.6	4.4	4.9	6.7	10.5	2,933	13,592	0.9
87年	2.4	4.3	-5.0	4.6	4.2	2,692	12,360	1.7
88年	3.1	4.1	6.2	5.4	4.9	2,905	13,235	0.2
89年	4.1	4.1	7.1	5.9	12.6	3,139	14,188	1.3
90年	1.5	1.2	0.8	-1.9	1.0	2,883	12,941	-0.01

資料來源：行政院主計處、"World Economic Outlook, The WEFA Group"，2002年。

外貿巨幅滑落，內需轉趨低迷

90年由於全球經濟急遽降溫，我國外貿受創甚深，全年商品出口1,229億美元，較89年衰退17.2％，其中電子、資訊與通信產品減幅達23.4％；進口隨出口引申需求下降及內需疲弱，減少23.4％；出進口相抵，出超156億美元，其中仍以對港出超251億美元居首，足見兩岸經貿關係的密切，對日入超131億美元則明顯縮小；併計勞務貿易並剔除物價因素，全年國外淨需求對國內經濟成長貢獻2.3個百分點。內需方面，90年因失業率攀升與年中股市表現不佳，所得與財富縮水效應持續顯現，民間消費僅成長1.4％；民間投資則因景氣尚低，業者多採保守策略，加上傳統產業轉型不易或外移，以及比較基數較高，負成長26.7％；另公共投資由於提振景氣追加預算通過較遲，以及基層建設補助經費未順利核撥，影響工程發包與進度，致微幅成長0.5％，合計國內需求對經濟成長之貢獻由89年正3.9個百分點轉呈負4.2個百分點。

賦稅收入待續衰退

受國內景氣低迷，加上長期以來實施各項獎勵投資租稅優惠措施、資本利得免稅、土地增值未按市價計稅及諸多減稅效應影響，全國賦稅收入持續衰退，90年度僅1兆2,587億元，年增率爲負6.7%，減幅係歷年來最大，賦稅收入占GNP比率（賦稅負擔率）再降至12.9%，續創歷史新低，較79年度高峰之20.1%減少7.2個百分點，遠不及OECD工業國家平均之27.6%、南韓18%及新加坡14.9%，顯示我國賦稅負擔率實屬偏低，賦稅收入成長動能遲滯。由於賦稅未隨經濟發展自然成長，致稅收無法充分支應政府支出所需，90年度賦稅收入占各級政府支出比率大幅下降至50.5%，爲史上僅見，收支短絀則擴增爲3,984億元，占GNP比率升至4.1%，超過馬斯垂克條約規範歐盟會員國之3%上限。爲彌平財政缺口，對公債及賒借仰賴日深，累積未償債務餘額逐年攀高，90年底已達3兆251億元，占GNP比率31.1%，政府財政壓力愈見沉重。

金融市場亟待整頓

八○年代政府致力推動金融自由化及國際化，開放新銀行設立並放寬外國金融機構來台設置分機構，對業務局限於地區性且規模較小之基層金融機構衝擊甚深，90年底基層金融機構家數占全體金融機構約四分之一，惟存、放款餘額占存款貨幣機構比重則降爲12.1%及7.6%，影響所及，基層金融機構獲利表現不佳，財務品質日趨惡化，加以人謀不臧，弊端頻傳，逾期放款比率攀升至16.4%，爲全體金融機構逾放比率8.2%之兩倍。

產業投資快速下滑

90年國內固定投資1.8兆元，較89年減少19.2％，其中民間投資因國際景氣急速下滑，國內外需求驟減，致設備利用率大幅滑落，企業紛紛放緩或縮減投資，全年衰退27.4％，其中以機械設備減34.3％降幅最大，運輸工具則因飛機、船舶等進口值擴增近六成而增5.9％。另就國內投資毛額（含固定投資及存貨變動）占國民生產毛額之比率（投資率）觀察，90年投資率17.8％，較89年下降4.8個百分點，亦低於八〇年代平均之24.1％。

表 6-2　我國產業投資概況簡表

項目		90年統計數	說明
國內固定投資(按當期價格計算)		18,317億元	較89年-19.2%
民間固定投資		11,247億元	較89年-27.4%，91年預測+0.2%
營建工程		3,170億元	較89年-19.0%
運輸工具		1,265億元	較89年+5.9%
機械設備		6,811億元	較89年-34.3%
主要國家投資率	中華民國	17.8%	89年22.6%，80-89年平均24.1%
	美國	21.2%	88年21.0%，80-89年平均19.1%
	日本	25.6%	88年25.5%，80-89年平均28.2%
	英國	17.7%	88年18.0%，80-89年平均17.1%
	南韓	28.8%	88年27.0%，80-89年平均33.7%
	新加坡	30.5%	87年30.6%，80-88年平均34.2%
資本設備進口值		9,058億元	較89年-26.0%
機械進口值		3,528億元	較89年-33.7%
大宗運輸工具進口值		545億元	較89年+59.4%
營業用汽車新增掛牌數		5.7萬輛	較89年-15.4%
投資財生產指數		156.2%	較89年-1.4%
房屋建築業生產指數		66.8%	較89年-12.3%

資料來源：行政院主計處，「國情統計通報」，2002年3月4日。

產業結構變動快速，勞動情勢益趨嚴峻

受全球景氣不佳與產業外移影響，90年國內勞動市場需求益趨疲弱，工作機會不增反減，全年平均就業人數938.3萬人，較89年減10.8萬人或1.2%，係歷年首次負成長；其中營造業持續低迷，減8.6萬人，製造業亦減6.8萬人，服務業則增8萬人。

90年平均失業人數45萬人，較89年增加15.7萬人，主因工作場所歇業或業務緊縮之非自願性失業者升至206萬人，占失業比重45.8%所致，各年齡層之失業者中，以家庭生計主要來源且轉業難度較高之35～54歲中壯年增幅最顯著，影響層面亦較大；全年失業率4.57%，較89年增1.58個百分點。整體而言，國內產業結構持續調整，惟因高科技產業及服務業創造就業效果不足以吸納營造業及傳統工業釋出之勞力，勞動情勢益趨嚴峻。隨產業景氣走緩，90年工業及服務業受雇員工每人每月平均薪資4.2萬元，年增率僅0.2%，為歷年最低。由於製造業景氣不振，加以實施工時縮減政策，90年製造業投入工時減幅達14.2%。

表 6-3　我國勞動情況簡表

年別	就業人數 (萬人)	年增率 (%)	失業人數 (萬人)	工作場所歇業或業務緊縮	35-44歲	45-54歲	失業率 (%)	工業服務業受雇員平均薪資 (元)	年增率 (%)
85年	906.8	0.3	24.2	6.8	4.4	1.9	2.60	36,769	3.7
86年	917.6	1.2	25.6	7.1	4.9	2.6	2.72	38,562	4.9
87年	928.9	1.2	25.7	7.1	4.8	2.6	2.69	39,736	3.0
88年	938.5	1.0	28.3	9.1	5.7	3.2	2.92	40,870	2.9
89年	949.1	1.1	29.3	9.0	6.2	3.4	2.99	41,874	2.5
90年	938.3	-1.2	45.0	20.6	10.5	6.3	4.57	41,961	0.2

資料來源：行政院主計處，「國情統計通報」，2002年5月6日。

影響

薪資與工時

隨所得提高，休閒生活日受重視，國人工作時間逐漸縮短。80年工業及服務業每人每月平均工時為196.7小時，90年遞減至174.2小時，十年間減少22.5小時。民國80年前後，國內適逢游資充斥，股市房地產上漲，基層勞工短缺，工資上揚，80年工業及服務業每人每月平均薪資年增達10.6%，爾後隨政府陸續開放引進外籍勞工，加以勞力密集產業外移，薪資增幅減緩，復於87年受東亞金融危機波及，景氣趨緩，90年以來國內外經濟情勢更形險峻，平均薪資較89年減少1.3%。

將名目薪資剔除物價上漲因素，即為代表真正購買力的實質薪資，80至85年間名目薪資平均年增6.4%，同期間消費者物價因風災來襲，公共費率及服務費用陸續調漲，平均每年漲3.6%，剔除物價因素後，實質薪資成長2.7%；86至89年間我國雖處低物價環境，惟受名目薪資增幅明顯縮減影響，實質薪資平均每年僅增1.7%，90年更呈1.9%之負成長。由於景氣走緩，實質購買力降低，國人消費意願及能力減弱，80至89年間民間消費增加率減少5個百分點，90年民間消費增幅更降為2.7%。

物價

89年前三季國際景氣仍佳，OPEC油價由88年平均每桶17.4美元大幅升至27.9美元，帶動國際紙漿、鋼鐵及塑化等工業原料和農產品價格上升，惟因全年新台幣升值3.3%抵銷部分漲幅，致

表 6-4　工時、薪資與實質購買力

	工業及服務業每人每月平均工時	工業及服務業每人每月平均薪資	年增率（%）	消費者物價指數（%）	年增率（%）	實質薪資（元）	年增率（%）	民間消費年增率（%）
80年	196.7	26905	10.6	83.6	3.6	32183	6.7	11.7
81年	196.4	29478	9.6	87.3	4.5	33766	4.9	13.4
82年	196.1	31745	7.7	89.9	2.9	35311	4.6	12.0
83年	196.5	33709	6.2	93.6	4.1	36014	2.0	12.7
84年	194.4	35449	5.2	97.0	3.7	36545	1.5	9.3
85年	193.5	36769	3.7	100.0	3.1	36769	0.6	10.1
86年	194.1	38562	4.9	100.9	0.9	38218	3.9	8.7
87年	190.4	39736	3.0	102.6	1.7	38729	1.3	8.1
88年	190.4	40870	2.9	102.8	0.2	39757	2.7	5.8
89年	190.2	41874	2.5	104.1	1.3	40225	1.2	6.7
90年	174.2	41961	-1.3	103.8	0.6	39543	-1.9	2.7

資料來源：行政院主計處，「薪資與生產力統計速報」，2001年7月17日。

我國進口物價上漲4.6％，其中進口農工原料上漲8.0％，躉售物價（WPI）亦漲1.8％，均爲近5年最高漲幅。

由於具領先指標之WPI呈上漲走勢，89年消費者物價（CPI）較88年漲1.3％，其中商品類上漲0.8％，主因食物類在豬價一路下挫及水果、魚價漲勢緩和下，價格平穩，加以貿易自由化，產業競爭愈形劇烈，商品價格大漲不易所致；服務類溫和上漲1.9％，主因房地產景氣仍處調整期，租金調幅和緩，加以電信自由化，通信服務費趨降及薪資調幅有限所致；不含新鮮蔬果魚肉及能源CPI（即核心物價）全年上漲0.6％。

89年全球經濟雖在美國景氣走緩下成長力道轉弱，惟整體而言經貿仍屬活絡，各國物價上升壓力普遍較88年高，消費物價方面，美國上漲3.4％，亞洲國家（地區）中，香港、日本分別下跌

3.6％、0.6％，南韓漲2.3％、馬來西亞漲1.5％、新加坡漲1.4％。

表 6-5　國內物價變動概況

	年增率（%）					
	85年	86年	87年	88年	89年	90年
進口物價指數	-2.5	-1.4	0.7	-4.1	4.6	1.1
農工原料	-1.6	-1.0	- 2.7	-4.9	8.0	1.1
躉售物價指數	-1.0	-0.5	0.6	-4.5	1.8	0.0
消費者物價指數	3.1	0.9	1.7	0.2	1.3	0.3
商品類	2.8	-0.1	1.4	-1.0	0.8	-1.0
食物類	3.7	-0.9	4.4	-0.5	0.2	-1.7
服務類	3.4	2.3	2.1	1.7	1.9	1.9
房租	2.5	1.2	1.4	0.6	0.2	0.2
核心消費者物價指數	3.1	1.0	1.1	1.2	0.6	0.5
新台幣對美元匯率變動←	-3.6	-4.3	-14.2	+3.7	+3.3	-6.9
主要國家（地區）消費者物價指數↑						
美國	2.9	2.3	1.6	2.1	3.4	3.4
日本	0.1	1.8	0.6	-0.3	-0.6	-0.3
香港	6.3	5.8	2.8	-4.0	-3.6	-1.7
泰國	5.8	5.6	8.1	0.3	1.6	1.9
新加坡	1.4	2.0	- 0.3	0.1	1.4	1.7
南韓	4.9	4.5	7.5	0.8	2.3	4.8
馬來西亞	3.5	2.7	5.3	2.8	1.5	1.5

資料來源：行政院主計處，「中華民國台灣地區物價統計月報」，2002年8月28日。

90年來雖新台幣兌美元貶值造成進口成本上升，惟因景氣降溫，需求萎縮，國際原料、農工物料及製成品價格走緩，上半年WPI微幅下跌0.01％，而CPI因蔬果量豐價跌，且內銷市場競爭劇烈，商品類價格調漲不易，加上服務類價格平穩，微漲0.3％，和主要國家（地區）比較，僅高於日本、香港，物價漲勢堪稱平緩。

國民生活

近年來隨經濟規模擴大，國人重視休閒及生命價值等社會觀念變遷，所得累積速度逐漸趨緩，90年實質國內生產毛額9.7兆，爲71年之3.7倍，與85年相較平均年成長5.6％，較80～85年之平均成長6.8％下降1.2個百分點。經濟成長降溫，加以每戶人口數由71年4.7人逐年降低至90年3.6人，實質每戶可支配所得增幅亦告減緩，90年86.7萬元較85年平均年增1.5％，比80～85年平均增幅4.2％下降2.7個百分點。

近年來由於高科技產品興起降低生產成本，以及自由化與國際化浪潮促進市場競爭，國際物價得以維持安定局面，加以國內房地產價格平疲，薪資漲幅溫和，影響所及，CPI漲幅持續平穩，90年反而下滑0.01％，低於往年平均水準。另失業率方面，因國內產業結構更替、管理技術創新帶動組織改造風潮以及企業厲行自動化取代部分人力，結構性失業持續存在，90年失業率達4.57％。

表 6-6　國民生活指標經濟安定領域概況

年	71	75	80	85	90
國內生產毛額（兆元）	2.6	3.7	5.5	7.7	9.7
每戶可支配所得（萬元）	38.1	44.3	67.4	82.6	86.7
消費者物價指數上升率（%）	3.0	0.7	3.6	3.1	-0.01
第五分位組爲第一分位組倍數（倍）	4.3	4.6	5.0	5.4	6.1
失業率（%）	2.1	2.7	1.5	2.6	4.57

資料來源：行政院主計處，「國民生活指標」，2002年1月15日。

家庭可支配所得第五分位組爲第一分位組倍數自71年4.3倍逐步上升，至90年達6.1倍，顯示家庭所得分配差距日漸擴大，主因人口老化及家庭組織結構持續改變，老人家庭或小家庭總收入相對較低所致，另失業率走高，戶內無人就業之無業家庭增加，亦加深家庭間高低所得差距。惟政府持續推動社會福利措施，已有效減緩所得差距擴大速度。

結論

公元兩千年之後，經濟榮景隨政黨輪替熄滅。千禧蟲的熱潮突然消失，留下一個難以塡補的大窟窿；網路公司兵敗如山倒，到處都是劫後的災民；亞洲金融風暴平息，避難的資金又回歸正途；而和平匯利也終於用盡，財政預算又轉爲赤字；新經濟的神話戳破，從上升的股價反轉崩跌，美夢破碎，「本夢比」又回到「本益比」。但是新經濟的狂朝退卻，水落石出，方才暴露出瘋狂搶食繁榮大餅的企業主管們運用財物槓桿所堆砌的砂上之塔不堪一擊，一一被揭發的財務醜聞摧毀了投資者對每一個企業主管的信心，也毀滅了人們對經濟的信心。資金退出股市，導致股價快速的下跌，以及台幣大幅貶值。根據政府所提出的92年總預算資本支出衰退5.9％，爲近五年來首見；有助帶動經濟成長的政府資本支出，已遭經常性支出嚴重排擠，將不利後續經濟發展。92年度資本支出三千二百三十億元，比91年度的減少5.9％，是88度以來首度出現衰退。另，92年度經濟發展支出也只有二千二百八十二億元，比91年度大幅減少22％，占總預算支出比重也從91年度的18.4％（第二位），降14.5％，退居政府各項支出的第四位。經濟發展支出大幅衰退，更是近六年來首見，由於國內景氣正逐步邁向復甦，政府經濟發展支出卻出現少見的大幅衰退，勢必不利經濟成長。近來年政府財政收入不足，確實已縮減政府公共支出的能量，並減弱政府藉財政政策提振經濟成長的空間。究其原因，近年來政府大力推動社會福利，社會福利支出迅速成長，加上大量舉債後的償債支出等經常性支出，都嚴重排擠資本支出，資本支出的衰退，對國內經濟發展將是一項不利因素。衡酌國內經濟發展現況，顯然還需賴政府和民眾通力合作共同面對正視。其實，若能澄心靜慮，專注於解決經濟所面對的問題，反能最快見到成果。撥開重重迷霧，可以看出經濟正處於由迷返正的狀態，過去幾年接踵而至的種種擾亂造成一時的狂熱，已紛紛去除，也因而會相對地造成降溫作用。狂熱退盡，祇要把握得宜生產力的持續升高以及科技與知識的競爭優勢還是處處生機。

第7章

生態保育問題

- 前言
- 台灣的生態資源
- 生態保育的問題
- 生態保育工作的對策
- 結論

前言

九二一大地震及其後的土石流所帶來的重大傷害，使大家深切認知到環境保護與自然保育工作的重要性。根據台灣大學全球變遷研究中心的研究報告顯示：「環境所能承受之污染負荷有其極限，台灣地區由於土地幅員有限，經濟快速發展，形成單位面積承受之環境負載非常沉重，而影響環境品質之主要原因包括人口壓力、工廠、車輛以及人類日常活動所產生之廢棄物等等。」（葉至誠，2002）由於我國人口、車輛、工廠及飼養豬隻之密度均比其他國家高，而污水下水道之普及率則偏低，所以環境品質相當惡化。美國國家科學院院士彼得．雷文（Peter H. Raven）博士於指出：「爲免人類濫用自然資源以所導致物種迅速滅絕的現象，大家應善待地球。因人類濫用自然資源，近五十年來，地球減少四分之一的表土、五分之一的可耕地及三分之一的森林，物種滅絕的速度約每年一千種，是自然滅絕速度的五百到一千倍。若繼續用此方式與地球相處，下個世紀將因資源與糧食不足，使得人類的生活水準快速下降。」（P. Raven, 2000）

台灣地區人口相當稠密，加以經濟的蓬勃發展，使得環境的負荷程度非常高，根據下列的統計數字我們不難看見其所呈現的風貌爲：

表 7-1　台灣地區環境負荷簡表

負荷因素	90年統計值	89年統計值	說明
人口密度	619人/平方公里	610人/平方公里	世界第二
汽車密度	158 輛 / 平方公里	151輛/平方公里	世界第三
機車密度	324 輛 / 平方公里	297輛/平方公里	世界第一
工廠密度	2.8家/平方公里	2.8家/平方公里	------
在養豬隻密度	182頭/平方公里	182頭/平方公里	世界第二

資料來源：行政院主計處，「國情統計通報」，2002年2月1日。

台灣近年環境惡化與災害頻仍，顯示自然容受力（carrying capacity）已無法承載。因此在建構健全社會時，嚴肅探討台灣永續發展的議題，確屬必要。

台灣的生態資源

「生物多樣性」名詞在1986年首度被提出，最早是指對地球上所有植物、動物、眞菌及微生物物種種類的清查。之後，生物多樣性的意義被擴及於地球生命世界所有層面，包括所有物種的遺傳及變異，以及由物種組成的群落與生態系統。在此定義下，生物多樣性的概念等同於地球上所有生命。人類所有的糧食、大部分的醫藥、建材及衣物織品的主原料、製造業所需的化學原料、還有許許多多生活要素，都是由各類生物物種所提供。人類生存全然是依賴著生物多樣性。

自生態學者的全球研究發現：蕞爾小島的台灣，生物物種數目與整個歐洲大陸差不多；這是台灣獨特的資源，長期以來卻乏人關注。生長在台灣的生物中，約有四分之一是全球其他地方沒有的所謂「台灣特有種」，其他四分之三物種的遺傳特徵也是非常獨特；台灣四周的海洋生物種類，幾占世界的十分之一。就生態環境而言，台灣是一個封閉系統，很有機會發展成生物多樣性保護的全球示範地區。從亞洲東北沿海下來，一直到台灣、馬來西亞這塊地區，是全球生物多樣性最豐富的地方。台灣身在其中，有必要盡一份國際責任，將屬於我們的部分保護下來。台灣曾經被海上的旅人譽爲「美麗之島」，但近五十年來高度經濟開發，改變了一切。柔腸寸斷的山林、地動山搖的土石流、地層下陷的西海岸，以及消失中的珊瑚礁，將使台灣島生物多樣性快速消失。瞭解、保護、並永續利用台灣的生物多樣性，是我們的義務。如果做得到，對未來的福祉、健康及安全將可提供重大貢獻。重視並身體力行保護世界各地的生物多樣性，同時把「永續性」作爲社會永續發展的考慮因子，將使台灣在改善全球人類生活上有獨特貢獻。歐美、日本等工業先進國家過去五十年的發展模式，幾乎掏空地球資源。台灣要進入下一世紀，絕對不能重蹈覆轍，必須在經濟開發與生物多樣性的天秤上，取得平衡點。

世界著名的未來研究機構羅馬俱樂部，1997年完成一個重要的研究報告「四倍數」(Factor Four)，號召全世界進行一場資源生產力革命，如果未來的人類想福利增加一倍，那麼必須使資源生產力提高一倍，或者說資源消耗量減少一半。實現人類的福祉提高不是依靠更多的電更多的水，更多的生物資源，而是改善現有的系統，而是節流。由此而論，創造我們未來社會的發展之道，絕非再依賴傳統的競爭力理論，而是資源生產力革命；產業規劃也不應根據產業的附加價值，而是資源保留價值；技術的新舊、高低也不是根據資本多寡和電腦應用的程度，而是資源消耗的多少。一旦生物資源消耗減少，溫室氣體發生量同時也減少，使得生物棲息面積逐漸復原，棲息面如漸改善，則自然生態即能恢復均衡狀態。

生態保育的問題

88年下半年及89年度農委會負責之治山防災整體治理工程經費達60.1億元，其中以九二一大地震受災較嚴重之南投縣9.0億元（占15.0%）、台中縣7.3億元（占12.2%）所占比率較高；主要工程為建造防砂壩199座、潛壩462座、河流整治112.5公里、崩塌地處理403處、排水工程69.4公里、擋土牆68.5公里。89年造林面積5,227公頃（占林地面積0.25%），較88年減37.0%，主因政府獎勵民間造林預算經費縮減。森林災害發生272次（減36.6%），以濫墾及盜伐較多；山坡地違規使用遭處罰件數2,305件（增50.9%），罰鍰金額1.8億元（增50.3%）。根據這些統計數

表 7-2　台灣地區生態保育統計資料表

項目		89年統計數	說明
森林災害	發生次數	272次	較上年 -36.6%
	濫墾	84次	較上年 -6.7%
	盜伐	52次	較上年 -27.8%
	蔓延面積	4,352公頃	較上年 +78.4%
	損失價值	1.6億元	較上年 -57.6%
山坡地違規使用	處罰件數	2,305 件	較上年 +50.9%
	罰鍰金額	1.8 億元	較上年 +50.3%
檳榔種植面積		55,601公頃	較上年底-1.8%
	南投縣	17,108公頃	較上年底-2.4%
	屏東縣	14,669公頃	較上年底-0.4%
	嘉義縣	10,263公頃	較上年底-2.4%

資料來源：行政院農委會，「八十九年農業統計年報」。

字，不難看出在生態保育的工作上我們尙有許多待加強之處，不僅是政府增列預算以強化是項工作，同時也有賴教育以落實正確保育觀念，並以實際行動加以體現。

生態保育工作的對策

永續發展（sustainable development）作爲解決全球環境問題的指導綱領，乃源自於1992年聯合國地球高峰會關於「二十一世紀議程」（Agenda21）之決議。人類透過工具改變自然環境，造就物質文明與經濟發展，卻影響自然體系原有的容受力，導致環境的變遷。人們經由自然資源的抽取、製造加工的程序、操控環境的生態等三種形式，改變物質在自然界原本之狀態，以及有機物種在生態系統中的均衡，造成對人類與自然體系之影響。因此討論永續發展，需考量下列幾項關鍵議題：

1.理性面貌：環境議題是以理性邏輯推演論述爲其方法，不以感性與信仰爲定位。
2.環境議題需以整體論（holism）爲方法論，不僅探討環境問題，並且追究其社會背景，以圖以人類文明爲經、以自然科學爲緯，建構一個完整的問題解釋。
3.環境議題牽涉人的因素，非單純之純粹科學問題。
4.環境議題爲眾人關切的問題，探討所有影響個體與群體的整體因素。

當台灣的發展歷程，由於國際化、全球化的趨勢，以及菁英教育的發展，形成第三波文明的基礎；在此同時，永續發展所揭示的環境資源的永續以及生活品質的維護，成爲全面努力的目標。經歷九二一大地震後，台灣各種不同文明典範之間對於環境維護的迫切需求，恰可爲跨世紀永續發展的優先目標；也就是自然保育已形成社會政策核心，是未來台灣建構永續發展策略時，必須優先考慮的目標。

製造業的蓬勃發展創造了台灣的經濟奇蹟；然而，在國民平均所得與日俱增的同時，社會大眾也因過分重視經濟活動，而付出了相當的代價。工業污染和災害所導致的公害事件，究其原因係企業對於經濟活動的投資與開發過於著重技術和經濟效益的考量，而忽略環境保護的影響。環境保護已備受全球重視，目前國際間重要之環境問題相對應之環境保護公約如下：1989年保護地球臭氧層的「蒙特婁議定書」、1992年有害廢棄物越境移轉管制及處理的「巴塞爾公約」、1994年溫室效應的「氣候變化綱要公約」等；世界貿易組織（WTO）中設置貿易與環境保護委員會，以協調貿易與環保間之問題與紛爭；國際標準組織（ISO, The Internation Organization for Standadization）爲響應1992年聯合國地球高峰會議的保護全球環境之決議，召集各國研商制訂企業環境管理標準之ISO-1400系列，其中部分標準已於1996年陸續公布實施。面對環境保護的全球化趨勢，如何把管理的理念、知識、方法與工具運用於處理與解決問題，以達成提高生活品質和追求公眾福祉，將成爲今後社會努力的目標。

雖然「永續性發展」這個概念早在1987年世界環境委員會的報告中就已經被提出，然而若考慮全球棲息地破壞現況、預測速率、單位面積物種數目的關係，預估西元2050年時，高達三分之一的全球物種將滅絕或瀕危，另外的三分之一也會在二十一世紀末前，走向絕路。人類若坐視地球物種大量消失，則在二十一世紀，物種滅絕速率就會達到六千五百萬年前白堊世紀末期的水準。當時地球上生物發生鉅變，恐龍消失。部分生物經過五百萬到一千萬年之後，才恢復原來的生存動力。生物多樣性形成了生態系統，提供人類許多重要的環境服務，諸如保持表土、維護集水區、提供授粉的昆蟲、益鳥及其他生物、決定地區性氣候，及復原被蹂躪生態所需的模式及物種。如果人類繼續破壞大自然生物多樣性的環境，必自取惡果。根據聯合國對世界人口成長的估計，公元2050年將達八十五億人，二十一世紀末會跨越一百億大關。若不能及時阻止物種滅絕速度，屆時不知如何才能提供足夠的糧食及衣物給這麼多人，更不知道怎樣才能維持日前舉世努力追求的生活水準。

科學家的研究強調，歐美、日本等國家過去五十年的消費方式，絕對不能帶入二十一世紀，否則地球遲早會毀滅。各國家均要從世界觀點出發，珍惜資源，地球才能永續發展。人類演化溯自二百萬年前，當時它只是地球上一千萬個物種中的一員。在自然生態的演進過程，人類多數時候扮演微不足到的角色。大約一萬年前，人類在歐亞、非洲及美洲大陸各地發展出農業耕作以後，地球的人口從一萬年前的三、四百萬急遽增加，迄今已超過六十億。在龐大人口、富裕（消費）狀態及科技運用下，近五十年來，地球上大約四分之一至一半的生物生產力及超過一半以上的可再生淡水被消耗或浪費掉。

人類成爲地球三十八億年生命歷史中，史無前例的生態優勢物種，並對共享這個星球資源的其他物種生存造成持續的威脅。人類肆無忌憚浪費地球資源，造成嚴重生態問題，其中最受矚目的是生物物種的滅絕。比較化石紀錄顯示的物種平均存活史與過去幾世紀以來的物種滅絕速率的實況，估計目前生物滅絕速率約爲每年一千種，是自然滅絕速率的五百到一千倍。也就是說，地球每演化出一個新物種的同時，有五百到一千個物種從地球上永遠消失。

在生態破壞與經濟發展的兩難中，世界環境與發展委員會於1987年發布「我們共同的未來」報告，提出「永續發展」的概念，強調環保與經濟成長的雙重目標不僅可相互調和，而且是相互依賴的：因應環境問題需要經濟發展來提供資源，而環境的過度耗損致危及人類健康和福祉，經濟發展亦將衰退或賠上更大的成長代價。因此，全球生產與消費需局限在地球可承受的範圍內，且在不危及下一代需求之前提下持續開發；更重要的是，環境、經濟與社會三大議題，應追求一個動態、永續的均衡，而不偏頗任何一方。

結論

「生物多樣性」，是近年來國際間生態保育運動中非常核心的一個概念。聯合國於1992年6月在巴西舉行世界環境會議，通過「生物多樣性公約」，目前已有180個國家或經濟體加入，堪稱全球最大的保育公約。生物多樣性公約最主要目的，是希望推動保育生物的多樣性，永續利用生態資源，進而使世人能公平合理地分享生物多樣性遺傳資源所產生的益處。台灣擁有全球各地少見的豐富生態資源，已是相當獨特的一種「台灣奇蹟」。身爲地球村的一份子，爲了自己，也爲了全人類，政府應該加速全面推動以生物多樣性爲基礎的保育政策，以「永續發展」爲施政的主軸精神。貫徹所謂「經濟與環保並重」，在重大開發案的環境影響評估過程中，增加對「生物多樣性」影響的評估，積極、快速、大量地增加國內生態保護區面積，加速制定相關法律；更前瞻性的政策思考和施政視野，重視並推廣生物多樣性政策，我們才有依據可以保護自己的生態資源不受到非法略奪。並且藉以樹立永續發展的願景。

德國長期實際研究國際環境、能源與發展問題的凡賽黨（Ernst Veizsaecker）教授認爲：「二十一世紀是『環境的世紀』，由於自然資源的逐漸減少與環境污染問題的累積，整個世紀各國的科技與文明發展都必須適應這種環境的挑戰」。也就是說，一個國家在長期國際競爭下的未來發展潛力，乃是取決於該國潛在的生態環境風險與解決環境問題的能力。因爲在二十世紀以資源累積所達成「量化」的經濟成長模式，二十一世紀已經不可能再繼續發展，所以，一個有遠見的國家應該開始擬定「生產創新」的策略，以符合生態與社會文明共同演化的發展觀念。人類以生態系統的一個組成分子，在這百餘年來恣意地從自然界掠奪物質，同時也生產了大量的原不屬於這個生態系統的物質，並且擾動了千萬年來的自然規律。如果我們想讓我們的子孫也能活在這片土地上，一個以環境意識爲基礎的永續經營策略，恐怕是迫切和必要的。

第8章

環境保護問題

■前言
■環境保護工作現況
■水資源的維護與污染防制
■垃圾問題
■空氣污染
■環境品質的對策
■結語

前言

若相較於他國，台灣地區環境相關負荷因素明顯高於他國。（如表8-1）由於人口稠密所產生之垃圾、廢氣、廢水、噪音污染等隨之增加，環境負荷亦相對較重。另外，台灣地區養豬隻797萬頭，平均每平方公里182頭，僅低於荷蘭之349頭；一頭豬之排泄物所產生污染量為一個人的2.5倍，而每年約有四成未經處理的排泄物排入河川。另2001年台灣地區每平方公里耕地使用農藥4,357公斤，為日本的3.1倍、荷蘭的4倍，農藥的長期、高密度的使用與殘留蓄積，對環境之負面影響頗值關注。

表 8-1　台灣環境負荷程度（2001年）

國別	人口密度（人/平方公里）	機動車輛密度（輛/平方公里）		豬隻密度（頭/平方公里）	耕地農藥使用密度（公斤/平方公里）
		汽車	機車		
中華民國	619	158	324	182	4,357
美國	29	22	0	6	200
英國	241	96	2	33	600
法國	106	55	4	28	400
德國	230	122	0	68	300
荷蘭	382	152	10	349	1,100
日本	334	183	1	26	1,400
韓國	456	61	24	71	1,300

資料來源：行政院環保署，「台灣地區環境負荷程度統計」，2002年5月。

環境保護工作現況

90年台灣地區平均每人每日垃圾清運量0.90公斤，較89年減少8.2%，近三來皆呈下降趨勢；資源回收量58.4萬公噸，則增加22.2%，資源回收率逐年提高至7.5%，顯示垃圾減量級資源回收成果已見成效。爲加強解決垃圾處理問題，90年新增三座大型垃圾焚化廠參與運轉，垃圾焚化處理率由89年38.7%提升至48.0%取代掩埋成爲垃圾處理主要方式，一般廢棄物妥善處理率已逾九成，惟工業廢棄物妥善處理率僅約七成，仍待提升改善。

90年空氣品質對健康有不良影響（PSI大於100）日數比率爲3.5%，較89年減1.7個百分點，空氣品質轉見提升。河川水質方面，90年台灣地區重要河川嚴重污染長度比率12.9%較89年續增0.8個百分點，90年底污水下水道普及率僅8.0%，仍屬偏低，由於污水下水道爲影響河川水道的重要因素，基礎建設工作應持續推動。90年台灣地區平均每人每日垃圾清運量0.90公斤，較89年減少8.2%。

台灣地區隨人口成長、經濟發展，空氣、水及廢棄物污染益受重視。近幾年來由於環境保護日亦受到重視，在民眾共同努力下垃圾焚化比率明顯提升，資源回收工作亦日有成果每人每日垃圾量有所減少均是值得肯定之處。但是水質污染方面，90年台灣地區50條重要河川中，嚴重污染長度比率12.9%，顯示河川品質仍待持續加強提升。至於飲用水檢驗不合格率，變化趨勢亦與河川品質大致相同，89年飲用水不合格率5.4%，其中非自來水不合格率仍逾四成。就污染防治面觀察，污水下水道建設爲城市進步與否重要指標，亦爲影響河川水質之重要因素，89年台灣地區污水下水道普及率8.0%，雖較80年增加逾倍，惟相較於日本55.0

%、英國96.0%等先進國家而言，仍屬偏低。

整體而言，環保工作微幅成長，顯示我國生活環境品質較十餘年前已略獲控制，惟近年部分指標指數轉呈下降，環境保護仍待全民共同努力。

表 8-2　我國環境保護情形簡表

年別	平均每人每日垃圾清運量（公斤）	資源回收量（萬公噸）	資源回收率（%）	垃圾焚化處理率（%）	一般廢棄物妥善處理率（%）	PSI＞100日數占總監測日數比率（%）	重要河川嚴重污染長度比率（%）	污水下水道普及率（%）
85年	1.14	—	—	15.6	70.9	6.1	14.9	3.7
86年	1.14	—	—	19.1	77.0	5.2	12.0	4.8
87年	1.14	11.2	1.2	19.4	82.9	4.6	11.3	5.6
88年	1.08	15.0	1.9	23.2	86.7	4.7	12.0	6.8
89年	0.98	47.8	5.8	38.7	90.2	5.2	12.1	7.2
90年	0.90	58.4	7.5	48.0	93.4	3.5	12.9	8.0

附註：1.資源回收率=（堆肥+資源回收量）/（垃圾清運量+資源回收量）*100。
2.一般廢棄物妥善處理率=（焚化量+衛生掩埋+堆肥+資源回收量）/（垃圾清運量+資源回收量）*100。
3.PSI爲空氣污染指標（Pollutant Standard Indicesa）。
資料來源：環保署、內政部營建署。

對於推動環境保護的現況，除了經由政府公布的統計數字瞭解情況之外，亦可自民眾對逾公害陳情受理案件的常看到端倪。在環境保護觀念日亦受到主觀之際，相對的公害陳情的案件日益增加，依行政院主計處公布90年各環保局受理公害陳情案件90,032件，較89年減少11.9%，平均每天陳情246.7件。被陳情對象以一般居民2萬4,929件（占27.7%）最多，其次爲工業2萬2,711件（占25.2%）、商業1萬7,437件（占19.4%）；污染項目則以噪音2萬2,776件（占25.3%）最多，惡臭2萬637件（占22.9

%）居次，環境衛生1萬7,347件（占19.3%）再次之，三者合占六成七，顯示噪音、惡臭及環境衛生爲本國民眾普遍關心之環保問題。

表 8-3　台灣地區公害陳情受理案件統計

項目			90年統計數	與89年比較
公害陳情受理案件	受理件數		90,032件	-11.9%
	被陳情對象別	一般居民	24,929件	-4.7%
		環境衛生	9,818件	+4.0%
		工業	22,711件	-19.5%
		惡臭	9,270件	-20.4%
		商業	17,437件	+2.7%
		噪音	8,886件	+2.8%
		營建工程	5,831件	-21.5%
		交通工具	3,872件	-46.2%
		其他	15,252件	-6.0%
	污染項目別	噪音	22,776件	-13.0%
		惡臭	2,637件	-14.3%
		環境衛生	17,347件	-1.4%
		廢棄物	13,115件	-14.2%
		空氣污染（不含惡臭）	8,627件	-22.3%
		水污染	7,048件	-5.8%
		其他	482件	-1.4%

資料來源：行政院主計處，「國情主計通報」，2002年2月1日。

水資源的維護與污染防制

根據聯合國最新公布的水資源報告顯示，二十一世紀世界將面臨的最大危機，可能就是水資源的短缺、破壞、污染蔓延並急遽惡化的問題。聯合國特別宣布每年3月22日爲「世界水資源日」，期藉此喚起人們對水資源的重視。環顧過去幾年來台灣大大小小的風災、水災，不僅凸顯出台灣水資源環境的危機重重，且有日漸惡化的趨勢，舉凡山坡地濫墾濫伐、砂石盜濫採問題、超抽地下水導致地層下陷、河川污染等，這些存在已久的問題，仍持續破壞著台灣的水資源。

當1999年10月12日世界人口突破六十億，面對人口快速增加，用水量急遽增加，二十一世紀將是大家搶水的世紀。此一情勢已在台灣提前上演，濱南工業區與台南科學園區的用水引起爭議，即是明顯一例。目前國內有多項重大水資源開發工程（如美濃水庫、瑪家水庫），受到民眾反對無法推動，若無法化解民眾反對阻力，或提出其他替代方案，一場大規模的搶水戰爭勢難避免。根據資料顯示，隨著經濟發展，國人用水量不斷增加，目前台灣地區每人每日用水量超過三百五十公升，台灣地區農工商業及生活用水一年需要量高達二百億公噸。

台灣地區雨量充沛，依據中央氣象局統計，民國38年至86年，每年平均降雨量約二千五百公釐，超過世界平均降雨量九百七十三公釐超出很多。但因爲台灣地狹人稠，每人所能獲得的平均降雨量只有四千七百五十八公釐，僅爲世界平均的七分之一，使台灣成爲一個「多雨缺水」的國家，聯合國並把台灣列爲水資源貧乏國家。

在全球人口增加到六十億後，水的問題是迫切要解決的課題之一。科學家預測，二十一世紀來臨後，有的地區將爲搶水而戰，有的地區卻會因暴雨而淪爲「水世界」。水資源的開發、利用與維護，應將生態環境的維護及永續利用列爲優先考量，在台灣水資源已遭破壞殆盡的今日，此一社會政策尤應妥爲執行。其中可積極朝向下列方向，期使台灣水資源能積極邁向永續發展的歷程。

1. 民眾對防洪等水利的安全要求勢將日益殷切，水利建設亟需龐大經費，政府實應及早因應規劃。同時促使民眾更珍惜水資源，進而減輕水源開發壓力，使水資源得以永續利用，加福於後代子孫。在現階段要求政府，而政府財政又非十分充裕的情況下，水利建設亦可委由民間以BOT的方式來推動，不僅可帶動民眾對公共議題的關心，亦可減輕政府的財政負擔，進而提升民眾生活品質。以符合現今社會講求「使用者付費」、「受限者得償」等原則，進而可有效促進水資源的利用、調配與開發。
2. 由於人口逐漸增加，生活污水排放量與日俱增，加上污水下水道尚未普及，故絕大部分生活污水未經處理即逕行排放，致河川污染源中來自生活污水比重已躍居首位（近五成）且逐年增加；爲有效整治河川污染，宜儘速積極推動污水下水道建設。
3. 工業廢水、生活污水及畜牧廢水爲河川污染的主要來源，爲減輕工業及畜牧廢水污染，應積極對所排廢水易造成重大污染之事業單位進行事業廢水污染管制；包括污水下水道的普及率宜提昇，養豬戶廢水的管制及工業廢水的管制皆宜有效對應。
4. 有效阻止地下水的超抽，以避免地層持續下陷。廢水之重金屬及其他有害化學物對土壤及地下水污染的問題，應儘速蒐集完整資訊，並應儘速有效解決。限期提高污水下水道之普及率，以有效改善水質污染。

台灣地區降雨季節多分布在夏季，季節性分布極爲不平均。加上空間分布也不平均，有的地區降雨量高達七、八千公釐，也有的只有一千公釐，造成台灣地區水多與水少的問題同時發生，「不雨成旱，一雨成澇」成爲台灣水資源的寫照。而民眾於環保意識的薄弱及公德心的缺乏也是造成水污染的主要主因。水的問題是全球性共通問題，要解決水的問題，必須從水、土、林三位一體來考量，河川上游集水區造林、治山防洪；中下游興建水利措施，必須全方位思考。另外強化民眾的環保意識，以珍惜水資源亦爲必要的措施。

垃圾問題

90年台灣地區垃圾產生量791.4萬噸，較89年減少5.3%，平均每人每日垃圾產生量爲0.98公斤，亦減0.06公斤；在政府持續推廣垃圾分類及資源回收下，90年垃圾清運量733.2萬噸，較89年減少7%。資源回收量58.2萬噸，則增加21.7%，資源回收率7.4%，亦增1.6個百分點。另隨大型垃圾焚化廠陸續完工、運轉，90年焚化垃圾374.6萬噸（占47.3%），較89年增加15.8%，爲國內最主要的垃圾處理方式，垃圾妥善處理率達93.4，增加3個百分點。

今日台灣許多縣市都面對無處可置放的垃圾山、垃圾掩埋場、垃圾焚化爐的設置等等問題，沒有人希望自己的家園就在散

表 8-4　垃圾清運及處理概況簡表

項目				90年統計數	與89年比較說明
垃圾清運及處理概況	垃圾產生量			791.4萬噸	-5.3%
		平均每人每日垃圾產生量		0.90公斤	-0.06公斤
		垃圾清運量		733.2萬噸	-7.0%
			平均每人每日垃圾清運量	0.91公斤	-0.07公斤
		資源回收量		58.2萬噸	+21.7%
			環保單位回收	30.3萬噸	+28.0%
			社區、學校、機關團體回收	27.8萬噸	+15.5%
			資源回收率	7.4%	+1.6個百分點
	處理方式	焚化		374.6萬噸	+15.8%
		衛生掩埋		304.8萬噸	-20.3%
		一般掩埋		43.5萬噸	-37.5%
		堆肥		0.2萬噸	-33.3%
		資源回收		58.2萬噸	+21.7%
		堆置		8.7萬噸	-27.0%
		其他		1.5萬噸	+2.1倍
	大型垃圾焚化廠			16座	89年底14座

資料來源：行政院主計處，「國情統計」，2002。

發惡臭、醜陋礙眼的垃圾山旁邊；但是一味的抗爭，也不是徹底解決垃圾問題的根本方法。對有關單位而言，另覓他地，或是協調、斡旋都不是治本的途徑。對整體台灣來說，如此不負責任的拖延術，只會將問題累積到更嚴重，恐怕日後難以收拾。

無人不希望生活在一個清淨無污染的環境中，爲自己也爲後代子孫。但是至今大部分民眾並法提昇環保意識、不懂得愛惜、維護與創造我們的環境。雖然一些宗教、環保團體推行環保運動，多能夠在日常生活中發揮作用，但是畢竟這還是不夠，如果不能成爲一種全民、全面的生活運動，仍然是很難達到整體的改善效果。除非整個社區也都能如此做，更重要的是，最下游的垃圾處理單位也能如此執行，也就是說，整個社會是在這樣一個習慣中生活著，那麼才有可能達到減少垃圾的效果，否則光是個人或是某些團體、單位的實行，若無政策性的全國推動，恐怕只是自我心安的一種作法，而無實質的效益。究此，在推動全民、全面的環保生活運動時，首先需要的是整體一貫的規劃與理念的宣傳。在各級機關學校，以及各單位團體和公共場合，都應實行各種垃圾的分類放置，不僅可以隨時提醒人民實踐環保，養成習慣。另外，可以在自家門前或後院自做堆肥場，消融家裡製造出來的有機垃圾。用此有機堆肥，種植庭院、陽台的盆栽蔬果和花木，既經濟又健康，更有美化家居生活與環境的樂趣和享受。除了宣傳和推廣每個家庭如此做之外，還要以每個社區或是鄰、里爲單位，在社區的垃圾放置處，或是鄰、里的定點地方，設置一個有機垃圾的堆放箱，讓家裡多餘的有機垃圾，或是眞的無法在家裡放置有機肥製造箱的人，可以有地方處理。每個社區、鄰、里，可以利用這些有機肥，滋長社區、鄰、里種植的花草樹木。再就不可腐爛的垃圾資源而言，政府相關單位應積極鼓勵研發妥善處理這些二度資源的任何可能，使資源回收和再運用。讓環境保育落實於生活之中，不要讓我們今日製造出來的垃圾，成爲明日無法消除的生存障礙！

空氣污染

90年底台灣地區機動車輛1,631萬輛， 較76年成長一倍，平均每平方公里482輛，其中汽車158輛，僅低於日本之183輛，另機車324輛，則遠高於各主要國家。機動車輛所排放的一氧化碳、碳氫化合物等，近年均占國內空氣污染排放總量的五成以上，爲國內空氣污染主因。另外，依據環境品質文教基金會於88年12月公布台灣現有五座焚化爐致癌風險，以美國的模式計算，台灣地區現有五座焚化爐戴奧辛「總致癌風險值」是美國的9.35倍到32.09倍。如果再加入人口因素計算，台北市民的「致癌負擔」是美國加州標準的二千多倍，台北縣民則爲「致癌負擔」的1,000多倍。正說明空氣污染的嚴重性。

根據環保署統計90年空氣品質對人體健康不良影響日數（即PSI>100之日數）占總監測日數比率爲3.5%，較89年減少1.5個百分點，其中以交通測站之5.5%，減幅2.5個百分點最大，顯示空氣品質已見改善；若按空氣品質區分，以高屏空氣品質區7.9%最高，主要係大高雄地區受中央山脈阻隔，污染物擴散不易，再加上工廠林立與車輛集中，致使該區歷年均值偏高，其次爲雲嘉南空氣品質區3.6%，而空氣品質最佳爲宜蘭及花東空氣品質區，兩者皆低於1%。至於空氣主要污染物仍以懸浮微粒及臭氧爲主，兩者合占比率逾九成九，其中懸浮微粒占38.7%，較89年同期減少25.9個百分點。

而根據聯合國氣候變化問題小組研究報告顯示：未來百年間，溫室效應可能激增；到二十一世紀末，大氣中二氧化碳含量將是今天的五倍。果眞如此，由於氣溫、海平面都將大爲升高，對地球的氣候系統幾乎篤定會造成不堪設想的後果：淹水的沿海地區人口外移，不免要引起社會、經濟大動亂。此項研究曾把人口增加、經濟成長、能源使用，及土地使用變更等變數納入。這些專家咸認2100年時幾種主要溫效氣體可能之排放量的總結。其中，因人類活動而產生的主要溫效氣體二氧化碳排放量的可能性甚廣，令人不安：二氧化碳的高排效量勢將造成樹木把先前儲存

表 8-5　空氣品質概況簡表

項目		90年統計數	與89年比較
空氣污染指標PSI>100日數之比率		3.5%	-1.5個百分點
交通測站		5.5%	-2.5個百分點
一般測站		3.5%	-1.4個百分點
北部空氣品質區		2.6%	-1.9個百分點
竹苗空氣品質區		1.1%	-1.1個百分點
中部空氣品質區		2.7%	-1.7個百分點
雲嘉南空氣品質區		3.6%	+0.3個百分點
高屏空氣品質區		7.9%	-2.1個百分點
宜蘭空氣品質區		0.2%	-0.5個百分點
花東空氣品質區		0.8%	+0.8個百分點
公園測站		1.5%	-0.5個百分點
背景測站		2.7%	-0.1個百分點
工業測站		0.7%	-2.4個百分點
PSI>100日數中主要污染物所占比率	懸浮微粒	38.7%	64.6%
	臭氧	60.6%	35.3%

資料來源：行政院環保署，「國情統計」，2002年。

說明：北部空氣品質區包括台北縣市、基隆市、桃園縣，竹苗空氣品質區包括新竹縣市、苗栗縣，中部空氣品質區包括台中縣市、彰化縣、南投縣，雲嘉南空氣品質區包括雲林縣、嘉義縣市、台南縣市，高屏空氣品質區包括高雄縣市、屏東縣，宜蘭空氣品質區包括宜蘭縣，花東空氣品質區包括花蓮縣、台東縣。

的二氧化碳全部釋出而造成森林的集體枯槁，如此只會使地球暖化變本加厲。南極洲的冰棚難免因而終告崩潰，從而使全球海平面高漲，幅員廣闊、人口稠密的沿岸地區會遭淹沒而消失。另外，很可能高到使亞馬遜雨林備受摧殘，到處鬧飢荒、水荒，水患風險大增，罹患瘧疾者可能再添三億人，而地球溫度會上升攝氏三度左右。為能避免如此災難，勢賴全球民眾提昇環保意識和作為以維持地球村的永續經營。

環境品質的對策

隨人口集中、車輛高度成長及經濟蓬勃發展，致台灣地區環境負荷日益沈重，為解決相伴而來的污染及破壞，政府除積極加強環保教育與宣導外，經費及人力投入亦顯著增加。90年度政府編列環保預算經費466.5億元，其中以廢棄物管理（含處理）326.9億元，占環保預算經費70.1％最多，惟因數項大型焚化廠工程已近尾聲，所占比重較89年度減少7.2個百分點；90年度縣市平均每人政府環保預算經費1,670元，較89年度增加3.9％，各縣市中以台東縣增加88.3％最多，高雄縣31.5％次之；平均每人環保預算經費較高者為高雄市、台北市及桃園縣等3縣市均逾2千元，低於1千元者有苗栗縣、雲林縣、彰化縣及屏東縣等4縣，其餘16個縣市介於1千元至2千元間。另89年底環保行政機關人力3萬5,851人，每萬人口16.1人，均較88年底略增。

在環境保護工作上未來展望

1. 未來針對綠色會計定義、內涵及計算公式宜評加規範，並配合政府施政訂出階段性完成之時間表，以做為落實綠色矽島決策之依據。
2. 台灣地區自然資源消耗及環境品質折耗金額2172.7億元，其中水質污染折耗金額高達815.7億元（占37.5％），其中又以生活污水577.8億元為其大宗，主要係因我國污水下水道普及率僅及8％，另廢棄物污染方面，事業廢棄物污染折耗則占八成（537.4億元）。顯見各項污染防制工作均待加強。

表 8-6　環境保護經費與人力概況簡表

項目			90年統計數	與89年比較
政府環保預算經費			466.5億元	89年度791.8億元
	按用途別分	一般行政	14.4%	+4.5個百分點
		水質保護	1.5%	-0.5個百分點
		廢棄物管理	70.1%	-7.2個百分點
		環境衛生及毒化物管理	2.2%	+0.5個百分點
		管制考核及糾紛處理	1.6%	+0.9個百分點
		一般建築及設備	7.7%	+2.3個百分點
		其他	2.5%	-0.5個百分點
環保人力概況	工作人員數		35,851人	34,719人
		一般環保人員	4,339人	3,861人
		廢棄物清運處理人員	31,512人	30,585人
	每萬人口環保人力		16.14人	15.76人
	每平方公里環保人力		1.00人	0.86人

資料來源：行政院主計處，「國情統計通報」，2002。

3.現階段宜針對事業廢棄物及有害廢棄物之質與量、資源回收集妥善處理率及其相關污染防治成本與損害成本，進行調查分析，俾能確實掌握基本資訊，瞭解廢棄物處理績效。其具體之建議爲：（建立事業廢棄物基本資料，包括：質與量統計分析，廢棄物流向分布，資源回收與妥善處理率，處理成本等資料。）訂定合理營運管理辦法，包括：建立合理收費（費率）制度，檢討修訂合約規範，建立監督管理及稽核制度，評估檢討現有委外營運BOT制度

4.飲用水則爰於國內部分重要水源遭受污染，故宜加強水源保護區及流域管理，加強基線資料建立及污染減量措施；自來水廠則宜朝提昇傳統處理單元功能、增加高級處理單元程序與落實綜合評鑑計畫。對於間接供水系統與非自來

水系統之飲水安全，除應加強相管法規與標準規範之建置外，民眾之環境教育及落實自來水普及率當爲提昇合格率之未來重要改善策略。

5.未來宜加強污染源管制及稽查工作，則勢必增加執行成本（enforcement cost），但相對地則可能減少環境耗折成本，則政府適度投資與增加污染防治成本，則減少損害成本，此重點決策適當顯示出綠色會計做爲環保施政策略之依據。

6.需持續觀察歷年綠色國民所得帳及環境變遷趨勢，方能掌握經濟活動與工業發展對環境污染、氣候變遷及自然生態影響全貌。此外，並應提昇現有資料品質，俾使帳表中每個數字都能眞實、正確的反應環境現況，做爲決策參據。

結語

要改善上述問題，應從新理念來思考未來走向。首先，要奠立人們對人的憐憫、關懷和尊重。也就是將人道主義的精神，延伸爲對人類生存與發展所繫大自然的關懷和尊重；藉著「新環境典範」的倫理體系在台灣社會深化，以達成環境保育觀念及行爲的深化。其次，要從單一世代的享受，改變成爲跨世代的共享。對於所有的經濟活動和所累積的富裕，要考慮到承載能力的作用。

鼓勵企業引入環境管理之觀念，使企業主建立「污染是一種企業資源的浪費；減少污染，企業就能降低成本」的觀念。事業單位應強化有害廢棄物的處理，正視目前非法棄置的問題。訂立廢棄處理時間表，使目前不到一半的事業廢棄物妥善處理率，限期提升到八成以上。政府應建設足夠之廢棄物處理場地，藉以使全體國民及企業界確實負擔起廢棄物處理及減量之責任。

在具體的作法上，政府在環境政策上可試編「綠色國民所得」。政府施政，應考慮以綠色國民所得而非僅以傳統國民所得之成長為目標。其次，將綠色國民所得，配合人文關懷的提昇，擴大到廣義的國民生活福祉指標。除了環境之外，另將公共安全、交通、醫療、教育、所得分配等影響生活福祉的因素均予納入，成為政府施政的目標，與民眾共同努力，齊力建立一個環保典範。

第參篇

制度性社會問題

第9章

家庭問題

■前言
■生母年齡高齡化愈趨明顯
■婚姻狀態
■家庭生活
■家庭暴力
■兒童虐待
■結語

前言

社會結構的型態多元繁複，其中與個人關係最爲密切的首推家庭。一個人出生來到人間，大都在家庭中降臨，受家庭的扶養，在家庭中接受行爲舉止的訓育，並最先在家庭中學習社會文化的價值及生存的技能。等到一定年齡之後，離開原來家庭，另覓伴侶，結婚生子，成立新家庭。等到年老體衰臨終，也在家人的陪伴下離開人世。死後仍然是透過家庭祭祀，加以追念傳承。因此家庭可謂上承億萬之祖宗，下接連億萬之後代。同時，家庭中的成員，透過面對面的感情交流，所形成的初級團體，是個人終其一生所不可或缺的團體。家庭對一個人的成長發展幸福榮辱，也有相當大的影響力。家庭雖然因受各不同社會文化的影響，而出現不同的型態，據考證：在人類發展的歷史軌跡，要找出一個沒有家庭組織的社會幾乎是不可能的，由此我們可以確切的說，人類所組成的家庭，具有超越時空的普遍性。尤其是中國人特別重視家庭，許多的建構均以家庭爲核心，因此經由對家庭的說明，當更能清楚地描述社會的現況。是以，家庭問題不僅影響個人亦影響到社會，受到人們高度的關切。

生母年齡高齡化愈趨明顯

2002年底台閩地區總人口數2,247萬人，較89年底增加20萬人，人口成長率5.7%，其中聚居於都會區之比率高達68.6%；人口密度每平方公里619人，在全球千萬人口以上國家中，排名第二，而北、高兩市密度均近萬人，約爲新加坡及香港的1.5倍。近

表 9-1　台閩地區人口概況

年底	總人口（萬人）	人口密度（人/平方公里）	出生率（‰）	人口年齡結構（%）			初婚年齡中位數（歲）		嬰兒出生時生母狀況	
				0-14歲	15-64歲	65歲以上	男	女	平均年齡（歲）	30歲以上所占比重（%）
85	2 153	595	15.2	23.1	69.0	7.9	29.3	26.7	27.8	31.6
86	2 174	601	15.1	22.6	69.3	8.1	29.5	26.7	27.9	32.5
87	2 193	606	12.4	22.0	69.8	8.2	28.8	25.7	28.0	33.8
88	2 209	610	12.9	21.4	70.1	8.5	29.0	25.8	28.1	34.6
89	2 228	616	13.8	21.1	70.3	8.6	29.2	25.7	28.2	35.4
90	2240	619	11.6	20.9	70.5	8.8	29.4	25.8	28.3	35.8

資料來源：內政部統計處、行政院主計處。

年來台閩地區人口自然增加率趨降，90年出生率更降至11.6%新低水準。

按年齡結構分，90年底幼年人口（未滿15歲）占20.9%，青壯年人口（15至64歲）占70.5%，老年人口（65歲以上）占8.8%；與十年前比較，幼年人口比率下降6個百分點，青壯年及老年人口比率則分別上升4及3個百分點，人口高齡化及相關問題隱然若現，宜及早綢繆因應。

隨晚婚風氣漸盛，國人結婚年齡逐漸延後，90年男性初婚年齡中位數29.4歲、女性25.8歲；由於婚齡延後，婦女生育年齡逐年提高，90年出生嬰兒生母平均年齡爲28.3歲，較70年增加2.8歲，生母年齡超過30歲所占比重也上升至35.8%，較70年則增23.7個百分點，產婦高齡化趨勢明顯。

90年台閩地區嬰兒出生數爲260,354人，粗出生率爲11.6%，較89年減少2.11個千分點；生育胎次中，以生育第一胎者占逾四成最多，第二胎占三成七居次；依生母年齡結構觀察，以25

～29歲占37.9％最多，30～34歲占27.0％居次，20～24歲占22.5％再次之，與79年相較，以30～34歲及35～39歲分別增加8.5及3.9個百分點增幅較大；生母平均年齡爲28.3歲，較79年增加1.3歲；生母年齡高齡化愈趨明顯。

婚姻狀態

隨著社會價值觀的變化，使得家庭原所具備的功能倍受衝擊，養兒育女傳嗣香火的繁殖功能逐漸淡化，不婚離異的比例逐逐漸增加，甚且外籍人士婚配隨國際化腳步亦有所成長。

65歲以下成年人對於婚姻相關的看法中，認爲婚姻之最大益處係「有人可以扶持、依靠」者占36.2%，「有生活重心和努力的目標」及「多一個人照顧家庭」居次，分別占24.0％及20.7％。依年齡別觀察，各年齡層人口均肯定婚姻生活相互扶持之益

表9-2 台灣地區婚姻狀況（2001年）

年別	結婚對數（萬對）	離婚對數（萬對）	離婚對數 結婚未滿1年（%）	離婚率（‰）	有偶人口離婚率（‰）	再婚率（‰） 男	再婚率（‰） 女	與外國人（萬人） 結婚	與外國人（萬人） 離婚	海基會辦理驗證大陸地區婚姻類公證書（萬件）
85年	16.7	3.6	5.0	1.7	7.6	36.0	16.3	-	-	1.0
86年	16.9	3.9	5.5	1.8	8.1	37.9	15.9	-	-	1.2
87年	14.0	4.4	6.0	2.0	9.0	36.0	14.2	1.0	0.1	1.5
88年	17.6	4.9	6.8	2.2	10.0	42.7	16.0	1.5	0.1	2.1
89年	18.3	5.3	9.3	2.4	10.7	48.1	16.1	2.1	0.2	2.6
90年	17.1	5.7	10.5	2.5	11.5	51.0	16.3	2.0	0.3	3.2

資料來源：內政部、行政院主計處、海基會。

表 9-3　台灣地區65歲以下成年人對婚姻有關的看法

項　目　別	總 計	20－29歲	30－39歲	40－49歲	50－59歲	60－64歲
婚姻最大的益處						
有人可以扶持依靠	36.2	40.7	38.0	34.0	31.4	30.1
有生活重心和努力的目標	24.0	26.7	26.8	24.7	16.5	13.2
多一個人照顧家庭	20.7	17.8	19.8	20.9	26.2	24.0
傳宗接代	9.3	6.0	6.8	9.9	14.3	21.3
多一個人賺錢	7.7	7.0	6.8	8.0	9.3	9.5
沒有特別益處	1.9	1.6	1.7	2.4	2.2	2.0
其他	0.1	0.3	0.1	0.1	0.1	-
對離婚的看法						
爲追求自我，放棄婚姻也是沒辦法的	3.6	6.6	3.3	1.9	2.1	3.2
不理想的婚姻應儘早結束	20.3	30.4	21.5	16.2	13.6	6.6
爲避免小孩受傷害，應儘量忍耐，不輕易離婚	23.7	18.7	26.4	26.0	23.2	22.0
結婚即應白頭偕老，絕不輕易離婚	43.0	34.5	40.5	46.1	52.2	55.8
其他	0.4	0.6	0.6	0.1	0.3	-
無任何看法	9.0	9.2	7.6	9.7	8.7	12.5
婚後是否需要有子女的看法						
需要有子女	98.3	97.3	98.3	98.5	99.0	99.9
子女之意義						
享受親情	36.8	39.9	41.1	35.4	29.3	25.1
比較像一個家	21.8	19.3	22.0	23.8	22.9	18.9
加強婚姻維繫	17.0	23.5	17.0	13.7	13.8	11.8
傳宗接代	16.9	10.7	13.3	19.7	24.2	32.2
年老時有人照顧	4.6	2.4	3.3	4.7	8.3	10.6
其他	0.3	0.3	0.4	0.3	0.2	0.2
無特別意義	1.0	1.2	1.1	0.9	0.5	1.1
不需要有子女	1.7	2.7	1.7	1.5	1.0	0.1

資料來源：行政院主計處，「90年台灣地區社會發展趨勢調查」，2001年 7月19日。

處，惟40歲以下持「有生活重心和努力的目標」之精神層面看法者亦占二成七；年紀較長者除較肯定協助「照顧家庭」之實質益處外，認為最大意義在「傳宗接代」者亦較多，60至64歲者占21.3％，顯示婚姻在各年齡層間呈現不同意涵。

國人對於離婚的看法仍傾向保守，認為「結婚即應白頭偕老，絕不輕易離婚」者計占43.0％最多，為避免子女受到傷害，而主張不輕易離婚者占23.7％居次，惟各年齡層間認知仍有差異，認為「不理想的婚姻應儘早結束」者，隨年齡提高而遞減，20～29歲為30.4％，至60～64歲降為 6.6％；另20～29歲者尚有6.6％認可「為追求自我，放棄婚姻也是沒辦法的」之觀念。認為婚後需要有子女者居多數，達98.3％，覺得不需要子女者僅占 1.7％。認為需要子女的意義以「享受親情」者占36.8％居首，覺得「比較像一個家」及可「加強婚姻維繫」者居次，分占21.8％及17.0％，三項精神層面因素之合計占七成五。依年齡別觀察，認為子女的意義在於「傳宗接代」者，隨年齡提高而遞增，20～29歲為10.7％，至60～64歲達32.2％。

家庭生活

91年底台閩地區總人口2,247萬人，其中65歲以上老年人口198萬人，占總人口8.8％，較1992年底增2個百分點，隨著社會人口長期變遷，造成家庭結構的改變，老年人與親屬同住比率88.4％，較81年下降1.9百分點；棄嬰比率每萬人2.2人，雖較81年下降7.5個萬分點，惟非婚生占出生人數比率3.3％，八年間上升1.1個百分點，親子倫理關係仍有待改善。

在家庭和諧方面，隨著國人對婚姻態度的改變，離婚率有逐

表 9-4　國民生活指標家庭生活概況

	81年	83年	85年	87年	90年
老年人與親屬同住比率（%）	90.3	90.6	90.5	88.4	88.4
棄嬰比率（萬分比）	9.7	6.1	3.7	2.8	2.2
離婚率（%）	1.4	1.5	1.7	2.0	2.5
單親家庭比率（%）	6.4	6.3	6.7	7.2	7.7
兒童受虐比率（%）	-	-	-	0.8	1.1
18歲以下離家出走人口率（人/十萬人）	-	84.9	129.0	167.0	189.3
平均每人居住面積（坪）	8.8	9.2	9.7	10.6	11.2
租金占家庭可支配所得比率（%）	14.8	14.6	15.0	15.3	15.2

資料來源：行政院主計處，「國情統計通報」，2002年2月22日。

年增高的趨勢，90年離婚對數5.7萬對，離婚率2.5%0，離婚率升高，所衍生的單親問題及教養問題，值得注意；90年單親家庭比率7.7%，兒童受虐比率1.1%0，皆較以往提升；18歲以下離家出走人口率亦有逐年增加趨勢，由83年每十萬人離家出走84.9人增至90年189.3人，增幅達一倍以上，家庭和諧情形續呈下降。

在居住空間方面，90年平均每人居住面積11.2坪，較81年增加2.2坪；居住空間雖有擴充，惟居住費用負擔趨重，89年租金占家庭可支配所得15.2%，較81年14.8%增加0.4個百分點。

由家庭生活觀之，居住環境雖漸改善，惟居住費用負擔趨重、親子倫理日趨淡薄、家庭和諧情形不若以往，使家庭問題日益浮現。

家庭暴力

近年來，隨者台灣地區工商業的快速成長，民眾的物質生活大幅提升，但家庭問題，例如，家庭暴力和離婚問題，卻有增加的傾向；其結果不僅影響家庭和諧，亦影響社會發展。由於家庭暴力事件逐漸受到重視與揭露，相對的接受保護或庇護的兒童與婦女人數，也明顯上升。以90年而言，根據內政部家庭防治委員會的統計，通報受理34,348件，保護令者爲10,463件，諮詢件數139,207件，開案件數19,197件，緊急安置1197件。若與開始有該項社會指標統計的年度相較，83年的兒童少年保護人數是2,189人，90年增加爲19,197人，增加了8倍。82年接受中途之家或庇護中心收容的婦女人數是138人，90年增加爲1,197人，增加了9倍。就其數字的意涵成值得正視。

家庭暴力是指發生在家庭成員間的暴力行爲，包括父母彼此間、父母對子女、子女對父母兄弟姐妹間等的暴力行爲。

1. 身體虐待：推、甩、踢、揍、摑、抓、咬、拗扭肢體，甚至使用刀械槍枝等攻擊受害人。
2. 言語虐待：企圖以字眼、聲調來控制或傷害另一個人。例如，吼叫、尖酸諷刺、威脅將對方小孩殺害、揚言使用暴力、大罵對方愚蠢、侮辱、不實的控訴。
3. 心理虐待：威脅自殺、不准對方使用電話和擁有金錢、逼問對方行蹤、質問小孩是誰的？和錢怎麼花的？阻止對方探試其親人、嘲笑、侮辱對方朋友、濫用藥物和酗酒、不實的指控對方有外遇、極度嫉妒、無法保有一份工作、禁止對方上學或工作、跟蹤、監視、謊言操控人、批評對方的外表、責備、冷漠以對。

4.性虐待：強迫對方進行性行爲、逼迫對方看色情影片或圖片、拒用保險套等等。

一般而言，暴力行爲也是一種偏差犯罪行爲。有關暴力及犯罪行爲的研究大體可分爲下列幾種：

1.生理機能論：此理論認爲人體身體的一些內分泌腺、神精系統、腦部機能等失調都會和犯罪行爲的產生有關係。
2.生物本能論：此理論認爲暴力的行爲產生是人類的天性，是一種特殊的生物傾向。
3.人格特質論：此理論以病態人格、心理缺陷或心理疾病等個體內在世界來解釋暴力及行爲。
4.挫折攻擊理論：此理論認爲當人類受到挫折時，即會產生攻擊行爲，暴力行爲則是人類攻擊行爲的主要方式之一。而挫折的產生主要是個體的需求或動機獲得滿足的情境受到阻礙。
5.社會學習理論：此理論的學者認爲暴力犯罪行爲和其它行爲一樣，是經由學習的方式得來，而觀察模仿是一個很重要的學習歷程。暴力行爲乃是示範學習的結果。因此，即使未經挫折，暴力行爲亦可能產生。
6.社會控制論：控制論認爲人和社會的連結力量不夠，即社會控制力太弱，是導致偏差犯罪行爲的主因。此理論主張人性是追求利益和立即快樂，而犯罪行爲通常可帶來利益或快樂，所以犯罪是自然不需要解釋的，反而服從社會規範的行爲需要解釋。

發生在家庭成員之間的暴力虐待行爲。它包括對配偶（前妻、前夫、同居人或男女朋友)、親子、手足或長者的身體虐待、言語虐待、心理虐待和性虐待。

雖然遺傳、生物、生理和人格可能和暴力行爲的產生有關係，但些理論卻無法解釋變遷社會中突然大幅增減的暴力犯罪現象，因此個體和環境之間互動的關係是解釋大多數暴力及犯罪現象。由以上的理論得知，暴力行爲的產生可能是人類天性，當受到挫折時，會引起憤怒等的情緒反應，當由環境線索得知暴力行爲的結果可能帶來正面酬賞，才會引起暴力行爲。而社會連結力弱者，暴力行爲的結果可能較正面。所以，來自環境的挫折及人際關係弱，可能是暴力行爲的必要條件。但是另一派的研究指出暴力行爲是經由學習而來，因此即使未經挫折，暴力行爲亦可能產生。換句話說，暴力或犯罪行爲的產生可能是學習、環境或社會連結力弱所引起。

婚姻暴力具有與一般暴力犯罪十分不同之特性與模式，婚姻暴力於情感及空間上均極爲親密之配偶間發生，而且通常一旦發生就會重複出現，形成一種長期持續的模式，而使受害者在心理反應、認知和行爲上受到影響；再加上社會、文化、法律等結構制度的影響，使受害者更不易脫離與加害者之間的關係（劉宏恩，1996）。婚姻暴力的問題並不因社會、階級和種族差異的影響，而有任何不同（Costa & Holliday, 1993），此一問題普遍存在每一個社會群體之中。然而，不論暴力的性質爲何（男打女或女打男），女性大多是婚姻暴力的受害者；由於男性身體上受傷害的程度較少、社會資源較多，即使男性是暴力關係中的受害者，他們在婚姻或親密暴力中所可能產生的身體上和心理上的傷害，其受傷的程度與女性比較起來通常較少（Pagelow, 1985）。婚姻暴力中的受虐婦女會出現害怕、憂鬱、焦慮、混淆、企圖自殺、生病（身心症）、丟臉、負向的自我、低自尊等心理上的障礙，由於在暴力攻擊時，常會伴隨著口語上的毀損和凌辱，易使得受虐者在缺乏外在支持系統的正向回饋時，逐漸接受此種負向訊息，而破壞自信（Browne, 1989; Geffener & Pagelow, 1990）。

這些女性在面對配偶時會有相當明顯的負向態度和報復心態，且在親密關係上出現性退縮的現象，時時會有付諸法律、想與之分開和離婚的念頭；在面對生活中的其他人時，這些女性除了出現對一般男性存有負向態度的傾向外，還存在著因羞恥感而不願與他人討論的社會孤立感，但又希望結束暴力而想尋求他人協助的矛盾情緒；另外，對子女也可能發生憤怒無處宣洩，而出現虐待或忽略子女的情形（Geffener & Pagelow, 1990），由此可見，女性在暴力關係中是陷入了一個複雜的心理、情緒和認知情境裡。除了心理層面上的影響外，婚姻暴力還會帶來許多醫療和法律上的問題。據估計，美國家庭暴力所產生的傷害，每年至少需花費一億美元的醫療資源，由於毆打是許多女性外傷的主要來源，除了引起嚴重的身體傷害、過早死亡（pre-mature death）外，還會干擾其他家庭成員或兒童的心理發展，甚至於出現流產或因外傷而不得不流產、死胎、嬰兒腦傷、出生缺陷（birth defect）、慢性疾病，以及身體和情緒的殘障等等，更有資料指出約有23～45％在懷孕期間流產的女性，是源自於配偶暴力的結果（Geffener & Pagelow, 1990）。Symonds（1975）認爲受虐婦女是被害怕所洗腦（brain-washed by terror），害怕的感受讓她們改變了許多對事、對己的看法；NiCarthy（1983）則表示偶然和不可預測的酬賞，對受虐婦女留在暴力關係中提供了間歇性的負向增強，由於有限的目標和資源，是受虐婦女離開暴力婚姻的一大阻力，他們只好發展出對暴力較寬容、較少虐待即可的態度（Anson & Sagy, 1995）。陷入暴力關係中的女性，通常會尋求正式（警察、牧師、律師、社會服務、諮商機構女性團體）或非正式的資源（家庭、姻親、朋友、鄰居），以協助其脫離暴力關係（Bowker, 1983），然而在他們反覆求助的過程中，不少人會因此而遭到責備和拒絕，挫折的累積和無法脫離暴力關係的感受，使得他們逐漸發展出無助感（helplessness）和無希望感（hopelessness），Walker（1984）在他所研究的對象中，發現有2／3的受虐婦女會出現像在動物實驗中發現的「習得的無助感」的現象，Walker 將其稱之爲「被毆婦女症候群 」（battered woman syndrome），在長期受虐的過程中，這些受虐婦女不再相信他們能有其它的選擇，他們會認爲待在這樣的環境中，就是他們所能做的，而且不管做什麼事都改善不了此一狀況。此外，法律無效的保護，更是受虐婦女挫折的一大來源，不得其門而入的經驗、警察消極的協助態度，往往更加深女性無助、無希望的感受。

兒童虐待

爲落實「兒童福利法」，積極維護兒童及少年身心健康與正常發展，近年來政府及民間大力宣導兒童保護觀念，並強化受虐兒通報管道，根據調查兒童受虐的環境因素中，逾五成爲婚姻失調及貧困，適時提供邊緣家庭經濟扶助及親職輔導應爲減少兒童受虐的重要工作。（內政部，2000）

在已瞭解的兒童虐待個案中，施虐者的教育程度多屬國小、國中，施虐類型以身體虐待、疏忽及管教不當較多。一般而言，愈來愈多的兒虐案例顯示親子互動不良可能是婚姻暴力的後遺症，也可能涉及男女雙方家族對育兒的介入。例如，多起案例爲父母需工作，將孩童自幼請托長輩照顧，入學時方帶回身邊，孩

表 9-5　兒童及少年保護概況

	83年	84年	85年	86年	90年
受虐兒童及少年人數（人）	2,189	2,837	4,033	3,654	4,382
0-2歲（%）	10.1	10.0	10.3	10.8	11.4
3-5歲	13.6	14.4	16.5	17.8	18.5
6-8歲	20.1	23.4	23.6	25.0	24.5
9-11歲	31.6	32.3	26.8	26.4	24.3
12-14歲	19.1	14.9	16.0	12.7	13.3
15-18歲	5.5	5.1	6.7	7.4	8.0
保護個案類型（%）					
虐待	41.3	40.6	40.9	38.6	38.1
疏忽	30.2	24.9	24.3	25.5	24.7
管教不當	11.9	12.5	19.1	19.0	18.9
保護安置處理（%）					
家庭輔導	64.0	64.0	65.6	61.6	56.7
暫時寄養	24.5	27.1	28.3	25.0	26.9
長期安置	5.2	4.3	2.4	5.0	11.8
施虐人數（人）	2,096	2,481	3,784	3,686	4,281

資料來源：內政部統計處，2002年7月20日。

童因無法適應前後不同的管教方式而導致親子關係的緊張；而照護者同時面對長輩干預的壓力，及管教孩童的挫折，若又是婚姻暴力受害者，將憤怒轉移施暴於孩童自屬意料中事。父母對孩子有管教的權責是社會共識，然而大部分社工員似乎也容忍對管教方式採取體罰，只是對「管教不當」的界限見仁見智，體罰的動機和程度是考量的因素之一。若成人能具體、明確說明體罰理由，且孩童有明顯的「不當行爲」（偷錢、撒謊、不寫作業等）；父母教不來用打的，或是過度期望，則社工員似較同情成人，歸因爲管教之偶發事件而非虐待。至於體罰所使用器具，最常見的有皮帶、衣架、水管、木棍、藤條等；若涉及刀子、藤條、熱水、香、熨斗等造成的外傷，或嚴重程度超過孩童發展階段所能承受的，社工員就較無法認同其爲管教的說辭。其實最引人爭議的，是「體罰」本身所傳遞的「打人的道德」(the morality of hitting)，此一訊息──亦即「當對方犯錯時，打他是正確的」！父母若打孩童是否也示範了「打你的人也是愛你的人」？是否因而會製造愛與暴力並存的困惑？是否也會埋下日後婚姻暴力的伏筆？因爲前兩者的訊息合起來正是「當你所愛的人犯錯時，用暴力來糾正是合乎道德的作法」！所以「體罰」所隱含的訊息是如何傳遞給孩童，以致影響他的人際行爲是值得注意的。

Leventhal（1996）認爲美國經過20年的兒保歷史，社工專業要描述預防兒童虐待的介入措施並不困難，但實踐起來所需要的具體服務卻是昂貴的。所謂一般服務（general services），例如，適宜的居住、足夠的財力支持、易於取得的物美價廉的托育、家庭計畫、身心障礙孩童的早期療育、家庭資源中心等，都能協助父母提供較好的孩童照護。而標的服務(targeted services)則直接針對兒童虐待預防，主要採取家庭訪視（home visiting）的方式。以上兩類服務都需經由政府立法、社區搭配協助父母的育兒重擔。相對於個體處遇，由社會改革的策略介入蘊育兒童虐待的環境，可分爲以下三個面向。

增加家庭經濟的自足

由於兒虐案例的分布橫跨各種社經階層，當然並非低所得家庭的專利，但兒童虐待是否就與所得分配無關、是不分社經階層的現象呢？Pelton（1978）早在‘The Myth of Classlessness’一文中，就對此神話予以破解，以完整數據引證最嚴重兒虐（致死案例）多發生於赤貧家庭。更對「兒虐多屬低社經階層假象，乃由於高社經階層家庭低通報所致」的說法（或謂選擇說）加以駁斥。他認爲兒童虐待原本就與貧窮程度有關，亦即此現象與所得分配有關，低所得可視爲兒童虐待之風險因素（risk factor）。然而討論貧窮與兒童虐待之關聯時若要避免落入「責備受害者」（victim blaming）的陷阱，勢必得捐棄圍繞個體特質打轉的貧窮成因論，將貧窮視爲環境變項（environmental variable）來處理。Hay及Jones（1994）回顧相關實證研究後，認爲貧窮除了使家庭缺錢維持適宜的食、衣、居住水準，會直接增加兒童疏忽的機會，也間接增加爲人父母之壓力、社交孤立及居住於資源凋蔽社區的機會，這些都和兒童虐待有關。

貧窮既爲醞釀兒童虐待之主因，政府在醫療照護、就業政策及福利服務的整體反貧窮策略就極爲重要，但這也是傳統兒保政策最缺乏的一環。唯有搭配托育設施、學前幼兒教育方案，及各項家庭支持服務，對父母的就業協助方能發生作用，亦即考量家庭所有成員需求的福利策略，方能有效預防兒童虐待。在所得稅制中明列育兒扣除額（雖爲普及給付，但因各家戶所得不同，仍具重分配功能）或提供普及式的育兒津貼（併入所得課稅），都宣示國家願分擔育兒的責任。而針對特殊需求家庭（低收入戶、父母或孩童爲身心障礙者、單親家庭、新生兒家庭、未成年父母）的經濟補助、就業輔導、臨托／托育服務、家事服務等，都有利建構家庭成爲孩童的安居之所。

強化社區意識及資源

貧窮匯集（poverty concentration）的社區可能反映了變遷的勞動市場、急遽郊區化、及產業外移的後果，是這種動態的社會過程及人口特質轉變，產生對家庭及孩童不利影響。貧窮匯集伴隨支離破碎的醫療及社會服務結構、孤立隔絕於其他社區、幫派毒品活動，常是社區凋零的寫照。社會整合（social integration）脆弱、居民缺乏社區認同，就不可能期望緊密的社會網絡（social network）產生。專業人員如何透過社區工作技術，發動由下而上的社區居民參與，促進社區更新是最基礎的工作。進一步建構對孩童友善的社區成長環境，則有賴外界資源的挹注。例如，Onyskiw及其同僚（1999）評估在加拿大的一個社區兒虐預防方案，發現由鄰近醫療、社福（兒保）及警政單位工作人員支援的一個跨專業小組，透過提供父母互助團體、家庭訪視及具體的家庭服務方案、社區宣導，迅即的回應在壓力中為人父母的呼救，能有效的解決家庭危機。台灣民間團體在性虐待的社區預防方案也有許多創新，例如，鳳凰花專案以學校宣導為主，百合專案、雛菊行動及綠洲減壓方案則是以原鄉社區守望的概念結合外來的社福資源降低社區風險。

在對色情、暴力高容忍的台灣社會，取締以孩童為對象之色情活動及如何降低孩童暴露於暴力影響也是必要課題。推動電影、視節目分級、鎖碼制及落實違法錄影帶／光碟的查緝等，面對網際網路兒童色情的猖獗只是起步而已；只有新聞、警政及司法單位聯手夾擊兒童色情的黑金共犯結構，安全、乾淨的社區成長環境才有可能。

建構完整的兒童保護網絡

家庭中的兒虐事件通常不是單一事件，亦即可能已通報過，也經警政或社政單位受理；但令人痛心的是，之前的公權力介入並未帶來家庭所亟需的資源（可能是紓解育兒壓力的托育、臨托服務、輔導治療，或是具體的經濟補助、就業服務、醫療服務、住屋服務⋯⋯），只成為一項兒保通報紀錄。兒虐通報是家庭失能的警訊，公權力介入的目的應不在於監視父母對孩童的照護水準，或懲罰施虐者大快人心。更關鍵的應是強化家庭解決危機的能力，引進社區資源以矯正不當的親子互動。所以兒童保護絕不是「廉價」的通報而已，後續服務的輸送才是眞正的承諾。針對目前我們兒保實務的盲點，以下措施有利於建構完整的兒童保護網絡。

1.將親職教育及兩性教育排入中學常規課程內，及早預備未來的準父母（會比發生兒虐後的數小時親職教育有效）。
2.發展對涉案的原生家庭服務方案，特別是施虐者的服務。
3.持續宣導兒虐通報，並對相關專業（須責任通報者）失職者切實執行罰則；介入家庭時標準流程尊重隱私及當事人相對權益。
4.提供社政、教育、醫療、警政及司法人員持續的兒保在職訓練及督導、合理編制、待遇及升遷，加強培育兒童心理輔導人員。
5.發展原生家庭維繫服務及重聚服務，以降低孩童移置家外的風險。
6.篩選寄養家庭並持續提供督導及在職訓練。
7.育幼院轉型首在提昇輔育人員素質及合理人力，減低個案負荷量。
8.發展團體之家模式接納難置孩童（有偏差行爲、有身心障礙、年紀較大者等）。
9.發展少年獨立生活方案以銜接家外安置到社會就業。

結語

變遷是社會的必然現象，社會結構如此，家庭結構亦然。台灣地區的家庭結構，受到人口生態的變化、都市化壓力的銳化和同住意願的轉化等因素的影響，已經產生了一些變遷：在家庭型態上，核心家庭增多，擴大家庭減少，並且衍生出單親家庭和許多特殊的家庭型態；在居住型態上，子女與父母同住減少，老人獨居增多；在權力結構上，父母權威性衰落，子女自主性提高。而當學者討論工業化與家庭核心化的關連時，意味著傳統的家庭制度與價值已經逐漸鬆動。有關這方面的主要論點，主要有人口轉型論者與支持家庭核心化者的看法。人口轉型論者認為父母與已婚子女同住的比率仍占多數，表示主幹家庭繼續成為最重要的家庭型式，核心家庭只是主幹化之下的分化產物罷了。至於核心化之支持者則認為，工業化所導致的社會經濟結構的改變，促使父母與子女都偏好分住；只要條件許可，代間分別建立核心家庭為不可避免的趨勢。

最後，為了因應家庭結構的變遷，我們有必要對家庭政策、獨居老人、單親家庭和相關的服務網路謀求改進之道，營造一個合適的家庭生活環境，使每一家庭成員都能滿足需求，進而穩定社會，發展國力。家庭是人類生活中最早接觸也是最重要的單位，同時是社會最基本的組織。一個人從出生到死亡，家庭生活占了大部分的時間。家庭也是提供人類社會化的最初組織。所以，影響一個人最大的團體就是家庭，應無庸議。但隨著社會的快速變化，無論是東方或是西方社會，其家庭的結構都有很大的轉變。以台灣家庭而言，受到社會、經濟、人口結構的改變，及工業化等因素影響；使得如：家庭人口結構、成員的價值觀均有所改變。由於未能適應變遷的情況，自易造成家庭問題；在現行的家庭問題中，親子關係的互動不良居大多數。因爲親子間的關係，是維繫一個家庭完整的主要因素。如果親子關係是冷淡的甚至是敵對的，這個家庭必是問題重重，而且會對家庭成員的人格發展與行爲產生負面影響。如果親子關係是和諧、親密的，這個家庭則是個健全的家庭，亦有助於家庭成員人格的健全發展。

第10章

單親家庭問題

■前言
■單親家庭現況
■單親家庭面臨的問題
■解決單親家庭問題的對策
■結語

前言

隨著工業化的進展，傳統的價值觀快速變遷，亦使得家庭型態有所變動，其中之一即「單親家庭」：也就是一個家庭內有若干子女，但卻只有一位家長（父親或母親）的型態正快速增加。單親家庭在西方的先進國家中相當普遍。過去二十多年來，美國、英國等國家的單親家庭數目已增加了兩倍多。傳統農業社會中，男性是家庭的主幹是主要的生產者，婚姻主要的目的是為了傳宗接代，增加家庭的生產力，甚至為了光耀門楣。隨著工業革命改變了農業社會由男性所主導的生產方式，家庭已不再是個生產單位，女性在經濟上的獨立，改變了社會規範，尤其是女性在家庭中的角色，以及男女之間的關係。換句話說，家庭的觀念被沖淡，婚姻的牢結也就越來越鬆弛，婚姻與家庭之間的關係顯得特別的脆弱，容易造成離婚的發生。根據學者的實證研究，以台灣地區離婚率的攀升速度，可以預測的是單親家庭的增加勢所必然，因此更值得我們正視並提出必要的因應之道。

單親家庭現況

根據行政院主計處90年的統計數字顯示：隨著國人對婚姻態度的改變，離婚率有逐漸升高的趨勢，90年離婚對數計達5萬7千對，離婚率為2.5‰。離婚率升高的相對的單親家庭也日漸增加，目前單親家庭的比例為7.7%。該現象的變化趨勢如下內容：90年台灣地區單親家庭達52萬戶，較77年提高1.9個百分點，其中經濟戶長性別男女約各占一半，明顯不同於全體家庭以男性為主（占

85%）的型態；另單親家庭經濟戶長具大專以上教育程度者占19%，較全體家庭低5個百分點，職業爲主管或專業人員者比重，亦較全體家庭低6個百分點。以父或母爲經濟戶長的單親家庭（23.5萬戶）中，母親爲主要家計負擔者（占七成），較77年提高 8個百分點；由於戶長具大專以上程度僅占10.6%，加以每戶就業人數僅1.39人，致平均每月收入4.8萬元，遠低於全體家庭之6.7萬元。若觀察戶內有未滿18歲子女且以母親爲經濟戶長的單親家庭（9.8萬戶），近半數至少有兩位未滿18歲之子女，除母親教育程度偏低外（大專以上僅8%），所從事的職業多屬較低薪的服務、售貨及組裝工人員占（合占52%），致每月收入4.2萬元，爲單親家庭中最低者。另子女正處於受教育階段，致教育支出比重（19%）較高，此類家庭除面臨在勞動與薪資等不利的環境外，又須負擔家務與子女照護之責，相較一般家庭係處弱勢。子女爲經濟戶長的單親家庭（19.1萬戶），戶長七成爲男性，教育程度在大專以上者占三成，由於每戶就業人數1.65人，每月收入達5.6萬元，較其他單親家庭爲高，惟戶內有年邁寡居的父或母，家庭醫療支出比重（14.1%）相對較高。

表 10-1　台灣地區近年單親家庭統計

	81年	83年	85年	87年	89年	90年
離婚率‰	1.4	1.5	1.7	2.0	2.4	2.5
單親家庭%	6.4	6.3	6.7	7.2	7.5	7.7

資料來源：行政院主計處，「國情統計通報」，2001年1月22日。

單親家庭面臨的問題

不管是甚麼樣理由所造成的單親家庭，多少會面臨以下的問題：

1.經濟的問題：單親家庭中，由於單親父或母必須身兼雙職，獨自承擔家庭經濟責任，容易造成壓力過大、經濟拮据、就業時間不夠分配等困擾。尤其是在台灣女性戶長單親家庭的收入低於一般家庭，同時由於我國社會福利的措施還不普及，單親家庭只能靠自己的努力解決生計的問題。因此採取的對應方式是：第一，家庭的成員儘量外出賺錢；第二，讓成年子女負擔家計以協助改善整個家庭的經濟狀況；第三，只要有工作就去做，而不論薪資的多寡。因此造成工作過度的負荷，或者無法兼顧家庭，乃至貧窮的困窘等現象。

2.工作的問題：單親家庭由於人手的缺乏，所以家長必須同時肩負：維持生活所需，養育子女，料理家務等多項角色，往往造成過度的負荷。

3.教養的問題：由於經濟的不穩定，以及身兼多職所產生的分身乏術現象，使得單親家長對子女的教養多半無奈與力不從心。由於沒有良好的家庭教育，自然不易導致良好的教育效果。此外，子女受到單親扮演父母雙重角色，勢將影響對性別角色的認同，在社會化不足的情形下，將不利於子女未來的婚姻與家庭。因此成長在單親家庭的人對婚姻多半不抱樂觀，他們對婚姻的態度與敏感，往往促成其自身婚姻和家庭的破裂，而這種現象也可能像貧窮問題一般，造成破碎家庭的世代間流傳。

4.再婚的問題：儘管再婚可以帶來很多好處，然而在也有其遭受的阻力，由於單親家庭的家長本身已經離婚或喪偶，加上照顧子女的負擔，論及再婚的確較爲不易。

5.心理的問題：包括，離婚或喪偶後的心理適應，生活的安全感，社會對離婚者的偏見等等，均會造成個人調適上的困難。離婚造成的心理困擾有時甚於喪偶。畢竟一個完整的家拆散開來，生活的習慣與重心都不同以往，雙方將會有段時期生活於混亂、徬徨與迷惑之中。

6.社會的疏離：受到既有社會價值的影響，使得離婚者容易遭受到親友疏遠、歧視等。因此，在社會關係方面較易形成缺乏安全感、歸屬感，以及親友疏遠等情形。同時由於父母離異，爲了子女的監護權，即可能拆散父母手足共同生活，勢將造成親情的剝奪。

7.法律的問題：離婚者在法律上將面臨包括：子女的監護權、探視權、親權的行使、財產權、繼承權等困擾。

8.角色負荷的問題：雙親家庭的父母，尤其所擔任爲人父或爲人母的角色任務，轉移到單親家長時，將形成角色負荷的情形與壓力，例如，生計壓力、子女養育壓力、家事管理壓力、個人角色之壓力等等。

9.青少年偏差及犯罪的問題：經由實證研究發現有越來越多的青少年犯罪問題與單親家庭有著密切的關係。單親家庭青少年犯罪年齡較早，違規犯罪類型方面以疏離行爲、依賴菸酒藥物和搶奪行爲較正常家庭青少年爲嚴重，其原因是因爲家庭裡缺乏許多重要的家庭動力，如關懷、監督、溝通等。

不管是甚麼樣的理由──死亡、離婚、分居或其它（自願或非自願），所產生的單親家庭，所要面對或解決的問題亦不相同。然而，由於其對個人產生的影響及對總體發展的障礙，的確需要社會加以協助。

解決單親家庭問題的對策

面對上述的問題，社會提供解決單親家庭的策略，一般可分爲：

1.提供必要且適當的經濟補助，以克服生活上的困窘。由於單親家庭易處於貧窮的狀態；因此宜透過如：稅收減扣、社會福利、社會救助等措施，以消除單親家庭的貧窮問題，而不是任其自生自滅，自謀解決。
2.針對不同的單親家庭類型提供服務：社會福利機構宜針對單親家庭提供重要且實際的服務，如職業訓練，子女課業輔導，兒童照顧服務及心理輔導等。這些實際且急需的服務措施，將能有效的幫助受煎熬的單親家庭走出陰影，積極面對人生，這種實質上的協助有時是比現金的給付更有其實際效益。
3.法律保障方面：宜透過有關於家庭法律的修改、增訂等，以因應社會、經濟、政治及價值觀念的變化和家庭需要。同時針對單親家庭加以訂定具體的法律保障條文。
4.運用民間資源從事對單親家庭的協助工作，尤其是如能妥爲善用社區資源；例如，組成單親家庭協會，社區志工服務隊伍等等，並且互相合作與支持，使社會資源能統合運作以發揮最大功能。

5.調整國人觀念，以正確的態度看待單親家庭。目前我們社會對於離婚者存有偏見，使得有些離婚家庭沒有受到應有的尊重。其實，國人宜隨著社會變遷調整觀念，離婚是婚姻失敗，其固然是一種挫折，但勿以原罪來看待離婚，勿以有色眼光看單親媽媽或爸爸，因爲感情生活的不協調，或個性的不和而終止的婚姻關係，這只能說是生命過程中的一個轉型。

6.政府適當的協助以克服問題：在今日公權力不斷地介入私領域的同時，政府不但應該適當幫助單親家庭，更應該適當地增加有關的經費來協助他們。因爲這是一項逐漸普及的社會現象，今天不去關心照顧，明天社會就要付出更多的成本和代價。

由於單親家庭背景不一，需求與所面臨的問題自然也不相同。因此，只有充分瞭解單親家庭的情形，謀求因應之道，才有助於對其衍生問題的解決。

結語

在社會快速的變遷中，過去依照傳統所分類的家庭類型：核心家庭、折衷家庭、擴展家庭，在面對現今多變的家庭組成方式，如單親家庭、再婚家庭、隔代家庭、共居而不婚的單身貴族等，顯得不是那麼的適用。家庭型態正逐漸在改變，其中單親家庭其數量漸增，問題也漸嚴重。在台灣其發生的原因，雖然是以喪偶造成單親家庭的因素居多，但隨著社會的轉變，因爲離婚、未婚生子……等原因，形成單親家庭的比例，顯然提昇不少，而這類的單親家庭所要面對的問題，以及它對社會帶來的影響也特別需要關注。

並非所有的單親家庭都是問題叢生，但是，不可否認的是因其結構特徵，使其成員容易受到影響。所以社會大眾宜改變傳統對家庭的刻板印象，重新塑造單親家庭不是問題家庭的認知，使他們得以被社會接納，並協助單親家庭建立支持網路及正面適應，提供必要而且積極性的協助，以避免該問題的擴大及對社會帶來的衝擊。

第11章

性別平等問題

- 前言
- 性別角色理論之探討
- 兩性於社會地位上之現況
- 性別角色與男女兩性特質的關係
- 兩性平權之檢討
- 當前兩性平權的思潮
- 結語

前言

十七世紀至十九世紀，人權思潮受到英國光榮革命、工業革命、法國大革命等事件的刺激，兩性的平權問題逐漸受到注意，特別是英國的瑪麗·沃爾思登考夫特（Mary Wollstonecraft）所發表的「女權擁護論」（A Vindication of The Right of Women, 1972），指出所謂婦女的道德特質，乃是婦女生活在被壓抑的情境中所產生的婦女人格所扭曲的結果，書中特別強調教育對婦女人格塑造的重要性，也引起社會開始重視婦女的觀點，歐美婦運逐漸萌芽成長，要求歸還婦女的人權。十九世紀的勞工運動對婦運產生了激化作用，也引起婦女意識路線的爭論。十九世紀與二十世紀初期婦運所爭取的不外乎是投票權、財產權、教育權、工作權與懷孕自主權等與男性平等的公民權。雖然在婦運形成與發展中，陸續有人提出男女平權的主張，然而對兩性之間的支配與附屬關係，發展出較爲嚴謹的性別研究知識，則是二十世紀七〇年代左右，並儼然成爲獨特的女性學。

兩性平權觀念不但對台灣各學科領域可帶來衝擊，同時幫助我們檢視既存社會價值，制度與政策中明顯或可能潛藏的男性至上主義，也可以提供國家政策形成過程一個新的，也較符合平等權利與發展的政策價值與觀點。

性別角色理論之探討

雌性人類稱爲女性，雄性人類稱爲男性，其之間的差異，是因XX VS. XY染色體組合的不同，而反映在遺傳上、荷爾蒙分泌上；以及外性器官的特徵上。進而言之，兩性之間差異的形成，從胚胎期就已經開始分化。而且在這分化過程中，染色體扮演起這個階段，形成性別差異的關鍵因素（染色體是細胞核中，攜帶著遺傳材料的線狀結構體）。所以一旦睪丸或卵巢在胎兒身上形成時，就開始分化荷爾蒙，而引發和維持對胎兒成長和身體器官運作的生物過程。如果這個胚胎爲男性就有睪丸；如果是女性就會有卵巢。到此階段，就生物性別的分野，被謂爲「第一性徵期」。而性別差異進一步的發展，到了青春期，因荷爾蒙不斷的分泌，而導致兩性在心理、行爲；以及性別特徵的變化。到此階段，男女兩性的模樣大抵也已告成形，被謂爲「第二性徵期」。

對於性別差異的相關問題，不論是心理學界或社會學界都視其爲重要的研究課題。而且在這兩個不同的學術領域，都同時視「性別認同」和「性別角色」爲建構性別差異理論的基礎。「性別認同」（gender identity），是指「是我們內心對於自己是男或是女的感覺」。亦即「是個體自我想像的性別，即對自我性別上的認知態度」可知「性別認知」是一種屬於自我個體，對自身性別是男或女，經由感覺的認知，所形成的反應與態度。至於「性別角色」（gender role），是指「是依據性別而來的社會分工、權利，以及義務。即男性或女性在社會關係上的地位或就位。」就符號互動理論與結構功能理論而言，角色的定位，不論是透過取得他人角色而逐漸形成；或是根據社會系統所安排而成的位置，都受限於社會規範。因此在不同體系的社會系統，對兩性的性別角色，也自然形成不同價值的尺度標準。例如，在前工業資本主義社會中，女性被引導、訓練以賢妻良女爲正面的角色扮演；而男性則被塑造成強者，具有「一家之主」特質的角色扮演。這兩種截然不同的社會角色，其形成的結果可知就是依據性別而導引出不同的社會定位。

兩性於社會地位上之現況

爲能說明兩性平權，來文試引用自行政院主計處，勞委會及內政部的統計資料以陳述女性的現況。90年底台閩地區女性人口1,096萬人，占總人口48.9％。隨高等教育的推展，女性教育水準持續提升，90學年高等教育女性學生人數61.2萬人，占全部高教學生人數比率由80學年之48.6％增爲50.5％。90年女性就業人數383.0萬人，占總就業人數40.8％，較十年前增3.3個百分點；屬專業、技術人員者占25.0％，較十年前增4.9個百分點，生產操作及體力工占22.8％，則減8.9個百分點。另90年女性受雇員工（工業及服務業）平均薪資爲男性的75.9％，較十年前高出9.7個百分點，女性就業地位雖然繼續提升，然而就兩性平權的角度則顯然尙有成長的空間。

爲衡量女性政經參與程度及對決策影響能力，聯合國開發計畫署（UNDP）自1995年起定期編製發布性別權力測度（Gender Empowerment Measure, GEM），選用之統計項目包括女性於國會議員、專技人員、管理及經理人員中之比率，以及按購買力平價計算之女性平均每人GDP等四項，爲一測度女性經社地位之綜合性指標。

在排名的65個國家地區中，2000年GEM值仍以挪威0.836居首，其次是冰島與瑞典；我國性別權力測度爲0.619，世界排名第21位，雖較美加及北歐各國爲低，但優於日本、新加坡及南韓等國。聯合國編布之人類發展指數（HDI）較高的國家，其GEM排名未必居前，如日本HDI排名居世界第九位，但因國會議員女性比率僅10.8％（第70位）、管理及經理人員女性比率僅9％（第64位），致GEM排名降至第32名。

表 11-1　台灣地區女性人口概況

項　　目			90年統計數	80年統計數字
人口數			1,096萬人	997萬人
	占總人口比率		48.9%	48.4%
出生嬰兒性比例（女=100）			108.7	110.3
初婚年齡			25.7歲	25.6歲
15歲以上婚姻狀況	未婚		30.4%	29.6%
	有偶		56.3%	61.0%
	喪偶		8.6%	7.1%
	離婚		4.8%	2.4%
高等教育學生人數			61.2萬人	26.8萬人
	占總高教學生比率		50.5 %	48.6%
	碩士班		31,354人	5,632人
	博士班		3,637人	869人
勞動力人數			397.7萬人	321.4萬人
	勞動力參與率		46.1%	44.4%
就業人數			383.0萬人	316.5萬人
	占總就業人數比率		40.8%	37.5%
	職業結構	民代及主管人員	1.6%	1.8%
		專業、技術人員	25.0%	20.1%
		生產操作及體力工	22.8 %	31.7 %
		其他	50.6 %	46.4 %
非勞動力人數			465.1萬人	402.6 萬人
	就學		22.7%	21.0%
	料理家務		57.3%	65.1%
受雇者平均薪資占男性比			75.9%	66.2%

資料來源：行政院主計處，「國情統計通報」，2001年3月6日。

表 11-2　女性政經參與之國際比較（2000年）

	性別權力測度（GEM）		國會議員女性比率		專技人員女性比率		管理及經理人員女性比率		按購買力平價計算之女性平均每人GDP比率		人類發展指數（HDI）	
	值	排名	（%）	排名	（%）	排名	（%）	排名	（%）	排名	值	排名
挪威	0.836	1	36.4	4	58	15	31	24	0.63	11	0.939	1
瑞典	0.809	3	42.7	1	49	39	29	30	0.68	2	0.936	4
芬蘭	0.783	4	36.5	3	62	8	29	30	0.66	5	0.925	10
加拿大	0.763	5	23.6	18	53	22	35	14	0.61	15	0.936	3
荷蘭	0.755	7	32.9	6	46	46	23	46	0.51	30	0.931	8
澳洲	0.738	9	25.4	15	47	43	25	39	0.67	3	0.936	2
美國	0.738	10	13.8	53	53	22	45	3	0.61	15	0.934	6
比利時	0.692	14	24.9	17	50	34	19	58	0.43	46	0.935	5
英國	0.671	16	17.0	37	45	49	33	19	0.61	15	0.923	14
中華民國	0.619	21	19.9	28	44	54	14	61	0.52	27	0.886	23
日本	0.520	32	10.8	70	44	51	9	64	0.43	46	0.928	9
法國	…	…	9.1	92	…	…	…	…	…	…	0.924	13
香港	…	…	-	-	38	62	22	52	…	…	0.880	25
新加坡	0.509	36	6.5	116	42	57	21	55	0.49	35	0.876	27
南韓	0.358	62	5.9	120	31	66	5	68	0.45	40	0.875	28
中國大陸	…	…	21.8	21	…	…	…	…	…	…	0.718	88

資料來源：聯合國開發計畫署“Human Development Report 2001”、行政院主計處「專題分析」，2001年1月29日。

就各國單項指標觀察，國會議員女性比率除北歐諸國與荷、紐等八國外，餘皆在三成以下，專技人員兩性比例則較平均；我國國會議員女性比率爲19.9％，居世界第28位，專技、管理及經理人員女性比率各爲43.7％及14.0％，分居世界第54及61位，顯示女性在教育程度及經濟能力上雖有提升，但躋升公共事務及企業決策位置仍以男性較多。

性別角色與男女兩性特質的關係

根據社會學家的研究，社會經濟結構的型態，影響男女社會地位的差距及男女角色分化的程度。當經濟結構越依賴體力的社會，其男女角色分化的情形也就愈顯著。所以農業化社會男女分工的程度大於工業化社會。傳統農業社會的運作，需賴以強壯的體魄與氣力將之維續。由於這種以體力強弱做爲兩性角色地位高低的標準，使得男性獲得高於女性地位的優勢，並形成制度化的模式。除了體力使得女性地位處於劣勢之外；再加上女性在生理本質上比男性纖弱，不但有生理週期的問題，又限於懷孕、生育及哺乳的先天條件，營造出女性需要依賴男性給予她們安全保護的形象。而社會制度也就依據這種生理學上的鐵律，來作爲強化男性在社會所具有的支配力。此不但加大兩性地位的差距，也建立起如「男主外、女主內」、「婦以夫爲貴」等性別角色差異的刻板印象。同樣這種對男女角色差別標準，特別在父權社會中被利用，融入律法、風俗習慣、社會禮儀；以及對子女教育等模式之中，成爲根深蒂固的觀念。就在這種基礎下，因而塑造出對兩性各別不同典型的「理想形象」，即對男性塑造成具有「男子氣概」

（masculine）的形象；相對於女性被塑造成的「女子氣質」（feminine）。這種依據性別所塑造出的符號語彙，將男性所專屬的「男子氣概」形象詮釋為：理性、果敢、能幹、壯碩、獨立、堅強、冒險的「形象語彙」；至於女性則被冠上的「女性氣質」與感性、膽小、軟弱、被動、婉柔等形容詞劃上等號。這種以性別作為優劣階級的差別，使得男性具有「先天優勢」的條件。

所謂「女性主義」（feminism），是一種觀點；也是一種意識型態。女性主義主要是要求女性享有身為人類的完整權力，並且反抗所有造成女性無自主性、附屬性和屈居次要地位的權力結構、法律和習俗。「女性主義」是對父權主義下所造成兩性不平等的關係；以及不合理的價值觀，所提出的抵制與反抗。而女權主義運動，則是由女性主義者，為達到女性主義所主張的理念，所採取的聯合行動。雖然女性主義的發展，在不同的時期，因不同的派別各有不同所重視的觀點，但其基本上都脫離不開排斥：「父權體制」、「性別／文化性別的體系」；以及「性別歧視」三種：

父權體制

「父權體制」（patriarchy）它是一個常被用來指稱女性受壓迫的社會結構、它的形成是由以男性為中心所產生的權力關係為基礎。父權源自於被父親所支配的家庭體系，並經由這種以性別角色所廣泛的社會化，而形成出一種以男為主（尊），女性為輔（卑）的價值模式。當然這種男尊女卑的「性別體制」（sex-gender system）不但為兩性階層化形成一個基本模式；也為男性擁有支配女性的權利，獲得一個合理說詞的基礎。

性別／文化性別的體系

「性別／文化性別體系」（sex/gender system）包括性別區隔、性別分工，以及隨文化與時間而有不同認定的「性」等相互關的因素。「性別／文化性別」二詞指出了生物與文化間複雜的相互作用，也顯示「性」和「文化性別」有密切的關係。社會藉由這一套設計，將生物的「性」轉變爲人類活動的準據，並以此做爲社會互動的基礎。

性別歧視

性別歧視（sexism）指的就是男性優越於女性的一種社會關係。無論是男人或女人的行爲、政策、語言或行動等都在說明的一種被制度化、系統化或一致化了的觀點：即女人是次等。

不論是「父權體制」、或是「性別／文化性別的體系」、或是「性別歧視」，都是被運用來造兩性在社會、文化價值下產生不同標準，得以合理甚而被視爲眞理的基礎。這也正是女性主義者所要對抗的基本原由。

兩性平權之檢討

隨著社會的快速發展，政治的開放及人們思想的和活絡多元，婦女地位已逐漸提高，婦女問題受到日益重視。「兩性平權」於學術領域上亦多所探討。但是，傳統的陰影依然盤據在一般人的心底，使得女性在家中的地位仍舊臣屬於男性。最明顯的例子是，絕大多數的女性價值系統仍以妻女角色爲主，另一方面，在婦女普遍就業，而男性價值系統繼續在工作場會中占優勢的情況下，造成大多數婦女備受壓力與衝突，他們無法抗拒傳統觀念的束縛，卻又不甘放棄自我實現和發展的機會。所以儘管在現代社會中，男女兩性不再受限制固定於工作場會或私人生活人，但是大多數的女性仍處於相當不利的地位。我們可就以下幾點加以討論。

主從關係

雖然女性的教育水準提高，不僅促進婦女的知識與技術，也改變了她們的工作方式，提升了在社會與家庭的地位，在家中不只單純的做個賢內助，也是丈夫眞正的夥伴，能與丈夫商討工作和事業的問題。但在大多數的家庭中，丈夫的教育水準仍優於妻子，而且丈夫的年齡也被要求大於妻子。夫妻二人年齡與教育上的差距，使妻子在心理上依屬於丈夫，所以夫妻關係難免是傳統主從關係的延續。雖然在本質上丈夫仍維持一家之主的地位，但是夫妻關係漸趨平等，例如，男性會幫忙妻子做家事，女性也不再認爲做家事只是女人的責任。

經濟狀況

大多數的現代女性都有經濟能力，使得丈夫不再是家庭收入的主要來源，使得女性在家庭中的地位提升，有較高的主導權。家庭權力結構改變，但在選擇職業時，還是以可以兼顧家庭爲最先考量。也就是說一般女性希望能兼顧妻母與職業的角色。所以在女性在一方面還保留著傳統家庭觀念，承認婦女之從屬地位，當家庭與事業之抉擇時，她們多以家庭爲優先考慮。另一方面，對於參與社會及擬定決策的機會，也表現積極的態度，並且肯定自我的能力以及獲得發展的重要。在就業方面，在面臨父系社會的體制下，女性的壓力可想而之，且許多時候男女即使做同樣份量的工作，薪水也不盡相同。而且就業的婦女在家庭的權力地位上卻沒有太大的改變，也就是說當女性花較多的時間在工作上時，男性投入家庭的時間卻仍沒有多大的改變，所以婦女必須兩頭兼顧，扮演家庭與工作的雙重角色。但是民國81年天下雜誌就報導了有些企業機構己經洞燭先機，他們讓有家庭要照顧的女性員工兩人做一份工作，或是實施彈性工作時間，或有長達幾年的育嬰假，或成立托兒所，或有交通車接送員工的子女，因爲他們發現女性到某個階段就必須放下工作回家照顧孩子，對公司和個人都是一種損失。

權力結構

雖然女性在經濟上能夠獨立，但是丈夫還是家庭經濟主要決策者。在投資、儲蓄及購買貴重物品上，男性爲主要的決策者，或夫妻二人共同決定。代表家庭參加社交活動亦以丈夫爲主，其次是共同參加，妻子單獨代表的比較少。所以由此可知家庭權力結構的主角仍是男性，但漸走向夫妻雙方共同參與的趨勢。

法律地位

雖說我國憲法規定男女在法律上律平等，但是無可諱言的，由於舊傳統的沿襲，法律上仍有許多以男性爲中心的不合理規定，忽視了婦女的權益。近年來在法律上雖然有作修改，像優生保健法，不僅尊重婦女的獨立人格權，也保障婦女免受不合法的醫師實施人工流產而危及身體健康；像勞動基準法，兼顧婦女心理的差異性，訂立保護措施。但是由於在社會觀念尚未改變下，許多雇用女性勞工，甚至要求女性勞工簽署結婚或生子自願離職的切結書。像修正民法親屬篇，其中對夫妻財產制、裁判離婚原因、子女稱姓、重婚、居所等有所修正。但是婦女在夫妻財產制上雖已改進，但還未能達到實質上的平等，而民法親屬扁對於離婚子女的監護權、探視權等仍是處於對男方有利的姿態。所以有此婦女即使在面對不合理的婚姻下，仍不敢離婚的一部分原因也是因爲法律上的不平等；而另一方面則是因爲社會充滿歧視和懷疑的眼光。

生活重心

大部分女性，甚至是職業婦女仍以丈夫與孩子爲重心，多少父母辛苦奮鬥爲培植下一代，其女性之關心的主題也是家庭爲主。但是慢慢地跟女性有自我充實及自我實現的動力，職業婦女爲了工作上的需要，會不斷的進修；即使是家庭主婦的女性，也會找時間有計畫的自我充電，以免被對伐淘汰，與時代脫節。

社會觀念

有學者認爲，我國社會在政策的意識型態上，常以民生主義爲依歸，但從實際政策來看，卻顯示出傳統家庭主義與企業自由主義的福利觀。現在家庭的基本要素都是強調，「男女平等」、「男女共同分擔扶養子女的責任」，表面上看來我們在家庭角色上已經做了一番努力，但是現在人們還是提倡「三代同堂」，然而這種「三代同堂」係指「父系的三代同堂」，此種觀念已經強烈表現出對女性的歧視與不公。

就業方面

現在女性投入職場的比率是愈來愈高，但並不代表女性在職場的地位就可以與男性一爭長短，因爲家庭關係，女性大多從事較穩定的工作，如教師、公務人員等，而一般如果女性在職場上要有一番成就那她必須面臨結婚家庭的問題，若女性選擇了事業，有時就得放棄結婚的權力，因爲她可能面對的是子女的教養問題、扶養公婆等家庭瑣碎之事，若結了婚就不得不放棄職場上更重要的工作或可能辭職。

近年來，女性主義正風起雲湧的席捲台灣社會，各種女性主義論點的言論也如雨後春筍般出現，也出現了顛覆既有的男性主導的社會結構，使得我們不得不正視這個數千年來一直爭論不休的老問題。而現代社會，婦女獲得了受教育和參政的機會。表面上看來，較諸傳統社會，男女兩性似乎平等多了；但是事實上在法律、政治、經濟、文化等各方面上，婦女仍無法受到公平的待遇，傳統「父權思想」仍宰制著社會裡所有的意識和制度。而投入就業市場的婦女，較諸傳統女性，更承受了家務和工作的雙重壓迫。這種整個社會兩性不平等的狀況，並不因爲少數傑出女性的嶄露頭角可以掩飾過去。目前社會中，台灣社會各行各業中有許多傑出的女性，她們付出心力，對社會有不小的力量，然而女性在取得教育權，在法律上取的平等，女性在影響人數上似乎仍不及男性。有以下七種原因：

1.女性安於現實，滿足傳統社會中女性性別角色。

2.男性中心社會有形無形的束縛與壓制。

3.認同社會性別角色刻板印象的影響。

4.女性懼怕成就所產生的影響。

5.女性兼顧職業與家庭的艱辛與困苦。

6.時間分割以致不易做整體性或思考性的活動。

7.來自當前大環境的限制，使女性知識分子不能在更廣闊的層面發揮影響力。

男女兩性在現今的社會中，一同受教育，一起工作，也共同參與社交活動，使兩性之間的關係比過去的社會來的密切。我們傳統文化對於男、女性的教導，因社會的轉型，實有商榷的必要。若一味地以傳統的價值觀，去教導學生或子女，並期望他們能適應現今的環境，必然會造成許多適應不良的問題。

當前兩性平權的思潮

六○年代以來，婦女運動可以稱得上是一個全球的運動，但在全球任何一個角落，雖在所標榜的宗旨、所關心的議題有其優先順序和所採取的方法上有許多的不同，可是在提昇婦女的地位和福祉，達到平等、分享社會資源的目標都是一樣的。在台灣由於深受歐美各國影響，故思想路線也近似歐美的潮流，最近幾年隨著留美大學生回國傳遞觀念，加上政治環境日益開放，女性主義也成爲當今社會的寵兒。標榜「兩性平權」的領導者，不僅提供諸多不同於傳統社會的思維，並以實際行動展開對兩性平權的推動，其主要的主張、訴求以及參與的行動，包括下列理論思維。

自由主義

此派承認男女兩性在先天上是有差異存在，但是反對生物決定論，主張男女性別的差異主要是後天學習的結果，理論的核心價值是在強調個人有自由選擇的權利。所以解決女性次級地位的策略爲透過法律與制度的修正，來提供兩性平等競爭的機會。

文化主義

男女天生的確有性別差異存在，然而女性被男性視爲自然的一部分而被輕視與被壓迫。此派主張女性的道德是至善的，因此女性獨特的文化一旦獲得解放，自由平等、和平的世界就會到來。其策略爲女性文化就是婦女解放的力量，透過基進的與政治的手段，來推翻男性霸權。

馬克思主義

婦女被壓抑的原因，在於資本主義的核心家庭單婚制與私有財產制度之形成的交互作用下，女性逐漸被驅逐出社會生產工作外，而淪爲男性之私有財產的一部分。其否定人性與性別差異的生物決定論，主張任何社會不平等形式都是人爲的，而階級壓迫是最基本的。此派的解放策略爲傳統馬克思主義者認爲推翻了資本主義體制，隨著勞動階級的解放，婦女必能獲得解放。新馬克思主義者雖然注意到父權意識型態與資本主義一樣是壓迫婦女的大敵，但同樣認爲婦女卻獲得解放，一定要參與社會生產，並且與階級運動結合，以革命的手段達成結構變遷，才能徹底結束婦女被壓迫的情境。

社會主義

此派認為女性無論在公領域或私領域都是被壓迫者，女性是資本家的廉價勞工，也是男性免費的家庭勞，同時在父權與資本主義合夥關係下，女性淪為「消費動物」與「性商品」。所以婦女受壓迫是超乎階級的。其解放策略為不只要消除資本主義，更要改變父權性別體制，使婦女無論在公或私領域的角色與勞動內涵有所改變。

激進主義

其主張強調婦女是歷史上第一個被壓迫的團體，最為廣範的存在於已知的每一個社會中，而且根深蒂固，是最難以消除的壓迫形式，就算是透過廢除階級社會也不能消除對婦女的壓迫。同時婦女無論在質或量上，深受壓迫之苦，卻由於婦女與其壓迫者一樣受男人至上的社會偏見所影響，往往不能察覺被壓迫之苦。其解放策略：相信可以透過生產科技的創新來達到解放婦女，亦主張認為女同性戀主義可以對抗父權壓迫。

結語

「男女平等」這個千古以來爭論不休、沒有答案的問題，好像也無法在這波女性主義的潮流中找到答案，到底男性要主外？還是主內？女要相夫教子？還是要技身職場？也只有當事人才能做決定，我們外人不予置評。永遠沒有一個定論，只有近似値而已！

上帝只在地上造了兩種人，一種叫男人，一種叫女人，雖然數千年來，這兩種人中的冷戰、熱戰不斷，但奇妙的她們始終必須相互依存看來似乎永無寧日，但卻又相安無事，男人和女人的戰爭是充滿火藥和趣味的。也許上帝已經造了人，但卻還沒完成吧！最後這道完成的手續似乎尚留待人們自己以智慧謀求解決了！

第12章

階級問題

- 前言
- 貧窮差距日益擴大
- 性別階級問題
- 種族階級問題
- 影響階級的因素
- 結語

前言

近年來幾則新聞，凸顯了台灣社會貧富差距之大。豪門貴婦一年刷卡五千萬元毫不眨眼，大學女生則為籌措學費決定出賣卵子。貧富差距衍生了各種社會問題，其中尤以受教機會的不公更受到挑戰。教育部統計，90年有六千名大學生因經濟因素而休退學。這是台灣近年經濟狀況不佳、失業率攀高的直、間接結果。90年起，國內失業率徘徊在5%，受失業而波及的家庭人口總在百萬人以上，許多中小學生因此付不出午餐費，有些人更被迫退學。六千名大專生無法繼續升學，另有人希望賣卵子籌學費，都是經濟景況欠佳的後遺症。

經濟不佳，低所得家庭首當其衝；但即使在平時，低所得家庭享受國家教育資源的機會，也不及高所得家庭。由主計處的調查可以看出，八十九學年度低所得家庭子女受高等教育的比率，僅及高所得家庭的六成，顯示高所得家庭反而享受更多的教育資源。未盡符合社會公理。此正反應著社會階級的存在及嚴重性，值得正視。

貧窮差距日益擴大

台灣社會貧富差距拉大，有資料確鑿的統計數字可供印證，更有諸多活生生的個案震撼人心。主計處所發表資料顯示，90年我國高低所得差距擴大到前所未有的6.39倍。民眾所觀察、所感受者則更為強烈，數以十萬計的家庭繳不出學費，失業者攜老偕幼舉家自殺、高學歷者因家人貧病鋌而走險等例子層出不窮。

在個人層面，貧窮問題就是人權未受保障的問題。而在集體層面，貧富差距拉大將衍生嚴重的社會問題。台灣經濟發展已經脫離了「均富」的軌道，政府必須警覺貧富差距擴大對社會安定所造成的衝擊。

主計處所公布的資料，不但揭露所得差距持續擴大的事實，且較前一年惡化速度之遽亦令人怵目驚心。台灣經濟發展的歷史中，「高成長」和「所得分配平均」曾是國人引以爲傲的兩項成就。但在1980年高低所得差距創下4.17倍的優良紀錄之後，所得分配就逐年惡化；富者越富，貧者的所得增加速度卻相對減慢，所幸整個社會的財富之餅都在擴大，尙未引起強烈怨懟。90年，經濟成長率爲有史以來最大的負成長，失業率攀新高，國家發展的「均」和「富」兩項目標都重跌一跤。

關於貧富差距擴大的現象，我們應有幾個背景認知。首先，這是全球性的問題，並非台灣獨有。自從二十世紀末的全球化、資訊革命、高科技產業快速發展以來，全世界都造就「科技新貴」、「有知識就有權力、有財富」的現象，症候群之一就是富者越富而貧者越貧；在國家之內的貧富階級間如此，國際間的窮國與富國對比更是如此。如今，沒有一個關涉全球化或知識經濟主題的高峰會議，得免於憂心此一議題。當然，由於台灣過去長年打下的厚實基礎，如今所得分配惡化情形上不至全球排名到數的地步，比起香港、美國尙佳，但較鄰近的日、韓已是大幅落後。

不過，絕沒有「比上不足，比下有餘」的自我安慰餘地，反而應該警惕過去長期均富景象被視爲理所當然，對老百姓可能發生的強烈「相對剝奪感」更需戒愼恐懼。台灣過去由於土地改革成功和教育體制公平，社會階級流動通暢，人民大致維持「肯努力就會成功」的公平正義信念和成就機會。早年經濟條件縱然普遍匱乏，但人民並無強烈的被剝奪、不正義的感受。近十餘年來，政經結構快速惡化、租稅、教育、權力結構等制度性因素都給社會大眾帶來「不公平」的感受；當經濟情勢一旦轉劣，貧富差距拉大成為人民目睹或親身經歷的痛切經驗。此時所引發的民眾「相對剝奪感」，較經濟絕對匱乏之時期更為強烈，也往往引起社會動盪不安。如今台灣的景象，一方面追逐奢華的風氣成為時尚，富裕階段動輒以「頂級」享受縱人驕人；貧窮階層苦於無隔日之糧，連健保、學費、營養午餐費這些基本需求都無力負擔，乃至全家走上絕路的個案不時可聞。曾經一同走過吃苦歲月的台灣百姓，如何能想像；學童因家貧無法上學、在校羞於打開便當盒的故事竟在二十一世紀重演？與豪門子女的「血拼」，卻正是尖銳的對比，彰顯出無正義的時代習氣！

須知，貧窮問題不是窮人自己家裡的問題。社會的安定基礎及正義價值觀一旦破壞，從治安秩序到經濟生產力都受到衝擊，社會全體無人能倖免於這種動盪。在當今台灣，饑寒起盜心、因不平而起盜心，為洩恨而起盜心的例子日漸增多，無論貧富都可能成為受害者。這個問題影響深遠及早克服以免使台灣在貧富差距拉大的病態現象中繼續沉淪！

表 12-1　國民貧富差距概況

年	71	75	80	85	90
第五分位組為第一分位組倍數(倍)	4.3	4.6	5.0	5.4	6.4

資料來源：行政院主計處，「國民生活指標」，2001年1月15日。

性別階級問題

隨著工業社會的崛起，不僅影響到產業結構的改變，更進一步在政治、文化、社會各方面產生了影響，其中又以女性角色的改變最爲引人注目，在平權社會的思維與期盼下，女性合理權利的增進與維護，已經成爲今日社會努力的目標。「性別階層」乃是在描述一種情境，對勞動、資源與生產是由具男子氣概（masculinity）的社會權力與社會控制來支配。所謂的社會權力經常被認定是男子氣的，不管是男性或女性欲執行具有正當性權力的角色，就得表現出男子氣概。這是因爲具有權力的角色，是被賦以男子氣的象徵意義，排斥女性占據這些角色或要求女性表現像男人似的，正是父權意識型態強化與維持的必要表現。在性別階層中，女性是男性的附屬團體（subordination）， 從社會權威來看，一個附屬團體較少或不能決定或主動控制會影響該團體現在與未來發展的決策。從經濟面來看，附屬團體爲另一個團體提供服務、生產與食物，卻未獲得相對付出勞動的報酬。對於女性爲何會是男性的附屬團體，而不是男性成爲女性的附庸，對於這種附屬的關係，大約分爲四種概念來探討：

早期適應說

此說認爲人類在遠古時代，爲適應自然環境的生活，而實行性別分工，因此形成女性附屬的地位。其假設可分爲五點：

1.打獵對於原始人類維持生存而言非常重要。
2.狩獵的工作幾乎是男性完成的。
3.女性依賴男性的肉食供給。

4.男性將狩獵所得的肉食與依賴他的女性與子孫分享。
5.早期狩獵以適應生存，形成兩性的角色關係，而成爲當代女性附屬地位的根源。

技術環境說

此說認爲自然法則的挑戰（資源稀少、人口壓力），使得人類的文化特徵出現以應付挑戰，能夠幫助人類社會適應自然法則的結構。其主要假設爲：

1.在親族社會中，女性被排除於戰爭之外，而且被男性的活動所威脅。
2.殺死女嬰的行爲是親族社會中基本的生育控制手段。
3.一夫多妻制，是男性支配的指標。
4.一夫多妻制會增加女性的稀有性，因而增強了對男性攻擊表現的性酬賞。

社會生物學說

此派深受達爾文進化說的影響。威爾遜將男性支配歸因於物競天擇法則運作的結果，特別是適者取得生存的優勢。人類後代子嗣由於獲父親的優秀基因而得以改良，而且扮演父親的通常也是同種同性間屬於優秀的。男性的主動性、攻擊性與優秀性自然成爲物種內支配的團體。

結構主義說

由於女性與家務性勞動聯結，而男性與公共事務聯結，造成了女人的地位低落與權威的喪失，也就是說女人的相對地位是依女人涉入公共事務與男人涉入家務的程度而決定的。

社會經濟結構的型態，影響男女社會地位，及男女角色分化的程度；經濟結構越依賴體力的社會，其男女角色分化的情形也就愈爲顯著。這種以體力強弱作爲兩性角色地位高低的標準，使得男性在傳統農業社會中獲得高於女性地位的優勢，並形成社會制度。加上女性在生理本質上比男性纖弱，不但有生理週期的問題，又限於懷孕、生育及哺乳的先天條件，營造出女性需要依賴男性給予安全保護的形象。社會制度也就依據這種生理學上的，強化男性在社會所具有的支配力。此不但加大兩性地位的差距，也建立起如「男主外、女主內」、「婦以夫爲貴」等性別角色差異的刻板印象。

這種對男女角色差別標準，在父權社會中被視爲理所當然，並融入律法、風俗習慣、社會禮儀，以及對子女教育等，成爲根深蒂固的觀念。就在這種基礎下，因而塑造出對兩性各別不同典型的「理想形象」，即對男性塑造成具有「男子氣概」的形象；相對於女性被塑造成的「女子氣質」。這種依據性別所塑造出的符號語彙，將男性的形象詮釋爲：理性、果敢、能幹、壯碩、獨立、堅強、冒險的「形象語彙」；至於女性則被冠上：感性、膽小、軟弱、被動、婉柔等特質。這種以性別作爲優劣階級的差別，使得男性具有「先天優勢」的條件。性別角色是指某一社會或文化，期待不同性別所表現的行爲模式，是個人透過行爲表現，以明示所歸屬性別。其型構有三種說法：

1.精神分析理論：佛洛伊德（Freud）認為男女二性分化，是因為兒童認知生殖器官的不同，透過潛意識的作用而形成，也就是說生理的構造決定了個人的人格與早期性別角色的發展，男性發展男性化行為，女性表現女性化行為。
2.社會學習理論：班都拉（Bandura）認為性別角色分化是由於環境中，父母、師長、同儕團體及社會上一般人，不斷地對個體性別角色予以制約而形成，也就是男女角色行為及人格特質跟所有其他行為一樣，是經由學習的歷程形成。學習的歷程主要有兩種方式：社會化的代理人（父母、教師）藉直接的增強消弱與處罰來發展兒童適性的行為。認知能力較為成熟的兒童，透過觀察模仿而發展適性的行為，兒童由於逐漸習得抽象化的認知能力與記憶能力，個人即便不作實際反應接受外來的增強，也可以經由觀察他人的行為而習得新的觀念、態度和行為，兒童只是角色與行為的被動接受者。社會學習理論者認為在性別角色認同的過程中，環境與學習是最重要的因素。
3.認知發展論：柯爾堡（Kohberg）指出兒童利用內在的認知結構與外在環境的互動而習得性別角色。兒童基本性別角色的認同是由於自我分類為男孩或女孩的結果。當自我標幟為男性或女性後，因為「性別恆常」的概念，知道性別不可改變的事實，自然開始以其性別為架構知覺自己和世界。同時想做與性別一致的事，而男女事情的判斷取決於社會中所存在的對性別角色的看法，以及一般男人女人的表現。

根據以上三種理論對性別角色內涵的詮譯，可知性別角色的形成，除了生理上的差異外，必須考慮外在環境的影響，以及個人與環境互動過程中，知覺到自己所屬性別而形成的內在特別角色概念架構。換言之，不管是內因或外力促成的性別角色，都以社會中存在的角色刻板印象爲起始點，而個人形成的性別角色又反過來支持性別刻板印象。性別角色的分化常與社會、經濟及政治環境有關，經由社會化的過程，形成男女角色行爲刻板化的印象。在傳統的社會中，男孩子被要求獨立自主，女孩子則應依賴服從。這種意識型態經由父母、教師或大眾傳播媒體，甚至教科書的強化，使得性別角色行爲更爲僵化，這也是人格發展的一種限制。當性別意識被喚起時，一般人常以性別角色刻板印象作爲導引自我行爲及期望他人，評價他人的認知參考結構，當不合這個參考架構時常引來負面的評價或進一步的行爲抵制。

隨著女權意識的抬頭，兩性平權的思維使女性是要求享有身爲人類的完整權力，並且反抗所有造成女性無自主性、附屬性和屈居次要地位的權力結構、法律和習俗，是對傳統社會下所造成兩性不平等的關係，以及不合理的價值觀，所提出的抵制與反抗。但是，傳統的價值觀依然盤據在一般人的心底，使得女性在家中的地位仍舊臣屬於男性。最明顯的例子是，絕大多數的女性其價值系統仍以妻女角色爲主，另一方面，男性價值系統繼續在工作職場中占優勢的情況下，使得大多數的女性仍處於相當不利的地位。

台灣地區於1987年宣布解嚴後，過去被壓制但潛藏蓄積的社會力獲得解放。由於台灣經濟結構的變遷已經使經濟的訴求從「求生存」轉變爲「求生活合理化」；在一連串政治改革加上興起於西方先進國家的女性主義思維的引進等因素，帶領著我們社會省思既有的女性地位和社會角色。女性主義不但對台灣的性別互動帶來衝擊，同時幫助我們檢視既存社會價值，制度與政策中明顯或可能潛藏的男性至上主義，也可以提供國家政策形成過程一個新的，也較符合婦女權利與發展的政策價值與觀點。

推動人類社會進步最重要的力量是對人權的尊重。我們相信每個人都應該擁有基本人權，不因種族、膚色、性別、語言、宗教、政治等有所分別。在一個眞正實施民主的社會，婦女的政治力量應該是很強大的，因爲婦女人口占選民的一半，照理說婦女至少在政治力量上應該與男性平分秋色，但是事實上卻不然。除了少數北歐國家婦女在政治上略有表現之外，全球大多數國家婦女仍然是政治的弱勢者。

近代文明的發展，使得民主和人權的觀念更加深入人心。民主的實踐需要更多人去參與公共事務，而人權的信仰則相信每一個人，不論男女都應該擁有同樣自我發展的機會。婦女走出家庭出外工作，往往爲民主及人權創造了有利的環境。在工作環境中，由於其競爭性和較多的人際關係，促使一個人有機會去模仿其他的角色，並對自身的許多可能性有更廣泛的關照。工作的需要，使一個人有更積極進取的動機，並鼓勵人學習新知、充實經驗，發揮更多的潛能。工作環境也使人得到一些附加的價值，如社會地位、福利、保險、新的人際關係和經濟獨立的能力。這樣看起來，不管物質條件還是現代文明精神來看，婦女進入公共領域都是時代潮流的必然趨勢。如何保障婦女的工作權、參政權，便成爲一個重要的問題。

近幾年來，由於女性意識抬頭，婦女對本身的權益開始覺醒與重視；在法律上，如民法財產篇、親屬篇不平等之處，均已著手修正而趨向平等，但尚有不足的地方，仍待改善。然而最重要的是，我們的社會觀念上仍受傳統的束縛，而採雙重標準或對女性之歧視，仍充斥在社會之中，需要男、女兩性共同努力解決，使婦女能貢獻自己的才能以服務人群，而社會也能以平等的精神與態度對待婦女。如此，我們的社會才能獲致更大的發展與促進普遍的和諧。我國憲法增修條文第九條第五項規定：「國家應維護婦女之人格尊嚴，保障婦女之人身安全，消除性別歧視，促進兩性地位之實質平等」，相關法規亦應配合憲法規定不得牴觸，使男女平等更爲落實。要增進婦女權益以促進兩性實質平等，有下列幾方面必須同時保障：

1. 擴大婦女發展機會。積極發掘培訓婦女優秀人才，鼓勵其參與國家建設，提供公平的競爭機會與晉升管道，充實婦女專業知識與技能，以發揮婦女潛力，消除婦女就業限制，透過立法，切實保障兩性同工同酬及平等雇用升遷。包括婦女就業機會、薪資、升遷、生育假、育嬰假、病童照顧假、工作場所無性騷擾等的保障。這部分一定要透過「兩性工作平等法」來給予保障。
2. 教育機會均等。不只保障婦女受教育的機會，也修正教育內容，袪除不利於婦女角色刻板化模型的部分。同時，提供足夠的支持使女性得以有能力參與基礎教育、高等教育，甚至社會教育。並且可以參考日本會館方式，充分運用學校與社區活動中心辦理「婦女學苑」，以廣設教育社區婦女，而且充實婦女學苑的課程內容，使教育內容包括：社會教育、國家政策、公害、消費者權利、人才訓練等，以增加婦女再出發及參政的能力。
3. 政治參與機會均等。婦女投票權已受保障，但是婦女參政權仍然受到限制，應在選罷法、政黨法等立法中，階段性保障女性參政機會。
4. 家庭內的性別平等。包括：家事分工、財產、婚姻、繼承育兒、養老等的平等。這有賴於修正民法，以及提出完整的家庭政策才能解決。使婦女於擔任公職時同樣可以無後顧之憂。

5.人格、身體、生存、工作權的保障。包括不被暴力攻擊，性別歧視等，讓女性擁有自主的人格尊嚴。這有賴於刑法、刑事訴訟法、民法、民事訴訟法的修改，以健全的法律制度保障女性的合法權益。

6.加強婦女福利服務。加強婦女福利服務措施，建立職業婦女育兒期彈性工作時間制度及丈夫陪產假期制度。普設老人、幼兒福利機構及家庭協談中心，以減輕婦女工作負擔及心理壓力。

7.貫徹男女平等原則：依據憲法所定男女平等原則，全面檢討修正相關法規，確實保障婦女權益，經由家庭、學校及社會教育，建立兩性平等的價值觀，匡正社會觀念，消除性別偏見，尊重婦女獨立人格，促進婦女地位的實質平等。

8.職業婦女感困擾為事業與家庭無法兼顧，也常因家庭因素放棄繼續深造、拒絕外調而影響升遷機會，各機關在女性公務人員逐年增加之趨勢下，宜儘早加強育嬰、幼教、老人安養等福利措施，並推動家務兩性共同分擔之觀念，以減輕女性公務人員家務與工作雙重負荷之壓力，俾獲公平晉升機會。同時，女性兼負生兒育女之天職，娩假及申請育嬰留職停薪長可達二年，各機關平時應即實施職務代理制度，俾能相互支援，使業務得以順利推展。

在民主法治的國家，人權本應受保障，男女權益在法律之前一律平等，中華民國憲法第七條明文規定：「中華民國人民，無論男女、宗教、種族、階級、黨派在法律一律平等」，因此「人生而自由平等」是民主政治的基本信念，無庸置疑，然而，台灣社會長期以來，由憲法應保障的婦女權益和福利，似乎只是婦運團體關心所高聲疾呼的議題，而在法律層面、教育層面、就業層面、醫療福利等等層面和制度上的不正義，往往因涉及男性的既得權力，及社會資源的重新分配，導致爭議不休，不但模糊了問題焦題，也使婦女權益的實質保障延宕不前。

一般認爲婦女權益應受法律保障，婦權運動重點不在顚覆父權結構成爲母權制，而是在於改變父權制中的階級壓迫及性別歧視，將此壓迫關係轉化爲彼此溝通與互相尊重的兩性平等社會，正視婦女權益的保障，才能實質的促進兩性平等的和諧關係。兩性平等的社會不但是婦女的解放，同時也是男性的解放，而只有兩性攜手合作，才能更快地達到這個目標。依據未來學大師尼斯比（Naisbitt）於「公元二千年大趨勢」上言，婦女將於既來的世紀中扮演更爲積極，貢獻的角色。因此，在走向男女平等的路途上，讓男女雙方以平等的地位團結在一起以促成社會的發展，並且落實男女兩性共同分享的平權社會將是今後努力的議題。

種族階級問題

如同社會階層所述，社會成員會對其成員的身體特徵與文化特徵進行區分，這種分別有時亦形成社會的不平等，族群關係往往是這種分野的結果。少數族群是指：社會中由具有特殊生理與社會特質的人組成的任何團體，往往由於他們的這些特質成爲社會對他們偏見和歧視的目標。一般區分少數族群和多數族群時，均以兩者各自所擁有的權力，而不一定在於他們各自的成員多少。比如，當年的南非人口中黑人多於白人，黑人反而是少數團體。其實，有一種區分少數團體和多數團體的指標，是以「統治者」或「從屬者」名詞來形成他們之間的差異，這種差異表現於社會生活中的政治、經濟、以及社會層面。

少數團體又往往是社會中的弱勢團體或弱勢族群，因爲他們的權利與機會均較多數團體來得稀少和薄弱之故。弱勢族群：由於這些人往往（長期）受到多數民族和多數族群的歧視，因而，他們處於政治、經濟以及社會的相對不利的地位，所以特別受到人道主義者的關注。

經驗中可以發現，這些弱勢族群爲了改善其所到的不平等待遇，經常會採取比較激烈的抗爭手段；其結果在某些歧視較嚴重的國家或地區，便會形成嚴重的社會問題。爲了防患弱勢族群成爲社會問題，許多國家均試圖經由制訂教育、住宅、就業、交通、健康照護、以及社會福利等方面之反隔離政策，來解決此方面的問題。

就台灣地區而言，在論述族群關係上最受矚目漢民族與原住民的互動關係。經由人類學及民族學的研究得知：關於台灣原著民族群的分類，依其體質、語言、習俗，等特質，共可區分爲：阿美、魯凱、卑南、達悟、賽夏、泰雅、布農、排灣、曹族（邵族）共計九族，人口總數爲四十二萬人，占全台灣地區人口數的1.8％。

早期學者爲重建原住民傳統生活的歷史面貌，視其爲與外界隔離的原始部落；後來的研究則是將這些山地部族視爲是鄉民社會，李亦園和許木柱等學者指出「隨著台灣經濟的發展，山地社會已相當程度的納入整個台灣社會的經濟體系中，山地部落已無法孤立於大社會之外，且在經濟上也產生了某種依賴。」即原住民社會已不是孤立部分，它在整個台灣社會中，也因其自然、人力資源而有著特殊的地位。 由於歷史上的種種， 使得山地社會之外的各種因素，如政、經……等，影響他們至深，若是單獨考察將無法有效瞭解；因此要瞭解原住民族群，就必須置於台灣社會歷史發展的脈絡中，從族群接觸（包括：社會、文化接觸）中的觀點來理解其內涵。因爲社會是一整體，社會結構與文化往往難以區分；雖然文化較偏向精神、觀念，社會則趨於論述結構、組織、技術，然而實際上彼此常存在著互動的關係。社會學家雷菲德（Rober Redfield）強調：「文化是各種習慣性的整合。透過文化系統才能描述這個社會。」原住民社會、是指一個生態系統中，共有一獨特文化的群體。就原住民歷史上社會的發展階段，我們嘗試用雷菲德「民俗社會」的理念型中的幾個不同的特質來分析台灣的原住民：

社會比較弧立，成員人數較少

原住民社會由於人口少，互動都在自己熟悉的範圍，我群意識強烈，易排外。因此具封閉性，與外界聯繫少，但隸屬於相同社會成員之間溝通密切頻繁。

缺乏文字紀錄

一般人類與其他人、其它區域的時代的溝通，是透過書籍來實現的。而原住民社會封閉的一個特徵，就是沒有任何書籍。社群的溝通只能透過口頭語言，因此只限於很小的範圍。另外，也由於缺乏透過文字紀錄建立起信念型式，所以就不存在文明人類所具備的歷史意義，也不存在根據紀錄經驗所形成的科學基礎。除了工具和其它耐久的製造物，經驗累積的唯一方式是智慧的增加，這種增加是隨著長期的個人生活實現的；因此，只有老人才具有聲望和權威。

經濟上爲自給自足單位

原住民社會本身便是一個消費單位，在單位內人們生產自己消費的產品，又消費他們生產的東西，自給自足。

社會文化變遷緩慢

民俗社會的成員處理重複發生的生活問題的方式，是習慣的累積，這種方式是群體內部在面臨這些問題時，長期相互溝通的結果。這些習慣方式在人們之間相互關聯起來，最後形成一種系統，即文化。在民俗社會的內部，這種整合體或這個社會系統，能夠滿足個人從生到死反覆出現的需要，滿足社會在不同季節和年代的需要。

以傳統爲取向的行爲模式

原住民社會的成員，在任何時候作任何事情，這些事和每個人都有複雜的關係，表現著集體的感情和觀念；由於個人行爲不斷重複出現，而成了模式化的習慣行爲：它往往遵循著一種規範。人們所做的事之所以可以做成，不是因爲某個人或是某些人決定應當做，而是它對於事物的本質來說似乎是必要的。亦即，民俗社會的行爲是傳統的、自發的和無批判的。

宗教信仰力量可觀

民俗社會的文化是一種整體大於部分的文化，生存的保證來自於宗教的支持，人與人之間的各種關係也由超自然世界所控制的觀念或文化的其它方面所憑斷。對於民俗社會的成員來說，生活不是單獨個人的行爲，也不是那一種不同的行爲，生活是一個複雜的整體行爲，其中的每一部分都無法和這個整體分離，儘管它可能不影響其它部分。

社會結構比較簡單

民俗社會是根據家庭，即血緣所組成的社會，而非根據地緣來組成。而個人的關係，乃帶有家庭性質，且家族模式往往可以向外擴展，從有輩分關係的個人群體，一直擴展到社會整體；但當民俗社會匯聚了大量人口，或者是村落，或者是遊牧社群，就會發現兩種情況：即重視同宗關係，婚姻則落居於第二位。

原住民社會發展階段的分期可分爲民俗社會、鄉民社會、現代社會。其中所體現的文化型態又相應有：部落文化、農村文化、邊陲文化，這三種不同的社會文化階段，各有著不同的特徵和運作邏輯。就台灣原住民來說，最早由部落文化的民俗社會走入鄉民社會的，可追溯至荷蘭人占領台灣時的平埔族部落，其它各族則依種種歷史因素，和地理位置的環境而有時間早晚不同。不論改變時間，台灣原住民都經歷過民俗社會的階段，散居各地不同的部落，雖在組織型態上略有差異，但在社會各面向卻有著共同的特性。以原住民的觀點，乃是經歷幾次外力的進入，及族群間的接觸，族群之間的互動，給原住民帶來不同的影響，像早期的經濟影響、軍事擴張，後來政治權威的作用，深深影響著原住民的外力與結構因素是在歷史中形成。這些都突顯出原住民特殊的地位。原住民無法發展出具有主體性的歷史過程，其因素有：

第一，原住民的文明，一直未發展出較精密的組織，欠缺超越部落、族群的正式政治組織，也缺乏物質文化條件的配合，使得全面性的整合力量缺乏，以致無法和外來移民競爭。

第二，原住民的族群繁多，在現實生活中，很少存在著族群的認同，多半是化成不同支的血緣團體，或不同的社群，這樣數十個的組織實體更由於對立、結盟的關係而被主流系統牽絆。

第三，原住民獨特的文化特性，各族的表現並未統合成一種完整面貌，在快速變遷的環境中，無法有效的對外來的挑戰作出反應，相對地主流族群也一直缺乏對原住民的基本尊重，以保障該族群的生活。

第四，由於台灣本島的地理位置接近大陸，中原人遷移至台灣，其人口的壓迫很快就形成在平地生活的困擾，而往山區移動的結果，即使得原住民的生存空間縮小，加上系統漢化的要求，終於使的原住民喪失了應付外來挑戰的能力。

第五，外來宗教影響原住民的原有信仰。在外來宗教方面，原住民的社會歷史中，曾出現幾種較明顯，其一是漢人的民間信仰，如道教。其二是日本人的神道教，其三是西洋傳來的基督教、天主教。其中西洋宗教在很短的時間內深入了原住民族群，即在六○年代中已形成80%的原住民信仰基督、天主教的格局。爲何在短時期間原住民便大量的放棄原始宗教，大規模地接受西方的宗教？學者研究的結果可歸因於：教會主動傳教的結果；生態改變（水田稻作取代火耕）使得原有的傳統宗教活動無法解釋新的現象、治療新的疾病；傳統社會組織的沒落，是造成宗教衰亡的原因之一，另外奠定西洋宗教被信仰的基礎，物質的吸引也是原因之一，西洋宗教在傳教時所帶來的救濟品、現代藥品設施，更使信徒人數大增。

第六，市場經濟的介入，使原住民由鄉民社會，推展到現代社會的階段，並且形成市場經濟體系引進。市場經濟的介入，加上土地測量政策的結果使其原有的社會結構瓦解。因爲土地已不再如傳統社會由集體所領有，其建立在集體基礎上的社會組成也因土地的私有化而漸趨式微。

「種族團體」在社會學上的定義爲：具有明顯的社會特徵，並已經形成了它自己的次文化，以及懷有「自己人的共有感情」的團體。社會學家韋伯（Weber）強調種族團體是指：「人們把那些由於生理或風俗習慣上的相似性，或由於殖民開拓和移民的歷史的原因，持有一種主觀信仰的人類團體。並且，此種信仰在其團體形成的宣傳中，必須是絕對的」。文化人類學家認爲要區分種族不是從其生物特徵面，而是從其文化面：這是由於人們根本無法研究純粹的種族類型，加上要區別後天學到的行爲、先天遺傳的行爲、以及測量智力和感情的特性有種種的困難。所以，人們很難確定種族之間的智力和感情特性間的差異。

至於種族偏見是人們根據舊框框或概括對人、物或形勢的一種判斷；當事實證明它是不眞實時，他仍抱著事先形成的判斷不放，於是偏見便形成了問題。與其他觀點和態度一樣，這種先入爲主的判斷也是透過社會化學到的。

從人際互動來看，當帶有偏見的態度轉化，轉化爲對人或團體的不公正的或不公平的待遇時，歧視就發生了。偏見和歧視未必要同時發生，但在通常情況下兩者是互爲補充的。歧視可以合法地、正式地被建立在社會體系中，而且它甚至還可以存在於日常生活的非正式模式中。

受歧視之苦的一些進步的社會，常會以透過立法來宣告歧視爲非法。但偏見並不能透過法律予以控制的，因爲那是人們內在根深蒂固的態度。不過，對少數民族團體成員的態度近年來已有些變化，並且隨著這些團體取得更高的經濟、社會、以及政治地位。因此，一般相信對他們的社會態度還會有更多的改進前景。

少數民族團體關係在社會中所受到的待遇，取決於下列三個要素，即：「該社會之價値體系」、「該社會之社會組織模式」及「該少數民族的特性與反應」。因此，族群關係的模式，可以分爲下列兩個範疇，即：

第一，接受該族群，並且融入整體大環境之中。接受的形式有二，即同化與混合。透過接受，少數民族團體可以改變它的社會文化，以方便順從居於統治地位的文化和社會。尤其，當少數民族團體在文化和生理上，與主體社會相似時，同化的作用很可能會發生得更快速和更順暢。

混合是指一個民族或種族團體與當地的人口在生理上的合併，混合的另一種形式是文化多元化，即主體社會允許該民族參與社會，但與此同時又允許他們保持許多自己的文化和社會差異的部分同化。

第二，拒絕該族群，並且以民族偏見與歧視方式對待。在一些人類社會裡，種族偏見與歧視現象相當顯著且嚴重。一般說來，當偏見和歧視變得高度組織化和集中化時，即一般表現在社會上一種有意識的政策時，也就會產生拒絕的模式；而這些模式有消滅、驅逐、分割以及隔離等。

近代，當原住民的社會系統不再孤立，紛紛被合併入一個更大的系統後，這個較大的社會體系變成了原住民族群各單元變遷的動力，於是原住民各聚落的低度發展是可以預期的。但是原住民本身的自覺，加上社會中呈現族群融合的意識，使得我們可以期待族群關係情況或許能有所改善。

影響階級的因素

社會階層本身即蘊涵著種種高低不等的排列，而不平等是多方面的，且又是複雜微妙的。在工業社會裡，不平等更是錯綜複雜。通常而言，社會階層的主要層面包括經濟、政治、社會此三方面的不平等，表現於所得、聲望和生活方式的差異性。

所得

經濟方面的不平等，從總體方面而言，即是探討國民所得分配不均的程度；從個體方面而言，即是探討個人所得差異的程度。

一個人在某一時候的所得，是指在財富維持不變的情形下，他所能花費的總額。所得的種類很多，最通常的是薪資收入和薪資以外的種種福利、投資等。爲了瞭解所得的內涵，經濟學家也發展出來一些專門測量所得不均的方法，這些方法中，最主要的是「分位法」和「吉尼係數」(Gini Coefficient)。

所謂「分位法」，是將全國的所得依照所得高低分爲幾個等分，最常用的是分爲五分位，每一分位的戶數各占總戶數的百分之二十。第一分位（最低平均所得組）與第五分位（最高平均所得組）兩組所得相差的倍數，就是一般所謂高低所得之差距倍數。差距越小，表示財富分配越平均。如果依此標準而言，根據統計：台灣地區的所得差距有逐漸擴大的現象，也就表示國民的財富分配有愈來愈不平均的趨勢。

至於吉尼係數愈高，即表示所得愈不平均，反之，則愈平均。從所得分配而言，所謂不均，主要有三種型態：第一，有錢的太有錢，占國民總所得很高的比例；第二，貧窮的人太貧窮，因而與其他較高所得組有相當大的差距；和第三，中間所得組的人口數過少，使社會上的大部分人口，不是貧窮，就是富有。而造成所得分配不平均的因素，不管其型態爲何者，經由社會學研究發現：通常可歸納爲三類因素，即經濟因素、社會文化因素和政治因素。

1.經濟因素，包括：

（1）國家天然稟賦不同而造成所得分配的不平均。

（2）財稅制度不完善造成所得分配的不均。

（3）人口因素：人口的多寡影響國家的生產率、生產型態和消費市場而可能造成所得分配不均。

（4）各部門（農業、工業、礦業等）的生產率不同，造成所得的不同。

2.社會文化因素，包含有：

（1）人力資源的改進程度。

（2）都市化的程度。

（3）中產階級的重要性。

（4）社會流動的情況。

（5）種族與文化的異質性。

3.政治因素：

（1）政府直接參與經濟活動。

（2）人民政治參與程度。

（3）工會力量的強度。

（4）傳統精英分子的強弱。

（5）政治領袖是否致力於經濟發展。

根據研究社會階層的學者摩理斯（Morris）強調：影響所得分配的最重要的六個因素，依先後秩序，分別是：第一，人力資源的改進；第二，政府直接參與經濟活動；第三，社會經濟的雙重現象；第四，經濟發展的潛能；第五，國民平均所得；和第六，工會的強度。

社會階層的區分是多元，包括主觀的（如：在心理上所認同的社會類屬的層級），客觀的（如：財富、聲望、權力等）。為其對社會階層有進一步的瞭解，常運用「生活方式」，以瞭解所屬的層級，因爲依照社會學家何奇士（Hodges）的看法，生活方式所涉及的包括：人際互動模式（誰與誰結合）、象徵式財產（消費財與物質財產）、及象徵式活動（娛樂、演講與正式結合）....等等。由於：社會親密和頻繁的互動只會發生在有同等對待的人群。同時，就實際的社會運作中不同社會階層的分子，可使用某些項目以劃分彼此。這些項目包括：婚姻，朋黨關係，家庭中的接待行爲，社會組織的身分，以及互惠的活動；這些事項都可以作爲社會互動的指標。

在探求社會階層時採用生活方式的優點，就是它的廣博性。我們將互動關係、象徵式財產及象徵式活動列表，就可計算出個人或團體的地位指數，而在社會地位量度上訂出等級。這個方法的缺點就是一般互動（甚至婚姻），並不一定依循階級路線。因爲上層階級的娛樂活動同樣易受到下層階級的影響。從生活方式指標所計算的社會地位量度，必須不斷加以修正，才能克服這種問題。另外，爲瞭解社會階層的區分，社會學也嘗試運用受訪者評審他們自己的社會層級，也就是說，使他自己成爲階層等級評審的對象。這個方法依據的假設是：個人最能夠瞭解他本身的實際生活方式，以及在階層系統中的適當位置。

在傳播理論中有沈默螺旋的說法，認爲：一般大眾對社會議題的態度深受公眾人物的影響。由此可見，人的社會影響力是不相同的，此即爲聲望的部分。爲了瞭解因聲望所導致階級的差異性，社會學採用下列兩種方式：

1. 社區聲望：是透過有具有豐富知識的人來評定社區分子的階層。因爲一個社區或社會系統的分子，基於其對社會位置的私人經驗，有第一手知識。亦即，他們知道每一個人在他朋友眼中的聲望。無疑地，輿論所反映有關一個人的事，對於他的地位具有重要意義。但此方法也有其缺點，許多人私下贊成或不贊成的某種行爲會區解他們的判斷。例如，一個上層階級的人可能低估另一個人。同時，除了公衆人物外要瞭解社區的每個人是不可能的。

2.職業聲望：如果我們要從一個人的資料， 來預測他的價值、態度以及生活型態 ，則最能瞭解他的事實 ，也許是他的職業。休斯（Hughes）所發展的「主角色」概念， 提到了一個人在現代工業社會所扮演的許多角色中，最爲中心的與擴大的角色是爲主角色，而職業角色往往是個人的主角色。同時，職業與個人聲望、權力及所得之間，有高度相關。工作的地方會影響其人際互動，與遭受同輩團體的壓力。因爲大多數職業都要求某些必須條件，如年齡、教育、體力、技能與過去經驗，因此從事相同職業的人，會有一種同質性。另外，人們對於職業，常具有某種刻板印象，如律師是精明的，教師是誠篤的，企業家是尙利的，政客是虛矯的等等。對上述印象的期望，會影響該種職業者的行爲；許多人會有意識或無意識地接近某一種典型。這些都足以說明職業與個人之間的關連性。再者，在現代這工業化的社會中，工作對人的意義愈來愈重要。一個人的職業已不僅止於謀生而已，它通常被認爲是判定個人在社會結構中所占位置的最重要指標。職業提供了收入、社會地位和個人的一種滿足。懷特（Waite）認爲：「職業是個人以某種經濟角色爲中心的一組活動，以此一項職業即爲一個社會角色。」楊國樞也認爲：「職業和工作是人生最主要的活動（以下將職業和工作認爲同義）。人生和工作是分不開的；工作是個人社會自我的主要部分；工作幾乎

> 就界定了我們是誰。」由此可看出職業對人的意義。因此，我們經常以工作是瞭解社會系統與個人行爲的一個重要指標。在社會層次上，工作者的人數與種類，爲解釋社會系統的經濟組織提供了線索，這就是職業階層的領域。

未來人們將面臨一個職業聲望變遷快速的競爭環境。正如同韓寇克（Hancock）就曾說到：「後工業社會最起碼的定義是指社會經濟系統，其白領階級或服務業階層已取代了藍領階層，成爲最主要的勞動力量，就像美國和部分西歐國家都有這個現象出現。除此，社會學家很少對未來後工業社會的變遷意義有相同的意見。」

結語

就功能論的觀點認爲階級的存在有助於個人的努力成爲社會進步的主要誘因；但衝突論則以爲會割裂社會的和諧。爲追求社會公益，若干國家以福利工作的推動來克服階級問題，但是如果檢視現行福利制度，由於我國政府福利支出的最大宗，是社會保險支出，89年這項支出的金額是1,118億元，占各級政府社會福利總支出的39.9％。一般而言，社會保險的重分配效果主要是水平的重分配，垂直的所得重新分配效果並不高。再加上我國的社會保險主要是依職業別而設立的，即使是全民健保，也是將被保險人依照職業而分成六大類，個人的保費負擔方式依其職業類別而不同。而政府所提供的保費補助，除了低收入戶的健保保費補助外，主要也是依照職業別而有不同，並非根據收入來決定補助的比率。此種保費補助方式，常被認爲不公平。尤其是受雇勞工，因爲獲得的政府保費補助比率最低，常發出抗議之聲。除了在保費負擔方式和政府保費補助比率外，我國社會保險體系所呈現的職業階層化，更明顯的是表現在被保險人實際獲得的給付水準上。以88年各種社會保險的養老或老年給付爲例，公務人員保險的平均每件給付金額是1,331,041元，私立學校教職員保險的平均每件給付金額是768,305元，勞工保險的平均每件給付金額是604,151元，農民保險沒有老年給付，但可享有每月3,000元的老農津貼。公務人員平均每件的給付金額是勞工的2.2倍。如果再考慮公務人員享有「公務人員退休法」所提供的優渥退休金的保障，而一般勞工卻只有少數能領到勞動基準法所提供的退休金保障（根據社會指標統計，88年適用勞基法的事業單位只有7.6％有提撥退休準備金，受益的勞工人數僅達全部適用勞基法勞工人數的39.8％），則我國目前老年所得保障體系的階層化情形更爲嚴重。福利體系的階層化容易導致社會團體之間的衝突、對立，破壞社會的和諧、團結。則顯然是於面對社會階級問題時所應克服和解決的。

我國政府的福利發展，偏重現金給付的方案，對於福利服務體系的建構努力不夠。現金給付無法直接解決生活需求，民衆仍須到市場中購買服務，結果仍造成人民生活的階層化。而且由於缺乏公共照顧服務的提供，女性仍受困於照顧負擔而無法積極就業，這也是導致我國婦女勞動參與率幾年來一直維持在45％到46％之間，無法有效提升的重要原因。根據福利先進國家如瑞典等國的經驗，政府提供的公共照顧服務不但可減少家庭的照顧負擔，且本身可創造許多婦女的就業機會，並且因此增加國民所得與政府稅收。爲克服階級問題並爲落實社會公益，政府應該重新檢討福利政策的發展方向。

第13章

醫療保健問題

- 前言
- 醫療衛生保健現況
- 全民健保的實施
- 全民健保的爭議
- 結論

前言

近年來由於醫藥衛生進步，國民生活環境與國民營養改善，醫療保健水準日益提高，使得國民平均餘命逐年延長，20歲成人之平均餘命由80年之55.3歲逐年提高至90年之56.4歲，增加1.1歲；國人愈來愈長壽，90年台灣地區百歲以上人瑞有966人，較82年380人增加1.5倍。隨工商發展，社會快速變遷，現代人生活壓力日漸增加，台灣地區精神病患約40至48萬人，其中嚴重精神病患約10至12萬人，90年精神疾病門診人次451.5萬次，平均每千人203.5次，較86年166.1次增22.6％，生活、工作等壓力提高導致之精神問題殊值重視。嬰兒死亡率爲衡量婦幼衛生之重要指標，爲落實出生通報，自84年3月開始採行新修訂出生證明書，並加強相關通報查核作業，致嬰兒死亡率由83年之5.1人增至85年之6.7人，90年已降至5.9人，較已開發國家平均嬰兒死亡率8.0人爲低。另我國自83年起老人人口比例超過7％，已達聯合國所訂「老人國」標準，惟89年老人健康不佳比率58.5％，較83年55.0％增3.5個百分點，老人健康品質有待提升。

由民眾認知之重要度與滿意度加權算得國民生活指標健康領域之綜合指數觀之，90年指數較80年上升（改善）約2％，主要係20歲平均餘命與食品衛生檢驗不合格率分別上升及嬰兒死亡率指數上升所致，雖然平均每人住院日數指數較80年下降，惟整體而言，在醫療保健水準提升下，綜合指數仍有微幅上升。

醫療衛生保健現況

醫療人員

我國的醫療保健服務，從84年全民健保開始創辦以來，即進入新的里程。無論是醫療機構數或病床數，都有明顯的增加，以90年與83年的比值來看，醫療機構數增加爲1.13倍而病床數增加爲1.19倍。在相同期間，每萬人執業醫師、牙醫師、藥師及藥劑生、護理師及護士分別增加爲1.12倍、1.12倍、1.21倍和1.35倍。至於平均每人醫療保健支出，增加1.61倍。醫院的門診和急診人次，分別增爲1.17倍和1.35倍；至於住院人次則增爲1.14倍，較病床數增加慢，而占床率減爲0.85倍。在實施全民健保以後，民眾使用醫院急診的情況增加最爲明顯。醫療保健支出費用增加的比例，遠高於醫療機構數、病床數、執業醫事人員數，住院人數等，顯示全民健保的財務結構與醫療給付制度值得檢討。各縣市醫療機構數、執業醫事人員數和病床數的比較，則金門縣和嘉義縣都較其他縣市不足，醫療資源目前面臨「不患寡而患不均」的窘境。有趣的是我國的每萬人口醫師數低於新加坡、香港、英國和美國，而每萬人口病床數反而高於各國。

平均餘命

平均餘命一直被視爲很重要的健康指標，台灣的平均餘命歷年來有明顯的增加，惟經統計平均餘命的增加幅度遠低於各項醫療服務的增加幅度。同時各種疾病近五年來的死亡率，似乎並未因全民健保的實施而有所改善，我國國民的平均餘命，雖較中國大陸和南韓爲高，但卻低於新加坡、香港、日本和其他歐美已開發國家。如果醫療服務無法大幅提昇平均餘命，從消極而負面的疾病診療，轉向積極而正面的健康促進，可能是我國國民衛生保健的當務之急。

死亡率

我國國民的死亡率，有逐年增加的趨勢，主要可歸因於人口的老化。從十大死因的死亡率長期變遷來看，慢性退行性疾病所占的死因比例逐年增加，其中以癌症、腦血管疾病、心臟疾病、糖尿病、高血壓等爲主。即使台灣的醫療照護已達國際水準，癌症死亡率仍然大幅增加，其增幅相當驚人。全民健保之支出，只有相當少的比例應用於預防保健之宣導和執行，這是值得省思的課題。重醫療而輕預防，將使得癌症發生率與其醫療費用節節上升，這也可見之於其他慢性退行性疾病。透過積極而全面的防癌保健教育、早期癌症篩檢、戒絕菸酒和檳榔，才能藉著降低發生率而降低死亡率及治癌支出

由於糖尿病和高血壓都是腦血管疾病和心臟疾病的重要危險因子，要確實降低這些疾病的死亡率，仍然必須透過「促進健康」和「特殊保護」的預防醫學措施，才能達到事半功倍的效果。慢性退行性疾病有一段相當長的潛伏期，若能從均衡飲食、規律運動、控制體重、禁食菸酒和檳榔、定期接受預防保健體檢，就能夠防患疾病於未然。

從菸酒消費量的長期變遷，可以看到平均每人香菸消費量，從83年的1,746支，增加到90年的2,082支。至於酒的消費量，雖從83年的每人平均38公升，降爲90年的34公升。檳榔的消費量則從83年平均一人一年6.3公斤增加到90年的7.4公斤，從口腔癌的發生率與死亡率的逐年竄升，即可看出其對國人健康危害的嚴重

性。口腔癌已高居86年十大好發癌症的第四位，在五到十年內，將成爲台灣的男性第三大癌症。我國的衛生與農業主管機構，必須儘速採取行動。在無法完全禁絕的現況下，宜採取菸草健康稅的方式課徵檳榔健康稅，以作爲宣導戒除檳榔和口腔病變早期篩檢之經費。成癮物質使用者的醫療費用支出，不宜轉移到未曾使用者身上。

在十大死因當中，只有事故傷害，特別是運輸事故的死亡率有明顯的下降。這主要可以歸因於（一）運輸事故預防措施的確實執行，例如，機車騎士戴安全帽、汽車駕駛繫安全帶、加強酗酒駕車及超速取締、道路工程改善等；以及（二）緊急醫療系統的積極改善，進而降低了嚴重事故傷者的致死率。

雖然我國從73年即展開B型肝炎預防接種計畫，但是目前仍有15％的成人是慢性B型肝炎患者，因此慢性肝病及肝硬化的死亡率，仍然呈現逐年上升的趨勢。若能分析年齡標準化或年齡別死亡率，則可以更明確看出變遷趨勢。在花蓮和台東兩縣的慢性肝病和肝硬化死亡率遠高於其他縣市，顯示酗酒習慣的戒除，才有可能降低這兩縣的肝病死亡率。

疾病死亡率決定於疾病發生率和其致死率。醫藥科技和醫療服務的質量提昇，可以減少疾病致死率，因而造成死亡率的下降。現代醫藥照護的發展，一方面減少疾疾的死亡，延長病人的發病時間，一方面又無法降低疾病的發生率，如此一來，疾病的盛行率及醫藥支出即會明顯增加，帶來社會經濟的沈重負擔。在21世紀的衛生醫藥工作，應朝向提高「正向健康」品質來努力，透過健康促進和特殊保護，來達到降低疾病發生率，提高健康生活品質的目標。

營養攝取

以國人每人每日營養素供給量來看，大都相當充足，但是鈣質的攝取顯然偏低。就近五年趨勢而言，蛋白質、脂肪、碳水化合物、鈣、磷、鐵的供給量略呈下降，維生素的供給量卻有增加的現象。飲食均衡在減肥瘦身的風潮下，必須善加監測。食品檢測的不合格率（8.1%），以及每萬人食品中毒人次（1.4）已有下降的趨勢。健康食品的查驗宜成爲未來食品檢驗的主要項目，並且提供國民正確的均衡營養攝食的知識。藥物檢驗的不合格率，反而有明顯增加的趨勢。

近視

「近世進士盡是近視」的生動描述，說明近視是我國學生重大的健康問題，目前我國的視力不良率，國小爲35%、國中66%、高中89%而高職69%，是世界各國的佼佼者；而且其比率有逐年上升的趨勢。過長的近距離用眼工作、缺乏充足的運動休閒、升學競爭壓力未見消除等，都是學生近視逐年惡化的主因。除了適切的視力保健教育而外，其餘的國民教育及升學制度的改善，也必須配套展開。其餘數項學生健康問題，例如，齲齒、成癮藥物使用、過重肥胖等的比率及長期趨勢，也値得正視。

我國的人類發展指數（HDI）排名世界第23位，但是零歲平均餘命卻只排名31位，按購買力平價計算之平均每人GDP排名21位，很顯然的，我們的GDP並未能充分來提升平均餘命，學者推敲是我們購買的是消極而負向的「疾病治療」而不是積極而正向的「健康促進」，在重視健康生活品質上頗値得注意改善。

表 13-1　台灣地區民眾健康領域概況

年	80	83	85	87	89
20歲平均餘命（歲）	55.3	55.6	55.7	55.9	56.1
平均每人住院日數（日）	1.0	1.1	1.1	1.1	1.1
每千人精神疾病門診人次（次）	-	166.1	184.5	203.5	
老人健康不佳比率（%）	63.1	55.0	55.7	57.1	58.5
嬰兒死亡率（每千活嬰）	5.1	5.1	6.7	6.6	5.9
食品衛生檢驗不合格率（%）	14.4	7.9	10.1	8.7	4.4

資料來源：行政院主計處「國民生活指標」、內政部「台閩地區簡易生命表」與「老人狀況調查報告」、衛生署「衛生統計」、行政院經濟建設委員會「世界人口估計要覽」。

全民健保的實施

健康保險制度起源於德國俾斯麥首相，於1883年率先針對勞工，以社會互助的方式，實施健康保險。影響所及，近代西方先進國家業將個人享領社會福利服務視爲現代社會的一項基本人權，也就是所謂「社會福利權」。此與政治參與的平等權，經濟保障的財產權，人身自由的公民權等權利視爲同等重要。由於經濟社會的變遷，改變了人民的生活方式，也威脅到人民的健康；例如，工作環境的改變增加了職業病，飲食內容的改變增加了慢性病，文化環境的改變增加了精神疾病，自然環境的改變增加了公害症。由病例的增加趨勢，現代病患需要更進步的醫療設備與技術，也需要更長期的醫療時間。這種需求當然需要更多的醫療費用。如果這些費用全由病患自行負擔，必將拖垮其生活，威脅生存。政府基於保障人民生存權的立場，應該給予必要的醫療補助。而以保障人民健康權爲目的健康保險，以危險共擔的原理原則，普遍適用於全民，這就是全民健康保險的理念。

90年底台閩地區全民健保納保人數2,165萬人，較89年底增1.2％。因經濟成長趨緩、關廠歇業家數增加及平均薪資調幅有限，全年應收保險費2,901億元，增幅0.8％爲歷年最低，其中投保單位應收保費936億元，更是首次下降。90年平均每人門診次數14.6次，較89年減0.2次，惟申報金額2,069億元，增4.2％，住院人數282萬人次，金額1,046億元，分別較89年成長4.7％及6.6％；申報門診、住院總額3,116億元，超出應收保險費215億元，年底資金餘額60億元，亦較89年底減少15億元，健保財務困境已甚明顯。

全民健保法是繼醫療法之後，影響醫界最大最深的法律。健康保險基本上是建立醫療體系的財務機構，一方面定期向民眾收取健康保險費，另一方面支付醫療機構以利醫療機構提供醫療服務給民眾。健康保險的給付範圍決定醫療院所可以提供何種醫療服務給保險病患；健康保險的部分負擔決定消費者須自付多少價格才可取得醫療服務；健康保險的支付制度決定醫療院所所提供的醫療服務的價格與收益。全民健康保險法即是賦予中央健保局一個「獨買者」或買方壟斷的法律地位。健保局有絕對的公權力及市場壟斷力來決定醫療院所必須以何種價格提供何種服務多少數量，也因此全民健保對醫療院所的影響，值得我國所有醫療院所及醫事人員關注。而全民健保對醫院的影響有：（一）醫療需求大量化；（二）部分負擔具體化；（三）醫療價格單一化；（四）醫師所得透明化；（五）住院給付論案化；（六）公務預算緊縮化；（七）保險表單更新化。

表 13-2　健保醫療服務概況表

項目				90年統計數	與89年比較說明
健保醫療服務概況	納保人數			2,165萬人	+1.2%
	應收保險費			2,901億元	+0.8%
		保險對象		1,154億元	+2.5%
		投保單位		936億元	-1.5%
		政府補助		811億元	+1.1%
	門診	申報人次		3億1,419萬人次	-0.2%
		申報金額		2,069億元	+4.2%
		平均每人門診次數		14.6次	14.8次
	住院	申報人次		282萬人次	+4.7%
		申報金額		1,046億元	+6.6%
		平均每件申報金額		3萬7,145元	+1.8%
	資金餘額			60億元	-15億元
	重大傷病免醫療負擔者	總計		48.3萬人	+3.0%
			癌症	20.9萬人	+2.7%
			慢性精神病患	10.2萬人	+6.0%
			尿毒症	3.8萬人	+4.0%
	居家照護機構特約家數			340家	+36家
	醫療院所簽約家數			1萬6,558家	簽約率91.4%
	保險病床數			9萬2,000床	保險病床比率77.6%

資料來源：行政院主計處，「國情統計通報」，2002年3月25日。

全民健保的爭議

由於各國政府在健康保險支出的劇增，造成政府財政的惡化，越來越多的學者開始對國民是否享有健康權表示懷疑。甚至有人主張政府不該保障國民的健康權。美國的庫斯基教授（Garvan F. Kuskey）在〈保健、人權與政府干預〉一文中強調：

「權利不能存在有衝突。健康權會威脅到他人財產權的使用，也會造成社會資源的浪費，所以不應是一種權利。」這種論調完全是以結果論繼價值的說法，忽視了權利的本質與技術的缺失。我們應該瞭解，如果政府有保障國民健康的責任，健康權就應該是一權利，如果制度設計完善，就不會造成無效率的浪費。根據國際勞工組織（ILO）的報告：「國家是爲全民幸福而存在的共同體，促進社會福祉乃是其主要機能。」國民健康攸關全民福祉甚鉅，應由政府承擔部分責任。大多數工業先進國家的社會福利支出均占政府預算的比例甚大，而醫療保健費用更是福利支出中最重要的項目。可見，大多數國家都將保障國民健康視爲政府的責任。

全民健保財務困窘，健保難以爲繼的困境卻仍會一天天加劇。問題既然遲早都要解決，則與其坐待健保拖垮國家財政，不如儘早改弦易轍。總的來說，現行的全民健保已經變成一種「社會福利」，而非「保險制度」，可說從開始就已經註定前途坎坷。爲闡明其中的道理，不妨由全民健保和民營保險公司商業健保的比較談起，保險是分散風險的機制，若欲分散風險，即必須先控制風險，否則就無法精算投保者應負擔的保費。就健保而言，民營保險業者控制風險最重要的措施，就是篩選要保人或被保險人，對出險率愈高者要求愈高的保費；因此，保險公司會要求要保人或被保險人說明健康情形，且以性別、年齡等因素，作爲保費高低的準據。對於某些重症患者，甚至拒保。且若欲買到愈高的保障，即須繳愈高的保費。這樣對全體加保人方爲公平，亦才是保險眞正的精神。一直有人主張全民健保應「保大病不保小病」，即是強調「風險管制」。反觀現行的全民健保，由於是全民強制加保，來者不拒，大小病全保，風險根本無法控制，政府等於無限制承擔責任，又如何能精算出合理的保費？事實上，民營保險業者都會在承保後向國內或國外的再保險公司投保，以分散風險；全民健保卻找不到任何再保險公司願意承接，其原因即是無人會承接不可控制的風險。再者，民營保險公司依據保險精神，按風險高低或者所買的保障多寡，而收不同的保費；全民健保卻不管風險高低，一律以收入高低來決定保費，且不論繳多少保費，保障都一樣，分明完全背離了保險的精神。說穿了，根本就像是在「課稅」。

因此，健保雖名爲「保險」，其實已變成一項「社會福利」。是由政府主辦，以高所得者多付費、低所得者少付費的類似課稅機制，來分配全民基本的醫療服務。而由於政府全面介入醫療市場，於是不得不管制醫療價格、藥品價格，並須負責解決抓漏防弊等所衍生的問題。簡單地說，這就是以保險爲名的一套社會福利公醫制度。此正說明全民健保爲何永遠無法杜絕浪費，而提高保費爲何引起那麼強烈的反對（就像反對增稅一樣）。以健保最高投保薪級60,800元、四口之家計算、雇主和勞工本人全年所繳保費爲70,320元；最低的15,840元薪級，四口之家亦須繳18,324元。以一個五千人規模的企業而論，全年所繳在一億元以上。看病時所付的部分負擔還不在內。全國的雇主和勞工每年繳了這麼多保費，而健保卻天天喊窮，由此可見健保繼續以保險爲名，行社會福利之時，是絕對走不通的死路。除非廢止健保，否則已無可能改變其「社會福利」的走向，因此問題陷於無解。惟健保保費既然實質上就是一種課稅，則若政府同意健保保費能夠全額抵稅，相信提高保費之議的反對聲浪就會大幅降低。且若健保能逐漸向「保大不保小」調整，其浪費情形自會受到節制。最後，若政府能考慮針對社會弱者提供個案性的醫療救濟，而取消強制性的全民健保，並以租稅獎勵措施來推動各行各業自行參加民營保險公司承辦的健康保險，善用民力，則或許能由健保泥沼中脫困

表 13-3　近年醫療保健支出概況

	1994年	1995年	196年	1997年	1998年	1999年
醫療保健支出(百萬元)	319,733	374,828	413,837	438,887	482,062	504,947
政府部門	44,293	42,436	42,265	41,202	41,364	43,427
保險部門	129,584	194,455	221,193	238,824	269,120	284,976
中央健康保險局	-	158,381	216,010	233,304	263,565	278,923
其他*	129,584	26,073	5,183	5,520	5,555	6,052
民間部門	145,857	137,938	150,379	158,862	171,578	176,545
平均每人醫療保健支出(元)	15,163	17,624	19,301	20,287	22,077	22,941
醫療保健支出占GDP比重(%)						
美國	14.1	14.1	14.1	13.9	14.0	...
德國	10.0	10.4	10.8	10.7	10.6	...
瑞士	9.5	9.6	10.1	10.0	...	...
加拿大	9.8	9.4	9.3	9.2	9.3	...
法國	9.7	9.8	9.8	9.6	9.6	...
澳大利亞	8.5	8.4	8.6	8.4	....	...
日本	6.9	7.2	7.1	7.2	7.4	...
英國	6.9	6.9	6.9	6.8	6.9	...
南韓	5.4	5.4	5.9	6.0	...	...
中華民國	5.0	5.3	5.4	5.3	5.4	5.4

資源來源：行政院衛生署，「衛生統計」；OECD Health Data 99，2001年3月20日。

而出。也就是說，「保險歸保險，救濟歸救濟」，不要混爲一談。總之，爲免政府財政被健保拖垮，政府不能再頭痛醫頭、腳痛醫腳，必須面對問題，儘速處理。

由於長期以來各國醫療費用不斷上漲，其成長率在某些國家已超出經濟成長率，甚至於在有些國家已形成國家財政危機。是以醫療費用控制爲當務之急，爲要控制醫療費用，需先瞭解影響費用上漲的因素。有關費用上漲因素相關之探討眾多，OECD（經濟合作開發組織）、ISSA（國際社會安全協會）、EC（歐洲共同組織）及ILO（國際勞工組織）都提出相當的費用上漲因素。綜合各所提出之費用上漲因素，我們將之歸類爲兩大項：社會結構因素及醫療體系內的因素。（鄭惠娟，2000）

社會結構因素

1. 人口結構的變化：因營養的改善、醫療進步而累積增加的老年人口，以及總人口，使得醫療支出跟進增加。
2. 生活水準的提高及教育的普及：使民眾對醫療素質的期望逐漸增高，消耗之醫療成本亦提高。
3. 生活環境及工作環境的改變：使得疾病種類越趨複雜化，相對醫療的投資必須更多。
4. 國民所得的增加，也使得民眾對醫療的需求相對願意多支出。

以上有關人口、教育、生活環境及所得無法在醫療範圍內加以控制，雖然上列因素乃是醫療費用上漲重要原因，然而卻不能用壓抑手段予以控制，因爲其乃人類基本權力項目，同時，生活水準提高、環境改善、教育普及等，相對的也提供人類對醫療資源的認知，並達到更理性利用醫療資源的目標。

醫療體系內的因素

就醫療運作的過程，我們將造成醫療費用上漲因素劃分爲三個部分來探討：醫療需求者、醫療供給面及中間機構——即所謂的保險部門。

1.需求面：

（1）保險人數增加，使得保險支出相對可能增加。

（2）保險服務範圍擴大。

（3）被保險人的需求及利用率因看病無須自己付費，而導至其道德上的危害，任意增加使用醫療資源，使得醫療費用增加。

2.供給面：

（1）醫事人力供給量增加、薪資提高及工作時間縮短，相對的醫療支出增加。

（2）醫事人力分工日益精細與過度專業化。

（3）醫療設施過度投資及管理缺乏效率。

（4）醫療科技創新及引進新科技。

（5）醫療供給者對檢驗、藥品及其他醫療科技的濫用。

（6）醫療過失保費上漲。

（7）醫師為防止醫療過失，而增加各種預防性的服務。

（8）醫療用品及藥品價格上漲。

3.保險機構：

（1）支付制度的不當設計，使得醫療體系內缺乏節制的誘因。

（2）缺乏合理的醫療審查制度，無法有效的控制醫療利用及費用。

醫療體系內的因素所牽涉的層面不僅是各醫療組織間的關係，更涉及與保險單位、醫療需求者的關係，其肇使費用上漲的因素似乎很難逐一區分，各因素間常常是環環相扣，然至少都被包含於醫療體系之中，就此而言，其可控制的程度多於社會結構因素。

因應醫療費用上漲原因，許多施行醫療資源公共共有的國家多年來不斷採取許多措施，以避免醫療費用不斷上漲，針對醫療體系內的各個部門，皆有相對應之費用控制制度的施行。但是，在醫療費用控制的同時，民眾就醫的權益是否因此而遭受扭曲，以下我們試圖就各醫療費用上漲原因的控制方式提出討論：

醫療需求者方面之費用控制措施

爲避免保險人數突然擴張所造成的醫療費用壓力，通常會採取漸進式的擴張保險範圍。如：一開始只針對勞動人口予以保險，再逐次擴大至其家庭成員。雖然這種方式控制了醫療費用。但是卻犧牲眞正需要醫療照護的一群人，而這一群人多半是沒有收入，較無法支付醫療費用的老弱婦孺；另一方面保險人數的增加與人口增加及保險範圍擴大有關。人口增加因素就已發展國家而言已漸趨和緩，其所面對的是人口老化，而增加之醫療支出，然對開發中國家而言，人口增加所造成各社會資源的壓力似乎已是個普遍的事實，其在醫療制度內同時也造成費用的壓力，但因爲多數人口並未納入保險而使得其壓力不像其他社會資源壓力那麼大。

爲了適時控制醫療費用，醫療保險範圍也常受到相當的限制，然而對民眾的需求而言，保險範圍擴大可解除更多人就醫時的經濟負擔，特別是對經濟弱勢者，保險範圍的擴張使其就醫的可近性因而增加，同時也達到醫療資源較爲公平分配的社會目標。是以，保險範圍的限制是一純粹的經濟考量，而非就民眾對醫療資源需求的因應。

長久以來一直被討論的民眾道德危害問題，說明民眾因爲免費醫療而過量使用醫療或不當使用醫療資源。因爲保費繳交與醫療使用間沒有直接的關連，使得民眾對醫療成本不在乎，而任意使用醫療資源；因此而設計醫療費用部分負擔的制度，目的爲抑制醫療資源的濫用，並加強民眾的醫療成本意識。雖然有學者提出部分負擔制將造成經濟弱勢者二度就醫障礙，現今多數國家卻仍舊施行部分負擔制。為去除經濟弱勢者的就醫障礙，在部分負擔制都有一定免部分負擔的設計，讓經濟弱勢者得到較自由的就醫機會，而無需考慮經濟問題。但是，多數的研究也指出部分負擔制實際上是無法達到醫療費用控制，因為在醫療體系中，就醫者掌握的醫療資訊有限，在就醫的同時，多數人只考慮如何快速去除病痛，很少或很難去考慮醫療費用問題，特別是在醫療費用由保險單位給付的情況下，就醫者甚少有機會和專業的醫療人員對醫療費用討價還價。

也就是說，醫療費用實際上是由醫療提供者所操縱，真正要達到醫療費用控制，應將目標放在醫療提供者身上。如此，當我們再回頭省思部分負擔制實施的因素時，就不在是一種醫療費用控制的措施，實際上，部分負擔制有增加保險財政的功能。因為由部分負擔收取的費用可補貼保險費收入的不足，同時也讓使用醫療者多付費，達到使用者多付費的公正。

提供者方面之費用控制措施

由於經濟成長，相對使生活水準提高、工時縮短及薪資提高，此一現象同時也影響醫療產業，醫事人力薪資增加、工時減縮。但是有關研究顯示，醫師薪資增加率高於一般所得增加率，這一點更顯現出醫療提供者獨占醫療資源，控制醫療費用的事實。醫療提供者為達到其利潤，常誘使民眾利用醫療資源，並不斷擴張其設備，展現其最新醫療設備，以增進民眾對其醫療的信任，促使民眾願意利用其醫療。此一現象在台灣各大醫院間明顯可見，以器官移植為例，一些精細、高難度的器官移植術實際上並不是普遍被需要，但各醫院為證明其醫療設備及技術達到水準，乃競相添購設備及訓練相關人才。由於醫療設備及人員的增加，相對提高成本，為了消耗成本，於是促使就醫者大量利用醫療設備。如此一來，再加上與其他醫院間無止境的競爭，而形成一無解的惡性循環，同時亦不斷累積增加醫療費用。

多數施行醫療保險的國家也意識到此一問題，並將費用控制的重心放在醫療提供者的控制上。然而，由於醫療知識及技術乃一特殊之專業，醫療目標攸關個人生命及健康，是以非專業人員很難確定判斷何種醫療過程是為多餘或者是必要，甚至同是醫療專業人員也很難確知其他醫療專業人員之醫療措施是否不足或不當，因為每個個人身體狀況並非用同一標準可以衡量的。是以，由保險機構來控制醫療費用常常是效果不彰。其控制的結果，有些或許抑制部分醫療費用，但多數的情況是：就醫者的權益遭到損害，健康未受到完全的保障。

由於醫療科技的創新與引進也影響醫療費用上漲，是以，許多國家為了避免科技進步所造成之過度專精化的人力及技術浪費，也都刻意削減醫療技術研究經費。但是，眞正造成費用大量上漲的，乃在於進行醫療工作的醫療人員，也就是說，費用控制重點應針對醫療提供者，對醫療提供者予以適當的管理，才是費用控制可能成功的核心。有關醫療提供者之費用控制措施也會因應各社會需求及其與保險單位間財務平衡而有不同的方式。

1.論量計酬制：即保險單位依照醫療服務數量給付醫療提供者之醫療費用。此種方式基本上無節制成本的誘因，並傾向於多提供服務量。然而在醫療保險財務不虞匱乏且醫療資源有限時，此一方式可刺激醫療進步，同時也改善民眾醫療照護品質。
2.論人計酬制：即於固定時間內依照一定人數額，予以醫療人員固定報酬，而不論某段期間內病人看病次數多寡。此種方式有節制成本的誘因，不論醫療人員多看或少看病，其支領的費用是一定的。因而醫療人員會傾向於少提供服務量以提高其報酬。通常這種制度施行於醫療的門診部分，例如，英國的公醫制度中的家醫支領一定薪資，負責一定範圍的醫療照護，而造成就醫者必須在看診名單上久候。而美國採取類似競爭方式的健康維護組織（Health Maintenance Organization, HMO），以至於醫師只爭取健康的病人。

3.論病計酬制：即把治療及耗用資源相似者歸為一類，同一病例給予相同價格，也就是所謂的同病同酬的給付方式。此一方法被認是較公平的給付方式，由於醫療費用給付是依照當時經濟狀況，每年計算出的平均醫療費用，一方面給與醫療人員理性的報酬，一方面病人也得到一平均水準的照護。目前論病計酬制較為廣泛被注意的即DRGs（Diagnosis Relative Groups）制度，其運用範圍主要在於住院部分，然因醫療費用以一平均值計算，醫療提供者在面對需要多於平均值醫療的病人，常會為了利潤而讓病人出院，而危害病人的權益。

結論

值此，社會大眾、民意代表、輿論各界，紛紛要求建立完整的社會福利制度，積極邁向「福利國家」領域時，健全的全民健康保險制度益顯得殷切與重要。儘管各國所採行的社會安全制度不盡相同，惟大致上仍以社會保險、公共救助及福利服務爲主，其中並以社會保險爲主幹。我國憲法除於第十五條明訂對人民生存權的保障之外，並於第一五五條規定：「國家爲謀社會福利應實施社會保險制度。」本此精神，是以政府於84年3月起實施全民健康保險。

政府保障國民健康權的政策，因社會文化背景與經濟發展的程度而有所別區別，例如，美國早期移民在缺乏母國照顧下，孕育了個人責任的精神，所以不把健康權視爲一種權利，更由於自由經濟思想的根深蒂固，而無法達成醫療社會化。反觀西歐工業國家，集體社會的傳統思想十分普及，爲消除因經濟發展所造成的貧富懸殊，導致政府運用社會政策以干預醫療市場，就其內涵則大概可分爲醫療救助、健康保險、公共保健服務三大類。

由於各國政府在健康保險支出的遽增，造成政府財政的惡化，並且導致經濟衰竭的現象，使得部分學者對國民是否享有健康權表示懷疑，因而反對政府干預醫療市場，主張以民間保險取代社會保險。甚至主張政府不該保障國民的健康權。然而，如果政府有保障國民健康的責任，健康維護就應該是一種必要的基本權利，經由完善的制度設計，就不會造成無效率的浪費。同時根據國際勞工組織（ILO）的報告：「國家是爲全民幸福而存在的共同體，促進社會福祉乃是其主要機能。」國民健康攸關全民福祉甚鉅，應由政府承擔部分責任。大多數工業先進國家的社會福利支出均占政府預算的比例甚大，而醫療保健費用更是福利支出中最重要的項目。可見，大多數國家仍將保障國民健康視爲政府的責任。

不可否認的是隨諸全民健保實施以來，該制度的確爲民眾的醫療行爲提供了多一層的保障，尤其是當時將社會中較需醫療服務的兒童、青少年、失業者、殘障者、重症者、老人等，近九百萬人口納入醫療保障中，的確回應了民眾的期待。究此，對於全民健保的實施，我們可以看到成功的一面，也可看到尚待改善的一面，這過程中的種種問題，除了應有系統的整理與探討之外，另可經由評估工作，充分結合福利、經濟、財政、醫護、社會、公共政策等相關人員集思廣益，共為籌謀，則其揭示目標概可至之。同時，我們期盼從實施全民健保所帶來的寶貴教訓與經驗，以做為未來國民年金制度及推動其他福利制度的借鏡。

第14章

身心障礙問題

- ■前言
- ■身心障礙者現況
- ■身心障礙問題的對策
- ■美國於身心障礙福利服務
- ■結語

前言

近年來，隨著「公義社會」的強調，弱勢族群的權益是倍受關注的，政府的社會福利支出一直在膨脹之中，尤以身處台灣的身心障礙者，因「身心障礙者保護法」經過79、84及86年先後修正，放寬及擴大身心障礙者鑑定範圍，受到此法保護的身心障礙人口已從80年的20萬4千人擴增到90年的75萬4千人。本文係就身心障礙人口、類別、等級、致殘成因以及政府對身心障礙者福利支出、定額進用身心障礙者就業保障情形，加以論述，用以陳述此問題的現況。

身心障礙者現況

台閩地區領有身心障礙手冊者，因修法擴增類別範圍及放寬申請標準關係，人數持續增加。截至90年止台閩地區身心障礙者總計爲75萬4,084人，其中以肢體障礙者最多占43.3%；其次爲聽覺或平衡機能障礙者占10.7%；智能障礙者占10.5%再次之。如與總人口數相比較則平均每百人中有2.98人爲身心障礙者。若以年齡觀察，身心障礙人口率，有隨年齡提高而增加的現象，自0～11歲組每百人之0.7人，上升至65歲以上者之11.9人；尤以60～64歲組者占5.9%，與65歲以上者比較整整相差6個百分點，顯示因老化而致障礙者比例頗高。

就障礙等級觀察，以罹患中度障礙等級的人數最多，占 37.0%；其次依序爲輕度患者，占25.2%；重度患者占24.2%；極重度患者，占13.6%。與86年底比較，極重度患者減少1.4個百分點，輕度患者增加2.6個百分點，顯示身心障礙福利法修訂後，因障礙類別鑑定等級的放寬與加強身心障礙者權益措施的落實，促使有意願申請身心障礙者手冊的人口快速增加，致產生障礙等級與年齡等結構性的快速改變。

就致障成因觀察，以疾病致障者比例最高，占48.0％；其次爲先天性致障者占16.2％；對於意外、交通事故及職業傷害所導致的身心障礙者合計也占了15.8％；因戰爭而致障者比例已因身心障礙人口增加而縮小爲0.6％；至於其他原因致障者占19.4％，主要爲84年身心障礙福利法第二次修正，將慢性精神病患納入後，仍延用身心障礙鑑定表所載之成因，致大部分因受外界刺激及精神壓力所造成的慢性精神病患及部分因老化而致障者的成因均歸入此項的影響。

身心障礙者保護法針對「定額進用規定」，強制政府較民間機構爲高的雇用身心障礙者措施，並透過雇主繳納的差額補助費，以增加身心障礙者就業機會。依規定，各機構法定應進用總人數爲29,439人，實際進用人數爲35,402人，總進用率爲120.3％。惟以進用機構觀察，台閩地區有義務定額進用身心障礙者之機構數爲8,257個，其中未達法定進用之機構數爲1,751個，占21.2％，其中有六成二屬於民營企業機構。復就身心障礙者就業基金運用觀察，台閩地區自開辦以來累計應繳納定額進用身心障礙者差額補助費基金專戶爲129億225萬元，實際運用額度累計爲56億248萬元，基金運用比例爲43.4％。不過經孳息後之基金專戶餘額仍有107億 9,641萬元之多，對於輔助身心障礙者就業方面仍具揮灑空間。

根據89年內政部辦理「身心障礙者生活需求調查」身心障礙認爲政府應最優先辦理的生活福利措施爲生活補助，其次爲老年安養，再其次爲建立國民年金制度及保障有工作能力身心障礙者最低合理薪資。由此可知經濟上的補助是身心障礙婦女冀望政府主管單位優先協助她們改善的，並隨高齡化社會的來臨，身心障礙者之老年安養及國民年金制度相關措施亟待政府加速規劃，以因應身心障礙者需求。進一步分析其背景資料，發現有年齡較高者、教育程度較低者，認為政府應最優先提供生活補助福利措施比例愈高的趨勢。而離婚或分居者、慢性精神病患者、視覺障礙者及障礙發生年齡在65歲以上者，認為政府應最優先提供生活補助福利措施的比例也較高。再就生活狀況方面觀察，目前獨居者、家庭支出大於收入（不夠用）者、非勞動力、健康情形很差及不太好者，其認為政府應最優先提供生活補助福利措施的比例也較高。

表 14-1　身心障礙者認為政府應優先辦理的生活福利措施

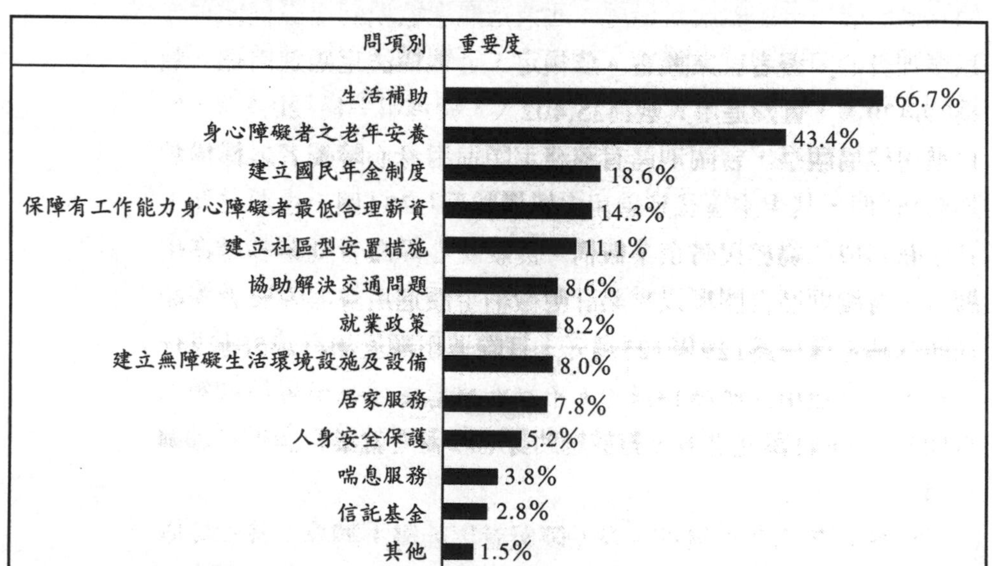

資料來源：內政部，「89年台閩地區身心障礙者生活需求調查」，2001年。

身心障礙問題的對策

雖然69年公布施行之殘障福利法，歷經多次修訂，惟爲因應身心障礙者需求、社會發展及國際潮流，乃於86年4月23日修正「殘障福利法」爲「身心障礙者保護法」，明定衛生、教育、勞工、建設、工務、國民住宅、交通及財政等相關目的事業主管機關權責及專章，並明列醫療復健、教育權益、促進就業、福利服務、福利機構等法定權益及福利。

爲加強推展身心障礙者福利服務，政府每年均專列身心障礙者福利經費，並占社會福利經費50%以上（內政部，2001），且近十年來中央政府用在身心障礙者福利經費亦逾四百餘億元。其主要的福利服務項目，爲：補助定額進用保障就業、設置無障礙環境、生活補助、教養養護補助、輔助器具補助、醫療補助、辦理福利活動、專業人員培訓及補助教養機構服務費等。

強化醫療復健，及早提供療育

1. 推動出生通報作業與先天缺陷兒通報與追蹤管理：期使先天缺陷兒均能適時接受治療及有效之健康管理，並瞭解台灣地區先天缺陷疾病之發生率，探討其發生的原因，以研擬可行的預防措施。
2. 辦理優生保健工作：包括，推動新生兒接受先天代謝異常篩檢服務，並加強異常個案之轉介、追蹤及治療。辦理罕見疾病諮詢單一窗口服務，提供病患及疑似病患與家屬之諮詢與建議，且爲保障罕見疾病個案之治療權益，對健保未給付之藥品及治療性食品予以補助。

3.推動全方位兒童預防保健服務：包括，兒童預防保健服務。辦理托兒所幼稚園兒童健康檢查及兒童視力保健、口腔保健。

4.發展遲緩與身心障礙兒童之照顧，設置發展遲緩兒童聯合評估中心以建立完整醫療模式。

5.參加社會保險自付保險費補助：身心障礙者參加全民健康保險及公保、勞保、農保、私校職員保險、軍保等社會保險所需自行負擔的保險費，按照其障礙等級予以補助，極重度與重度者由政府全額補助；中度者補助二分之一；輕度者補助四分之一。

6.精神醫療：建立精神衛生行政體系及精神醫療網絡，加強辦理社區精神病患通報及送醫制度，並予列管。並將慢性精神病列入重大傷病，納入全民健保給付範圍，且免除部分負擔。

普及特殊教育，增進生活知能

爲促使身心障礙之國民，均有接受適合其能力之教育機會，設置二十所特殊教育學校，另亦辦理高中高職特教班有四十九校。

1.加強特殊教育學生鑑定及就學輔導。

2.增設特殊教育學生多元安置設施，包括：增設特殊教育學校，利用現有特殊教育設施之容量原則，推動特殊教育安置設施之整體化、區域化，視身心障礙類別、學生人數作整體性之規劃。加強辦理身心障礙學生職業教育。

3.強化特殊教育課程、教材、教法及設備。

4.善用支援系統，提供無障礙學習環境。

5.辦理大專校院特殊教育工作。

6.辦理特殊教育師資培育及進修。

推廣社區就業，鼓勵自力更生

1.定額雇用，保障就業權益：爲保障身心障礙者就業之權益，採取政府責任較民間爲重之定額進用措施，規定公家機關、學校及公營事業機構，其員工總人數在五十人以上者，進用具有工作能力之身心障礙者人數，不得低於員工總人數百分之二；私立學校、團體及民營事業機構員工總人數在一百人以上者，進用具有工作能力之身心障礙者人數，不得低於員工總人數百分之一。

2.積極輔導身心障礙者就業：強化身心障礙者就業服務之宣導及暢通就業訊息，擴大宣導身心障礙者就業訓練各項措施以鼓勵企業界進用身心障礙者，建立身心障礙者就業服務資源網路，協助身心障礙者適性就業。

3.獎勵企業進用，補助進用機關（構）進用身心障礙者必須購置、改裝或修繕器材、設備，及提供求才與求職資訊服務等。

4.開拓職業訓練項目項目：爲充分滿足身心障礙者對職業訓練之多元化需要及增加參訓彈性，使身心障礙者除了可以參加政府主辦或委辦之職訓班次外，亦可逕行參加政府立案之其他職訓機構、學校、技藝補習班及附設職業訓練機構之事業單位辦理之適性職業訓練或經政府登記有案之事業機構提供以生產或即訓即用爲目的之訓練。

5.落實身心障礙者就業適應服務及工作保障：推動「職務再設計」活動，藉由獎勵及補助方式，鼓勵事業單位爲身心障礙員工進行職務再設計，提高雇用之意願。

6.辦理身心障礙人員特種考試

經濟保障服務

爲照顧中低收入的身心障礙者生活，現行身心障礙者生活津貼之補助對象爲家庭總收入平均未達當年度每人每月最低生活費用2.5倍且未獲安置於社會福利機構者，依其家庭經濟狀況及障礙程度，每人每月發給二千元至六千元不等。

雖然69年公布施行之殘障福利法，歷經多次修訂，惟爲因應身心障礙者需求、社會發展及國際潮流，乃於86年4月23日修正「殘障福利法」爲「身心障礙者保護法」，明定衛生、教育、勞工、建設、工務、國民住宅、交通及財政等相關目的事業主管機關權責及專章，並明列醫療復健、教育權益、促進就業、福利服務、福利機構等法定權益及福利。

美國於身心障礙福利服務

參採美國針對身心障礙者所建置的身心障礙者法案ADA（Americans with Disabilities）是有其階段性的，著重於每一個人公平性的社會權問題。我國的殘障福利法已在86年時改爲「身心障礙者保護法」，期望對於身心障礙者的問題處理不僅止於消極的救濟與扶助，更要積極的經由整體復健工作。而我國的身心障礙者的職業復健可以說是才剛起步而已，若現在能吸取他國的經驗，建立一個適合國內社會環境的復健制度，則身心障礙者就能早日有平等的工作權。美國政府爲身心障礙者所設立的福利政策，從1973年的復健法案（The Rehabilitation Act）到1990年的美國身心障礙者法案到1996年的電子通訊法案（Telecommunication Accessibility Enhancement Act），都一再地強調身心障礙者應與一般人有著相同的社會權，所謂社會權平等就是每一個公民在生活上、就業上或社會上都有相同權利，不因是身心障礙者而有所不同。所以在各法案中輔助就業這一個項目，已被認爲是消除社會大眾對身心障礙者的歧視，提昇身心障礙者社會地位，解決其個人、家庭及社會問題的最佳途徑。現在全球相繼進入資訊化社會，各國推展其資訊基礎建設，美國NII計畫把身心障礙者的福利納入其中一個環節中，把1990年美國身心障礙者法案中對身心障礙者社會權平等的福利精神延續至1996年的電子通訊法案，把工作權平等視爲每一個公民的社會權利，當然不能把身心障礙者排除在外，也就是說不管在任何的時代下、在任何的法案下，身心障礙者的福利是要考慮其社會權利和社會公平性等問題。所以我們可以很清楚地看到美國對於身心障礙者的「社會權」的重視，有著這種社會權的觀點之下，更能夠使得身心障礙者能積極的回歸到社會主流。

反觀我國的社會福利走向，是以救濟津貼爲主，以消極的金錢補助替代積極的推展方案，把身心障礙者當作「特殊的個體」，忽略了他們該享有的「一般性福利」，也就是說沒有把社會權的觀念普及到身心障礙者上面。關於我國的身心障礙者勞工福利政策方面還停留在社會救濟階段，把身心障礙者的工作權和一般勞工者的工作權視爲兩種不同的層次。把身心障礙勞工當作工作職場上的「特殊個體」，不願正視身心障礙者勞工「工作平等」的社會權利，以至於我國殘障福利的推行履見不彰。現在雖於86年4月23日通過「身心障礙者保護法」，宣稱開啓了我國身心障礙者的新紀元，實施至今我們只看到政策宣示，沒有看到把身心障礙勞工的福利整合於當前一般勞工福利體系內，回歸主流體制，更沒有看見我國在推動NII計畫的時候，成立類似於美國支援身心障礙者的跨部會機構GSA（General Service Administration）。身心障礙者的工作權應該如同所有的人民的工作權一樣，都是整個社會的責任，如果政府推動各政策或法案時沒有公平性的社會權觀念，在怎麼推展身心障礙勞工福利都會又落入「特殊性」的觀念中，而非「一般性」的整合於整個勞工福利，所以身心障礙勞工的福利應該是在勞工福利中的一環，而不是兩種不同的政策或法令。今日我國的社會福利政策走向，應朝著資訊社會福利政策的方向，落實社會權的觀念爲前提，成立跨部會機構，利用科技技術或資訊技術應用，使得身心障礙者在生活上或職業訓練上有更好的生活品質和專業的技術，所以未來的NII的計畫應把資訊社會福利政策納入其中的一個環節中。

在各項福利措施中，有關於保障身心障礙者享有平等工作權的部分是許多身心障礙者福利團體關心矚目的焦點。過去國內在殘障就業輔導工作的表現績效不彰，令身心障礙者團體怨聲不斷；不僅是重度、極重度（多重障礙）的身心障礙者無法走入社會爲企業界所接納，就是中、輕度的身心障礙者也難獲得在工作性質和待遇福利上皆令人滿意的工作機會。所以本節的目的即在分析比較美國常見的幾種就業輔導模式以及介紹最新的以企業之人力需求面爲服務導向的職業復健模式，以做爲參採。

爲增進美國身心障礙者的福利，保障並開拓其生存發展空間，從1973年所通過的復健法案到1990年布希總統頒布的美國身心障礙者法案。此項法案主要目的，在消除社會大眾對身心障礙者的歧視，鼓勵工商界提供就業機會給身心障礙者，並以改善公共設施的方式，提供身心障礙者便利的生活空間，把社會權的觀念交還歸給身心障礙者。主要內容如下：

就業

1990年以前的帕金斯法案（Perkins Act）只對聯邦政府所屬機構規定，凡雇用15人或15人以上的雇主不得以身心障礙爲理由而歧視身心障礙者的工作能力。而此項1990年美國身心障礙者法案則推及所有公私立職業機構，規定不得因其殘障而影響錄用、升遷或解雇。身心障礙者員工必須享有與一般員工同樣的薪資待遇、就業或在職訓練。

公共設施

身心障礙者法案（ADA）規定，一切公共設施包括火車、公共汽車、遊樂場及其他公共場所建築物，都應有供身心障礙者使用的特殊設備，使身心障礙者能方便的進出。

民營公共設施

一切民營場所的設備，如公共汽車等交通設施、工商界建築及娛樂場所，都應有供身心障礙者使用的特殊設備，使身心障礙者能方便的進出。爲推此項法令，美國政府提供減免財稅辦法，鼓勵民間改善其建築設施。

視聽通訊

身心障礙者法案（ADA）規定有線、無線傳播系統必須加上一些必要的輔助裝置，以便聽覺障礙人士使用。

其他

這一部分主要強調就業輔導和技術輔助兩部分。就業機會平等委員會（Equal Employment Opportunity Community）就是因爲此項機能而成立，目的在於提供工商界訓練身心障礙者員工的課程，及幫助解決因爲雇用眞心障礙者員工衍生的問題，如法律問題、建築物改善、財稅減免等。

1.就業輔導：

（1）身心障礙與就業：所謂要求工商界雇用身心障礙者，並不是要將照顧身心障礙者的責任推給工商界，或變相規定工商界給付其薪資；而是在身心障礙者的能力與就業要求能力，尋找兩者吻合之處，並加強訓練身心障礙者的就業能力，使他們能足以適任。適度調整工作環境，或加強輔助設施，使身心障礙者能發揮其就業能力。

（2）電腦輔助就業：電腦及其他自動化設備，已被廣泛而有效地運用於身心障礙者的就業上，如電腦輔助繪圖與電腦輔助製造（CAD/CAM）使肢障者能在工商業界工作且毫無障礙。

美國的第一個職業復健法案是於1920年通過施行，聯邦政府即依此法源提撥經費支持各項職業復健計畫方案，爲有工作能力的身心障礙者進行職業媒合，提供以就業安置爲主的服務。在1973年的修法中，明確的要求復健諮商師（Rehabilitation Counselor）爲每一位案主訂定個別化的復健計畫，且內容應該包括職業安置。在1990年通過的美國殘障人法案更明訂殘障者應有平等參與與任何社會活動的權利。由於身心障礙者的人權得到充分的法律保障，其中就業的問題廣泛為政府和民間所重視，所以有不同的職業復健模式因應不同的社會需求而產生。

2.技術輔助：美國NII計畫所發表的白皮書「The Information Infrastructure: Reaching Society's Goal」，其第一章所談的就是An Investment in people with Disabilities。先進國家在重視人權理念的前提下，對於身心障礙者的照顧一直是相當重要的議題。另從30個相關部門調派資深主管組成一個跨部會機構GSA，負責策劃及協助有關支援身心障礙者的各種立法、醫療、教育、就業、研發、服務及其他專案性之計畫，且各個功能性任務的執行作法、機構，彼此間相互關連相互支援。舉例而言：

（1）立法：關於ADA法案方面，規定州及政府必須考慮殘障者在使用交通、電信及各項服務的方便。關於電子通訊法案（TAEA）法案方面規定政府部門在存取聯邦通訊系統必須考慮聽障和語障之殘障人士使用。關於AA（Access Act）法案方面規定聯邦電子資訊的電子目錄、線上存取國會記錄及其他刊物或電子儲存設施要符合殘障者所用，以上的法案都放入NII的計畫中。

（2）醫療：在醫療方面有各種之醫療網路，提供殘障者各類福利措施的資訊。

（3）教育：經由網路而獲得的教育是一種協助肢體殘障者的遠距教學方式，一個稱為DO*IT（Disabilities Opportunities Internet working and Technology）的計畫，協助殘障者的高中生經由Internet中擴展其科學、工程，和數學的領域。

（4）就業：最著名的莫過於稱為DATA（Disable Access and Technology Advance）的計畫。他提供身心障礙

者長期的電腦職能訓練，直到能就業獨立生活為止。

（5）研發：TRDC（Trace Research and Development Center）係以無殘障電腦、通訊和控制環境來服務重殘的復健工程中心，專責研究、發展、資訊傳播、訓練與服務提供的活動。

（6）服務：COCA（Clearinghouse on Computer Accommodation）是國家安全署（National Security Agent）所屬的機構，提供輔助性科技設備的展示，以及機構內有視聽障礙及肢體不便人士的專業資源。

（7）其他計畫：如商務部的CREATE（Committee on Resources for Electronic Accessible Technology to End Users）、國防部的CAP（Computer/Electronic Accessibility Program）、國稅局的CAP（Computer / Telecommunications Accessibility Program）。從以上所舉的例子便可發現，美國對於以資訊技術協助身心障礙者的作法，不僅有整合性的考量，各部門也都有為身心障礙者設想的各種規定與計畫。

結語

身心障礙福利政策之推展，亟需各級政府秉持公平、正義原則，顧及國家社會、經濟整體均衡發展，並依各類弱勢族群之真正需要，提供最適當的服務。各項政策之落實執行，尤需社會各界配合政府措施，共同提供身心障礙者有形、無形，生理、心理，硬體、軟體等兼籌並顧之無障礙生活環境，始能克竟事功。

至盼我國的身心障礙福利政策，在政府及社會大眾共同努力之下，以溫和與理性的態度，透過具體的關懷行動，秉持「權利非施捨、尊重非同情、接納非憐憫」的正確理念，共同協助社會上每一位需要我們支持、鼓勵的殘障朋友及其家屬；讓每位殘障者與一般人一樣，在眞正無障礙的環境中生活，擁有生命的尊嚴，獲得適當的扶助，並充分發揮其潛力。

我國正面臨社會變遷的轉型期，政府的施政作爲，應掌握社會脈動，因應民眾需求，符合世界潮流與國情，因此，身心障礙福利服務的推動，更應前瞻性，計畫性、步驟性的規劃建構完整的福利制度，提供完善的福利服務，讓民眾福祉獲得照顧，讓公平正義得以弘揚，以開拓福利服務的新紀元。

第15章

國民年金問題

- 前言
- 國民年金的主要類型
- 年金保險的理論基礎
- 國民年金實施的必要性
- 國民年金實施所面臨的挑戰
- 結語

前言

就現代社會發展的事實而言，自工業革命以後，凡屬工業化的社會，同時伴隨著都市化的產生，其結果對人民的家庭生活與職業均產生重大影響。諸如：受薪階級須依靠薪俸維生，無工作即無收入，無收入則生活即陷入困頓。是以，在工業化社會裡，所遭遇的各項問題，已不能僅憑藉舊有的社會制度與福利措施提供解決之道。爲因應此種趨勢，社會必須尋求新制度與新措施加以解決，以促使人民生活福利的增進。同時，在工業化社會裡，人民認爲政府有推行社會福利服務的職責，人民亦有要求政府提供基本需求滿足的權力。

根據內政部於2001年公布的台閩地區老人生活狀況調查顯示：八成三的老人賦閒在家，只有一成一從事全職或兼職工作。老人主要經濟來源，以子女奉養者最多占47%，其次爲退休金撫卹金或保險給付者占15%，再次爲工作收入者占14%。老人之經濟狀況有困難者占19%。老人生活費平均每月約需9,414元。老人對各項老人福利措施需要與很需要者，以醫療保健最多占72%，其次爲經濟補助占70%，再次爲休閒活動占52%。顯示大多數老人因爲由勞動市場退出，致經濟收入偏低。

政府面對高度人口老化壓力，及反應在老人年給付成本逐漸升高下，許多國家開始減少公共年金支出而朝向發展私人年金方案。因此，私人年金逐步增加其在老人退休所得的重要性。

國民年金的主要類型

年金的概念

「年金」是指一種定期、長期、繼續給付的方式使被保險人可以按年、半年、季、月或周領取金錢。至於，「年金保險」是以納費方式對參加一定期間以上被保險人發生保險，供定期，繼續性長期給付的一種自助互助之保險制度，「國民年金保險」是以國民為參加對象，在參加滿一定期間之後，多於年滿六十五，或發生傷殘或死亡時，供本人或遺眷金錢給付，保障其基本經濟生活安全的一社會保險制度。

年金之型態通常可以概分為三種：第一，國民年金乃政府為保障國民老年經濟基本需求之制度。目前多數的國家以社會保險方式實施。另外少部分採行公積金制，有些國家另有附加年金之設計作為補充年金，此部分與薪資所得相關連。第二，為職業年金，為依據法律或由勞資雙方協商所提供之一種與薪資所得相關的退休給付措施。第三，為個人年金，為個人依不同需求向民間保險公司所購買的商業年金保險。台灣就整體年金制度發展而言，係以勞動者為優先考慮，其次，台灣國民年金目前尚在規劃中，其它社會保險年金給付年金化也尚研擬，且民間部門相輔提供職業年金制度的模式上待建立。因此普遍來說台灣國民年金制度在發展中，未來各類年金的整合發展趨勢仍有待觀察。國民年金在政府的直接干預下，普遍採行隨收隨付的財務方式，而私人年金如職業年金或個人年金因係直接向市場購買，因此完全提存準備成為必要的財務原則。

年金的主要功能

年金私有化的過程，原因之一是公部門所提供的給付與民眾的期待顯有落差，民眾爲滿足生活保障的情形下，轉向私部門購買。由於政府透過法令強制方式不能完全落實，而家庭、企業及市場在提供年金保障的角色上也從未消失。 因此，年金私有化基本上是程度多寡的問題。不管「國家」或「市場」的機制如何，重要的是人民生活在什麼樣的老年保障。國家與市場如何在年金制度私有化的過程中所產生的互動，也是十分值得觀察的。就全球性概化而言，年金發展已由原來政府干預以消滅老年貧窮的基本保障措施，到個人亦應對自己的老年生活負責，以維持其退休前基本生活水平。依據蔡宏昭教授指出年金的實施有以下四個功能：（蔡宏昭，1999）

1.所得保障 ：年金保險通常由被保險人和雇主負擔保險，由政府補助，較個人儲蓄更有利，年金給付避免了個人資金處理的風險，不過年金制度要保費及給付得宜，才能使所得有所保障。

2.維護勞力：年金給付促使勞動市場的新陳代謝，使老化的勞動力退出市場，吸引年輕的勞動力加入市場，有了年金給付，增進勞資和諧，提高勞動生產力。由於年金保費隨薪資增加而加重雇主的部分負擔，因此促使勞工的新陳代謝。

3.所得重分配：年金保險可促使所得重分配，若年金保險採（均一保費）和（均一給付）的方式，所得重分配功能不彰，若採不同的保費與給付，會產生下列三種所得重分配的功能：

（1）垂直所得重分配：年金保險費若採所得比例制，即所得高低比例繳保險，而給付採均一制和小幅所得比例，則對低薪資的工較有利，對高所得的勞工不利。

（2）水平所得重分配：老年年金為活得愈久領得愈多，此為長壽老人與短壽老人的所得重分配；有些老人不領取老年年金或少領取老人年金而就業，即加入銀髮族就業市場，此為就業老人與退休老人的所得重分配，這兩種所得重分配為水平所得分配。

（3）世代所得重分配：不同世代所得重分配為老年年金給付部分費用，由下一代的勞工負擔，採取隨收付制年金保險，下一代的負擔更顯著，發揮世代所得重分配的功能。

4.穩定經濟發展：年金保險在景氣時，增加的保費可吸收過剩資金，有助於控制物價膨脹及充實社會資本，發揮穩定經濟的功能；不景氣時，給付的增加可以穩定消費水準與有效需求，使投資水準與失業率不致惡化而發揮穩定經濟的作用。

以上四點功能，要視年金制度是否妥當才能發揮出來。另外，國民年金保險對個人，家庭及社會所產生的功能包括：

1.對個人——保障個人所得安定，維持個人基本生活。

2.對家庭——減輕家人經濟負擔，增進家庭和樂幸福。

3.對社會——解決老年經濟問題，保障社會和諧安寧。

國民年金保險正可以協助我們邁向祥和的社會安全機制。

年金種類

1.一次給付：國民年金保險一次給付制爲一次給付保險金，而不分年給，世界各國實施一次給付者不多。我國現行公務人員保險採取一次給付與年金給付並行，由退休軍公人員任選其一，退休人員時常會爲究竟要選一次或年金所產生的困擾，因其各有優缺點：

（1）優點

•一次支領可以獲得較多金錢，運用較方便，如從事投資則能有較多資金。

•退休後的壽命不知，短壽者因己一次領取，對遺族受惠較多。

•減少未來保險相關行政手續困擾。

•與政府或雇主不再存在債權關係。

（2）缺點

•一次領取給付，未來會受通貨膨脹影響，而造成生活上的困擾。

•一次給付金轉用於投資，投資若不當造成虧損，或者不知如何投資，對被保險人不見得有利，失去社會保險及終身照顧的意義。

2.年金給付制：年金給付即每年給付保險金額，其優缺點爲：

（1）優點

•年金給付照顧老年退休被保險人，合於社會保險的精神。

•年金提供終身收入保障，對退休人員的生活給予保障。

• 對社會有穩定作用，不致因老年人生活問題，造成社會問題。
• 年金給付額比一次給付低，對國家或雇主的負擔較輕，不致造成財務上調度的困難。

（2）缺點

• 年金給付若金額偏低，對被保險人的助益有限。
• 年金給付需行政人員與經費的支援。
• 年金制度不佳造成實施上困擾。
• 年金給付若不依通貨膨脹調整，對被保險人有失照顧之原意，若依通貨膨脹調整，則會造成後代被保險人繳交較高保險費。

年金保險的理論基礎

年金保險的制度在世界各國普遍實施，我國也刻規劃實施國民年金保險，關於年金保險的理論基礎可綜合中外一些觀點探討：

聯合國世界人權宣言

世界人權宣言對於社會安全的闡釋爲：「每個人爲其自身及家屬之健康與幸福，對於食、衣、住、醫療及其必須社會服務設施，得有適當生活水準之權利，而於失業，疾病，殘廢，寡居，老年等情事，以及由於個人不可抗力遭遇生活危機，並有權利獲得保障。」在此有關社會安全的闡釋中，殘廢、寡居、老年之生活的保障，係以國民年金方式提供必要的保障。

國際勞工局

國際勞工局揭示：「在社會安全立法上，應包括老年，殘廢，死亡事故之家庭基本收入之維護。」我國勞工保險採取一次給付退休金制度，也是合於國際勞工局揭示原則，不過世界各國大部分採取年金制度，除我國與黎巴嫩採一次給付，有些國家如新加坡採取公積金制度也是一次給付外，多數其他國家對老年、殘廢、遺屬的給付，係採取年金制度。根據1999年資料，全世界已有138國實施年金或一次給付制度。

學者觀點

各國學者對社會保險有各種理論闡釋，茲舉人力折舊說、遲付工資說與適當生活維持說等觀點加以說明：

1. 人力折舊說：人力折舊說的論點為：「機器廠房都計算折舊，員工為雇主長期工作精力逐年消耗，所雇主要給於折舊的退休金。」人力折舊說只是個比喻，這理論源於美國，1912年由學者李威・林斯爾（Levy. Lenser）提出，美國鐵路，銀行及公用事業的退休年金計畫，皆以此理論為依據辦理職工年金。
2. 遲付工資說：遲付工資說的論點為：「退休後的年金給付，視為遲付的工資。」此理論1913年由美國學者阿爾・貝羅德（Abel. Theodore）提出，此說比人力折舊說將人比做機器，更易為學術界支持，遲付工資可鼓舞員工士氣，安心工作，提高生產力，此外有此制度也可推動新陳代謝，使員工年輕化。
3. 生活維持說：生活維持說為我國社會保險學者柯木興提

出，其要旨為：「勞工到達一定年齡及資格時所領受的老年年金額，應足以維持其退休後的適當生活為原則，其中適當生活水準及取決於退休前後的生活費用差距，為期達此生活水準，應先建立或充實社會保險年金制度，嗣後再民營企業退休金制度予以法律化，即以社會保險年金為基本保護，加上民營企業退休金的第二道保護，形成雙重生活保障。」

國民年金實施的必要性

人口結構改變

台灣退休經濟保障的問題，受到人口結構快速老化的衝擊而逐漸成為關注的社會問題。就老化的速度而言，從台灣地區人口老化趨勢可以瞭解，在1970年代末台灣的人口結構從青年型轉為成年型；而短短的十五年內即轉為老年型的國家（行政院經建會，1999）。 就人口老化的數量來看，2001 年時台灣老化指數為42%，每十個勞動力人口要養三個老人；到了2025年則為94%，幾乎每一個勞動人口要養一個老人。另外，以家庭養老的資源來看，觀察台灣地區老人主要生活費用來源，本人退休及保險給付比例逐年升高：另外社會救助方面，晚進發展的十分快速，足見雖然子女奉養父母雖仍占主要比重，但情況已不如從前，反之社會整體規劃和照護制度的發展將逐漸取代家庭照護而越來越形重要。

社會結構改變

1950年代初期我國是以軍公教人員爲主要受益群體的社會保險，具有較爲濃厚的社會穩定與經濟發展的目的。隨著經濟的快速發展至1980年代開始政治民主及社會福利改革的改革呼聲日漸受到回應與重視，使得社會福利政策發展上有清楚的輪廓。（林萬億，1993）以1980年、1983年及1986年三次增額立委所提的政見內容加以分析可以發現均十分強調勞工福利的意見（葉琇珊1992），促使勞基法退休金制度的改革是勢在必行，而國民年金的規劃正用以回應民眾的需求。

勞動結構改變

高素質且廉價的勞工是過去造就台灣經濟奇蹟的主要原因之一，因此勞動成本以及勞動市場因素的考量往往影響雇主配合社會安全制度的意願。全民健保雖然增加雇主勞動成本，但是勞工生產力卻也增加了，甚至超過勞動成本增加的幅度，造成單位勞動成本降低的結果。因此社會安全制度的實施雖然會提高勞動成本，但是卻也會增加勞動生產力。同理，社會保險年金或企業退休年金並不一定絕對會造成負擔，而是這些制度對企業的正面影響經常受到忽視。社會安全制度具有穩定勞動生產力，維持市場秩序的功能，爲社會發展不可或缺的機制；另一方面，企業對於員工退休權益的規定有利於勞動力的穩定，進而節省訓練新進員工的成本，並提昇工作效率。

財政結構改變

觀察台灣社會安全之占政府歲出總決算比率的變化趨勢，在

1992年18％到2000年增加爲26.7％呈現增加的趨勢。値得注意的是1995年由於全民健保的開辦以來，社會保險在社會安全的比重上不斷提高，自1995年的67.4％提高到2000年的73.6％，淸楚顯示：我國已逐漸邁向以社會保險爲主體的社會安全建置時期，未來國民年金的開辦將更確定此一發展的趨勢。

國民年金實施所面臨的挑戰

民主化以後的政府必須更符合民意的需求，而國民年金制度的實施，不管從職業別，從業身分來看平均達到九成的民眾支持，因此國民年金制度已經是全民之民意所趨，任何政黨都無法視而不見，或再以決策菁英之意識型態主導政策走向，然而，國民年金在推動過程顯然尙有下列待克服之處。

以職業屬性爲考量的退休保障制度

台灣過去係以薪資所得的社會保險制度爲老年經濟安全保障的基礎，而保障勞動力人口的穩定性是提供經濟發展不可或缺的元素。因此，一方面社會依賴者例如老人、家庭主婦、失業者等市場外的非生產性人口，被刻意的排除在老年經濟安全的保障制度外。而另一方以職業別爲依據的多元分歧發展，使得不同職業類別間有不同的保障水準及主管機關，雖然目前係朝向內涵整合，業務分立的原則，加以妥協以求各方捐棄本位，達成共識，但結果仍有待考量。

既有制度的統合不易

在整體國家的發展政策上，由於當時環境考量係偏重以經貿發展爲主軸，社會安全制度的保障範圍也以軍公教團體爲主，目前老年退休保障制度的主要受益者，係以適用從1950年開半勞工保險及軍人保險及1958年公務人員保險開辦以來的人口爲主 ，而此三種保險制度分屬三種不同的系統，不但保費的訂定互異，且給付的內容也各不相同，不同的制度間基金各自獨立，並無財物上的流通，爲配合國民年金實施其間的統整顯得不易。

行政部門面臨的困境

從現階段的年金改革來看，台灣年金制度的發展仍然以社會保險較受執政者的偏愛，市場機能的引入雖然亦有所主張，但僅限於殘補式而非全面性，且其運用得考量市場化的趨勢，與眞正的私有化仍有差距。然而就理論或實務上而言，無論政府在年金制度上如何設計，政府仍要承擔制度的最後責任。行政部門在最後過程中，一方面要滿足民眾對年金需求的日益殷切，另方面私人年金市場尚未成熟，市場機能有待觀察，多元主義成爲決策者較爲放心的手段，因此，雖然，經濟政策上執政者強調市場導向但是在社會安全制度上，私有化卻仍有諸多疑慮尚待克服。

年金制度所呈現的結果雖因時因地而異，但從比較的觀點而言，世界主要國家於年金上的推行經驗對我們可以提供什麼啓發呢？以下分成數點說明：

1.許多西方國家於年金制度基本上採兩層的社會安全保障制度，除了政府公辦的部分外，另外再由自願式的私人年金來補充其不足。換言之，整體制度增加了民眾選擇的自由，自由選擇將因競爭而產生效率，這是私有化的重要前提之一。簡化台灣年金制度是未來較可行的方向可採多元設計，且留下一些個人可以彈性運用的選擇空間，根據學者分析雖然年金制度的保障傾向私有化的趨勢，但年金制度的管理，卻傾向集體管理的方向。

2. 當台灣正在規劃國民年金制度時，英國早在半世紀以前即開始實施，但英國發展至今甚至考量要廢除基礎年金，換言之，政府角色逐漸退卻下來，年金私有化的發展正是源自於國民保險所設計的基礎年金無法滿足一般國民的需求，如何能使給付水準讓國民無落入貧窮之餘是非常重要的關鍵，契約外年金希望將補充年金的責任逐漸從政府轉移到企業甚至是個人。反觀台灣年金建立在既有的社會保險基礎上，另外設立國民年金以提供目前無年金保障的國民，是由個人責任移轉爲政府責任的過程，具有濃厚的多元主義的意涵。

3. 指數調整與稅賦優惠相互搭配的措施是政府可掌握的有力工具，英國從1980年開始，基礎年金幾乎隨平均薪資上漲幅度改以物價指數，另一方面利用國民向市場購買契約外年金享有回扣的方式，引導年金責任轉移到其他部門，台灣在這方面缺乏相關配套措施，企業年金以費用列帳方式享受租稅優惠，與國民年金以名目薪資與物價的平均爲調整標準並無政策上的相關聯性，個人年金在稅賦上優惠相當有限，同時亦無契約外年金的設計。

4. 以英國政府對年金的提供爲例，相當重視獨立委員會的運作方式，經由職場福利的要求，雇主的給付標準不得低於社會安全給付的規定也趨向市場化，而此一計畫的財物規劃不再經過委員會聘請精算師加以審查，但是政府也不再保證契約外年金依物價調整，相較於我們的政府主管部門對於事業單位的提撥率並無精算師再行審核的程序，造成提撥不足或違法拒絕提撥的情況十分普遍，這是放任的手段，而非私有化的手段。

台灣尚在建構年金制度的階段，從現階段勞工退休金採個人退休帳戶方案的改革方向來看，年金權保障雖得以加強，不過年金基金仍由政府部門加以集體管理方式。因此，台灣年金改革並非如西方國家是採取私有化方式經營。其次，我國老年經濟安全制度係以勞資政三方負擔的社會保險為主軸，政府財政的壓力將會隨著老年人口的增加而造成社會安全支出的快速擴充。然而受社經環境影響，使政府在國民年金政策的財物規劃上趨向保守，不敢採行加稅或開放自營退休金的市場政策，反而選擇由保費與給付同步調整，以及政府主導基金運用的保守政策，就制度面來說想要好又要花錢少的內在結構矛盾，使國民年金的規劃遠景頗令人擔憂。

福利思想的建構源諸於希臘時代的幸福論，羅馬時代的責任觀，及我國的禮記禮運大同篇……，皆認為：「個人應依其基本需慾獲取社會提供的資源，個人亦應竭盡所所貢獻一己的能力造福他人」的互賴互助，不僅是一種美德，也是一種社會責任。當社會互動愈為頻繁，互賴關係愈為綿密時，基於「危險共擔」、「福利互助」所主張的生活安全保障，將裨益於社會的永續發展，此種保障是每個國民的基本權利而不是慈悲的施捨。特別是在工業化的國家，受到社會意識的變遷，人口快速的流動，醫療科技的進步，使得「小家庭」及「高齡化」成為社會的主要特徵，原本依賴大家庭所提供的保護網絡，勢必賴以政府的福利機制加以協助。因此，新近的福利思潮強調：經由政府的妥慎規劃，以滿足民眾如健康、教育、醫療、住宅、營養等基本需求，並藉以達成和諧社會的目標。

結語

國民年金制度是一種定期持續而長期支付金額的給付方式，以保障被保險人及其家屬生活安全的一種社會保險制度。依據現已實施該制度的英國、德國、美國、日本等國家的經驗，其成功之道必須構築在：「良好的規劃」、「健全的立法」、「穩健的財政」、「負責的機關」等基礎上。面對我國目前正積極朝向推行此制度的規劃方向，及有鑑於全民健康保險實施初期的混亂情形與財物無法產生收支平衡的窘境，是以宜朝向下列幾點方向努力：

第一，不能因政策的「便宜行事」而疏漏了嚴謹完整的規劃，尤以本制度涉及範圍廣及於全體民眾，在現已執行的公、勞、軍、農保等多項保險制度，各有其不同的給付標準，如何達到必要的統合，及是否參採如英國的「雙元式選擇方案」，適當導入民間業者的參與，以便民眾有更充分的選擇，規劃時皆應縝密考量。

第二，就一個法治國家而言，任何政策的推動均有賴周延的法規以為規範，尤以事關人民權利義務的作為更屬當然。而目前因已有各相關社會保險法規，面對新的體制，在新舊制度間如何修訂以利接軌，並藉由完整的法規以做為推動的基礎，是不宜有所疏漏的。

第三，國民年金制度所需經費相當龐大，在現有財政情形下，規劃單位建議不排除以加稅方式加以因應，其影響層面甚鉅，因此在財政上要有妥慎的因應。1992年聯合國對各國社會福利經費的規劃，便主張：「社會福利服務機構，必須有可預知數額的可靠財源，以便有計畫的推動各項服務措施。」

第四，以目前我國推行各項社會保險皆分列不同的機構辦理，由於政出多門，各自爲政，造成人力的過度擴充，行政效能有待增進，甚且保險年資無法相互銜接等情形。爲能有效統整，應可考量機構的統整，以合乎經濟、效率、事權統一的原則。

除此之外，國民年金制度的實施是回應民眾基本需慾，以達到生活安全保障的功能，除了政府的妥愼規劃外，民眾持守正確的福利觀念——取其所需，盡其所能，因爲天下沒有白吃的午餐，社會福利的任何一份經費皆來自民眾的給付，大家應珍惜福利資源，如此方能使福利制度永續經營，爲民謀福。

第16章

教育問題

- 教育現況
- 班級規模
- 學術研究
- 輟學現象
- 教育改革

教育現況

隨高等教育擴充，國人接受高等教育顯著日增，尤以研究所深造者為然，九十學年度研究所學生人數突破10萬人，其中博士班15,962人、碩士班87,251人，分較八十九學年度增加15.5%及24.6%，高等教育在學率72%，與先進國家相較並不遜色。另為紓解升學壓力，持續推動多元入學方案，隨九十學年度廢除高中、職聯考制度，大學聯招亦將於九十一學年度起走入歷史，改以推薦甄選、申請入學及考試登記分發等多元入學方式，升學管道益趨暢通。

近年國民義務教育著重「發展小班教學精神」，九十學年度國中、小平均每班學生人數34.9人及30.5人，分較八十五學年度減少5.2人及3.7人；另平均每位教師教導學生數亦由八十五學年度18.3人及21.5人，降為九十學年度15.7人及18.3人及21.5人，降為九十學年度15.7人及18.6人，國民教育小班制已漸落實，有助

表 16-1　**我國教育發展概況簡表**

學年度	高等教育在學率	研究所學生人數		大學日間部聯招錄取率	平均每班人數（人）		平均每位教師教導學生數	
	(%)	(人)	碩士班	(%)	國中	國小	國中	國小
85學年	47.7	44,873	35,508	49.2	40.1	34.2	18.3	21.5
86學年	51.1	48,619	38,606	60.3	38.7	33.1	17.6	20.7
87學年	56.1	53,870	43,025	60.5	37.4	31.9	16.8	20.1
88學年	61.0	67,233	54,980	59.8	35.9	31.5	16.0	19.5
89學年	68.4	83,861	70,039	57.7	35.0	30.8	15.6	19.0
90學年	72.0	103,213	87,251	61.4	34.9	30.5	15.7	18.6

資料來源：教育部，「91學年度教育統計」，2002年。

附註：為估計數。

表 16-2　國民生活指標學習生活領域概況

學年度	70	75	80	85	90
國中淨在學率（%）	84.4	89.1	91.7	94.3	94.0
高等教育在學學生 占18歲以上人口比率（%）	2.7	3.1	3.9	4.8	6.9
教育經費支出占GNP比率（%）	4.5	5.1	6.5	6.8	6.4
義務教育生師比	28.3	27.8	24.9	20.3	17.1
國民中小學中輟生比率（%）	-	-	-	0.33	0.30

資料來源：教育部，「91學年度教育統計」，2002年。

增進師生互動及提昇學習效果。另爲培養具備統合能力、鄉土與國際意識及終身學習之健全國民，九十學年度國小一年即開始實施九年一貫課程，開啓國民教育重要里程。

我國自57年實施九年國民義務教育，國民教育益見普及，九十學年度國中淨在學率達94%，較七十學年度84.4%增加9.6個百分點；另隨社會、經濟成長及高等教育之推廣，九十學年度高等教育在學學生占18歲以上人口比率6.9%，較七十學年度增4個百分點，國人教育程度持續提升。

九十年度教育經費支出5,342.9億元，占GNP比率6.4%，較七十年度4.5%增加1.9個百分點，其中政府教育經費4,015.3億元，占GNP比率4.1%，亦較八十五年度5.6%下降1.5個百分點。就政府教育經費占GNP比率與主要國家相較，較美國5.4%、法國6%、英國5.3%、日本4.8%及德國4.8%爲低，而較南韓3.7%、新加坡3.0%高。

九十學年度義務教育平均每位教師教導17.1名學生，較七十學年度減少11.2名；其中國小每位教師指導18.6名學生、國中15.7名，各較七十學年度減少13.2人、7.5人，國民教育教學負擔相對減輕，人力益見充實。

台灣社會的教育普及化早已是不變的長期趨勢，而且近年更有向上延伸（向高等教育水準）的發展。到87年底，獲得大學教育程度占15歲以上人口比已達10.1％，專科教育比則在84年已有10.1％。各級學校的師生比例一向是測量師生關係親疏度和教學品質的客觀指標，就此而言，在90年，此比例已從60年的32.7％下降到20％。其中，幼稚園、國小和國中的改變程度最為明顯，分別從60年的41.9％、40.6％和28.0％下降到90年的12.8％、19.5％和16.0％。各項學校教師資格（學歷）的提升也是另一客觀事實，其中尤其突出的是，高中（職）以上教師學歷的提升，譬如說高中老師中有學士學位的比例從65年的76.8％上升到90年的93.6％，有碩士學位的專科老師比例則從13.6％增加到62.8％，大學教師中具有碩士、博士的比例更從24.4％和18.4％分別上升到36.8％到41.4％。

以上這些客觀的教育指標所呈現的固然都是往好的發展，但真正各級學生所享有的教育品質（如：智、德、體、群、美諸教育品質）是否也跟著上升呢？考量升學考試制度一日未有大幅度改變，台灣學生就難有四育均衡發展的教育品質。

班級規模

八十九學年度平均每班學生數35.4人，十年來減少7人；隨國民義務教育小班制教學之推廣，其中以國小每班30.5名學生、國中34.9名，各較七十九學年度減少11.5人及9.2人較為顯著，國民義務教育小班制已漸落實。

九十學年度各級學校教師 26.9萬人，十年來增加5.6萬人，平均每位教師教導學生數（生師比）由七十九學年度24.8人減少

表 16-3　各級學校教育經費、每班人數及生師比概況

年度	總計	國小	國中	高中	高職	專科	大學院校
平均每生分擔教育經費（萬元）							
79會計年度	3.9	2.0	2.8	4.1	4.8	5.6	14.1
89會計年度	11.2	7.6	10.3	9.0	12.0	11.9	16.1
平均年增率（%）	11.3	13.9	13.9	8.1	9.6	8.0	1.3
平均每班學生數（人）							
79學年度	42.4	42.0	44.1	48.3	45.4	49.4	50.0
89學年度	35.4	30.8	35.0	43.2	42.9	51.0	53.3
增減人數（人）	-7.0	-11.2	-9.1	-5.1	-2.5	+1.6	+3.3
平均每位教師教導學生數（人）							
79學年度	24.8	28.5	21.6	22.3	21.1	19.6	13.6
89學年度	19.7	19.0	15.6	19.7	20.6	20.1	19.1
增減人數（人）	-5.1	-9.5	-6.0	-2.6	-0.5	+0.5	+5.5

資料來源：教育部，「89學年度教育統計」，2001年。

至19.7人；尤以國小每位教師平均教導18.6名學生、國中15.7名，各較七十九學年減少9.9人、6人較爲顯著，國民教育教學負擔相對減輕，有助提升教育品質。另近年隨高等教育快速擴增，學生人數明顯增加，生師比亦由13.6人增爲19.1人，在提高高等教育就學機會之際，其對教學品質之影響殊值關切。

學術研究

研究發展爲產業升級主要動力來源，而科學論文多寡又爲研究成果之具體反映，2000年我國在重要科學期刊發表論文（列入科學索引指標，SCI）9,203篇，較1999年增259篇，世界排名仍

表 16-4　我國學術研究成果概況

項目				89年統計數	88年比較說明
學術論文發表	科學論文（SCI）	世界前三名	美國	243,269篇	245,679篇
			日本	68,362篇	67,163篇
			英國	68,047篇	68,809篇
		中華民國		9,203篇，排名19	8,944篇，排名19
		中國大陸		24,923篇，排名 9	22,743篇，排名 9
		印　度		15,161篇，排名13	16,067篇，排名13
		南　韓		12,218篇，排名16	11,048篇，排名16
	工程論文（EI）	世界前三名	美國	51,394篇	56,075篇
			日本	22,789篇	23,037篇
			中國大陸	13,467篇	11,837篇
		中華民國		4,878篇，排名10	4,690篇，排名 11
		南　韓		5,848篇，排名 9	5,279篇，排名 9
專利核准	國內專利核准數			42,241件	29,144件
		發明件數所占比率		41.4 %	38.7 %
	美國專利核准數	世界前三名	美國	96,920件	94,094件
			日本	32,922件	2,515件
			德國	10,822件	9,896件
		中華民國		5,806件，排名 4	4,526件，排名4
		南　韓		3,472件，排名 8	3,679件，排名7

資料來源：行政院主計處，「國情統計通報」，2001年8月30日。

維持第19位；另2000年工程論文（EI）發表4,878篇，較1999年增188篇，世界排名第10位。SCI論文發表篇數續增。

專利核准方面，我國2000年專利核准件數42,241件，其中最能彰顯研發實力的發明專利17,503件，占41.4%，較1999年增2.7個百分點；而同年美國專利核准數中，我國爲5,806件，僅低於美國、日本及德國，世界排名第4位，較1999年增1,280件或28.3

%，顯示我國專利、研究表現仍屬優異。

研究發展經費方面，89年達新台幣2,117億元，較84年增69.4%，平均年增率11.1%；惟研究發展經費占GDP比率2.2%，相較美國2.8%、日本3.0%爲低，爲帶動知識密集型產業之發展，提升國家競爭優勢，研發投注仍須持續加強。

研究發展是衡量社會發展潛力和指標。自1990年代以來，不論是研發經費總額，所占GDP比率，每萬人口研究人員數，每位研究人員使用經費，發表論文數，和在美國核准爲刊件數均成明顯上升的長期趨勢。而且民營企業投入研發的經費比例從83年開始占總額過半，超過政府和公營事業的總和；到87年更達59.4%，而政府的研發經費比，則從83年的42.2%下降到只有33.5%。公營事業在1980年代還曾持續維持10%以上的比例，但到87年已剩下5.7%。可見，過去幾年來，政府的公部門所投入的發展財力已遠不及民間的私部門，這表示民間的提升，還是政府的沈淪？

此外，民間部門中的非營利財團法人（基金會）的研發能力也頗爲可議，因爲近二十年來，此一民間部門的研發功能始終不彰，這也有檢討的餘地。

輟學現象

爲提高全民教育水準，我國自民國57年起，實施九年國民義務教育，國民就學情形逐步提升，八十九學年度（89年8月1日至90年7月31日）國民教育在學學生人數285.5萬人，淨在學率達98.0%，顯示我國義務教育已甚普及。惟近年青少年問題益趨複雜，中輟生問題備受各界關注爲有效輔導國民教育階段中途輟學學生復學，政府相關部門自85年起實施國民中小學中途輟學學生通報辦法，未經請假連續缺課達三天以上者，列爲中途輟學學生追蹤輔導對象。八十八學年度國中、小學中輟學生5,638人，較八十七學年度減少2,730人，八十九學年度中輟生復增爲8,666人，輟學率3%。就輟學原因觀察，以個人因素最高，八十九學年度占49%，家庭因素22%次之；近年個人因素比率持續上升，值得注意。輟學學生中，單親家庭占34.4%，與87學年度28.8%相較，增幅頗大；另原住民家庭近年約占10～11%，較原住民國中小學生占全體國中小學生比率2.3%，明顯偏高。就地區性而言，輟學率較高的縣市集中於東部地區。近年中輟生復學率已大幅提升，八十九學年度73.9%，較八十五、八十六學年度平均之31.8%改善甚多，顯示近年各單位配合加強中輟學生復學輔導工作已具成效。教育部87年起進一步成立專案督導小組落實執行通報及復學輔導工作，期九十二學年度以後未復學之中輟生人數不逾2,000人，且每一縣市至少有一所以上中途學校，妥予照顧有特殊需要之中輟生。

教育改革

爲能導入正常教育及全人教學，教育改革推廣十年，多年爲人所詬病的聯考制度面臨改絃更張，但諸多高中、國中同學家長的親身的經驗，在現行教育體制下，多元入學方案取代聯考制度是一種慢性的折磨。因爲爲求達到自己的理想學校，從國一開始的三年就學期間，每天就得應付各種大考、小考，包括：德、智、體、群在內的各種測驗，甚至參加校內校外的各種比賽，只爲了累積優異成績，以期能在國三的推薦甄試有好的條件，上好

表 16-5　基礎教育中輟生概況表

學年度	87	88	89
國民教育淨在學率（%）	98.2	98.2	98.0
國小	97.8	97.8	98.8
國中	96.2	96.5	94.0
國民教育中輟生人數（人）	8,368	5,638	8,666
依等級分：國小（%）	17.9	16.8	15.9
國中（%）	82.1	83.2	84.1
依性別分：男（%）	59.4	59.5	54.9
女（%）	40.6	40.5	45.1
輟學率（%）	2.9	2.0	3.0
國小	0.8	0.5	0.7
國中	6.8	4.9	7.8
輟學原因（%）			
個人因素	47	46	49
家庭因素	21	23	22
學校因素	9	9	7
同儕因素	7	8	7
其他因素	15	14	15
輟學生家庭類型（%）			
單親	28.8	31.1	34.4
原住民	11.0	9.9	10.2
復學率（%）	56.3	61.5	73.9

資料來源：教育部，「91學年度教育統計」，2002年。

一點的學校。其結果，爲了廢止聯考而設計的多元入學方案，最後亦成爲學生痛苦的根源。

許多人不禁要問？爲什麼多元入學方案反而讓學生在廢除聯考後，又被更沉重的升學壓力禁錮，爲了應付推甄入學，除了課後的英數理化補習，還有人假日補習籃球。一些學校每月改選班長及幹部，學生爭著當空殼社團的幹部，爲的是讓學生有社團及服務表現以利升學，完全本末倒置。原本的教育改革是爲解除學生壓力，讓孩子有一個快樂的學習歷程，卻成爲更長期的折磨？爲什麼自國外引進的教育體制，竟變成學生的夢魘，家長的負擔？

聯考因行之有年，其錯綜複雜的糾葛已形成一種文化，譬如學生爭明星學校，學校搶優秀學生的心態，又如學生及家長斤斤計較的心態，學生只準備考試會考的科目，拒絕其他學習，學生只會作測驗卷，不會利用圖書找資料、整理資料， 學校的圖書館形成空洞的倉庫……等等，這些都是因爲聯考帶來的弊端。如果教育改革沒有整套的措施，未能思考社會文化的特質，則單憑多元入學方案要來取代高中職聯考，將無法有效而且全面的解決問題，反而帶來更多的問題。

教育改革的目標，無非是針對聯考制度的弊端所進行的改造，以避免學生深陷於升學主義的壓力下；讓教育回歸正途，讓青少年擁有青春亮麗的生命，讓學生自惡補的泥淖中解放出來，讓長期的表現取代一試定終生，讓多元評量取代智育爲尊。然而，如何以更好的制度取代聯招，卻非一蹴可幾。以高中多元入學方案來看，如果缺乏配套的措施，如調整高中高職比例、廣設社區高中、增加完全中學、把直升門檻放寬、打破明星學校的迷思、再輔以大學入學制度的改革，則台灣的升學主義傳統依舊根深蒂固，難以改變。

檢視我們社會由於普遍存在的「學歷至上」、「文憑第一」的風氣，於是既有的聯招制度或是行將全面實施的多元入學方案，皆成爲每個升學同學的最大噩夢。是以，雖然推甄制度的設計是有意要解除現在的聯招考試對國中生升學壓力的魔咒，但我們幾可以確認，如果「士大夫觀念」依舊存在，「萬般皆下品，唯有讀書高」依然唯尙，則升學制度的改革將不易奏效。再怎麼改，學生的壓力永遠存在，家長的期待將難於避免，而「快樂學習」只是一種遙不可及的憧憬。

多元入學只是教育改革的方案之一，目前所遇及的各種困難，其實是社會改革過程中，必然會面對的。由於社會制度的推行必定與整體社會文化息息相關，是以社會改造自然宜考量社會文化與人心特質，否則易爲事倍功半。因此，當我們皆有不能再重回聯考老路子的想法時，更不能讓孩子再陷入僵化教育的泥淖，唯有以更全面的改革，更深化的從學生、家長、教師、到教育體制及社會文化的整體改造，而且探討現行聯招的文化機制，去做配套解決的工夫，才能走出升學主義的深淵，使教育改革所追求的目標克竟全功。

被教育改革者視爲非廢不可的高中聯考，終於在90年廢止，改採多元入學方案；大學聯招也在91年結束它的歷史。然而繼之而來的多元入學，是否已能解除聯考長期以來對學生、教師、家長、社會的桎梏，回覆教育的本旨？即將在3月開始的「基本學力測驗」，在學生的心目中，等於是聯招的變形，唯一的差別只是「基本學力測驗」有二次，學生如果第一次考不好，仍有另一次機會，避免一試定終身的遺憾。然而，教育改革原本是要改革聯招的種種弊端，如今卻變成是「兩次聯招」，落得如此結局，眞是情何以堪？畢竟，在教育改革的方向中，改革聯招，是許多家長與考生的期待；但爲什麼改革的結局，卻有如把聯考變形？

教育必須改革已是國人的共識。因爲一個國家國力的強弱，社會品質的提升，端視乎其教育基礎是否足夠。台灣這些年的急速成長，正是拜教育普及之賜。省視全球各個國家，舉凡教育投資多者（如新加坡），則經濟發展迅速；反之，教育投入太少，忽視教育功能，則由於缺乏培養自身人才的機制，變成依賴型發展，只是步上第三世界國家的後塵。

然而，台灣在教育改革過程中卻有一個問題，即只重視改革的必要，而忽略了整體環境的變化和教育體制內，教師與學生的接受程度。教育改革者以無比的熱情，試圖將教育問題的解決，畢其功於一役；從而忽略了教育體制的形成，乃是幾代人以制度和文化、社會體制共同形成的。聯考有科舉的封建殘留，是傳統歷史中士大夫觀念的保留，更帶有日本殖民台灣所遺留下來的考試方法與教育結構，像各地所形成的明星高中，哪一個不是日據時代即有的公立中學？同樣的，聯考的一試定終身之所以能在台灣保留如此之久，也因它與科舉傳統有關。

更明確的說，它已變成是一種社會共同承認的文化，一種思維方式。社會階級的升遷，自身前途的考量，未來生涯的規劃，莫不與此有關。即使今天改革了高中聯招，但國家所認定的公務人員、教師資格檢定、高普考等，都是一種門檻。而學歷則是這個門檻所必須。在這樣的社會制約下，希望以改變聯招來改變社會既定的體制與文化，其難度可以想見。這便是爲什麼當教育改革推向多元入學時，家長及考生反而無所適從的原因。他們所面對的是一個既定的社會機制，而考試是唯一的出路，則誰不想跨越門檻。於是，教育改革所帶來的是另一種變形的聯招。舉例來說，有些學校爲了讓考生有更好的條件入學，就舉辦各種比賽，或鼓勵學生參加種種校外活動，以增進其加分的點數。有些班級更誇張，以輪流當班長來取得幹部資格。因爲既然升學是必要的，則各憑本事，用各種可能的方法升學又有什麼錯呢？同樣的，基本學力測驗也正在變形爲另一種聯招。只要看看各補習班推出的考前測驗大排長龍，就可見一斑。在補習班與家長的眼中，它只是另一種聯招，但這豈是教育改革的本意？

教育改革不是革命，它不可能憑著熱情和體制的改造就完成，眞正的需要是社會的整體配合。包括了學生、家長、教師、學校、社會都應有一致的認知，並且願意爲完成改造而共同努力。然而，現在的問題是改造太快，只有革命情懷的雄心壯志與大義滅親的壯闊凜然，卻缺乏文化底蘊的思考與社會制度的配套。

這些年來，我們面臨社會的急劇變遷，在追求環境適應的各項改革措施中，教育改革如此，而政治遞嬗、司法公義、兩性平等、社會正義……皆如斯然，追求如疾風驟雨的速度，大刀闊斧的全盤，釜底抽薪的徹底；新辦法推出的速度，往往讓人目不暇給，許多移植而來的思想、制度、觀念、方式未經評估、消化、沉澱，隨及落實。以致於大家仍用舊思維來面對新議題。舊的沉積還未清理，新的辦法已來臨。看看有民意代表送基本學力測驗題型，竟一掃而空，就可以知道家長與學生有多茫然了。

聯招隨著教育改革的呼聲自一次變相爲兩次聯招，導致學生與家長來不及適應，社會充滿疑慮。現在是該停下來想一想，好好省思的時候了。畢竟教育改革是在社會整體可以運作的時候，才能奏效，否則再良善的立意，也有可能被扭曲。一份基本學力測驗的模擬試題，竟然讓家長們爭先恐後的排隊索取，補習班藉機大發利市，看在推動教改的人士眼裡，不知作何感想？顯然想要打破「讀書爲了考試；考試爲了升學」這種線性思考模式，不僅教改人士、學校成員、乃至整個社會大眾還有一段長路要走！

第17章

高等教育問題

- 前言
- 我國高等教育發展現況
- 大學教育的變遷
- 先進國家高等教育發展的對應之道
- 結語：擴大高等教育視野引領社會發展

前言

傳統以來大學一直被認為是追求客觀知識、探究真理的殿堂，但隨著社會變遷及知識本質的擴延，今日大學已不僅止於學術的研究，教學的傳承，並負有服務社會的功能。而大學教育的目標，也從知性的創發，兼具全人教育的實施。因此，大學教育的課程除了專精領域的研習外，也包含了通識教育的內容和參與社會的準備。就大學結構而言，它不再是純知識性的社會（如學院、書院）組織，而是具有多種目的的多元性社會（如multiversity）。

大學不可能與社會分離，它從來未與社會及其所處之環境分離過。在新世紀中，大學儘管提供了眾多的機會，但同時面臨的處境更加艱難，有嚴竣的挑戰，儘管亦提供了眾多機會。這種新環境，新處境，主要與全球化之知識經濟有關，依魯卡斯（C. Rucase）的觀點，它包括：

1. 加速性的經濟革命：即全球化的新經濟，是一種高速變化的經濟，要求個人能不斷獲取技術，革新能力，以符合其需要。
2. 新的經濟革命是以技術與資訊革命為特徵：表現為知識量的遽增和複雜性增加，造成了大學對知識之管理問題，因此經濟全球化也是知識全球化，其中，個人接觸資訊和技術的機會大增。
3. 新的經濟技術、資訊需求以及其給個人提供之可能性：新的經濟革命會產生傳統社會功能和關係重建，促成了一場新的社會關係的變革和新的社會組合。譬如婦女對經濟、技術之參與和掌握、世界人口的增長、人口流動不斷增強等。

我國高等教育發展現況

爲迎接知識經濟社會的到來，我國高等教育於近年來有著蓬勃的發展，高等教育包括研究所、大學、獨立學院及專科學校，九十學年度高等教育學校計有154所，其中大學及獨立學院135所，專科學校19所；教育部爲推動教改，於87年輔導專科學校改制爲技術學院，私立大學及獨立學院取代私立專科學校逐年增加，八十八學年度私立大學及獨立學院之數量首次超越公立校院，九十學年度達85所，較八十七學年度增加44所。九十學年度高等教育在學學生數爲118萬7千餘人，十年來平均年增率爲6.16％；隨著全球知識經濟時代及學習社會的來臨，爲鼓勵成人回流參與高等教育，自八十七學年度起開辦研究所在職進修專班，提供在職人士繼續接受教育的機會，九十學年度碩士班學生數爲87,251人，其中在職專班學生數爲23,508人，分別較八十九學年度增加24.57％及69.13％；大學部學生數677,171人，較八十九學年度增加20.05％。生師比係爲日間部每位教師平均教導學生數，九十學年度大學、獨立學院及專科學校的生師比分別爲21.37、21.12及21.47，分別較八十九學年度增加0.58、0.75及0.12，顯示學生數之擴張速度大於專任教師數。我國的高等教育已逐漸從傳統的菁英教育轉變爲大眾化的教育，2001年我國高等教育學生數占總人口比率爲54.1‰，較加拿大之59.4‰、南韓之60.4‰爲低，高於美國之31.1‰、日本之24.8‰、新加坡之17.6‰、中國大陸之2.8‰。

表 17-1　近年我國高等教育概況

學年度	81	83	85	87	88	89	90
大學院校數	124	130	137	137	141	150	154
大學及獨立學院	50	58	67	84	105	127	135
公立	28	32	37	43	46	49	50
私立	22	26	30	41	59	78	85
專科學校	74	72	70	53	36	23	19
公立	14	13	14	6	4	4	3
私立	60	59	56	47	32	19	16
在學學生數（人）	653,162	720,180	795,547	915,921	994,283	1,092,102	1,187,225
博士班	6,560	8,395	9,365	10,845	12,253	13,822	15,962
在職進修專班	-	-	-	-	5	4	14
碩士班	24,711	30,832	35,508	43,025	54,980	70,039	87,251
在職進修專班	-	-	-	225	6,044	13,899	23,508
大學及獨立學院	273,088	302,093	337,837	409,705	470,030	564,059	677,171
專科學校	348,803	378,860	412,837	452,346	457,020	444,182	406,841
生師比	16.15	19.11	18.67	19.54	19.79	20.68	21.28
大學	14.69	17.09	16.97	19.42	20.22	20.79	21.37
獨立學院	11.94	15.62	16.05	17.19	18.55	20.37	21.12
專科學校	19.16	22.63	22.17	22.05	21.13	21.35	21.47

資料來源：教育部，「教育統計指標」、「大專院校概況統計」、「教育統計」，2002年6月25日。

大學教育的變遷

由於新經濟的核心是知識問題，而大學又一向是新知識之提供者和新技術之傳播者，更何況大學從來無法自外於社會，如是在知識經濟／資訊社會興起中，一個興旺發達之社會，其人民需要有能力擔當大量知識技術，才能夠根據全球經濟進行改造。結果大學面臨了新的挑戰，不得不被捲入全球資本主義的競爭中：在獲取與改良新的資訊、技術與知識方面，大學必須站在每一社會的中心，必須接受種種挑戰。新處境所帶來的挑戰：（羅曉南，2002）

1. 大學將面臨非常龐大且具異質性之學習人口，需要彈性調適。因爲21世紀要求人們必須不斷的學習新技術，技術落後或沒有技術者邊緣化。這結果就造成許多不同背景、年齡、生活經歷，不同目的、不同需求之人進入大學，以致超出大學能力範疇，是以大學必須調適。不僅教學形式要改變，並增加教學內容以及爲何而教的問題亦將日益凸顯；此外，爲了減輕負荷避免超出能力，大學也不能像目前一樣盡量去滿足大多數人需要，必須有所選擇，各大學間的相似性亦將大爲減少，但主要之歧異何在則尚待釐清。
2. 不連貫性的威脅。

（1）知識的不連貫性：由於教學、傳授模式的多元性以致引起什麼是大學適當之的學習科目的問題？當大學概念日趨模糊，非大學組織如不列顛航空公司得以透過網路建立世界範圍內的「準大學」時，知識如果落入這類跨國企業手裡，對知識、知識目的、意義和價值的定義是否會脫離爲公眾利益的理念？值得吾人省思。

(2) 內部結構功能之不連貫、不協調：內部結構爲眾多功能所分割，部分／整體關聯出問題，研究／教學越來越難良性結合，如果分離，在新世紀知識迅速變化中教學研究兩者兼顧如何可能？

3.大學對知識「技術」之定義權將日益受到新經濟的威脅，以致將知識恆等於資訊的偏狹觀念備受挑戰：過去大學對知識之定義，涉及普遍眞理之追求，也涉及公民責任、社會價值等，而當前則傾向「以經濟需要的合適技術來界定」，果眞如此，它也可能成爲傳播「僞知識，錯誤和謊言」的工具。大學已因網路的發展而失去了對知識的壟斷，而將知識等同資訊，則將失去確保學生獲取有用知識的指導能力。

4.網路及遠距教學的發展，以及對知識一方面使得任何一個國家中任何一名學生只要付一定費用即可在提供「網上課程」之大學註冊入學，這結果勢將掀起一場國際性的競爭浪潮，並且很難再像過去那樣用鑑定和考試來壟斷、遏制；在此同時個人也得從大學和大學有結構的知識傳遞中解放出來，由個人自己選擇資訊，自己組合給予意義。結果大學因網路的發展，而失去了對知識之壟斷。

5.外在名利的誘惑、經濟行政壓力以及「分心」，大學正面臨失去作爲一個公共學術機構的特徵：大學與工商業界之合作，已造成不僅是對大學的誘惑，而且大學往往自發傾向和接受誘惑，以致無法「專心」教研工作，偏離公共利益的目標，校外集團甚至常迫使大學冒犧牲自己獨立性之危險而參與政治鬥爭，或者要求他們做一些有損於學術公開和自由的事情，與大學基本功能相矛盾。

6.政府對大學之干預有越來越多之趨勢：政府對大學的規定，有一特點，即在全球經濟中國家的經濟需要（國家利益）是其規定之基調，暗示性的規定了大學活動的內容，而這種經濟取向的知識需求又隨著政府對大學干預之增加，而威脅了大學對公眾服務之成功的要素，原本大學自由開放的精神，逐漸爲千篇一律之中央計畫和官僚控制所取代。此外，社會對專業知識的急需（諮詢服務、爲政府服務、爲感興趣之公眾介紹知識等），以及另方面教授爲了自己學系和保持自己之研究中心，而越來越捲入籌集資金和行政的苦差事，結果，不知不覺間校外活動已成爲許多教授尋求刺激和變化，提高地位和金錢收入的最大來源。

7.大學不斷擴大，越來越管理不易 ，大學校、院、系級主管往往陷入無法發揮其長才的管理困境。教授因自主而昌盛，基本性質上是無政府的，而新學科不斷出現，舊學科仍然保持……學校擴大無可避免，管理因而困難，過多之研究項目需要關心，有如此多之全面討論必須實行，校外活動經費之募集，以及衍生之種種問題的解決……而解決這些問題足以耗盡最有才能之管理者的聰明才智，而有經驗之管理者必須知道什麼是大學絕不能做的事。而大學之管理者又多是從教員中挑出，缺乏管理藝術，很容易爲行政事務吞沒，而無暇去考量改進教育和開創性研究的機會。結果我們陷入一最可悲之境地，這些管理者是我們因其學術才能而任命他們，他們卻無時間在其崗位上發揮其學術才幹。過去只是校長如此，目前，院長、系主任都陷入此管理困境。

8.大學與社會互動越密切，教師與學生互動相對減少：由於對外界科研資金補助的需求，社會服務的增加，行政事務之負擔……教研時間減少了，不僅學術成品之質量都下降，而且，師生接觸減少，教師無暇認眞瞭解學生學習狀況，幫助改進，放牛吃草，對其入學後進步了多少？瞭解少之又少。但師生之相互關係本是大學教師存在之基本意義，也是大學存在之基本目的之一，事實上，大學不只是研究，而應是教／研一體，大學確立什麼是知識，透過研究發現新知，通過教學將知識傳授給下一代。德國教育學者洪德堡（Alexander von Homboldt）強調「教師的行爲依賴於學生的存在和興趣，失去這些，科學知識就不可能發展，如果學生不能在教師的教育中追求他們自由的思想，他就會離開教師去追求知識和自由的思想」。教師思想成熟但較保守，學生不夠成熟但更能向新事務開放，這種相得益彰無法在疏離之關係中維繫，概言之，目前之新環境已在很大程度上威脅了大學的基本價值，我們卻一無所知，其中一項重要關鍵又與外界對大學之基本目的，和成就這些目的之基本條件認識錯誤有關。

9.專業（職業）至上與人文教育（通才教育）之衝突，自我利益與社會服務之間的衝突。知識爆炸與日趨專業化的趨勢，使得甚至擁有天賦之通才也不能同時瞭解文學、經濟學或分析哲學之最新動態，更遑論高能物理、分子物理及生物化學等學科了。此外，爲了迎合學生職業需要，學校不只是教他們動腦或從事研究，還必須有相關課程教他們動手。不僅如此，學校甚且還要迎合學生的胃口，學術內容既要合乎時尚，又要有娛樂性，還要能學到使人類得以解放的教育內涵，學院成了滿足一切人需要的萬金油。當然，「實用性」知識固然有必要，大學也無須迴避創造「實用」的知識，但實用之知識可以以不同型式存在。最好的教育不僅使我們在自己的專業中提高生產力，而且也使我們擅於觀察，勤於思考，勇於探索，塑造全面發展之人格，使科學家能欣賞藝術，藝術家也能欣賞科學。教育目的，不只是爲青年一代從事生產性職業做好準備，而且也要使他們能莊嚴而有目的的生活，能運用知識。

大學教育無論在功能、目標、課程或組織結構方面，基本上也反映了上述的發展特性，然而在面對新世紀的到來，以及特殊的社會經濟文化脈絡，大學卻引發了如下的爭議：（一）在功能上，由於市場化和世俗化的驅策下，大學應爲販售知識的超商（7-eleven），還是知識典範的社群；（二）在目標上，是知性的創發，還是德性的陶融；（三）在課程上，是專精學門的精鍊，還是通識教育的實施；（四）在組織結構上，是以系所爲生活中心的學院，還是以「學程」爲中心的大學，這些都是當今我國大學教育必須面對的重要問題。（陳伯璋，1998）大學教育在過去的發展歷程中，無論是在數量的擴充以滿足社會的需求，或是教育素質的提昇以培育國家整體發展所需的人才，都有可觀的成就，也提供了各國在經濟發展、政治改革、社會革新的堅實基礎。但在社會快速變遷的過程中，許多的問題也隨之產生。在邁入二十一世紀之時，社會上對於大學教育的改革，都寄予殷切的期盼。高等教育之變遷已如上述，現階段發展所面臨的主要問題則包括功能面問題、目標面問題、組織面問題、教學面問題。

先進國家高等教育發展的對應之道

以下就先進國家因應高等教育發展挑戰的對應措施，提供我國目前高等教育發展所面臨的衝擊和挑戰，作一借鏡和參考。歸結先進國家在面對高等教育發展上主要的對應為：

功能上

1995年2月1日聯合國教科文組織發表「高等教育的轉變與發展政策」報告，呼籲各國在二十世紀末重新檢討該國教育角色，該報告指出教育應該朝向終生教育及全人教育的目標發展，高等教育應該對每個人一生的任何階段開放，大學應該扮演社會良知的角色並應賦予人們更寬廣的世界觀（周祝瑛，1998：87-91）。由高等教育的發展趨勢可知，傳統以培養社會精英為目標的高等教育已經無法符合多元社會的需求，如何確保高等教育機會均等，建立以全人教育為目標的高等教育體系，並以提昇高等教育品質，積極負起服務社會的責任，是世界各國高等教育的趨勢。

就功能而言，高等教育的充分提供，固然是讓菁英大學繼續成長的必要條件，但是高等教育的普及，並不能保證菁英大學的產生和學術品質的提昇。就社會發展而言高等教育的普及確實有助於強化人力素質，但是面對高科技的快速發展，激烈的國際競爭、科技的創新及國家競爭力的提昇，則有賴於高級人才的培育及世界級研究發展能力的培養。換言之，均等的追求固然具有普世的價值，但是高等教育在量方面的擴充和學術質的提昇，往往存在著內在矛盾，即使政府有能力並且願意挹注龐大經費以同時兼顧質與量，但是再一個大眾化甚至普及化的高等教育體系裡，並不是每一個學生都具備追求學術卓越的能力和意願，政府和學術界都必須有這種體認和擔當，承認大學生有不同的能力和需求，大學必須有不同使命和功能，為了培育社會發展不可或缺的領導人才和提昇基礎研究的能力。政府必須放棄齊頭式的高等教育經費政策，依據大學不同的定位功能和表現給予不同的經費。

目標上

美國的高等教育採取普及教育的原則，儘量提供高等教育機會，高等教育的擴充非常迅速。美國大學教育以學術研究、人才訓練及社會服務為宗旨，具體的教育目的為實施通才教育培養健全公民、發展健全人格、充實生活能力，養成現代公民必須具備的態度、理想、知識和技能，使其能負起公民責任；此外實施專業訓練，培養社會建設所需之專門人才亦為重要目標。美國高等教育學者前加州大學校長克爾（Kerr）認為現代高等教育的功能是：促進社會正義、提昇生活品質、推動政治改革、收容其他社會機構忽視的族群、有系統的思考社會未來；並且應在培養專業人員、傳遞共同文化、促進個人發展、提昇學術研究、推展公共服務、提供平等入學機會等方面扮演積極角色。哈佛大學實施通識教育的目的，在引導學生成為一個「有教養的人」（educated person），其主要目標在：（一）能清晰而有效的思考和寫作；（二）對自然、社會和人文有批判性的瞭解；（三）不應有地方的偏狹性而忽視其他地區和另一個時代的文化；（四）能瞭解和思考道德和倫理的問題；（五）能在某一個領域有深入的研究。

未來大學社群的成員在觀念上，應摒棄知識一元化的思維，對知識有新的界定與認知；在制度方面，必須適度矯正學系過度分化的情形，加強學院整合課程的能力，讓學生在進入某一專業之前，能先有基礎、統整的知識，成為具有通識基礎的專才；在課程的改革方面，未來通識課程應走向「核心課程」，避免只是增加一些零碎的知識或學分的學習而已，同時要和專業課程作適度的整合，並以「多元文化」的觀點來設計課程，彌補過去只重各領域學科互補、強調與生活統整之不足，如此方能使大學培育出來的人才符合廿一世紀新時代的需求。

組織上

美國大學由於自主性高，學校組織必須發揮各項功能，所以行政體系龐大，分工詳細，並且聘用許多專業人員。校長是行政部門的首長，其下分爲數個部門：學生事務、財務、發展等，各設副校長或其他主管以司領導。其中學術副校長的地位最重要，負責督導學校之學術計畫、教學、研究、推廣、招生、註冊、圖書等有關事務。如學校涵蓋之學術領域太廣，則將學術事務依各學院之相關程度再予以細分，以便有效管理。例如，密西西比州立大學另設一副校長，負責督導農學、醫獸、家政三學院；亦有學校將研究與建教合作業務自學校範圍抽出，而另設研究副校長。由上可知美國一般的大學院校行政體系，雖然龐大，但是採取校長授權數位副校長分工管理之方式。由於副校長爲數不多，所以校長的控制幅度不至過大，得以有效推動校務。另外，在學術副校長之下，有各學院的組織，各學院之下則爲各學系。學系由專長相近之教師組成，在學校組織結構中層級雖低，但是有關教學與研究之內容，以及學術人員的選擇，主要是由學系中的教師來決定。因爲學校的董事會及行政部門瞭解大學是學術機構，其成功有賴組織中的學術專業人員能發揮其能力，所以授與教師們在教學與研究方面相當大的自治權。這種自治主要集中在各學系，譬如決定學生入學標準、課程內容、選擇系主任，決定系內教師之升等或永久聘任等，均由各系教師經由會議作成建議，在呈報上級行政人員核定。通常規模越大，聲望愈高之院校中，各系在學術事務上的自治權也愈大。

大學作爲知性創發的重心，常因對知識形成、運用及效用的觀點有所轉變，因此有不同的功能與風格。近年來由於知識本質的看法已從傳統的一元觀走向多元觀，就以知識如何形成的論辯，就有所謂的「分析的」、「描述的」、「詮釋的」與「建構的」不同觀點。知識的應用，由於「知識經濟觀」的形成，知識市場化、產業化的趨勢相當明顯，更發揮了知識的效用。知識的建構或應用，也透過新的機制──一種「群組知能」（organizational intelligence）的開發，更形多采多姿。這些知識觀的改變，的確對大學教育會產生相當大的衝擊，因此，大學應提供給所有的成員另一種知識「再概念化」的學習機會，而不是對知識採取「一元化」的認定。此外，知識是滿足生計可資利用的產能，還是一種生活經驗的再現，或者它是生命體驗所展現的智慧，這都需要一種新的思維，新的「再概念化」。除此之外、制度上大學教育結構也應該有所變革。大學是一龐大的知識工業，其生產、傳遞、分配和使用，乃需一正式組織的營運，才能發揮功能。簡言之，知識工業必須透過合理性的科層體制的運作。然而行政權威的支配關係，往往與知識所呈現的專業權威，兩者間存在著內在的張力（internal tension）。在變遷快速的社會中，大學承載著「知識」與「權力」的緊張關係，更需要自主的空間，才能化解此一矛盾和衝突。高等教育和國家發展之間的關係密切，不可能完全由市場力量來運作，雖然根據美國的憲法，美國各級教育不都屬於地方政府的權限，聯邦政府無權干涉，但是由美國研究型大學的發展，可以看出聯邦政府的科學政策以及透過國家科學基金會國家衛生院國防部等聯邦機構所提供的巨額研究經費，在研究型大學的成長及其發展方向上扮演了主導性的角色。除了聯邦政府州政府在研究型大學的成長上也扮演了關鍵性的角色。換言之，市場的競爭或許能使高等教育更積極的回應消費者的需求更有效率，但不必然能造就需要巨額研發經費及長時間孕育的研究型大學。美國的經驗顯示研究型大學的成就令人欽羨，但是世界級大學所需經費龐大，非舉全國之力難以成就，在卓越和均等之間如何拿捏，考驗的不只是政治智慧，也是決策者的魄力與決心。

教學上

大學教育的發展，在數量上已有驚人的成果，但在課程規劃上如何配合著教育目標及內涵，以順應世界趨勢，扭轉過去以人力資源發展爲導向，以及過度注重專業及學科分化的現象，在市場經濟的衝擊下，大學如何重新定位，如何妥適調整大學課程結構，取得通識與專業之間的平衡，培養學生成爲具有通識基礎的專門人才，以因應未來新世紀的挑戰，是大學教學自主後必須審愼因應的。

美國的大學院校除了機構獨立，學系自治外，對於教師個人在教學與研究上的自由也提供相當程度的保障。美國大學教授協會建議各校採取下列兩項保障措施：（一）永久聘任制，即教師在適用期滿 （一般爲七年 ）前通過考核者，可以任教到退休爲止，除非學校遭遇財務危機或其他正當理由，不得停聘。（二）學術適當程序：以或永聘者之停聘或未獲永聘者在聘約未滿前之解約事宜，需經由特定程序爲之，除了如--般法律訴訟程序提供保障當事人權益之措施外，最後的裁決應有其他教師參與。各校若有學術自由的爭議事件發生，美國大學教授協會必須派人前往調查，作成解決之建議。學校當局若執意不予採納，該協會立即將之列入該會出版刊物上的黑名單，一方面公開譴責，一方面提醒教授們不要去違反這類學術自由的學校任教。這是美國大學教授以團體力量來維護學術自由的作法。現在絕大多數的美國大學院校都採納此一教授協會有關長聘制及學術適當程序的建議，因此教授們能夠免於無端去職的恐懼，安心而自由的從事學問上的鑽研與討論。

在保障學術自由的同時，美國的大學院校並沒有因此降低學術品質。永久聘任的制度使得學校必須對試用數年的教師進行考核，這種考核十分慎重，教師必須提出教學、研究、及服務三方面的具體成績，以證明他的能力。凡是未經過考核者即遭淘汰，因此這是一項保障大學素質的有力措施。而獲得長聘者雖無失去職位之虞，但是學校行政當局尚提供升等與績優加薪等誘因，可以促其繼續努力，學生也透過教學評鑑的方式來督促教師，高等教育的品質而得以維護。

在一個民主社會裡接受高等教育普遍被視爲一種權利，高等教育或早或晚都必然會由菁英進入大眾化，甚至普及化階段。在高等教育擴張的過程中，傳統的菁英大學可能會面對一個兩難問題，菁英大學必須容納快速增加的學生，而忍受品質的下降；或者菁英大學爲了維持品質拒絕擴張，而必須承受社會和政治壓力，前者可能導致菁英大學的大眾化，後者可能使菁英大學因爲得不到社會的支持和需要的資源而漸趨萎縮。換言之，在今日社會裡只有在教育機會均等及社會流動得到適度滿足之後，卓越的追尋才能得到社會的認同與支持。菁英型大學才有生存的空間。就像Martin Trow所指出的，美國的菁英大學之所以得到充分的發展，主要是因爲大眾化的需求已經由數量龐大，且定位明確的各類高等教育機構得到滿足。若非如此，要求平等的聲浪中將侵蝕成本較高的菁英大學的合法性基礎。

結語：擴大高等教育視野引領社會發展

傳統西方大學以博雅教育培養具有文化涵養的知識分子，爲社會造就知識廣博、器識宏遠及理想崇高的領袖人才爲宗旨；其後因爲學術進步及社會專業分工的需要，開始實施分科教育，逐步加強對新知識與新科技的傳授，對自然科學及社會科學中的生產、致用學科更爲重視。未來高等教育宜朝向兼及注重廣博涵泳，也不偏廢知識傳授與專業能力培養；注重教學、研究、文化陶冶及人才訓練，也兼顧尊重學術自由、校園民主等精神；統整在學術研究、人才訓練及社會服務三方面平衡發展，公民教育與專門人才培養並進。

教育目標往往影響教育內容的設定，亞里斯多德將知識或科目分爲博雅學科（liberal arts）和技藝（technical skills），博雅學科是指以人類理智探討所得的知識，包括：語文、文學、哲學、科學、數學、純粹藝術等，是自由民（free man）所接受的教育內容，旨在使其成爲「具有政治領導能之良善公民」。此種博雅學科的教學漸次演變成爲羅馬及中世紀的七藝教育，七藝即指：文法、修辭、邏輯、算術、幾何、天文及音樂，七藝教育的目的在培養精通七藝的「文化人」，文藝復興時期也注重古文學的學習，以培養具優雅氣質、圓通智慧及表達能力的治術人才。十九世紀以來物質文明的急遽進步，使知識之鑽研日精，大學中科系劃分愈細，學科之間的鴻溝亦愈深，昔日著重通博雅與人文之教育遂漸趨式微，專業知能和科技之研究逐漸取代人文學科之地位而成爲大學研究的重鎮，遂有所謂「兩個文化」的衝突，爲了塡補存於兩大學術之間的鴻溝，近年來要求大學重視通識教育之呼聲不斷，以期能將博雅教育與專業訓練，融注於教育內涵中，達到全人培育的目標。

終結言之，新時代、新處境、給吾人提出了上述種種新的挑戰，面對這些新挑戰，不能只憑一人之力而是要匯集全大學的力量，亦即要凝聚「共識」共同面對問題，用群體智慧來解決之。天下之廣非一人所能治之，大學亦然。我們當然無法單憑學校少數行政精英的領導，而是需要群策群力，用大家集體的智慧來面對之，這也就是今日提倡「教授治校」的眞意。亦即：教授治校是要在有明確規範，能凝聚共識的情況下，所實施之大學成員共治。

展望二十一世紀的來臨，高等教育市場化的趨勢確實帶來契機和挑戰，讓人們在期盼之時，也不免憂慮疑懼，因爲任何重大的改變總包含不確定性和某種程度的風險。但是就像B.R.Clark所說的：「坐著不動，默默看著其他大學，甚至整個世界擦肩而過的風險更大」(楊瑩，1997)。面對滾滾而來的市場浪潮，高等教育機構或許並沒有太多選擇。面對政府、市場和高等教育之間動態而複雜的關係，高等教育相關人員或許比以往更需要思索高等教育的本質，和如何在學術自由、大學自主及社會期望和經濟需求之間求取一個平衡點，以及如何擴大高等教育視野、引領社會，朝向期待的變遷方向勇往直前，以爲人類揭開一個嶄新的里程碑。

第18章

失業問題

- 前言
- 勞工失業情況日益嚴重
- 勞動市場面臨嚴峻的挑戰
- 就業安全政策努力的方向
- 結語

前言

就業安全（Employment Security）旨在使國民就業獲得安全保障，無失業恐懼與危險。傳統上，就業安全的內涵包括就業服務、職業訓練及失業保險等三項。惟國際就業安全協會（IAPES）於1986年年會中認定就業服務（包括就業能力發展——職業訓練）、失業保險及勞動市場資訊爲就業安全的三大支柱。

我國90年的失業率幾達5%，受到失業波及的人數也超過一百萬人，換言之，在我國大約每二十人之中就有一人受到失業影響，情形可謂十分嚴重。令人擔憂的是，依國內外經濟情勢判斷，我國的失業率可能還會繼續上升，甚至連現在還有工作的勞工也無法完全免除失業的威脅。

因此，勞工之就業安全保障，應再加重雇主責任，加上預防失業、穩定雇用措施。如應於就業服務法促進就業章中規定：擬關廠歇業之廠商，應預擬被資遣員工之轉業輔導計畫，並報經當地勞工行政主管機關核定，其所需輔導經費，可申請就業安定基金補助，俾符合並凸顯就業服務法促進國民就業之宗旨。此外，失業保險爲對勞工失業期間所給與的現金給付，以替代其所喪失或減少的部分薪資之失業補償方式。從國際比較資料看，失業補償不是只有失業保險給付一種方式而已，尚有失業補助（以工代賑、以訓代賑）、資遣費等，故仍宜依不同失業勞工特質，廣泛地規劃不同類型而完整的失業補償。最後，尚須包括獎助雇用。如日本即包括：（一）於就業機會不足的地區，及不景氣行業、就業情勢較惡劣的地區，雇用當地求職者的企業，可獲補助其薪資的二分之一；（二）獎助雇主雇用中高齡者、身心殘障者、特定不景氣行業及地區之離職者等，補助其薪資二分之一；對於重度殘障者則提高到三分之二。總之，完整的就業全體制宜包括：就業服務、職業訓練、失業補償及獎助雇用等。

勞工失業情況日益嚴重

失業是一個社會普遍的現象，同時也是一項無法全然克服和消弭的社會問題，一般而言，失業率只要控制在3%內就被視爲一種理想的狀態，89年前，我國的失業率一直是低於這個標準之下（如表18-1）。

然而自90年起失業率不僅超過4.5%，且91年第一季甚至高達5.14（如表18-2）。較上年同季增1.48%，失業人數51萬1千人，其中以歇業或業務緊縮之失業者27萬4千人最顯著，占失業人數比重達53.6%。主要國家失業率方面：德國10.0%、加拿大7.7%、香港7.0%、美國5.7%、日本5.3%、新加坡4.7%、南韓2.8%（如表18-3）。我國雖然在世界主要國家中，失業率尚非屬最

表 18-1　我國近年來（85～90年）就業概況統計表

年別	就業人數		失業人數				失業率	工業服務業受雇員工	
	（萬人）	年增率（%）	（萬人）	工作場所歇業或業務緊縮	35-44歲	45-54歲	（%）	平均薪資（元）	年增率（%）
85年	906.8	0.3	24.2	6.8	4.4	1.9	2.60	36,769	3.7
86年	917.6	1.2	25.6	7.1	4.9	2.6	2.72	38,562	4.9
87年	928.9	1.2	25.7	7.1	4.8	2.6	2.69	39,736	3.0
88年	938.5	1.0	28.3	9.1	5.7	3.2	2.92	40,870	2.9
89年	949.1	1.1	29.3	9.0	6.2	3.4	2.99	41,874	2.5
90年	938.3	-1.2	45.0	20.6	10.5	6.3	4.57	41,961	0.2

資料來源：行政院主計處，「90年國情統計報告」，2001年。

高，唯其成長速度值得正視。同時在日益上漲的失業率中35～54歲的失業率高於其他年齡組甚多，這群中壯年適值工作能力強，經驗豐富，且為家計主要來源，一旦失業影響頗鉅，值得關注。

表 18-2　我國91年第一季（1～3月）失業概況統計表

失業人數		人數	與上年同期比較
		51.1萬人	+15.3萬人
按原因	歇業或業務緊縮	27.4萬人	+13.4萬人
	原有工作不滿意	9.8萬人	+ 0.8萬人
	臨時性工作結束	4.7萬人	+ 0.2萬人

資料來源：行政院主計處，「91年國情統計通報」，2002年4月22日。

表 18-3　世界主要國家91年第一季（1～3月）失業概況統計表

國　別	失 業 率	與上年同期比較
菲律賓	10.3%	-1.1%
德國	10.0%	+0.2%
加拿大	7.7%	+0.7%
香港	7.0%	+2.5%
美國	5.7%	+1.4%
日本	5.3%	+0.6%
新加坡	4.7%	+1.9%
南韓	2.8%	-1.4%

資料來源：行政院主計處，「91年國情統計通報」，2002年4月22日。

探究台灣地區失業率居高不下之原因，乃係台灣經濟發展、產業轉型過程中的勞動市場失衡現象，造成失業問題的背景相當複雜，約可概括如下：

貿易化與全球化的衝擊

經濟朝向自由化與全球化，已是一個無法改變的趨勢，面對此一經濟發展形勢，將造成產業與資金的移動。同時，也勢必牽動就業市場人力供需。

科技化與資訊化的影響

科技與資訊化已造成生產與企業經營的變革及資訊相關產業的發展，一方面不斷有新興產業應運而生，促進就業市場技術人力的需求；同時，另一方面企業瘦身精簡替代勞動力的結果，嚴重影響就業機會及勞動市場結構。

知識經濟發展與勞動力升級的趨勢

台灣產業結構正朝向經濟發展快速轉型，此一轉型過程不但擴大貧富差距，且已產生數位落差，影響所及對低學歷、低技術、中高齡者產生重大的衝擊。

勞動市場面臨嚴峻的挑戰

前美國勞工部部長芮許（H.Raucsh）就曾經主張：在新經濟時代，由於消費者的興趣轉變愈來愈快，產業的調整也愈來愈迅速，相對的，勞工隨時要面對工廠歇業、停工的失業危機。勞工工作壓力因此更重，工作時間更長，且工作保障愈來愈少。因而每一個勞工常常要加班，拚命賺錢，以備在失業時還有一個生存的基礎，甚至尋找另一個兼職，以防萬一失業時的可能出路。他因此建議：最好要想清楚自己的工作取向，並且隨時保持學習態度，如此才能適應新經濟時代。市場與機會大如美國都已如此，更不要說變動迅速，隨時得跟著國際市場調整的台灣了。因而處於新經濟時代，勞工不能再期望於一個社會福利式的大政府，而是要先調整好自己的心態與能力，準備各種變動的應戰方案。

我們也不得不指出：台灣產業轉型的速度太快了，勞動者根本來不及調整自己，整個產業環境已經變化。以傳統產業來說，以往是鐵飯碗的銀行職員，現在在合併風潮下，也可能面對失業的危機。而國營企業則在改革過程中，由國家體制轉型爲民營；許多勞工則在關廠歇業的風潮下，甚至得面對中年失業，全家陷入困境的慘狀。這些危機，若在歐美先進國家還有較完善的社會安全體系加以保障，但在台灣，由於就業安全機制的不足，則根本連歇業後的遣散、退休金都無法使頓失依靠的勞工有所憑藉。

加入WTO對我國勞動者就業狀況所可能產生的影響， 源自於各產業入關後的衝擊、適應能力以及衍生的產業結構轉型。對應於近年來，由於企業缺工問題嚴重，企業大多以引進外籍勞工作爲因應對策。然而在我國勞方意識逐漸抬頭，與勞動者相關的福利措施不斷增加狀況下，部分企業有傾向以契約工或雇用外勞方式代替本國勞工之傾向。此可由雇主在關廠歇業時往往先裁減本地勞工之狀況看出外籍勞工已產生初步替代本國勞工效果。此外，依據經濟部統計處於85年之研究調查發現，有七成三的製造業在當前失業率逐漸提高的狀況下仍感到勞力不足，且以引進外勞工爲因應勞力不足對策之企業家數63.74%。顯示外勞政策之施行已對企業主產生「低工資低成本」的用人政策的期待與示範效果。加入WTO後，外籍勞工的勞動條件勢必再提昇，勢必將造成基層勞工的排擠效果。

另外對白領階級的勞工而言，在我國加入WTO後，貿易與金融服務將日趨國際化與自由化，各企業對於專業人才的需求將日趨殷切。爲因應企業需要，目前政府已放寬引進各國專業人才之限制，在經建會協調勞工委員會並考慮各相關部會意見後，決定將現行就業服務法施行細則第十五條第二款關於受聘雇從事專門性技術性工作者之規定予以放寬，使得原來專門性技術性有關人員必須具備之「需具備國內外大學以上學校相關科系畢業及兩年以上相關工作經驗」認定標準，放寬爲「國外專業人士如具備博士資格者得免工作經驗，具碩士資格者只需具備一年以上相關工作經驗，而具備學士資學位者則仍須有兩年以上相關工作經驗」，此將使得企業引進外籍專業人士時更具彈性。雖然，此規定雖然短期內對我國企業經營以及專門技術水準之提昇具正面幫助，有助於解決企業對專業人才的急迫性需求。但是由於我國相關單位（如經建會）目前已成立人力發展專案計畫，致力培育國際化所需之相關專業人才，因此長期而言對我國所培育出之具專業知識的高教育程度勞動者卻具有某些程度的排擠效果。由於國內各產業勞動分工將因國際化而日趨精細，越具專業技術之勞動者在工作尋求或轉業上的空間越具限制性，也因此我國高教育程度勞動者必須與因應濟發展需要，並基於就業服務法所引進的白領勞動者競爭工作。此將使得目前我國高學歷高失業率之狀況更行惡化。

此外，在電子商務急速發展的趨勢下，電傳勞動必將日益普遍，各種新的勞動問題將不斷出現。財經單位一項評估報告即指出，電子商務興起，將影響台灣四十八萬個工作機會，占總受雇員工人數的8.3％。而傳統有關工時、職業病、工作傷害、勞工福利、乃至工會組織的法規都將因電子商務、電傳勞動的興起，而面臨重大的挑戰。

就業安全政策努力的方向

就業安全的目的是在使國民就業獲得安全保障，無失業恐懼與危險。傳統上，就業安全的內涵包括就業服務、職業訓練及失業保險等三項。現今社會則完整的就業安全體制宜整合性地包括：就業市場資訊、預防失業、穩定雇用、就業服務、職業訓練、失業補償及獎助雇用等。至於整合性就業安全政策規劃方向，宜包括下列數項：

職業訓練

1.公共職業訓練部分：我國公共職業訓練，為因應科技進步，產業結構改變，以及就業者的高齡化、高學歷化與婦女就業意願的升高等內外在因素，一方面配合國家的人力政策，朝向人力培養多元化及人力品質高級化目標邁進，建立高級技術人力培養制度。同時依據政府與民間在人力資源的開發與運用上，依其特質、條件與資源等因素，建立政府與民間的任務分工，以因應國家建設人力多樣化之需求。另一方面掌握環境變動對人力的需求，審視影響人力資源開發運用的各項環境因素，注重職業訓練的實用與效益，據以妥善規劃執行，以滿足需求面的要求。今後公共職業訓練努力的方向，將朝向下列目標邁進：

(1) 強化公共職業訓練的特性與功能：健全公共職業訓練機構組織體制，職業訓練機關應根據環境變動的需求，本於分工合作原則，確立各公共職業訓練機構發展之重點與特色，發揮培訓就業市場共同所需之整體效能。

（2）加強辦理婦女及就業能力薄弱者職業訓練：結合社會福利法規及措施，寬列經費，擴增辦理職業訓練資源，繼續擴大辦理適合再就業婦女、中高齡者、身心障礙者、低收入戶及原住民的職業訓練。運用就業安定基金、視障就業基金及政府預算，給予參加訓練者適度的生活補助，使能安心受訓，學得一技之長，並推介就業。

（3）促進職業訓練與技職教育、技能檢定、就業服務之配合：加強辦理建教訓合一訓練班及高級技工養成訓練班訓練，並推動公共職業訓練機構辦理專科、職業學校以上在校生短期技能專精訓練。

（4）結合社會資源， 擴大辦理地方政府職業訓練：補助地方縣市政府辦理職業訓練，運用地區性社會資源，建立職業生涯訓練體系，充分提供國民就近參加職業訓練之機會與進修管道，促進職業訓練社區化。

2.企業職業訓練部分：展望未來，我們的經濟環境將以服務業、高科技與知識性產業爲經濟成長的來源，今後工作機會則將以知識性的白領工作爲主，同時勞動力亦將趨向於高學歷化，另爲配合建立台灣成爲亞太營運中心，積極促使國家邁向國際化、自由化的既定政策，以及因應生產技術日新月異，產業結構快速變遷所帶來之衝擊與挑戰，企業訓練宜積極朝向：

（1）培育高素質人力、提昇產業競爭力、追求永續經營。

（2）透過員工職涯規劃、增進工作價值與尊嚴。

（3）創造勞資雙贏、增進國家福祉。

就業服務

從就業市場訊息網獲得現職的管道與方法已趨多元化，如何建立就業服務專業制度與促使就業市場資訊達到「新速實簡」目標，亦將是推動的重要課題。唯依行政院主計處91年第一季（1～3月）統計透過勞委會職業訓練局新登記求職人數爲11萬人， 新登記求才人數11萬4千人， 由於勞動市場需求仍屬疲弱，截至3月底尚未介紹就業有效求職人數6萬5千人，則顯然尚有努力空間（如表18-4）。

1. 促進被資遣員工再就業、協助順利轉業：由於就業訊息仍不夠暢通， 被資遣員工仍有不知何處有就業機會之困惑，透過公立就業服務機構媒合工作者仍少，顯示就業整合服務亟待加強。同時，事業單位並未建立本業之人力轉介網路，無法在歇業、關廠前將所屬員工推介給其他同業順利轉業。皆是就業服務工作宜加強之處。

表 18-4　我國91年第一季（1～3月）就業服務概況統計表

項目			統計數	與上年同期比較
就業服務概況	求職	新登記人數	11.0萬人	+17.5%
		有效人數	6.5萬人	+24.4%
	求才	新登記人數	11.4萬人	+7.6%
		有效人數	6.7萬人	+1.6%
	求供倍數	新登記人數	1.04	-0.09%
		有效人數	1.02	-0.23%
	推介就業人數		3.3萬人	-14.2%
	有效求職就業率		30.5%	-11.2%
	有效求才利用率		29.4%	-7.5%

資料來源：行政院主計處，「91年國情統計通報」，2002年4月22日。

2.促進原住民就業、開拓工作領域：原住民的就業問題在農業時代並不嚴重，但在工商業發達的現代社會，特別當經濟不景氣時，其失業情況往往較一般國民更為嚴重。原住民求職方式主要係透過私人社會關係網的運作，將個人與職業位置相連接，在尋找工作初入就業市場的年輕原住民多依賴父母、朋友與族人的協助。原住民由於群移特性的關係，很少能利用公共就業服務機構或大眾媒體找到工作。是以在就業服務強調一般化同時，宜配合原住民特性給予個別就業諮詢。

3.促進身心障礙者就業、保障均等就業機會：身心障礙者因在生理、心理條件的限制，使其在就業市場中居於弱勢之地位。由此不但影響雇用意願也影響到身心障礙者本人的就業意願以及工作適應。因此宜給予特別的就業服務方案，以契合所需。

4.促進中高齡者就業、充分運用人力資源：隨著人口高齡化之進展，未來中高齡者雇用就業型態可能影響所及之範圍必將日益擴大。中高齡者之就業問題牽涉層面頗廣，有雇用觀念、意願的問題，有法令制度設計修改的問題也有高齡本身技能、體能、觀念的問題。因此在就業安全體制下宜妥慎規劃。

5.促進婦女就業、提昇勞動力參與率：台灣地區婦女勞動參與率在近二十年來，提昇約8%；目前約為46%，相較於先進國家為低。因為婚育而退出就業市場的婦女人數亦多。主要原因為：有家庭照顧任務之婦女，常因社會缺乏完善協助措施，而面臨「就業」與「家庭照顧」兩者之角色衝突。是以，就業服務和職業訓練之配合有待加強。對於輔導婦女就業方面，可考量積極推動部分工時制度；使得有家累婦女仍可適時貢獻所長。或依據兩性工作平等法之精神，推動留職停薪制度，以免除離職之要求。另強化職業訓練方面，已婚婦女受制於年齡限制，無適當訓練類科或訓練地點與期間無法與已婚婦女的家庭責任配合，使其在運用政府職業訓練資源上大受限制，降低婦女就業機會的可近性和可得性。皆屬可改情事。

6.促進生活扶助戶就業、提昇生活品質：生活扶助戶在就業市場中之困境有部分來自其本身家庭或個人方面的條件，這個條件使得它必須接受扶助，成爲生活扶助戶，因使得在就業市場上處於弱勢地位；另一方面，由於政府社政單位扶持人力、資源的不足，使得生活扶助戶的各種惡劣條件未能獲得立即的改善，形成惡性循環的現象。由於生活扶助戶在客觀條件上的限制，相對在資訊之獲得亦較少，故部分人不知政府辦理技能訓練之相關訊息，且有多數人未曾透過就業服務機構協助謀職。此多爲就業安全體制尚可著力之處。

失業給付部分

勞工保險失業給付主要目的，在整合就業服務與職業訓練功能，達成跨區職業介紹和職業媒合，以促進失業勞工儘速再就業爲積極目標。至於失業給付，係以救急爲原則，亦即在被保險勞工遭遇勞工保險失業給付實施辦法規定之失業事故時，核給失業給付，維持其失業之一定期間之基本生活。根據行政院主計處統計91年第一季（1～3月）另請領失業給付案件持續增加，1～3月受理申請21萬件，核付19萬4千件，核付金額32億3千萬元，較上年同期增加1.9倍（如表18-5）。

鑑於近年來因事業單位關廠、歇業、休業、轉讓、解散、破

表 18-5　我國91年第一季（1～3月）失業給付概況統計表

項　目		統計數	與上年同期比較
失業給付情形	受理件數	21.0萬件	+1.8 倍
	核付件數	19.4萬件	+1.8倍
	核付金額	32.3億元	+1.9倍
	安置就業人數	452人	248人
	安排職訓人數	28人	28人

資料來源：行政院主計處，「91年國情統計通報」，2002年4月23日。

產、業務緊縮或生產技術調整等原因，導致勞工失業之情形有逐漸增多之趨勢，為落實失業保險保障勞工於失業一定期間基本生活，被保險人於勞工保險失業給付業務施行後，因所屬投保單位是由或生產技術調整致所擔任之工作確不能勝任，且非自願離職辦理勞工保險退保者，可依規定請領失業給付。為配合勞工保險失業給付業務之開辦，除提供必要生活保障外，宜加強辦理就業推介與職業訓練。以利失業勞工之就業及其基本生活照應。

目前，國內已有的失業救助制度，除了勞工保險中的失業給付外，尚有動用就業安定基金的其他措施。後者包括以工代賑，尋職津貼，提早就業獎助津貼，訓練生活津貼，媒合及雇用獎金等。然而根據主計處公布的統計數字在91年第一季受理的21萬件失業給付中，完成就業安置者僅452人，至於安排職訓人數亦僅28人，皆可窺體制上仍有待積極的作為。基本上，勞保失業給付是失業勞工生活補助的常制，而以工代賑，尋職津貼，提早就業獎助津貼，訓練生活津貼，媒合及雇用獎金等，則是促進就業的補助措施。

一般就業安全體系指的是失業救助、職業訓練和就業輔導的整合，目的在於縮短失業時間，並能順利轉業或再就業。尋找工作機會，不只是消極地等待輔導，還得由失業者積極地搜尋。失業救助給付金額，目的在於維持失業勞工，失業期間的基本生活；自不能超過可再就業所能獲得的薪資待遇，否則失業勞工將失卻尋求工作的意願，並成為國家或社會的負擔。

就業安全體系中，銜接失業就助與再就業之職業訓練，便成為在機制上最重要的一環。在失業給付的同時，強制失業勞工接受職業訓練，便是鏈結失業補助與職業訓練機制的設計。若能再將職業訓練與再就業間的訓練予以合一，則就業安全體系便告成形。

結語

歐美國家的產業結構是慢慢演變，長久以來所建立的社會安全體系和台灣不一樣，我們從農業、工業再轉到服務業的歷程很短，壓力相對來講就很大。經濟合作發展組織（OECD）出版的《觀察家》指出，亞洲金融風暴後，南韓為了照顧財團大規模裁員的失業勞工，開辦大規模的失業福利和職業訓練，全年花費了超過3%的GDP（國內生產毛額），將近一百七十億美元，比起台灣的二十億就業安定基金，簡直是天壤之別。在台灣，3%的GDP便超過兩千五百億台幣。未來，或許遠比我們想像的還要殘酷。為保障國民就業安全，使人人都有合適的事可做，事事也都有適當的人來做，達到充分就業，進而提升國家競爭力，促進經濟的發展。則更有賴建構健全的就業安全體系，朝向下列方向努力：

1.勞動力供需趨勢分析。

2.就業市場發展與對策。

3.強化公共職訓。

4.推廣企業訓練。

5.擴展技能檢定。

6.健全就業服務體系提昇服務品質。

7.加強外籍勞工政策與管理。

8.建立妥適之勞工退休制度。

9.規劃實施失業保險。

在加入世界貿易組織，必然使得國內產業結構調整速度加快，失業問題將更加惡化；為因應國內產業結構的轉變及國際經濟景氣低迷之現象，將更積極調整就業服務政策發展方向，強化就業服務功能，促進人力資源發展，達成國民充分就業，未來規劃方向宜朝向如下方向發展：第一，研擬就業保險法：以結合職業訓練、就業服務、失業保險三大就業安全主軸，朝向建構完善之就業全體制為規劃方向。第二，配合行政程序法修正「就業促進津貼實施要點」、「原住民就業促進津貼實施要點」：以朝向除資格認定給付外，並將加強其就業促進之功能。第三，加強弱勢族群的就業機會：以分區分類之方式，針對請領失業給付四個月以上及至就業服務中心登記辦理求職登記之弱勢族群，分析其背景及需求，提供個別化專業化之就業服務。第四，促進就業及因應失業之對策，加強辦理下列各項業務：

1.推動各種臨時津貼業務，解決失業問題。

2.推動社會型永續就業工程計畫，協助失業者從事具社會價值的工作，準備重返就業市場。

3.推動經濟型就業工程計畫，結合民間部門發展區域產業，創造持續性就業機會，協助失業者穩定就業。

4.擴大雇用獎助實施範圍，對傳統產業之雇主，於進用失業勞工時，給予雇用獎助津貼，以促進失業勞工就業，並訂定規範。

5.結合內政部及民間團體， 以永續就業工程計畫搭配照顧服務產業，開拓就業機會，促進失業者就業。

俾益建立綿密就業安全系統，使「人盡其才」目標得以落實。

翻開失業史，我國失業率最高是民國四〇年代，該十年平均的年失業率爲4.52%，五〇年代爲4.1%，此後的二十年，失業率下降到1.5%左右，自85年起，失業率再度開始升高到2.7%。預估今年開始的五年內失業率將在5%的幅度內波動。

如果把每十年的時間作爲一個大致劃分的階段，則可觀察到失業率隨經濟成長率下降的「奧昆現象」。奧昆（A.Okun）認爲：GDP每增加2.5%，失業率便會下降1%，由於全球化因子強化，台灣失業的奧昆現象比美國更明顯，估計成長率每下降1.5%，失業率便增加1%。根據「成長率越高失業率越低」的規律，促進經濟成長仍是解決長期失業問題的第一策略。

失業現象的第二宏觀因素是全球化問題，全球化的內涵是指地理國界的隱藏化，表現在一國的總供需平衡上即爲國內供給外移，原先滿足國內需求的供給要素因價差的引誘而移轉到境外，通常是流動到勞力和土地價格較低的地區。同時因爲進口低廉商品的擴大，需求也向境外移轉。美國經濟學家Singh及Zammit認爲這是一種新的中心——邊陲二元結構， 他們說如果世界大同，不存在匯率和貿易條件的不平等現象，中心國家和邊陲國家的貿易互補和要素流動是純技術的分工，全球化將使全球的淨總需求增加，也就不會因爲要素流動而使中心地區失業率升高。顯然隨大陸經濟的磁吸效應使目前國內失業率受到一定程度的波及。知識性新經濟結構引起的失業上升是第二項主要因素，西方人戲稱爲比爾蓋茲現象，意謂知識經濟只需要兩種互相依靠的階層，最高的白領和最低的藍領，中間層不重要，比爾蓋茲只需要麵包師和理髮師。這種現象尤其發生在知識經濟過渡的初期，當附加價值急速轉向高新類知識密度高的產業群時，人力市場的供給結構來不及應變，於是大量中間層的藍領工人相對過剩。

綜合以上各項宏觀因素，可得出以下結論。第一，全球化使台灣的自然失業率提高。已是不爭的事實。第二，新經濟形成的人力市場低，供給彈性需要依靠終身教育和職業教育制度以解決，這是開創性的，更是長期性的政策調整。第三，全面改善退休金制度，取消最低工資的門檻、制定彈性工作法和部分工時法，以促成人力市場新平衡。均是解決失業率攀升及建構健全的就業安全體系的良方。

第19章

職業問題

■前言
■外籍勞工問題
■勞資爭議
■職場安全
■結語

前言

「社會問題」是「一種情境，此種情境與社會大眾的價值相悖，並且共認為其為造成社會困難或不幸的根源，而需要採取社會行動以謀求改善。」（Smigel & Erwin, 1971）一個社會所出現的問題，之所以被當做「社會問題」，在於認為它將妨害到一個社會秩序的維持，因而必須把它當做社會的問題而加以解決，在條件上，需有以下兩個因素：第一，社會的大多數成員認為，導致問題發生的根本原因，在於社會，而它的解決，必須要謀求整體社會的解決，如果由個人的層次要設法解決，將面臨著困難。第二，在社會上有許多輿論，提出必須對於這些問題，由社會的層次加以解決，並且同時有許多運動，促其實現。職業與個人生計、家庭生活、國家生存息息相關，因此職業所衍生的社會問題普遍受到關注，因此受到職業影響的社會問題是社會所亟待克服的。

外籍勞工問題

我國勞動力政策上極具迫切性與爭議性的外籍勞工引進措施，自78年10月正式開放迄今，在政策層面及行政管理層面，仍然存在諸多議題，廣受政府行政管理部門、產業界、經濟學界、社會學界及專業研究機構的重視與探討。外勞引進政策應更趨寬鬆開放抑或是更趨謹慎保守？外勞管理制度應更嚴密抑或應更寬鬆彈性？外勞管理工作的範圍界定應如何為宜？其重點工作事項如何允當？外勞政策是一獨立性政策抑或是須與其他經社政策需相映的一個組合因子？外勞引進規模數額的限度及其決定性變數是什麼？是否有制訂門檻的基準或安全係數之類「控制閥」機制？都是我們社會面對外勞問題所必須釐清的現象。

按照社會學研究的經驗，常將外籍勞工歸納到國際人口遷移的範圍，故常以國際人口遷移的概念、理論或觀點來研究此一種社會現象。著重在遷移的流向、遷移量、遷移者特性，影響遷移的社會因素、遷移者的社會目標、遷移過程與行爲、遷移者在遷移國的適應、遷移者個人的後果、遷移對社會母國的影響，包括人口的及社會的、遷移對移入國的影響。而要瞭解外籍勞工對台灣社會的負面影響，不能僅計數其已發生者，且也應探求其可能發生或可能造成的部分。因爲有些負面的影響在目前可能還看不出來，但未來卻必定暴露，或說目前是甚輕微而未來卻可能加重。在聯合國人口學專家撰寫的人口趨勢的成因與後果提到移民可能引發的社會問題包括：

1.移民的挫折感可能導致對新社會的拒絕以及涉及犯罪和其他反社會行爲，其道德約束力也爲之減低。
2.移民的緊張生活可能導致其精神失常，會有自殺的行爲。
3.男人偏多的國際勞工遷移可能導致婚姻失衡、男性外籍勞工嫖妓以致傳染性病。
4.大量勞工移入都市可能導致都市地區缺乏合適的住宅。
5.婦女繼男性後的遷移可能導致遷移勞工與原住地社會關係疏遠。

1985年美國教授Arsdol Jr.及Gorwaney共同發表國際移民、社會整合與全球性的衝突分析若干接受國際移民的國家的資料，發現到這些移入國與移出國之間，因遷移人口所引起的衝突。所以國際移民可能引發國際衝突問題，可能與移入國當地居民的衝突延伸而來。義大利學者Reyneri亦強調外籍勞工與本國籍勞工之間具有分離性，亦及外籍勞工的工作性質不易被本國勞工取代，即使在經濟危機或高失業率的時期也亦然。此種外籍勞工與本地勞工的分離性，導致國際間不斷出現勞工遷移。同時外來移民致使其短期內社會經濟成本增加，包括對各種經濟措施的壓力加大，乃導致對學校、福利性服務及醫療服務的需求增加，可能使當地人感到不便。加拿大Anthony H. Richmond教授認爲多國國際遷移而引發了對立與危機，包括：

1. 移入國對移民的限制與驅逐形成種族隔離與緊張。
2. 人口的移入延後人口下降。
3. 移入國的種族分化形成種族國家主義、種族偏見、少數民族集體權力的要求、區域自治化等。

外籍勞工大量輸入來台，此與台灣地區經濟結構變爲較吸引外勞來台工作賺錢有明顯的關係。截至91年7月在台外籍勞工達到312,200人之多。其中泰國爲122,829人，印尼爲99,465人，菲律賓爲69,485人。形成這種國籍背景組合的原因，主要有三：第一，地緣相近；第二，輸出國的經濟發展與國民所得水準遠比台灣的低；第三，輸出國中除斯里蘭卡外都有爲數可觀的華僑，與目的地台灣居民有種族與血緣的連結性，其中前來的部分外籍勞工都爲華僑，或有華人血統。除了國籍是探討其個人背景的重要變項外，其年齡、性別、教育、職業、住處、婚姻、種族與語言等之背景也爲重要者：

1. 年齡組合：來台外籍勞工樣戶的年齡分配多半屬青壯年者，年齡在20～29歲者所占比例約近半數。在30～39歲比例著比例也很高。雖屬不同國別的勞工年齡組合略有差別，但差別不大。此種年齡皆是與一般遷移人口都集中在青壯年齡的特性相近。且這種年齡上的特性，不因國籍的不同而有太大差異。

2.性別組合：男性遠多於女性，這反映出男性負擔家計到外地賺錢養家的責任比女生重。其中以泰國籍及馬來西亞籍者性別比率相對較高，菲律賓籍者最低，因其來台工作者爲女性，且係前來台當女傭者。

3.教育組合：外籍勞工受高等教育者所占比率不低，可知在此一遠距的國際人口遷移過程中遷移者的教育選擇性不低，此乃因受高等教育者其適應力或許較強的原因。

4.職業組合：從事的工作多半是勞動性質，更詳細的職業分類，在台工作類別依人數較多者而列是：

（1）電機及電子裝配工及有關工作者。

（2）砌磚工、營建木工及其他營建工。

（3）傭工及其他家事服務業工作者。

（4）廚師、餐飲服務及有關工作人員。

（5）製造功能。

（6）管鉗工、銲工、板金及金屬建材架設工。

（7）橡膠及塑膠製造品製造工。

總之，其在台的工作種類也相當雜異，共可分成數十種之多。

5.婚姻狀況：未婚者相對較多。

6.種族與語言：由東南亞來台的外籍勞工中頗多有華人血統。又就其所用語言，除用本國語外，能用華語者爲數也不少，也有少部分可用英語溝通者。

外籍勞工固然提供社會邊際產業的經濟效能，但是根據他國的實際經驗亦可能衍生若干社會問題，造成的社會的影響，包括：

1.犯罪增加：在以往來台的外籍勞工可能引發的社會問題當中，最令人擔憂的是增多犯罪案例及擾亂社會治安。其滋事與犯罪內容包括：兇殺、打架、誤殺、偷渡、搶劫、械鬥、情殺、販賣人口及色情活動等。其直接影響部分本地的居民及團體，也給社會人心帶來不安，及不良的示範作用。

2.破壞法規：非法來台並打工的外籍勞工明顯違反我國的多種法規，包括：

（1）入境簽證法。

（2）合法居留的規定。

（3）勞動基準法。

（4）違警罰法及民刑事法等。

對於我國法令的尊嚴與威信造成傷害，也使執法人員造成困擾。

3.傳入疾病：我國外籍勞工主要來源的東南亞國家是多種傳染病的疫區，所以很容易經入境的外籍勞工帶來流行病菌。

4.群體衝突：外籍勞工的群體衝突可能發生於同國籍的勞工之間、不同國籍的勞工之間、乃至於與台灣地區內的團體之間。

5.社會複雜：爲未來添加少數民族問題的可能性，台灣社會人口的種族組合原有的複雜組合程度不高，外籍勞工輸入卻使此種複雜程度變高。連帶地也將影響使用的語言、生活習慣及文化性質甚至社會衝突會因而提高。

6. 資金流失：外籍勞工前來打工賺錢，其賺錢的工資除部分留為在台期間生活的費用外，其餘可能都匯回給母國的家人。
7. 增加壓力：非法外籍勞工一度難於取締，因此人數眾多，給取締人員及取締後收容的場所都帶來壓力，形成難以應對，增加取締的困難。
8. 排擠效應：致使本地勞工的工作機會變差，雖然外籍勞工的移入曾因本地勞工供不應求使然，但來多了以後卻也使勞動力市場的供需條件受到牽制而變差。
9. 遲延技術：若沒有外籍勞工的引進，企業的生產技術則不得不加緊腳步謀求進步，技術進步速度的遲緩將影響一國工業產品品質水準，也因此致使其經濟與社會進步受限。

就短期的經濟關聯而言，引進技術性或非技術性外籍勞工，會立即減少台灣非技術性或低技術性勞工的就業機會，並促使工資水準下降，但相對的，高技術工的薪資水準和就業機會，以致資本主的投資報酬水準，都會因此而提高，其結果是：外勞的引進可以導致台灣國民福利水準產生提昇效果。關於短期的勞動的就業機會影響，在理論上有兩種相對立說法，一種是「取代說」，認為一名外勞進入，就會占去一名本籍勞工就業機會。另一種說法「區隔說」，認為地主雇用之外勞，基本上其所從事者非本地勞工所為之工作，而是本地無適當勞工或本地勞工不願為或不曾為之工作，其實是與本地勞工互補的一種區隔市場。無論如何，其最核心的因素則環繞在「價格上」，也就是勞動條件的合意程度問題。至於短期的國民福利水準的增減變動，一般上持有肯定看法。因為外勞引進，雇主支付工資成本降低而在總收益上產生剩餘，而國內勞工因此而轉業或休閒，衍生其「機會成本」的時間價值，與原工資收入相減仍存有較前更大的剩餘，雇主剩餘加勞工剩餘是爲整個社會國民總福利的增加。再進一步看，引進外勞可以促使台灣低技術性工之總就業量增加，同時增高雇主與高技術性勞工的剩餘，其實也是一種台灣國民福利的「淨增加」型態。另外「消費者剩餘」與「勞動力規模經濟」也是外勞引進之短期經濟效益的一些有利主張。

反對引進外勞者，是強調引進外勞會延緩台灣產業升級及技術進步，對長期經濟發展不利。事實上，技術水準與投資水準具有高度互動關聯，當一國經濟社會發生低技術性勞工不足時，企業家的對策可以增加投資，以資本密集替代勞力密集之生產方式，或增加技術投資或以利用較不匱乏的技術性勞工；也可以是減少投資，如以消費取代投資或直接到海外投資以利用當地充沛低廉的勞動力。然則，從許多國家的發展經驗中可看出，保留較低科技產業或傳統性常態產業，對其高科技產業的發展，不一定有負面影響，甚至有互補或配套作用，往往由高科技產業形成「核心產業」，而傳統科技產業成爲「週邊產業」，使得一個產業體系化綜效更能趨於最大化或最適化。在引進外勞的情況，對於資金不足的經濟社會可以降低其資金價格，且能提供新就業機會，因而促進經濟成長，均衡所得分配，其將有利於投資者及就業機會。不過，引進低技術性外籍勞工對所得重分配的不利效應，一般國家政府都傾向採取租稅、補貼政策或安定基金之機能設計。

在外部效應及非經濟效果方面，因外勞既經引進，就必然會居住在本地，使用本地公共設施，分享公共財和各種可能的福利措施，且容易與本地人衝突，而肇致本地經濟的外部成本，再加上一般勞動之流動性遠低於資本之流動性，衍生諸多非經濟效果。而外勞質變爲長期化移民的非經濟效應，固有異文化調適、種族衝突、下一代教育、老年人扶養等成本的發生，亦有民族融合、激發創新、異文化交流、注入冒險創造精神的功能，就長期而言，亦是一國社會經濟活力的重要來源。

勞資爭議

由於經濟快速成長，產業結構急遽改變，目前台灣的經濟型態已經由以農業爲主走上工業化之途。在工業化的同時，台灣也創造了所謂的「經濟奇蹟」。尤其多年來，台灣靠著小資本經營與廉價的勞力在國際市場上已逐漸占得一席之地，又隨著工業高度精密發展與生產技術的革新，近年台灣的工業生產漸漸地以機器取代了人工，勞工的工作也逐漸由刻板性的體力工作發展爲技術性工作。這些改變影響了台灣社會的勞動力市場、消費型態、人際互動關係，甚至經濟結構。

在工業發展的過程中，無論是企業的生產組織、生產過程中的人際關係、生產作業的管理模式各方面，都有用來調適科技結構發展的變動。例如，以勞力爲主的經濟活動從農業、礦業、漁業及森林業轉移到製造業、營造業等，更擴展到需要專業知識技術的服務業（如：佐理、買賣、教育、金融保險等）。在轉變過程中，企業制度改變了從業人員與其工作的私人關係，這種職業角色的專業化，造成一種新層次的活動。而新職業角色導致地理與社會流動的增加，既存階層系統產生變遷使權力重新分配；大眾傳播、大眾教育也逐漸變得標準化、商業化，而且成爲日常生活中，不可或缺的一環。

所謂的勞資關係即是指勞資雙方之間協商、調適及合作的一連串互動過程。它最終的目的在求獲致勞資雙方的共同利益並共謀企業的發展。其範疇相當廣闊，所涉及的事務包括勞動條件、勞工安全衛生、勞工組織、勞資爭議、勞工參與、勞工福利和就業安全等等。隨著社會的發展，勞資關係越來越複雜，而它的演變與整個杜會背景、國家情勢、工商業的發展及人民生活的需求上有相當密切的關聯。社會背景可能使勞資關係朝向社會期望及社會規範而行動；國家情勢則可能影響到勞資之間的角色扮演及其兩者間相互的互動模式；而相對於工商業的發展，勞資雙方更有不同的對等地位及關注的目標以配合工商的成長及潮流；至於人民生活的需求則應驗於資方、勞方、消費者各階層。因此勞資關係表面上僅對勞方及資方產生影響，但實際上卻有其廣大的涉及範圍。

勞資爭議可以說是勞資關係的一種抗爭型式，它往往是在於勞資雙方不對等的前提下發生。因此，只要對勞動條件、勞工安全衛生、勞工組織、勞工福利、就業安全等建立公平而完整的法令並確實實施，那麼，爭議自然會減少。所以在探討勞資爭議型態的改變之前，勞資關係的改變是必須通盤加以考量的。

勞資關係可說源於西方工業革命。工業革命的發生，機器逐漸代替人力和簡單的手用工具，這時資本家擁有了機器，工人無法與大規模機械化的擁有者——資本家相競爭，此種結果摧毀了手工業和家庭工業，使無數的獨立勞動者，淪爲新式工廠中的生產者，勞工一無所有，只能靠出賣勞力以維持個人和家屬的生活。在此過程中，工人喪失了資本，成爲支領薪水者，資本家在握有生產工具的優勢之下爲獲取更多的利潤，即以最低之工資、最長之工時壓榨勞力，勞工生活愈形困苦，在代代循環之下，無法提昇其素質。當時雇主與勞工之間的關係爲資本家階級與勞工階級的關係，這中間少有協調，而只有對立關係而已。

針對當時情況，德國的社會經濟學家桑伯特（Werner

Sonbart, 1863-1940）在其名著《社會政策理論》中便明白這樣表示過：「這兩個不能並存的階級之間的鬥爭，是無法可以講和的，除了一方消滅，另一方勝利之外，別無終息之道。」馬克思的階級理論中也認爲：「某一特定階層成員的潛在共同利益，係從該階層在特定之社會結構及生產關係的位置中衍生出來的」。在資本主義世界裡，資本主義體系的細胞核——「工廠」就是階級對抗——剝削者與被剝削者、勞動力的買者與賣者的主要場所，而不是在功能上互相合作的主要場所（Corser, 1986）。依馬克思之意，階層體系的基礎乃是人群與生產工具的關係，勞資利益相對立，根本不可能合作，而且政權也被資產階級所操縱，毫無勞資合作的希望，只有憑藉階級鬥爭，實行武裝暴劫、奪取政權，才能解決勞工的一切問題。

不過，隨著經濟制度不斷地在改變，新的勞資關係已不再是像桑伯特或馬克思所謂「勞資對立」的鬥爭主義，而是已進展到「勞資合作」的協調主義。

工業民主時代來臨之後，一般國家已經認清了勞資合作的重要性，而注重工人與雇主間相互的利益。且希望工人能以平等的地位參與企業經營並分享生產利益，以互助合作代替對立或敵視，建立和諧相處的正常關係，共謀勞資雙方利益的均衡發展。再加上現代企業爲應付外來之競爭及產業結構之變化或企業規模之擴大，必須有經營之專才出現，於是企業逐漸由專門人員來管理，因此，勞工也常成爲資方的管理專才或代表，他們不但參與企業的協商，甚至在許多公司有分紅入股制度的發展之後，勞工因此管道而成爲公司的股東。在這種情形之下，勞資雙方之利益更趨於一致。

此外，一方面由於社會功利傾向愈來愈濃厚、勞工水準愈來愈高，使得勞工參與企業經營的要求也日漸提高，另一方面當工業化進入較高分工之後，常常發生以下數種情形：

1.勞力就業化—— 使勞動者的地位獲得合理的調整。
2.資本大眾化—— 股份公司成為生產組織的主要型態。
3.管理專門化—— 企業的行政權歸諸於專門人員管理。

在這三種轉變之下，已使勞資雙方的距離逐漸拉近或化除，勞資雙方發生了積極合作的事實。此種勞工參與經營管理的現象，可說是因應時勢潮流而來，而且是不可避免的。

繼起的歐美各國學者更致力於研究勞資雙方關係如何調整這個主題。他們共同的結論認為勞資之間的合作關係是未來必然的趨勢，而且是調整勞資雙方關係的不二法門。在此結論之下，勞資雙方為了達成共同利益，滿足共同願望造成一種精神與物質結合。

綜而言之，促進勞資合作，不但是當前勞資關係發展的新方向，更是現代潮流的新趨勢。

追溯我國的勞資關係又與西方歐美各國不同。因為我國勞資關係的發展並未受到產業革命的影響，而是奠基在傳統的社會關係上。例如，在以往的農業社會中，地主與佃農宛如一家人，以父子兄弟般的情感相連繫。地主提供耕地，佃農則提供勞務並給付生產物，由此在供需上取得平衡，勞雇之間的關係非常和諧。到了60年左右，台灣地區積極展開了工業化的歷程，其結果使勞動力由傳統的農業部門逐漸的移往工業部門，農村人口紛紛向都市集中，勞工階層逐漸形成。如此一來，使得整個台灣社會的結構產生了巨大的轉變。我們詳細來探究其發展過程可以發現：工業化開始之初，因應工業發展過程工業設施不斷增加的需求，大批人口湧向工廠。雖然此時資本家儼然已躍居首位—— 勞力已成爲商品，勞工只能付出勞力支領薪水，工作的支配權完全屬於資方，公司之盈餘利潤也歸屬於資方所有，勞工很少甚至無法做薪資之外的要求——但是由於勞資雙方有明確的共識及情感，彼此無糾紛，所以勞資關係較爲和諧。而且大批人口湧進工廠之初，勞資之間除了勞雇關係之外，也有一種本土文化情結存在，加上社會背景單純、政治保守，勞資關係的運作可說相安無事。

但隨著經濟成長，社會結構的變遷，過去單純且著重道義及情感維繫的勞資關係已不能適應今日多元化的社會。且人口往工業區集中，破除本土文化的影響，勞資之間漸漸會因利益的分配問題產生間隙及糾紛，甚至相互抗爭。此時的社會關係則有賴契約、法令等規則的制定來維持。相對於以往單純且具有共識性的勞資關係而言，今日的勞資關係愈形複雜。簡而言之，即是由情感、共識性的關係轉變爲法律的規範形式，而且勞資之間逐漸走向功利的交換模式，勞資雙方互相由對方取得相當之利益。

此種交換模式可以以交換理論（Exchange Theory）來說明。交換理論之焦點集中在社會互動過程中行動者的利害得失，且經由這種互動過程所獲得的利益，是透過交換的方式而來的（Bmerson, 1981）。我們可將交換理論以三個基本預設來表現：

1. 個人的某種行爲若能得到相當的報酬，便會鼓勵他繼續做類似的行爲。
2. 每一類型的利益事件，均有滿足行動者慾望的特性，但當重複獲得同樣的報酬時，對個人的價值便愈來愈低（邊際效用遞減之意）。
3. 經由社會過程中所獲得的利益，交換所能提供的利益而定。

由此，不同的交換關係或型式，就形成不同類型的社會關係。勞資關係發展至今，勞工已意識到本身必得公平地與雇主及社會交換相當之利益，但公平與否並非僅由勞工的意願來決定。且勞資之間基於雇主與受雇者之身分關係、管理者與被管理者之隸屬關係、薪資與利潤之分配等關係，勞資之間乃經常存在著價值觀的差異，彼此亦常藉著經濟、社會乃至於政治力且以影響或左右對方，而引發複雜的勞資關係。由此可見，利益交換的公平與否常成爲勞資關係合作或對立的重點。而且勞基法實施以來，勞工爭取權益之心受到鼓舞和鼓動，雇主爲維護自身利益也採取鑽法律漏洞的方法，勞資相互激盪之下，勞資關係就更有不易和諧的可能。

台灣地區的勞資爭議狀況自76年政府解嚴後，由於勞工權利意識的抬頭，而有著與以往不同的發展。茲就90年台灣地區勞資爭議的案件數、人數、種類及其處理方式分別加以說明：

1.爭議案件數、爭議人數：勞資爭議件數共計10,955件，爭議人數共計58,643人，與85年比較（2,659件，21,654人）分別增加4.1倍及2.7倍。
2.爭議種類：在爭議案件中，爭議原因所占比率較高之前三者爲：契約爭議6,187件；工資爭議3,897件；職災爭議615件。
3.處理方式：行政機關處理勞資爭議之方式，包括有協調、調解及仲裁等方式。經由協調處理者占89.45％，協調成立者占72.57％，不成立者占27.43％。

針對我國勞工爭議之處理，尚有若干值得檢討之處：

1.勞資爭議調解不成立後需循司法途徑解決，無法確實保障勞工權益：現行勞資爭議處理法規定，勞資爭議爲勞資權利事項與調整事項之爭議。權利事項之勞資爭議，係指勞資雙方當事人基於法令、團體協約、勞動契約之規定所爲權利義務之爭議。調整事項之勞資爭議，係指勞資雙方當事人對於勞動條件主張繼續維持或變更之爭議。兩者之區分，向來是極有爭論的問題，而此一問題的解決，又涉及到其爭議解決所得適用之各種調解與仲裁等行政處理程序、司法訴訟程序及爭議行爲之解決方式，對當事人權益之影響甚鉅。換言之，勞資爭議在法定調解程序不成立後，若係權利事項之爭議，不得進行仲裁，當事人若無法自行協商處理，則應循司法途徑解決。

然而，根據統計資料顯示，我國權利事項勞資爭議每年均占99%，而依我國國情大多數勞工均不願意進行訴訟，除進行司法訴訟時間未能把握，曠日費時外，一旦敗訴，還得負擔訴訟費用，經濟上弱勢之勞工實無能爲力，徒增民怨。

2. 勞資爭議仲裁制度未能發揮應有制度設計功能：依據現行勞資爭議處理法，調整事項之勞資爭議處理方式，主要有調解與仲裁兩種方式。然而，依統計資料顯示，勞資爭議事件進行仲裁程序所占比重極微，且多係由主管機關依職權交付仲裁（及強制仲裁），並無因當事人雙方同意而共同申請仲裁（任意仲裁）。在美國，勞資關係係以團體協商爲其特色之一，而仲裁制度則係團體協商運作與成果執行之重要工具。至1990年代以來，美國約有95%之團體協約有仲裁條款之約定。

反觀國內，基本上，仲裁亦係勞資爭議處理制度中之最後一道關卡，亦係勞資爭議處理制度中維護與伸張正義之最後防線。然而，囿於我國之勞資爭議處理制度上，限於調整事項始得交付仲裁，至於權利事項不得交付仲裁，故無法發揮其應有之功能。

87年6月24日仲裁法修正公布實施，該法第一條「有關現在或將來之爭議，當事人得訂立仲裁協議；前項協議，以依法得和解者爲限」之規定，勞資爭議不論爲權利事項抑或調整事項，雙方當事人如於團體協約或勞動契約中約定或於爭議事件發生後經雙方當事人協議，而交由仲裁機構仲裁，除可疏減訟源外，亦可確實保障勞工權益。

3.勞資爭議之處理方式均依賴行政機關之協調方式，缺乏法源及正當性：勞資爭議當事人申請調解後，原應依法定程序進行調解，惟目前爭議處理實務上，依賴地方勞工行政主管機關之處理方式者，占89.45%，顯見部分爭議事件，如有適當人員先行居中協調時，雙方當事人化解爭議之可能性頗高，但此一類似日本勞動關係調整法之「斡旋」的程序，並無任何法律依據，缺乏正當性。

4.勞資關係民間中介團體功能不彰：勞工法庭未能速審速決，勞資關係民間中介團體亦功能不彰，無法發揮替代效果。司法院於77年訂頒「法院辦理勞資爭議事件應行注意事項」中規定，權利事項之勞資爭議，乃屬民事事件，係法院管轄之範疇，法院應設勞工法庭。惟勞工法庭處理有關勞工事件之訴訟程序，與其他民事事件之程序，並無特異之處，是以勞工法庭成立後，並未能達到較其他訴訟更爲迅速之效果。另由於中介團體之定位，除欠缺法源外普遍存在經費困難、調解委員及仲裁委員素質參差不齊，且不具公信力，以致於效果有限。

5.工會在先天結構上，難以和雇主進行協商：工會組織架構是工會是否能夠運作的重要因素，產業工會只要人數在30人以上之工廠，都僅以廠場爲其組織區域，以廠場爲範圍的產業工會架構導致工會規模有限，除會員會費所得有限外，工會實際上無法聘請專業會務人員，又因工會幹部都各有專職工作，工會不論在人力與物力上，較難以支持工會的集體協商，工會功能無法發揮。另外，對工會幹部的保障也較爲不利，因爲工會幹部所依賴生活之工資，必須依靠在事業單位的專職工作來取得，一旦以工會幹部的身分進行與雇主協商時，常常必須顧慮本身工作權的保障而難以充分發揮。

6.工會會員及職員解雇保護不足，致工會力量薄弱：我國工會法規定，在勞資爭議期間，雇主或其代理人，不得以工人參加勞資爭議爲理由解雇之。但事實上，雇主通常並不以勞動者擔任工會職務或參加勞資爭議作爲解雇理由。工會幹部如主張係因「擔任工會職務」等原因而遭解雇或調職等其他不利之待遇，往往很難舉證。而且，目前於法律實務上，解雇生效與一般民法意思表示相同，縱然有違法解雇情事，僅得於事後主張解雇無效，而進行司法訴訟，工會內部也因重要幹部遭解雇，導致工會活動停頓或名存實亡。

7.體制外勞工團體介入勞資爭議事件，使爭議複雜化及泛政治化：由於依法成立之工會無法發揮協助處理勞資爭議功能或中小企業沒有籌組工會，勞動者於發生勞資爭議時，紛紛組織員工自救會或者在體制外勞工團體的帶領下進行大型抗爭，企圖將爭議案擴大，引起社會關注，亦讓社會因而付出重大成本。

8.雇用型態多樣化，現有勞工法制已不足規範：企業體爲因應勞基法及提昇競爭力，基於人事成本的節約，以及組織合理化、人力調度的需求，派遣、承攬、借調、部分工時者等異於傳統之雇用型態，逐漸受到重視與運用，呈現多元化面貌。此外，公司的合併與購併，將造成公司組織的縮減，導致勞動契約終止與變更，衍生諸多勞資爭議，而現有勞工法令亦出現不足規範所有雇用型態之現象。

9.部分勞工法令有待檢討修正及未能有效落實執行：目前關廠歇業案件中，大多由於雇主未依規定，給付退休金、資遣費或給付不完全。究其原因，大多係雇主之負債大於資產，以致無能力再支付關廠歇業後之資遣費、退休金，且亦有退休金未依法提撥或提撥不足之情形，致無法以該提撥金支付，形成諸多爭議。而最主要原因，對於部分未遵守勞動法令之雇主，因罰責過輕，不足以產生作用，致難以確保勞工應有權益。

以鉅視觀而論，可以說台灣的勞資關係改變表現在整個社會變遷上；以微視觀而論，則可以將台灣當代勞資關係的改變概括爲兩個面向：其一爲勞方本質的改變；其二爲資方本質的改變。

1.勞方本質的改變：勞工的意義及其範圍常因時間、空間及立法上的不同而有顯著的差異。亞當斯密（Adam Smith）曾對勞工一詞分爲廣義及狹義兩種解釋：「廣義的勞工包括一切以體力和心力操作的人，狹義的勞工則僅指在近代工廠、礦場或交通運輸機構以體力換取工資的工人。」從這個定義我們可以瞭解到；所謂狹義的勞工即泛指現今所定義的藍領階級，他們純粹是以體力勞動換取工資，以維持生活。廣義的勞工則除藍領階級外也包含部分的白領上班族受雇於人換取工資或報酬，以維持生活的人，包括一切以體力及智力勞動的人在內。雖然勞基法對勞工有適用上之區別，但在條文中仍規定：「受雇主雇用從事工作獲致工資者」爲勞工用辭定義（勞動基準法第二條）。因此，一般的受薪階級可稱爲勞工，在這種情況之下，眾多的白領階級也與藍領階級同樣成爲勞工的行列，尤其在工商服務業發展的今日更有此種趨勢。白領階級的加入及生活水準的普遍提高，使勞工在所得、教育、消費型態、職業聲望上都有顯著的提高。當代的勞工是主動爭取權益、具備專業性技術、注重精神層面的生活、要求企業和政治參與、同時也遭受失業和資遣威脅的一群人。

2. 資方本質的改變：由於近代經濟的發展及民主思想的普遍化，給企業經營帶來了莫大的衝擊。而這種衝擊使資本主義體制本身產生了各種型態的變貌。因企業公司制度的普及，使「資本與經營」兩者之分離再進一步，資本家一人單獨支撐整個企業的企業經營模式已不多見。易言之，公司制度使得事業依據股東所持有之股份多寡而分割、企業不再只是個人的私有財產，而成爲多人共有的事業。而且由於產業結構之變化與企業規模之擴大，事業不管在國際上或國內任何領域中，都必須應付複雜的市場經濟變局，這些都需要有相對之經濟戰略與經營技術。這種狀況下企業的所有者不得不延攬專才來管理，而使得經營權與管理權一分爲二。由此可見，企業已逐漸由專門人員來掌握，這使得勞工能眞正成爲資方的代表，加上分紅入股制度的發展，勞資兩者間的角色地位已不再像以往那般的格格不入了。勞資雙方既各自在本質上產生了改變，其相對之對等關係、權利義務也有影響，因此對「Z理論」的探討及體現逐漸爲勞資雙方所關心。威廉大內（William Ouchi）在《Z理論》（*Theory Z*）這本書中，沿用X、Y理論的術語提出Z理論以解決目前美國企業生產力低落和經營管理方面的問題，亦即重新重視企業中的人際關係。

也因爲在現代社會中，分工成爲工業化運作的主要形式，勞資雙方在社會愈專業化的分工之下，利益愈趨於一致。因此兩者之關係由以往我國、西方皆然的對立或衝突形勢走向勞資合作之路。基本上，一個事業之發展或衰退對勞雇雙方而言係共同關心之事，在這一點而言，勞雇之利害關係可以說是完全一致的，因而提高事業之收益性以求企業更加繁榮，原是勞資雙方共同的利益點。而勞資合作可以說是兩者達成共識的最佳之途。勞資合作所獲生產力之提昇對勞工而言能改善其薪資與勞動條件，增加其福利，勞工也樂於提高生產力積極協助企業之發展。

然而分配的問題卻是勞資雙方和諧與否的主要問題根源所在，專家建議若能排除零合理論的觀點而代之以雙合理論，則勞資雙方便能體認出雙方之利益爲共同合作而生，而非因一方之取得而使另一方減少，兩者之間也才能有無間之合作。

一般而言，勞資合作可以以「提高工作生活素質、勞工參與、工業民主、團體協商、勞資諮商、品質改善、提高勞動力及分紅入股」等項目爲代表性之指標。而勞資的合作則可以透過締結團體協約、舉辦勞資會議、與實施工業民主的方式來促進。締結團體協約係勞資方在一定的有效期內，預防及解決雇主與勞工成勞工團體可能發生的各種爭議；在締結團體協約之先，一方面使勞工在雇傭關係存在時及工作中明瞭其工作條件；另一方面也使雇主根據此項條款知所執行，而不致於侵害到勞工應有的權利。舉辦勞資會議爲勞工與雇主連繫的紐帶，才爲勞資雙方共同合作解決企業內所有一切困難的方法。

雇主對公司之經營管理，可以藉由勞資會議詢問勞方代表的意見，勞工也可以透過與雇主的溝通對於其所擔任的工作及其工作的相關事宜發生興趣，並樂於肩負更多的責任，以及保證團體協約的執行，防止糾紛和誤解事件的發生。所以勞資會議的舉辦係勞資合作由消極的治標達到積極治本的必要方法。勞資之間有了溝通的管道及合作的事實之後，更需要爲長遠的「分配」方法打算。因此「分紅入股」成爲最符合實際需要的辦法，分紅入股的實施，使員工確認到本身的利益與資方的利益相契合，資方在管理經營上更有一體感，勞資之間始能合爲一體，爲增進生產，增加盈餘利潤而努力。此種在事業上的一體感及在利益上的一致感才是基本的勞資合作。

勞資關係發展至此可說已進入了工業民主的時代，勞資雙方在地位上愈形對等及愈趨於合作，此正是勞資雙方所樂見更是時勢潮流趨勢所造成的。可預見不久的將來勞資關係逐漸會發展爲勞資合作關係，眞正爲資方及勞方帶來共同的利益，也會爲社會帶來眞正的安定與和諧。

職場安全

檢視我國職業災害情形，比工業先進國家有偏高情形，例如，製造業勞工每千名勞工死亡率，我國爲0.070，英國爲0.013，日本爲0.024。以90年爲例，因工作而死亡人數仍高達1,049人，平均每天死亡2.87人；因工作而傷、殘、死亡人數高達52,101人，平均每天有12.5位勞工遭致殘廢，65.3位勞工遭受工作傷害。估算因職業災害造成之經濟損失即達232.8億元，即每日

表19-1 職業災害人次——按災害種類分

項目別	84年	85年	86年	87年	90年
總計（人）	22878	22843	25421	29095	52101
傷病	17622	18016	20415	23820	45107
殘廢	4585	4150	4310	4569	5945
死亡	671	677	696	706	1049
總計（%）	100.0	100.0	100.0	100.0	100.0
傷病	77.0	78.9	80.3	81.9	86.6
殘廢	20.0	18.2	16.9	15.7	11.4
死亡	2.9	3.0	2.7	2.4	2.0

資料來源：勞工保險局，「職業災害統計表」，2002年5月5日。

經濟損失6,378萬元，值得我們重視。

檢討我國的職場災害情形，顯有許多值得改善之處：

勞工安全衛生法令有待檢討整合

目前勞工安全衛生法令管理規範，尚有未合於源頭控制理念如：有害物之管制問題，應由製造、進口等相關單位參與研商訂定並作好安全措施，才能讓使用單位遵照實施，確保作業勞工安全；工作場所設置，在建造之初，即應要求依勞工安全衛生規定辦理，才能符合勞工安全衛生法之要求，若嗣後才要求改善，常因建築物結構地理因素無法改善。

勞動檢查人力短缺問題

「徒法不足以自行」，鑑於國人主動守法觀念普遍不足，落實勞工安全衛生法令以保障勞工生命健康仍必須配合對重點行業加強實施監督檢查，以督促事業單位做好安全衛生工作。現行勞動檢查率約7％，與英國之15％，加拿大、韓國之高達20％～30％差距頗大。其主要原因之一爲勞動檢查人力不足，勞動檢查人力之不足將嚴重影響安全衛生工作的推動，此爲目前迫切需要解決的問題。

勞工安全衛生意識不足

由於國內中小企業居多，限於人力經費，不僅雇主疏於防範職業災害，而且勞工亦因缺乏安全衛生教育訓練，警覺與應變能力薄弱，常有不安全之動作而不自知，稍有不愼，即發生職業災害。由歷年重大職業災害統計顯示，事業單位未對勞工實施從事工作必要之安全衛生教育訓練，約占罹災者人數之80％，顯見事業單位對勞工安全衛生教育訓練的忽視，是導致勞工作業時，不安全行爲及造成災害發生的主要原因。

營造業職業災害仍然偏高

由於營造業具有多層承攬、專業分工、工人流動性大及使用大量危險性機械設備等特性，造成死亡千人率高達0.265，爲製造業的3.8倍，因此有效降低該業之職業災害應爲加強的重點。

擴大代行檢查問題

在政府逐步擴大代行檢查並規劃全面開放之同時，對於國營事業民營化後，有關代行檢查人力資源之利用應妥善解決，擴大授權事業單位，經認可後，辦理代行檢查業務。

建立安全衛生共同體問題

勞工安全衛生資訊服務及技術諮詢方面目前相關工作仍缺乏完整輔導體系，民間輔導單位亦未健全，事業單位在安全衛生改善技術資訊上亦不積極，主因爲工程設計未規定編列合理的安全衛生費用，勞工安全衛生之罰責處罰輕微等，應檢討相關法規，並擴大安全衛生輔導。

安全衛生教育訓練問題

工作安全衛生觀念目前未納入國民義務教育範圍，致國民就業以後安全衛生知識與認知不足，產生不安全行爲而導致災害，安全衛生教育訓練有待紮根。對高級職校及高中附設職業學校在安全衛生之認知尤應加強，以促進對基層人力資源的維護。

加強工程承攬管理問題

目前營造工程因層層轉包，最後承攬人通常爲個人或規模較小未登記公司行號之自然人，而災害發生往往是該類承攬人，因此無法落實安全衛生工作，有待藉修法及其他配套措施之實施，加重原事業單位之責任，督促事業單位加強承攬人之管理工作。

簡化危險性工作場所審查檢查程序並避免流於形式

危險性工作場所之審查檢查應準備相關資料繁多，危險性工作場所審查暨檢查制度係爲督促事業單位事前評估潛在危害並建立有效管理制度，以保障作業勞工安全，惟部分事業單位經審查檢查合格後，未能確實依計畫作好安全衛生自主管理工作，使此事前審查制度流於形式。

加強高壓氣體管理問題

隨著石化工業與高低溫技術材料的進步，許多產業製程多利用高壓操作或以高壓氣體作爲工業材料及燃料，高壓氣體已被廣範使用，然而一旦發生事故，相對波及範圍涉及甚廣，造成嚴重之生命財產損失，甚至危害公共安全與社會安寧。鑑於高壓氣體使用之種類日趨複雜，尤其使用特殊高壓氣體者更具危險性，宜加強管理。

職業病之處理問題

爲掌握職業病之案件，減低職業病發生對政府及社會之衝擊，宜與各職業病防治中心及臨床醫師聯繫，及早因應處理，以避免類似擴大職業病案例之發生。

加強勞工安全衛生研究問題

隨著產業隨科技發展快速變遷，生產技術、物質推陳出新，衍生新的安全衛生問題；宜及早的納入系統探究。

促進中小企業安全衛生問題

由近年來之重大職業災害統計資料顯示，在雇用勞工人數方面，事業單位勞工在29人以下者約占70％，顯示罹災勞工多屬中小企業，由於其資金缺乏，對非屬生產之安全設備及管理費用多不願投資，防止此等事業發生職業災害，有賴加強勞工安全衛生教育訓練及適當的輔導、獎助並配合勞動監督檢查等，以促進中小企業之安全衛生。

結語

由於職業問題係屬社會問題的一項重要環節,足以威脅社會的發展，不僅爲社會科學研究者所關懷，並且企圖加以調整改善。就該問題的解決大致上可分爲下列方式：

1.在社會快速變遷情況下，運用理性態度探求職業的生活與工作環境中所呈現的事實與問題，並爲妥善的設計與規劃，才能使職業生活轉向於新的發展價值和目標。
2.問題的發生，具有連鎖性及循環性的現象，其因素非常複雜。所以，必須先就病象事實及其內外在因素從事調查研究，並擬訂政策和計畫，進而推行積極性的改善措施。亦即，當問題的癥結被清楚地瞭解其性質、範圍、原因及影響後，便宜提出具體有效的辦法，俾爲改善的依據。
3.社會政策與社會立法的協調與配合，亦即解決職業問題的必要條件，如社會立法的順應實際需要，社會政策的健全完整，社會工作的專業化等，皆能助益於職業問題的解決。
4.問題之妥善與適當的解決，必將避免職業病態現象的重現，以及減輕威脅工作者繁榮與進步的阻力，共謀維護工作者的尊嚴、權益與正常的生活，增進社會的和諧發展。

總之，就社會學的觀點，中外古今任何社會幾無可避免會有職業問題的存在。不管社會是多麼簡單和穩定，沒有可以完全免除社會的失序、偏差的困擾。從人類行爲的比較研究中，我們可以清楚看出，只是這兩類型的社會問題及其強度，常因文化的差異和時代的不同而略有差別而已。職業問題是與整個社會有關的，要徹底圓滿解決，必須借助社會的力量及各方面之合作，方能克竟事功。

第20章

勞資關係問題

- 前言
- 勞資關係演變的過程
- 由社會學理論探求勞資關係
- 當前勞資關係的挑戰
- 改善勞資關係的策略
- 勞資關係問題的克服
- 結語

前言

社會學家辛邁爾（G.Simmel）強調「社會互動為人類社會生活的基本要素，一切社會現象皆基於互動而產生。」人們在職場中生活，彼此之間就會發生相互交往和相互作為。又職場的行為必須遵循一定的行為規範，才有秩序。職場互動的表現可分為兩個方面，一是職場行為方式；二是職場行為規範。職場互動的內容雖然千變萬化，但是其形式不但是職場的行為準據，並且也是形成社會現象的主要根源。

勞資關係最簡單的定義即為：「勞方」與「資方」的關係，也就是勞工與雇主之間的關係。若從法律的觀點而言，則勞資關係應指勞方與資方兩者基於彼此所訂之雇傭契約而產生的「權利義務關係」。再從社會心理的角色來看，則勞資關係應可指勞方與資方彼此之間所存在的人際、情感甚至是道義等關係。

從上述的勞資關係之定義來看，勞資關係實具有以下幾項重要的特性。這些特性對於各種勞資關係問題的處理，確有極密切的關係：

第一，勞資關係的個別性與集體性：就勞資關係之主體而言，可分為個別的勞資關係與集體的勞資關係。所謂個別的勞資關係，乃指個別的勞動者與雇主間之關係而言，係以個別的勞動者在從屬的地位上提供職業上勞動力，而雇主給付報酬之關係。而集體的勞資關係，則指勞動者之團體（如工會等），以維持或提高勞動者之勞動條件為目的，與雇主或雇主整體之關係而言。因此，吾人在探討勞資關係時，實際上即大多以個別的勞資關係為其探討的主要對象，即以勞動關係之當事人，其相互間應遵守的規範之內容，為研討的主題。本文所稱勞資關係亦偏重於此。

第二，勞資關係的平等面與不平等面：勞動者係在從屬的地位上提供其職業上之勞動力爲主要義務，因此，勞動者在勞務的提供過程當中有服從雇主指示之義務：就此觀點而言，勞資關係即有其不平等面。但勞動者在成立勞動關係前，與雇主就勞動條件爲協商時，並無從屬地位之關係；縱使在勞動關係存立間，就勞動條件之維持或提高，與雇主協商時，亦無服從之義務；就此觀點而言，勞資關係亦有其平等面。

第三，勞資關係的對待性與非對待性：就勞資關係當事人應爲履行的義務相互間而言，可有對待性義務及非對待性義務之別。所謂對待性義務乃指當事人之一方不爲某一項義務之履行時，他方可免爲另一項相對義務之履行而言；而所謂非對待性義務則指當事人之一方縱使不爲某一項義務之履行，他方亦仍不能免爲另一項義務之履行而言。例如，勞動者之勞務提供與雇主之報酬給付爲有對待性；但勞動者之勞務提供與雇主之照顧義務，勞動者之忠實義務與雇主之報酬給付，以及勞動者之忠實義務與雇主之照顧義務則均無對待性。因勞動者之勞務提供與雇主之報酬給付爲利益之相互交換，而勞動者之忠實義務與雇主之照顧義務則爲倫理之獨立要求。而倫理要求之內容及程度始爲本文研討之對象。

第四，勞資關係的共益性與非共益性：勞動者與雇主建立勞動關係之目的，有其共益性與非共益性。所謂共益性，乃指勞動關係中，契約之履行，對勞動者與雇主兩者有其共同利益之點而言，而所謂非共益性，則指勞動關係中，契約之履行，對勞動者與雇主兩者，無其共同利益之點而言。在勞動契約履行中就勞動者勞務提供之義務與雇主報酬給付之義務間觀之，兩者互負對待義務，自無相同之利益可言，此即屬於勞資關係之非共益性；但就勞資關係結合之目的觀之，勞動契約目的之完成，共同利益之創造，則爲勞資關係之共益性。在探討勞資關係及其所具之倫理的特性時，不可單從其共益性或非共益性之一端觀之，因勞資關係之共益性若不存在，則無非共益性探討之餘地；反之，若捨其非共益性而求其共益性，則不啻違反人之常倫，是以必須以兩者之均衡始爲允當。

第五，勞資關係的經濟性：勞動者盡了勞務給付的義務，從雇主獲得一定的報酬，這種勞務就是勞動者經濟價值，這種出自勞動者本身的勞力，在勞資關係中含有經濟的要素。

第六，勞資關係的法律性：勞資關係本即由於雇傭關係而產生，所以勞資關係在法律上完全是一種契約的形式，乃是經濟要素與身分要素同時並有的一種特別法律關係，不過在這兩種要素中，以身分要素爲勞資關係裡的主要部分。

第七，勞資關係的社會公益性：勞動從社會生活的層面來看，包含有公益性質，例如，勞動分配、勞動時間、工資、勞資爭議等等，凡是與勞動有關的事情，莫不與社會公益發生密切的關係。所以勞資關係，在表面上，似乎只是雇主與被雇者的關係，而實際上，還具備有社會生活上公益關係的特質。

勞資關係演變的過程

在探討勞資關係演變的過程之前，我們必須先瞭解勞資關係是如何形成的。大家都知道，近代世界各國之所以會有勞資關係的產生，主要係由於工業革命的結果。近代式的企業主與勞動者的問題，乃十八世紀初葉工業革命以後之結果。當時由於資本主義思想與生產技術進步兩相結合，普遍地以機器爲生產的主要工具，同時採取工廠制度爲企業型態。這不單使經濟現象改觀，也影響整個社會結構。即從屬他人而工作的勞動者劇增，曾自主經營的手工藝者，由於無法競爭而淪爲工廠企業主之技工，大多數手工藝學徒喪失了晉升爲師傅而獨當一面的遠景，他們只好也進入工廠謀生，因此，產生了一大群靠薪資養活自己及其家屬的勞動階級。

當時的情形是「擁有生產工具的企業主與徒手仰賴工作機會謀生的勞動者，雖在人格上獨立，但在經濟地位上相差太大。勞動者爲了獲得工作機會藉以維生，必須順從企業主的要求，勞動契約的締結以及其內容，形式上保基於雙方的自由意志，但實質上無異依從企業主單方面的意思而決定，成爲企業主剝削勞動者的合法依據。過長的勞動時間、不足糊口的工資、簡陋的衛生及安全設備、童工、女工的劇增，均爲當時社會顯著的病徵。」

工廠興起之後，由於雇主爲了能快速累積財富，乃使用各種方法剝削勞工、壓迫勞工，致使勞資雙方的距離更爲遙遠，隔閡亦日益加深，遂造成嚴重的衝突與對立。勞工爲了團結本身力量，以與雇主對抗，從而謀求勞動條件之提高與物質生活之改善，便組織工會。後來，由於生產技術的進步，工業中人的因素，逐漸爲雇主所瞭解和重視；勞資關係遂由不平等的雇傭關係變爲平等地位的契約關係。尤其是自由主義的興起與價格制度的形成，以及勞工團體的日益壯大，使得勞資關係發生了根本上的變化；資方體認到惟有以勞資協調的方式，始能激發勞工的工作熱誠而使生產技術更爲進步，生產量更加提高。「勞資合作」的理論與制度，乃逐漸在歐美民主工業國家獲得實施。勞資關係遂從「對立」狀態，邁進到一個「合作」的新境界；工會已不再是與雇主相對抗的團體，而逐漸成爲促進勞資合作之橋樑。此種階段性的發展，正是勞資關係演進的過程，茲進一步分述於下：

從「機器重於人力」到「人力重於機器」

工業革命初期，資本家集資設廠購買機器，需要龐大之投資，而招徠工人卻只花費一紙通告。機器有所損壞，必須付出鉅額的修理費用，而工人如果染患疾病甚至遭受到傷害，雇主卻可以置之不理。於是「機器重於人力」成爲當時資本家所共有之觀念。他們爲了追求利潤，更不惜剝削工人。在「低工資、長工時」的壓迫下，工人的精神與肉體，苦不堪言，因而引起了社會的同情與政府的重視，乃在立法上採取保護工人的行動。而後科學逐漸發達，技術不斷進步，但「機器」的「效能」仍有賴「人」去「發揮」。所以，工業中「人」的因素遂逐漸爲資本家所發現與重視：大家開始體認到：機器是人發明的，也是人製造的；機器固然寶貴，應予愛惜，但是製造和使用機器的工人，則是生產的重要分子，至少應該得到和機器同等的愛護。何況機器雖然很貴，只要有錢，極易添置。而技術好的工人，則需數年乃至十數年的累積經驗始能養成，不是花錢可以立即辦得到的。「人力重於機器」的新觀念，乃逐漸在工業界中形成。

從簽訂「自由契約」到締結「團體協約」

自由契約的勞動制度，雖使勞工與雇主在表面上居於平等的地位；但在實際上，勞工仍然是一個被剝削者。因爲兩者所擁有的財力明顯的不平等，故所有勞動者與資本家所簽訂的勞動契約，都是片面地有利於後者。在此情況下，受雇者不得不致力於本身的團結，以求確保自身的法律權益。多數受雇者遂起而組織工會，期以團體的力量，彌補個人交涉能力之不足，於是而有「團體協約」之締結，使勞資關係從片面式、服從式的，轉而爲權利義務、平等互惠式的。它不僅使勞工的地位得以提高，工作和生活有所保障，而且使勞資關係進入一個嶄新的階段。在權利與義務的對比之下，結合了勞資雙方的利害關係，促使勞資雙方互助合作，努力增產，以求勞資利益之均衡發展。

從勞資間的對立到勞資間的交融

如前所述，近代勞資關係的形成，是在人類的經濟生活進入機械工業時代之後；由手工業一變而爲機械工業，使生產力、生產方式、生產組織和生產關係都起了變化；從中世紀的傳統習慣與各種限制中擺脫出來，逐漸脫離了政治干涉和宗教拘束，而躍進於近代自由企業的發展與競爭。人民的經濟活動得到解放，生產事業才蓬勃發展，工業在經濟上的地位，遂由商業的附庸，一躍而爲經濟之主流。而工業躍進的結果，又使經濟上發生了三個重大的演變：第一，勞力就業化，使勞動者的地位獲得合理之調整。第二，資本大衆化，股份公司成爲生產組織主要的型態。第三，管理專門化，企業的行政權歸諸專門人員管理。在這三種演變之下，促成勞工地位之穩固與改善，也拉近了勞資之間的距離，使勞資關係由「對立狀態」進入「共存共榮」，而且發生事實上的「交融」。

勞資關係的範疇相當廣泛，它所涉及的因素相當多。因此，要明白指出哪些因素影響勞資關係，的確不是一件容易的事。不過，我們發現，如果能從開放系統（open system）的觀點來看勞資關係，亦即視勞資關係爲一個開放系統，則較容易找出影響勞資關係的因素。美國著名的勞資關係學者約翰鄧洛普（John T. Dunlop）教授認爲一個勞資關係系統的主要部分有：（一）行動者（actor）── 勞工、管理者（包括資方與其代表）及政府：（二）外在環境系統，包括生態系統（ecological system）、經濟及技術系統（economic and technological system）、政治及法律系統（political and legal）以及社會系統（social system）：（三）各種不同的轉換過程（a variety of conversion processes）以及（四）產出（包括實質的及程序的法規 ）。前兩者（即（一）與（二）構成此系統的輸入（input）。同時，這些法令、規章或措施的效果亦反饋至環境及勞資系統本身。另外，當勞資關係系統的轉換過程失靈時，則別的系統（如環境系統中之一）便可能暫時接管此系統。例如，當憤怒的工人把工廠燒掉，軍警出面鎮壓時，政治系統便不得不暫時接管勞資關係系統。勞資關係系統的三大主角可以是個人也可能是團體（有組織的或其他方式）。他們各自均具有一些實質的或程序性的目標，也具有一些達成目標之方法的基本信念，此即所謂的價值；他們自身當然亦均具備某些能力（例如，智慧、人格特性、知識及影響他人之力量等）。而他們所處的直接環境（immediate environment）常常同時具有兩種性質：助力（facilities）與阻力（constraints），前者係指有助於其目標之達成者，後者則是不利於其目標之達成者。例如，一位勞工的直屬主管對此一勞工而言，有時是助力（如果此主管經常給予鼓勵、支持的話），但有時則變成阻力（如果他管得太緊的話）。另外，三個主角及其所處的直接環境，自然都受到其更大的外在環境系統的影響，這是毋庸置疑的。

從上面的論述中，我們不難瞭解，影響勞資關係的主要因素即是它的環境系統，包括下列因素：

1.生態系統：在此一系統裡，主要的因素有：物質環境、自然資源及氣候等。以自然資源一項而論，一個缺乏自然資源的國家或社會，其工商業的發展必賴人力資源之有無，而人力資源的能否充分發揮功效，則繫於該社會的勞資關係之良窳。因此，歸結而論，天然資源缺乏的國家，必須維持良好的勞資關係，以利人力資源的運用，始能發展其社會的工商業。我國及日本的經濟發展歷程正是一項最佳的例證。

2.經濟及技術系統：此系統的各種因素， 如產品市場、勞力市場、各種生產組織等對勞資關係的影響相當大。勞力市場如果供過於求的話，則雇主有充分選擇勞工的機會，勞工爲得到就業機會，必然較易於接受雇主的許多要求，此時之勞資處於資方較占優勢的情況：反之，則勞方處於較有利的地位。如果勞力市場之供需趨於平衡，則雙方之關係可能較易趨於緊張，因爲彼此較不易妥協。

3.政治及法律系統：此系統對勞資關係的影響同樣是相當重大的。 以立法因素而言，許多勞資關係問題的產生，經常即是因爲立法的關係。例如，73年7月公布實施的「勞動基準法」，使我們社會的勞資關係進入另一個嶄新的時期，同時因該法所引發的勞資問題亦紛至沓來。再就行政行動（executive action）而言，行政部門對若干法令疑義的解釋，無疑亦必影響勞資的關係。例如，前些日子，勞委會對「假日加班工資加倍給付」之規定的解釋，即引起勞資雙方極大的爭議。另外，政府的勞工政策更是直接影響勞資關係的重要因素。

4.社會系統：此系統無疑亦呈影響勞資關係的關鍵性因素。舉例而言，我們社會強調「和氣生財」、「以和爲貴」的傳統價值，避免了極多的勞資衝突。再如中國人一盤散沙、自掃門前雪的民族習性，使工會的組織不易發展，而對勞資關係產生了決定性的影響。另外，如我國傳統上一向強調縱向的上下權威關係，使一般勞工往往視老闆爲高高在上的掌權者而怯於向老闆爭取應有的權益；反之，老闆亦常有視勞工為其「家奴」的心態，而不願「放下身段」與勞方共同討論問題，因而導致上、下溝通的不良，誤會或衝突即因此而生。

就上述分析，不難理解影響勞資關係的因素是十分錯綜複雜的。

由社會學理論探求勞資關係

馬克思想的觀點

馬克思（K. Marx）是衝突理論的主要代表人物，衝突理論是除了功能論另外一最主要社會學說。功能論者視社會為一個大系統，屬於其中之各部分彼此依賴，互相維持平衡，若有衝突產生，社會則會設法控制，而衝突論是功能之一種反動，認為功能論對社會現象不能提供有效分析，故提倡衝突理論，視社會為各種單元互相傾軌奪權之場所，從利益與衝突出發，分析社會現象。

馬克思認為社會結構的衝突現象不僅是必然，而且是急遽的。此種衝突概念是立基於下列三個假設：（Valton, 1975）

1. 人們有其基本利益，且心中都想得到這些基本利益，但卻無法獲得社會正常分配。
2. 強調權力是社會結構及社會關係之核心；導致衝突之主要原因，就在於權力之有限性及分配不均。
3. 價值及意念是既得利益者鞏固其利益的工具，亦即運用

「意識型態」以達到權益的維護。

以上之假設，我們可以瞭解馬克思係以權力、利益為要素，從動態的觀點來說明社會結構之衝突。而且是把社會體系視為分工、敵對、壓制、異議、衝突、非整合之系統，而社會衝突之來源，源於利益和權力分配不均。個人或團體為爭取有限之權力和利益，勢必導致社會之衝突。

馬克思認為經濟是社會結構中最根本要素，其他之思想、價值，都是經濟結構之反射。不同團體會為不同經濟利益起衝突。馬克思認為不同之階級間必存在著不可相容之利益衝突，因為某一階級所得之利益，必建立在剝奪另一階級的利益上。在資本主義社會裡，資本家是壓迫者，而無產階級是被壓迫者，資本家剝削著勞動者之剩餘價值，最後無產階級必然起來反抗，以無產階級革命結束資本主義時代。

這種對立的情形，當面對著轉型社會的「疏離情境」勢將造成勞資關係更急劇的衝突。此中的「疏離」（alienation），其內容包括：（陳秉璋，1985）

勞動者與其生產品的疏離，生產結果的疏離

勞動者藉著其勞力去生產或製造商品，一旦產品完成之後，就脫離勞力而獨存，儼然有如生產者的獨立權力之主體。換言之，勞動者對其產品所付出的勞力越多或越大，該產品的價值則越高，而對該類產品的市場影響力越大，相形之下，勞動者本身的內在精神生活，則越貧困而空泛，自己已不再屬於自己，而逐漸成為「為商品而存在」之個體。

生產過程的疏離，生產活動之疏離

依照馬克思的看法，疏離不但會發生在生產結果的商品或產品之上，同時也會存在於生產過程中，也就是說，疏離會在生產活動本身上產生。就邏輯推理的層次而言，勞力所生產的商品，其所以會發生疏離，那是因爲生產本身就是一種疏離活動。換言之，生產結果之疏離，只不過是勞力生產活動過程中所產生疏離的結果而已。

勞動者本身的疏離，勞力之疏離

由於勞力生產過程與生產結果之疏離，也必然帶來勞動者本身的疏離；勞動已脫離勞動者而成爲獨立存有，不再是勞動者的本性內存物。其結果是，勞動者已不再從其內心去發揮勞動天性而勝任愉快。相反地，在工作中確是否定了自己，只能在工作之外去尋找休閒並尋回自我。這也是何以現代人如此重視休閒活動的理由。

換言之，勞力本來是勞動者的本性內存物，在工作中，勞動者最能肯定自己而勝任愉快。然而，現在由於疏離的結果，在工作情境中，勞動者已經成爲「爲他人作嫁」的工具。這正是馬克思觀念中所謂疏離人（alienated man）：勞動者不但否定了自己，也不再認識自我，而只是工作情境中身不由己的一位產品製造者。

工作情境本身的疏離

人與自然的關係，本來是屬於所謂自然關係。當工作介入人與自然的關係之後，人與工作的關係，仍然相當地和諧、自然，而具有情感。後來，由於人類對於生產知識與生產技術的改進，尤其是工業革命之後，人與工作的關係，就發生了所謂工作情境的疏離現象。人類最先靠著工作，藉以控制或支配大自然創造生產財，用以滿足人類的需求。然而，由於生產知識與生產技術的增進，尤其是機械的發明與到來，為了增加生產，人類反而成為機械的從屬。在早期農業社會的勞動與手工藝時代的工作，勞動者得以從工作本身獲得成就感與滿足感。等到工業革命之後，工作情境完全改變了，由於機械化與分工的關係，不但工作本身愈來愈單調與孤立，而且勞動者也無法從工作本身獲得任何成就感與滿足感。這種工作情境本身的疏離，在機械化與科學化的時代，達到了登峰狀態。

經濟生活的內在疏離

馬克思所謂疏離的另一種涵義，存在於經濟生活本身。 一方面指勞動本身與其產品間的異化過程而言。勞工在工作市場出賣勞力，然而，它所生產的商品，確不屬於工作者所有，也不依賴工作者而存在。另一方面是指生產工具與交換價值的異化過程而言，譬如資本，是由實在物質（金、銀或紙）所抽象化而成的金錢，然而資本的交換價值與其生產工具的性質，已經完全脫離原先物質之性質而獨立存在。不僅如此，這種經濟生活的內在疏離之結果，勞動者與資本家的意識也逐漸變了質，而增強了原先業已矛盾與對立的情勢。

人為社會制度的疏離

依照上述馬克思的分析，唯有下層經濟結構才是自然性產物，其餘各種所謂上層結構，都屬於人類意慾的人為產物，而且某種發展階段的下層經濟結構，必然反射出與之相對應的上層結構。這種所謂人為社會制度的疏離，乃指人與社會制度兩者之間的異化過程而言。以上層結構的政治制度爲例：擁有生產工具的資本家，爲了確保其經濟活動所得的私有財產，才建構出與之相對待的政治與司法制度，藉以達到保護既得利益的目的。就此意義而言，上層結構的政治制度與司法制度，乃是下層經濟結構的反射性產物。然而，在其角色的扮演與功能的運作過程中，會逐漸產生一種反客爲主的物化現象（reification）。也就是說，屬於上層的人爲社會制度，已經不再依賴下層結構而存在，它不但開始會獨立運作，而且不再是滿足人類慾望的工具。相反地，成爲控制人類行動的枷鎖。尤有進者，政治統治階級，更是變本加厲，利用著上層結構的建構，以控制勞動階段。

人際關係的疏離

這是指人際關係的一種疏離現象。依照他的說法，由於上述種種疏離的結果，人不但否定了自己，不再認識自己，甚至於彼此也產生了疏離的現象。尤有進者，彼此人際關係的疏離，更導致了整個人類生活世界的疏離，尤其表現在人與其所創造的社會制度間的疏離。並使人際之間產生溝通的鴻溝。

馬克思之衝突理論相當程度反應了工業革命初期因工廠制度興起衍生了勞資衝突。當時自由主義及個人主義思潮極爲澎湃，人們都相信「自由放任」可自然導致經濟生活之平衡。因此企業要求政府免除在經濟行爲上干涉，將契約自由原則充分應用在勞動關係之契約上。由於勞資雙方在經濟地位上之不平等，實質上等於資方單方面之意思決定，勞動契約反而成爲企業主剝削勞者之合法依據，當時社會之病徵正如馬克思所說「是資本家壓迫勞動者」過長之勞動時間、簡陋之安全設備，受盡剝削之勞工處處可見。但勞動者並沒有起來革命而是逐漸團結起來爭取自己應有之權益。

然而， 衡諸近代西方世界並未出現馬克思所預言的衝突情境和階級革命， 根據克伯（Kerbo）的分析，其原因有下列幾點：（陳金福，1992）

1. 資本家擅於運用大眾傳播媒體的力量。例如，運用教育灌輸的方式，告訴勞工大眾，這種分配是合理的，以改變從屬階層人們的意識形態。
2. 資本家會極力宣揚資本主義之好處，資本主義發達了，大家有利均霑，可以達到物質享受之目標，以使工人之疏離感減低。
3. 資本家會利用所謂「御用公會」之制度化設計，使工會之精英分子起而爲資本家效力，在對立團體內部削減衝突力量。
4. 階級日益擴大及普遍化，他們雖無生產工具，但其受剝削的程度比一般勞動階級低，甚至享受資本家所給予之種種好處，經濟水平與職業地位均較一般勞動階級高，所以並不易產生階級革命。
5. 資本主義之國際化發展，外籍勞工引進使工人來源複雜化，更不易形成革命。
6. 所有權與管理權之分離，以及職業結構之擴張，已經不再是「Two Class」如此單純劃分。
7. 團體主義、干預主義之出現進而有所謂福利國家財政計畫與社會行政之措施，政府力量介入干預。
8. 企業運用組織衝突管理之策略。

總之，此理論對衝突起因提供了深入說明，我國之勞資衝突階級意識雖不十分明顯，但卻多少有如馬克思所說經濟結構反射之色彩。

韋伯的觀點

韋伯（M. Weber）認爲衝突是社會生活中不可避免的現象，但是，他反對馬克思以經濟決定社會結構之唯一條件，而強調宗教、教育、政治黨派等都是獲取權力之資源。馬克思相信經由無產階級革命，人類社會可進到完美及無衝突之和諧社會，而韋伯則認爲衝突是不可避免之永久現象，而企圖研究如何平衡各團體在不同地位上所擁有資源。

他認爲權威之來源有三：（Hall, 1982）

1.合法的權威（Legal Authority）：這是以理性爲基礎所建構的權威，權力的來源是規則及規範之合法性。
2.傳統的權威（Tradition Authority）：此權威是源自古代神聖傳統之信仰及在此信仰下地位取得的合法性。
3.魅力的權威（Chrismatic Authority）：權威源自至高無上之英雄主義或個人特質之崇拜與忠誠。

韋伯在權力來源的分析上是採多元化理論，並認爲人們行動多半是自我利益爲取向，但也相信彼此間有共同利益存在。

基於權威來源的差異性，因此爲解決當今勞資衝突的途徑可分爲：

1.合法之途徑：勞資雙方各在法治下擁有相當之權利及爭議之方式、勞方因爭議有罷工、怠工、集體休假等抗爭手段，資方亦有解雇、關廠等法定行爲、雙方能以理性遵守法律上之權利義務，在法制下獲得權力利益平衡，則在抗衡中亦求得和諧。
2.傳統之途徑：傳統之勞資關係有家長照顧子女、子女照顧家長般和諧。現階段之勞資衝突，勞方如何遵守誠信原則及權利濫用之禁止而不作浮濫抗爭；資方如何保有舊社會中老闆照顧夥計生活之觀念，不全是以功利為依歸，亦是重建勞資倫理重要之一環。

3.魅力之途徑：工會團體領袖如何運用團體協商過程爭取團體福利，而不是濫用領導魅力帶領團體作無謂抗爭；資方如何與具有魅力之勞工意見領袖溝通以減少紛爭，都是在衝突中獲取和諧之方法。

韋伯研究如何平衡各團體在不同地位所擁有資源，並建立「理想型分析模式」值得吾人借鏡，在現今工會與政黨關係逐漸密切，工人之廣大選票為任何政治團體所不敢忽視之情況下，經意見反應、權利之爭取，勞工團體應可在政治系統下處於較平等之地位，爭取更多資源之利用與支持。

達倫道夫的觀點

達倫道夫（R. Dahrendorf）之理論重點有二：第一，強調「權力的重要性」及「任何組織無可避免的會出現利益衝突」；第二，任何社會衝突之產生必會先形成「利益團體」，因為利益團體之眞正代表，在勞資之衝突關係中，個別之勞工是無法進入衝突之關係中，必須透過勞工所組成之工會團體，藉以建立與雇主的抗爭關係。

達倫道夫認為由於西方社會已歷經社會流動之普遍化，工業所有權與管理權分離、社會衝突之制度化、社會平等之擴展及階級結構之重整等改變，造成勞資雙方的爭議已未若馬克思所描繪得如此嚴重。

1.社會流動的普遍化：他認爲工業化程度越高則其社會流動發生頻率愈高，由於教育之普及開放使得中下階級之下一代都有經由教育改變其階級的機會，社會之流動愈普遍，階級之穩定性愈低，愈能減低勞資衝突之強度。

2.工業所有權與管理權分離：今天企業之所有權已經由股份方式大眾化，經營者與所有權人分離，減少資方對勞方剝削之現象。

3.社會衝突的制度化：衝突的制度化始於對衝突團體「工會」的承認，繼而有競賽規則的共識，調解機構和制度的設立。制度化的衝突消弭紛爭，駁斥了馬克思無產階級革命的說法。

4.社會平等的擴展：今天之社會平等，經由社會權、公民權、政治權之保障而有大幅擴展，失業津貼、健康保險、各種福利措施使社會生活有最低保障。

達倫道夫對馬克思的批判切合了現階段的勞資衝突，今天勞工各種權利意識的覺醒高漲，不但說明了利益衝突後的權利變遷，工會之組織與運作也爲衝突制度化提供了新的抗爭協調模式，工會本身即爲利益團體的組成，代表勞工爭取權益，形成壓力團體性質爭取與雇主的權益均衡。故今天工會功能的拓展，不但符合達倫道夫的說法，也爲勞資衝突解決提供集體協商的途徑。不過，工會必須達到組織自由化、會務自主化、及運作民主化方能夠與雇主產生對等的力量。

除此之外，達倫道夫曾用兩個概念來說明衝突關係；第一是緊張強度（intensity），第二是暴力（violence）。「緊張強度指的是處在衝突團體力量之消耗量和捲入衝突程度；暴力是指衝突時所選擇之武器。」（江玲，1984），藉此兩概念，我們在分析勞資衝突時可經由團體對爭議問題之重視，瞭解其緊張強度；經由團體之制約探究暴力衝突發生之可能性。

達倫道夫對勞資爭議的分析是從利益團體的概念出發，較符合現階段社會現況及二十世紀末社會思想之脈動。此種經由利益團體之建構衝突制度化的模式，當然，前提是勞工在心理上必須對勞工團體有歸屬感，所屬成員及幹部皆以團體利益爲目標。政治生態又已具多元民主的容忍性，在多方條件配合下方能有效運作。

涂爾幹的觀點

法國社會學家涂爾幹雖未就勞資爭議的問題直接進行理論性分析，然而由於其理論建構中對道德體系的論述，可看出與勞資關係的關連性。由於涂爾幹所屬的時代正值西方社會的轉型時期，此時傳統社會的道德體系已經瓦解，而新的工業社會道德體系卻尚未定型。其間的道德規範，集體意識自然反應在勞資互動的關係上。

當社會處在轉型期時，由於強調「純粹個人主義」，使得勞資雙方均根植於個別的利益，造成衝突頻仍，甚至衝突節節升高情形。在邁向工業社會時，一般咸認爲，個人主義必然抬頭，社會道德權威亦會減弱，進而導致個人自由的增加。涂爾幹認爲這是一種不可原諒的錯誤，而這也是他反對功利主義的原因。他認爲社會道德權威與社會規範的減弱，非但不能增大個人的自由，反而會造成一種社會解組與個人人格的解組。相反的，理想型的工業社會，必然是集體表象仍然很強烈，而社會道德權威增大，社會規範有效控制個人，社會制度之運作也能達到完善整合的境界。在此情境下，個人透過功能性的分工，在其專業的地位上，享受最獨立而自主的自由。此即他所倡導的道德個人主義。因

表 20-1　涂爾幹對社會變遷中的道德體系

社會組織的內容	傳統社會	轉型期社會	工業社會
社會連帶關係	以雷同爲基礎的機械連帶	以工技分工爲基礎的契約連帶	以功能分工爲基礎的有機連帶
集體意識與集體表像	強	弱	強
道德秩序與社會規範	有效道德權威抑制性社會規範	道德權威減弱社會規範失效	有效道德權威償性社會規範
社會制度運作	均　衡	衝　突	完善整會
個人活動與個人意識	社會個人主義	純粹個人主義	道德個人主義

資料來源：陳秉璋，《社會學理論》，1985年，P211。

此，屬於該階段的勞資雙方係基於功能分工的有機連帶，彼此相互合作，結合「生命共同體」，形成穩固和諧的互動關係。這種思維上的變遷也將影響著勞資關係。

當前勞資關係的挑戰

勞資關係的範圍，包括：人事管理、人力資源管理、勞務管理等方面，在企業組織中與人員的雇用、訓練、員工關係等課題有密切的關係。隨著社會快速的變化，台灣企業普遍面臨人力供需失調、勞動成本提高、勞動意識提升，以及從業人員過度自我膨脹等現象，使得勞資關係面臨以下的挑戰：

勞動價值觀的改變

隨著社會多元發展，人們的價值觀呈現紛歧的現象，使得傳統道德倍受影響，敬業樂群的精神逐漸低落，即時享受超越努力工作成爲當今人們主體的價值。

勞動就業意願低落

根據行政院主計處的統計，我國失業率於91年11月已攀升至5.22%，且自90年以後，多維持在5%以上，甚至曾高達5.8%，在我國進入高失業率的同時；勞動參與率卻逐漸下降，且維持相當時日，在此同時，我們卻需靠仰賴引進近三十萬外籍勞工，方足以維持基本產業的運作。由此可見國人已存在嚴重的勞動價值變遷的情況。

勞動意識的抬頭

由於勞工意識的抬頭，導致勞資爭議急劇的增加，爲確保突破勞動者的弱勢地位勞工普遍運用集體串通的方式對抗資方，從而促使勞工運動的興起，其過程引起勞資糾紛相繼產生，而且有愈演愈烈的趨勢，影響範圍已由單一企業體的勞資衝突擴及到社會的其他層面，成爲倍受關注的社會問題。

政治因素介入

由於社會的開放，加上政黨的紛立，各政治團體莫不以廣義勞工階層爲政治資源爭取對象，積極介入勞資衝突，經由權益保障的訴求，使勞資關係愈形複雜。

對工作的選擇愈來愈嚴格

根據先進國家的成長實例，隨著國民所得提升，勞動意識與勞動意願的改變，我國在產業的特性上，原本骯髒、危險，純勞力性的工作逐漸沒有國人願意從事。相對的，勞動者選擇工作時不僅要求薪支待遇，對於勞動條件如工作場所、福利提供、休假情形、醫療保障、退休給付與也日益重視。

勞工素質提高

由於國民教育水準大爲提升，勞工的教育以高中、職程度爲多，國中、國小程度日漸減少。相對的對自我權益之維護日漸重視，因而牽動著勞動意識與勞動價值的提昇。在不當的勞動條件下，易於形成勞資關係的對立。

勞動需求改變

依據馬斯洛（Maslow）的需求理論而言，隨著基本工資的確保，使得從業員工於生理需求滿足後，將重視較高心理層次需求，以期自我實現。工作不只是提供金錢而已，更需考量是否符合及滿足心理上的需要，例如，對工作是否能提供個人參與感，興趣的滿足愈受重視。

人口結構的改變

家庭計畫的推行， 生育率降低，形成青年人力的減少與短缺等現象，再加上新世代的工作價值觀有別於傳統社會，勢將造成勞動參與時勞資關係的新型態。另一方面，由於醫療保健的進步，整個人力的年齡結構正走向高齡化的趨勢。這使得整個勞動力市場呈現著多元化型態，在勞資互動上帶來新的情勢。

勞動力的短缺

部分產業雖然受到社會進步， 經濟成長的需求，使得勞動人力的需求擴大，新的就業機會不斷增加。但是因爲勞動意願降低，使得勞動力的短缺現象逐年增加，其中又以製造業中的生產操作工作短缺情形最爲嚴重。

勞工政策的推動

政府爲謀求社會與經濟的發展以及勞工福祉，制定各項勞資法規，例如，工會法、勞工保險條例、勞工安全衛生法、勞動基準法、勞資爭議處理法、職工福利金條例、就業服務法等，以保障勞工身心健康，貫徹勞工福祉，並保障勞方的權益，間接地促成了勞動意識的抬頭和興起。勞動者爲謀求自我權益的維護，對資方既有的管理方式形成衝擊。

今日社會的勞資關係，除了呈現快速變遷的情形外；若以先進國家的實況及整體社會的脈動，隨著整體結構的變化，我們推估勞資關係於未來社會將會出現新的互動方式，亦將對現有的勞資關係帶來新的挑戰。

改善勞資關係的策略

如涂爾幹所論，勞資關係的建構必當衡酌社會情境，究此，在今日社會的主體價值上因呈現著「平等、合作、合理」的特質，是以現代的勞資關係發展必然深受此三種新理念的影響：

人與人之間的平等關係

在現代的生產因素中，資本和勞力均具有相等的重要性。資本社會化的結果，許多勞工獲得資方的身分，教育水準提高的結果，許多勞工獲得經營的權利，現代的勞資關係已不再是支配者與被支配者的關係，而是人與人之間的平等互惠關係。同時；雖然勞工在生產秩序上有服從雇主指揮監督之義務，兩者扮演的角色儘管有所不同，但對國家的經濟發展都有貢獻，兩者在人格上是平等的。雇主要尊重勞工的組織，承認工會的法律地位，如同工會也要尊重雇主一般。在兩者平等互尊的共識下，雙方才能進一步進行團體協商，簽訂團體協商等勞資合作措施。

生產過程的合作關係

勞動生產的提高，除了資方的經營技術之外，仍需仰賴勞工的努力與合作，企業經營民主化的結果，使得勞工得以參加企業的生產過程，以達到合作共榮的目標。同時，如果勞資雙方意見不同時，能異位而思，資方就不會認爲勞方要求好待遇是不可理喻，勞方也會體諒資方經營的困難，勞資雙方互相信賴，互相體諒，「有福同享，有難同當」，自然而然攜手邁向協調合作。

利潤分享的合理關係

利潤是由勞資雙方共同締造出來的成果，應由勞資雙方合理分配，利潤的分配包括資方的紅利分配，企業的再投資，員工的獎勵及對消費者的回饋等。

基於以上的理念，針對勞資爭議及衝突產生的原因，在改善勞資關係的策略上宜採行：

健全勞資關係法制

處於現今民主法治的社會，勞資雙方必須有遵守法治觀念。政府爲維持勞資關係之正常運作，先後訂定多種勞工立法，例如，勞動基準法、工會法等，只有遵循法令的規範下，勞資關係才能合作和諧。落實政策與法規的執行：包括工會法、勞工保險條例、勞工安全衛生法、勞動基準法、勞資爭議處理法、職工福利金資遣、休假請假、加班、退休金等辦法，貫徹勞工福祉，並保障勞資雙方的權益， 明確規範勞資雙方之權利義務，將勞資倫理制度化、法制化。

提升企業倫理與工作倫理

倫理既爲人們行爲的章法和彼此互動的基礎，因此爲謀改善勞資關係則宜加強：培養勞工正確工作態度及敬業精神，培養勞工「以工作爲樂，以生產爲榮」的價值觀念。輔導企業塑造以倫理爲中心之企業文化，建立員工生涯規劃諮商制度。強化對福利的重視：諸如福利津貼、保險撫卹、分紅獎勵、分紅入股、安全衛生改善、社團活動、休閒旅遊等，包括食、衣、住、行、育、樂等的福利制度、提供員工工作、生活上的需要及安全感，獲得歸屬感與認同感，建立良好的勞資關係。

加強推動工業民主制度

現代社會既已逐漸邁向平權化，則於勞資互動上自宜以民主爲主要章法，其作法爲： 協助企業實施品質圈、目標管理、彈性工作、提案制度、自主工作團隊等工作生活品質方案，擴大勞工參與。 經由召開勞資會議，強化勞資會議功能。訂定員工分紅入股制度稅賦優惠辦法，增加事業單位採行分紅入股制度誘因，使員工能合理分享企業經營成果。

有效預防勞資爭議

建立企業內員工申訴制度，使員工的權益與尊嚴獲得保護，同時可避免外力的不當介入，發揮勞資誠信自治精神。教育與訓練的加強：注重人才開發、教育及訓練、改善工作技能、提高工作士氣、增進溝通效能、促進工作及生活品質的提升。

勞資關係問題的克服

勞資倫理係指勞資之間的倫理關係，包括勞動者倫理與主雇倫理。勞動者倫理爲員工對雇主應有的行爲規範，亦即勞工對其所從事的工作及該工作所涉及的關係，不論直接或間接，均須盡道德上之義務，此等義務又可包含工作、服務、勤愼、忠實及契約結束後的義務。雇主倫理爲雇主對員工應有的行爲規範，其所須履行的義務則包含工資給付、照顧及契約結束後的義務。

近年來，勞資倫理遭到嚴肅的考驗，若干雇主不再像以往負起照顧勞工的責任，而隨意資遣勞工，以逃避退休金；而部分勞工亦不再像往常負起對雇主忠誠的責任，在要求加薪或提高福利時，亦未考慮自己相對付出了多少，只一味爭取權利而未善盡義務與責任。這些缺乏倫理觀念的行爲正是勞資爭議的根源。因此，要使勞資之間和諧合作，相互依存，要能經由合理的勞資倫理才是正本清源之道。

爲善盡企業組織的社會責任，並因應台灣當前經社環境的轉變及「福利社會」的潮流，勞資倫理之建立應本著上述「創新目標、社會目標及平衡導向」的管理理念朝以下方向進行：

塑造企業文化

企業文化乃是一種「價值觀」，是一種以「人」爲重心所建立起來上下一致共同遵循的價值體系，使得每一位員工都清楚的瞭解到自己努力的方向，也瞭解大家努力工作背後的眞正意義和理念，這樣的過程不但使得上下之間的溝通頻率變得特別活絡，而且能夠激發員工旺盛的工作的意願與互助合作的團隊精神，諸如：麥當勞、IBM、全錄、波音飛機等公司就是因爲具備有強而有力的企業文化，所以能夠躋身世界一流大企業的行列中。

日本在七〇年代，員工的主要需求在於三C：爲汽車（Car），冷氣機（Cooler）和彩色電視機（Color TV），著重在物質方面，而企業也以此目標激發員工。後來隨著外在環境和員工需求的改變，乃提出新的三C概念：企業文化（Corporate Culture）、溝通（Communication）和創造力（Creativity）；近年來美國企業界也有感於勞資對立的破壞性與勞動生產力提昇的必須性，乃提出教育訓練員工的三C概念：人際溝通能力（Communication）、事務分析能力（Comprehension）、數理分析能力（Computation），紛紛表現出美、日等國對企業內部溝通的重視與努力。國內企業也有運用企業文化，成功地激發員工工作意願使企業迭創佳績的例子，像宏碁電腦公司的宏碁文化，震旦企業的三意文化（使員工願意、樂意、滿意），充分顯示出企業文化的確是一項消弭勞資爭議，在創企業活力的動力來源。

權利義務對等，報酬貢獻相稱

一個公平的社會，人人得以享受應享受的權利，也必須善盡應盡的義務，而一個健全的企業，也應本此原則，對於各項生產要素的貢獻提供合理的報酬，以維持生產的不斷提高，更具體的說就是單位產出勞動成本的提高也必須伴隨著勞動生產力的提高，才能使企業與勞方互蒙其利。就我國而言，由於勞資雙方均能體認到企業發展與勞工利益相輔相成、密不可分的關係，因此，資方適時調整工資、改善環境，以提高工作效率，而勞方亦在生產力方面不斷提高，使企業的經營更有活力、更具效率。今後應在此一和諧良好的基礎上繼續努力，業者對於勞工的貢獻給予合理報酬，而勞工亦本著權利義務對等觀念，在各個不同的工作崗位上，以生產力的提高及工作表現來促進企業的發展，進而獲得的報酬與重視。

擴大勞工參與管理活動

根據國際勞工組織的一份資料顯示，由於工業革命的衝擊和社會結構的轉變，勞工的工作愈來愈細分化，工作重複單調而無樂趣，失去控制生產的成就感，而組織結構趨向金字塔化，中間管理階層又逐漸萎縮，升遷機會減少，使得勞工追求參與的意願日益提高。再加上勞工的教育水準與知識領域逐漸提高，勞方愈希望從參與工廠管理方面得到滿足，以彌補工作中精神的損失。我們知道，勞資關係需要適度的參與，所以勞工多參與是好事，不是壞事，勞方可經由參與瞭解公司經營的成敗與他有切身關係，讓勞方參與更高層次的管理，可以使勞資合作關係達到更高境界。

重視勞資一體，謀求勞資和諧

因爲勞工生活，此不僅對社會安全有所助益，且因爲勞工生活的改善，購買力的提高，刺激企業生產，對經濟成長有其相當的貢獻，但隨著經濟的日趨發展，對勞動力的需求日增，勞工教育的普及，勞工之權利意識日益提高，勞資問題亦漸受到關切。不過經濟發展爲立國的基礎，無論農業社會或工業社會，開發中國家或已開發國家，發展經濟一直是全民提高生活水準、享受福利的泉源，也只有經濟的持續成長，人民的利益才能獲得增進與保障。

因此在經濟愈發達、勞資關係愈密切的時刻，惟有勤奮的勞工，才能使企業具有競爭力，立於不敗之地；另一方面也惟有企業能夠持續健康的經營，才能保障勞工的就業機會，改善勞工生活。勞資雙方應相輔相成、同舟共濟，建立互相「尊重、關愛、誠信」的良好關係，彼此多爲對方著想，以「家和萬事興」，「以和爲貴」，來加強團結，謀求和諧，發揮勞資倫理，維持生產秩序，才能使企業組織獲得更健全的發展。

建立正確職業觀念

職業觀念就是對職業性質、職業內涵、職業價值的判斷，每一個人應該針對個人的性向、興趣，才能選擇適合的職業。正確的職業觀念必須具備職業神聖、職業平等、勞資神聖、基層做起與服務社會等五種觀念爲先決條件，並做到：

1.發揮高度的責任心與榮譽感。

2.具備服務的理念，能犧牲享受，方能享受犧牲。

3.實踐勤勞美德，捨棄投機功利主義及好逸惡勞觀念。

4.以敬業、樂業、永業的觀念，忠於工作、熱愛工作、重視效率，並以自己職業爲榮。
5.要從基層做起，俗語說的好：「萬丈高樓平地起」、「英雄不怕出生低」，如日本「經營之神」松下幸之助由艱困中創業，終成就大業。
6.隨時充實自己的知識與技能：社會變遷快速，因此每一個人需不斷進修及參加職業訓練，多看、多聽、多學習、多研究、多體驗，以吸收新的知識，學習新的工作技能，以便能隨著時代潮流同步成長。

培養職業道德

近年來，由於受到社會投機風氣及功利主義的影響，國民就業意願低落，勞動參與率因而大幅降低，以致產生營造業、製造業等行業勞動力不足及「缺工不缺人」的現象，潮流所趨，影響我國社會型態重大的變遷，而在職業道德的倫理層面出現了一些「見異思遷」取代了「腳踏實地」，「浮誇不實」取代了「誠實可用」，「敷衍塞責」取代了「積極負責」等怪異的現象，因此工人紛紛跳槽、雇主關廠歇業、仿冒品、僞藥、假酒、違禁藥品、經濟犯罪、走私偷渡、人頭公司、利益輸送等案件層出不窮，實爲我國經濟發展奇蹟中的一股逆流。由此觀之，重振職業道德已成爲刻不容緩的當務之急。倡導國民培養職業道德的新觀念，建立勞資倫理之理念，需要企業界、勞工與政府之間，各方面的密切合作，構成相輔相成的關係體系。

結語

勞資關係是企業經營之本，爲企業成敗之所繫。其中所關係的人力資源更是企業最寶貴的資產，任何企業爲求永續經營與發展，必須重視良好的勞資關係使企業人力能穩定於工作崗位上，降低曠職率、離職率，提高員工滿意度。

勞資關係的增進需藉由有效的管理策略，針對社會的變動，人們工作的態度與意念進行適切的回應，以達成企業成長的目標。亦即經由個人的進展推及到群體，以達成組織系統的整體發展。勞資關係中強調運用人力發展與規劃的策略，以達到對組織成員做到：「需才」、「求才」、「用才」、「留才」，其終極目標對個人而言是在於提高員工滿意度，對組織而言是增進生產效能；究此，足見良好的勞資關係對整體社會的重要性。

因應社會的快速變化，人們工作意識的變遷，企業組織如何提供良好的工作環境及福利措施，以建立合理有效的制度等，並配合員工們的發展需要，增強對企業的認同感，激勵工作士氣，提高生產效率，讓員工能在企業中獲得滿足與成長，避免勞資糾紛和衝突，增進生產效率與和諧關係，降低社會的不安，是社會發展的重要課題。

勞資關係應基於平等互惠的前提，方能各取所需，互蒙其利。改善勞動條件，增進福利設施，不僅是企業應具有的責任，更是改善產品品質，創造利潤的主要策略。勞工也應體認覆巢之下無完卵的共識心理，提高生產力，增進企業的成長。勞資雙方產生共識才能促進企業永續經營與成長，否則勞資雙方的糾紛不斷，抗爭激烈，將直接的影響企業組織的經營，間接將影響投資意願的低落，進而影響工作機會與工作保障。

隨著社會變動，經濟環境的急速改變，今日的企業應不斷加強人力資源管理活動，以提高企業成員的素質，有效運用人力資源，方能因應多變的經營環境，增進企業的效能，達成企業經營的目標。勞資關係猶如車之雙輪，更像夫妻關係，必須穩定且健全的發展才能順利運轉，達到合則兩利，分則兩害的關係。否則不健全的勞資關係將減緩企業的成長，更將危及企業的生存，不但是資方關切的事，也與勞方休戚與共，而勞資糾紛引發的社會成本更是龐大，最後也將由勞資雙方必須以誠懇、平等、互惠的原則，強調勞資關係的合諧、合作，發展與企業以健全發展彼此關係，在同舟共濟，共利互存的前提下，為謀個人在企業中的成長，促進經濟發展，社會繁榮進步而作出貢獻。

第21章

社會福利問題

■前言
■民衆對社會福利的高度期待
■我國實施社會福利現況
■政府推展社會福利之檢討
■社會福利對經濟發展的正向功能
■社會福利對經濟發展的負向功能
■社會福利的努力方向
■邁向福利社會的省思
■結語

前言

現代社會發展的目標，無不在追求社會的繁榮富足和公平正義。因此，當英國大主教威廉鄧普（Wiliam Temple）於1941年提出「福利國家」（Welfare State）以取代「權利國家」（Power State）的概念後，即成爲自由世界爭取社會安全的基本根據。社會福利提供社會大眾和政府追求的一個藍圖。若就自由經濟體制而論，福利國家所實施的各項福利措施，其目的在解決自由經濟體制下的各種負向發展所衍生的社會問題，以期達到公平合理分配社會資源，滿足個人生存的基本需要，保障屬於劣勢的個人或弱勢團體，穩定社會秩序等目的。

在這股氛圍裡，社會福利似乎深陷於社會正義的象徵，也是落實政府職能的最佳體現。抑或是浪費資源，強化政府組織體系對民眾的掌控，乃至影響國家的經濟發展……等缺失。

隨著民主政治的推展，全民擁有更多參與政策制訂。政策抉擇的管道時，社會福利的擴展曾經是爲政者取悅人民或施惠於民的重要措施。然而西歐、北美這些社會福利先進國家當身陷於：「因社會福利的過度膨脹，造成經濟發展的遲滯」、「龐大的福利支出與財政赤字，產生經濟衰退」、「政府的福利措施摧毀人民的工作動機和造成懶惰的依賴人口」……。（詹火生，1987；李增祿，1993；江亮演，1997）頓時之間社會福利，成爲經濟發展「避之唯恐不及」的瘟疫，成爲拖垮國家財政的負擔，成爲延遲經濟成長的代罪羔羊。 1979年英國政府發表的白皮書宣稱：「公共支出是致使英國經濟陷入困境的主因」。（蔡宏昭，1990） 社會福利動搖經濟成長，不僅深植於執政者的思維，也存諸於學者專家的觀點，連一般大眾也作如是觀。社會福利所揭示的理想已成爲人們思想的主幹；達到全民均富的目標亦形成一股龐大而不可抗拒的社會潮流；許多政治人物以社會福利推動的舵手自許，並作爲政府實踐社會正義和落實爲民謀福的基本政策。因此，近年來，不僅是「國民年金」受到重視，全民健康保險、國民平價住宅……等，亦爲政府亟力施展推動的政策。

究竟「社會福利」與「社會發展」存在著什樣的關係？面對這種對立的主張，當我們在企望社會福利的建構時，該如何客觀、冷靜、理性以對？如何建立可長可久的社會福利的體系，以滿足民眾的基本需欲，並用以達成社會公義的達成。深信是值得學界思索探求的。

民衆對社會福利的高度期待

近年來隨著經濟的高度發展，國民所得大幅度的提高，物質生活日益豐沛，教育知識日漸普及，導致社會大眾更加重視生活素質的提升。然而在經濟過度競爭下所形成的財富分配不平均，爲了追求財富的公正分配，建立完整健全的社會體系，以期縮短所得之間的差距，使社會中現存的弱勢團體獲得正義力量的支持，已經儼然成爲社會的主流價值；另外有鑑於小家庭的普遍化，所導致的安全機制不足；皆成爲人們期盼政府進一步建立完整的社會福利體系的重要因素。根據內政部於90年12月所公布的「台灣地區國民生活狀況調查」顯示：國民認爲目前亟須加強辦理的社會福利工作前五項依序爲：老人福利44.9％，醫療保健25.2％，兒童福利23.2％，身心殘障者福利21.5％及性侵害防治21.0％。充分揭露民眾對社會福利的建置與推動充滿高度的期待。

自有人類以來，就有「社會福利」的概念；遠在洪荒世界，人們必須依賴平日儲存糧食以備不時之需。發展至農業時期，大家族的多子多孫觀點，其目的之一也是在「養兒防老」。及至工業社會，受到社會型態的改變，家庭已不再是保障個人藩籬，由政府和社會機構起而代之扮演著社會福利的角色。尤其是自「福利國家」的觀念推廣開來，福利服務成爲今日政府責無旁貸的職能。

我國實施社會福利現況

廣義的社會福利包括政府與民間慈善團體或家庭所提供的各項資源，用以保障人民的生活。由於目前福利國家的社會福利供應主要是靠政府部門，所以討論社會福利支出時，多係以政府規範或強制施行的社福政策所需的經費爲範圍；目前我國政府社會福利包含社會保險、社會救助、福利服務、國民就業及醫療保健等五項；另政府執行社福措施所需的經費主要來自賦稅收入，惟福利國家多另開徵社會安全捐以挹注龐大的社福支出，我國雖未開徵社會安全捐，但政府強制規範民間部門（含企業單位及家庭）參與各項社會保險及退撫制度所繳交的保費，亦具社會安全捐性質，爲我國社福資源的重要來源。

近年政府積極推動各項社會福利措施，除於84年度開辦全民健康保險、發放老農津貼，並逐步擴大辦理中低收入老人生活津貼及身心障礙者福利措施，以致社會福利經費逐年擴增，88年下半年及89年度來自政府、企業及家庭的社會福利經費總額達1兆961億元（如表21-1），折合一年爲7,509億元，較84年度增0.79倍，平均每年增加12％，整體社會福利資源漸趨成長。就項目觀察，以社會保險占73.6％最多，其次福利服務占14.1％、社會救助占8.5％。與日本相較，1997年日本社會福利經費中，社會保險即占81％，較我國高出7.4個百分點，公共扶助與社會福祉（相當於我國的社會救助及福利服務）等濟助性質者僅占 9.5％，則較我國低約13個百分點，顯示日本自助互助之福利制度較我國確立。

表 21-1　社會福利經費概況　　單位：億元

	84年度	85年度	86年度	87年度	88年度	88年下半年及89年度
經費收入	4,204	5,827	5,943	6,064	6,489	10,961
項目別（%）						
社會保險	67.4	71.8	70.9	75.6	78.8	73.6
社會救助	5.0	5.2	6.1	4.1	3.6	8.5
福利服務	19.8	17.3	17.4	15.2	12.9	14.1
國民就業	0.8	0.7	0.8	0.6	0.6	0.3
醫療保健	7.0	5.0	4.8	4.5	4.1	3.5
來源別（%）						
政　府	55.1	49.8	49.6	46.6	43.2	47.7
企　業	24.5	25.1	23.6	24.9	25.7	24.2
家　庭	18.0	22.8	23.5	24.5	22.5	20.8
基金運用收入	2.0	1.8	1.7	2.7	4.9	5.4
其他收入	0.4	0.5	1.5	1.3	3.7	1.9

資料來源：各級政府決算書、財政部、內政部、中央信託局、退輔基金管理委員會、勞保局、勞委會、中央健康保險局。

社會福利經費的來源，以政府占近五成最多，另企業單位二成五、家庭二成，基金運用等其他收入未及一成。與日本相較，1997年日本社會保障總經費中，政府負擔約三成，企業單位與家庭共負擔55.4％，我國政府負擔比重遠高於日本。

就政府社會福利支出項目觀察，往年我國政府社福支出係以福利服務爲主，約占四成，84年度以來，因全民健康保險的開辦，社會保險支出乃大幅躍升，並成爲社會福利支出的主軸，每年均占逾四成，福利服務支出占約三成；另社會救助支出所占比重已逐年降至8%，88年下半年及89年度因受921地震龐大賑災經費影響，遽增至17.8%。茲就政府社會保險支出、社會救助支出與福利服務支出之概況說明如下：（請參閱表21-2）

1.近年來政府社會保險支出仍持續增加，目前一年計需1,500餘億元，主要用於保費補助及虧損補貼；其中全民健保開辦後，已使全民享有醫療保障，政府對於健保的相關補助，即成爲主要的社會保險支出，每年均占逾五成，迄89年底已有2,140萬人受惠，占應納保人口96%；次爲勞工保險（占18%），惠及792萬勞工；再次爲公教人員保險（占8%），惠及63萬公教人員；另農民保險（占8%），惠及178萬農民。其中公教人員保險方面，由於政府兼具雇主的身分，致對於每名公教人員的補助近2萬元，遠高於對勞保每位投保者的補助3,638元。
2.社會救助支出係爲照顧低收入者或遭受變故者，使其獲得基本的生活保障，若不計地震災害救助，每年經費約250億元，其中以發放「中低收入老人生活津貼」近100億元（占四成）最多，照顧20.5萬人，占老人人口10.8%，中低所得老人已普獲照顧；其次爲低收入戶生活扶助近40億元，照顧6.6萬戶（15.6萬人）。
3.福利服務支出主要用於老、殘及兒童的福利性服務或補助，每年經費約千億元，往年均用於榮民之就養（學）爲主，88年下半年以來，由於擴大辦理「老年農民福利津貼」

表 21-2　我國政府社會福利支出及受益人數

	87年度		88年度		89年度	
	金額(億元)	人數(萬人)	金額(億元)	人數(萬人)	金額(億元)	人數(萬人)
社會保險支出	1,351	-	1,426	-	1,604	-
全民健康保險	806	2,060.3	837	2,091.2	911	2,140.1
勞工保險	283	750.6	280	759.4	288	791.6
公教人員保險	125	62.7	120	62.5	130	63.0
農民保險	70	180.7	82	180.5	126	178.0
軍人保險	42	-	78	-	119	-
社會救助支出	250	-	236	-	641	-
中低收入老人生活津貼	79	17.4	98	20.2	105	20.5
領6,000元	27	9.3	68	10.2	80	10.6
領3,000元	52	8.1	31	10.0	25	9.9
低收入戶生活扶助	32.7	-	36.7	-	39.6	-
家庭生活補助	20.3	4.5	23.2	4.7	25.5	5.0
就學生活補助	3.9	0.8	4.7	1.1	5.6	1.1
以工代賑	5.9	7.5	6.4	7.9	6.0	5.2
子女教育補助	0.6	0.6	0.6	0.6	0.8	0.1
節日慰問	2.0	8.1	1.8	8.2	1.8	8.4
福利服務支出	919	-	838	-	1,050	-
榮民之就養	221	12.8	225	12.4	220	12.0
改善殘障、老人及兒童設施	184	-	195	-	169	-
老年農民福利津貼	153	43.5	160	43.1	270	63.6
收購稻穀差價補貼	97	-	97	-	-	-
身心障礙者生活扶助	63	-	90.3	-	114	-
教養及養護補助	6	3.9	11.4	6.0	12	-
生活補助	53	10.8	68.7	10.0	97	-
輔助器具補助	4	2.8	10.3	4.9	6	-
敬老福利津貼	48	22.2	80	40.9	54	30.0
二二八補償金	5	-	5	-	0	-
國民就業支出	35	-	37	-	23	-
醫療保健支出	273	-	268	-	267	-
政府社會福利支出	2,828	-	2,805	-	3,583	-

資料來源：同表21-1。

說明：爲便於比較，89年度金額，係以88下半年及89年度資料，依行政院核定之比率1.4596折算。

措施，以致全年發放金額攀升至270億元（占26%），成為主要的福利服務支出項目，受惠老農63.6萬人，占老人人口三分之一；另榮民就養（學）每年需220億元（21%）、改善老、殘及兒童設施補助169億元（16%），餘為身心障礙者生活扶助114億元，其中生活補助97億元，身心障礙者經濟生活得有保障。

政府推展社會福利之檢討

這幾年雖然社會福利成為顯著的政策議題，選舉期間政黨與政治候選人也常以福利政策作為競選政見，但是政府的福利支出不增反減，顯示口號並未轉化成政府的具體行動。

比較近年來我國各級政府福利支出淨額的統計，可以發現除了在84年由於全民健保的開辦，有顯著的成長之外，之後便呈現停滯的局面。此後，各級政府的社會福利支出更出現下滑的現象，從86年的2,950億元高峰，降到87年的2,828億元（較前一年縮減4%），88年又續降到2,805億元（較前一年縮減0.8%）。就福利支出占政府支出的比率而言，亦是從86年的15.7%，下降到87年的14.2%，88年續降到13.7%。就其占國民生產毛額的比率而言，則從86年的3.7%，降到87年的3.2%，88年續降到3.0%。平均每人社會福利受益淨額則從86年的13,704元，降到87年的13,005元，88年續降到12,789元。

以上這些數字說明一個事實，那就是整體而言，這幾年社會福利並非政府施政的重點。研究社會福利政治的學者大都認為政治的民主化，尤其是選舉因素的刺激，常會導致福利的擴張與政府福利支出的成長。而我國這幾年選舉頻仍，選舉期間政治候選人的福利支票也開得滿天飛，但是從實際的政府支出來看，卻是口惠無實，福利支出不增反減。

其實從一個社會的經濟發程度來看，我國目前政府的福利支出仍然太低。理論上而言，當一個社會越富裕，就應該有越多的剩餘可以從事社會福利的重新分配。我國目前的經濟發展程度，就國民所得而言，大約已達到歐美工業資本主義國家1980年左右時的水準。但是去年我國每位國民平均享有的政府福利支出，只有四百多美元，和1977年時美、加等國平均每人享有的一千多美元，以及瑞典每人平均享有的將近三千美元的政府福利支出，完全不能相比。此外，就政府福利支出占國內生產毛額的比率而言，最強調平等化的社會民主國家，例如瑞典和丹麥，比率高達28.6%和25.0%；不強調平等化但福利發展頗爲快速的保守組合主義國家，例如法國和德國，比率高達22.7%和19.4%；即使是福利發展最落後的自由主義國家，例如美國和加拿大，其比率也有10.0%和12.3%。以這些數字做參考，那麼就經濟發展程度而言，我國政府的福利支出應該還有很大的擴展空間。

根據以上對於我國社會福利服務的檢視，大致可獲得以下關於我國福利發展的印象：

1.我國政府福利支出偏重財富重新分配效果不高的社會保險，普及性的福利服務提供不足，再加上社會保險體系的階層化，嚴重限制了我國社會福利的平等化效果。據統計：政府對於社會保險的保費補助每年約1,200億元，占社會保險保費收入（約4千億元）近三成；政府保費補助除對低收入戶等弱勢人口採全額補助外，對其他人口亦有不等幅度的補助。與日本相較，日本的健康保險制度中，私立學校教職員健康保險之保費是由被保險人及校方共同負擔，而我國政府則補助保費的30%；日本政府補助公務員健康保險保費的50%，我國則補助60%；顯示我國對有工作能力者之保費補助相對較高。

2.我國政府的福利發展，偏重現金給付的方案，對於福利服務體系的建構努力不夠。現金給付無法直接解決生活需求，民眾仍須到市場中購買服務，結果仍造成人民生活的階層化。而且由於缺乏公共照顧服務的提供，女性仍受困於照顧負擔而無法積極就業，這也是導致我國婦女勞動參與率幾年來一直維持在45%到46%之間，無法有效提升的重要原因。根據福利先進國家如瑞典等國的經驗，政府提供的公共照顧服務不但可減少家庭的照顧負擔，且本身可創造許多婦女的就業機會，並且因此增加國民所得與政府稅收。政府應該重新檢討福利政策的發展方向。

3.社會保險的實施因制度面設計的不足，致增加國庫的龐大負擔。在各項保險的投保身分方面，由於各身分別投保薪資及負擔比率存有顯著差異，且加保資格認定寬鬆，亦使政府保費支出浮增。例如，自營作業者投保薪資較高，且須自付全部保費（約為工會會員的2倍），因此多以薪資較低之工會會員身分加保；88年底被保險人身分為雇主或自營作業者為36萬人，但人力資源調查則達155萬人（已扣除農漁業者），由於政府對每一位職業工會會員的保費補助每月至少614元，據此估計，全年度政府所增負擔即在114億元以上。另因農民投保額較低、政府補助比率又高，被保險人保費負擔較輕，致以農民身分投保者達177萬人，為農林漁牧業就業人口74萬人的2.4倍，亦使政府負擔增加，對健保收支形成扭曲。

政府社會福利支出之財源主要來自稅收，故民眾欲享有較多之社會福利，則相對要增加賦稅負擔。目前我國賦稅負擔率（賦稅負擔占GNP比率）已降至13.3%，較歐美國家之20%以上顯著爲低。另歐美國家亦開徵社會安全捐，以挹注社會福利支出經費，社會保障負擔率（社會安全捐占GNP的比率）以法、德近20%較高，顯示享用社會保障愈多之國家，社會保障負擔率亦高；我國雖未開徵社會安全捐，但政府強制規範民間參與各項社會保險或退撫制度之保費支出，亦具社會安全捐的性質，88年下半年及89年度我國社會保障負擔率爲3.9%。併計後之國民負擔率爲17.2%，僅爲歐美國家之半數，顯示我國社會福利規模雖較已開發國家爲小，國民負擔亦相對較輕。（如表21-3）

表 21-3　主要國家社會保障負擔率比較

單位：%

國別	年別	國民負擔率			社會保障支出占GNP比率
		總計	賦稅負擔率	社會保障負擔率	
日　本	1996	28.0	17.9	10.1	15.0
美　國	1996	30.0	22.5	7.5	16.6
英　國	1996	34.0	27.7	6.3	24.4
德　國	1996	42.3	23.4	18.9	28.9
法　國	1996	44.6	25.0	19.6	32.7
中華民國	1996	20.4	16.1	4.3	8.6
	1997	19.8	15.8	4.0	8.9
	1998	20.1	16.0	4.1	8.6
	1999	18.8	14.7	4.1	8.2
	2000	17.2	13.3	3.9	8.5

資料來源：行政院主計處，「統計手冊」、財政部統計處，「財政統計年報」、日本總理社會保障制度審議會事務局，「社會保障統計年報」。

4.社會保險費率偏低影響財務穩健：各項保險的財源主要來自保費，惟由於投保薪資偏低，使得保費收入無法提升。在投保薪資方面，公保以基本薪俸爲保險俸給，僅及實際俸給的四至六成；勞保以月支薪總額自11,100元至42,000元分25級薪資投保，89年平均投保薪資24,554元；僅及平均薪資的59％，最高保額亦僅略高於受雇員工每人每月平均薪資41,874元，而以基本工資（15,840元）所在級距16,500元（含）以下投保者達181萬人，占總投保人數比例達23％，惟據人力資源調查資料，未達基本工資者僅40.6萬人，占非農業部門就業人口僅4.6％；低報薪資現象甚爲普遍。

保險費率方面，健保實施前，勞工保險實收費率（7％），僅及精算費率（14.4％）之半數，另公保實收費率（9％）、農保（6.8％），亦僅其精算費率的三分之二，健保實施後差距仍未縮小；實收費率長期偏離精算成本，不僅使往年勞保基金嚴重不足，亦使公、農保歷年來均入不敷出；截至90年公保及農保累計虧損逾1,500億元，全數由國庫撥補，政府負擔相當沉重，已背離社會保險自助、互助之精神。

另全民健康保險的精算費率雖在4.25％至6％之間，惟自開辦以來，實收費率均維持在4.25％，而影響保費收入的平均眷口數則逐年調降至0.88，與開辦時1.36相較，降幅達三分之一，另爲減輕被保險人負擔，88年7月起被保險人最高繳費眷口數由五口調低爲三口，而醫療給付又以每年近一成的速度增加，近二年已入不敷出，全賴往年提存的安全準備金挹注，安全準備金已由87年底342億元，驟降至89年底35億元，保險財務已形惡化。

表 21-4　1999年主要國家健康保險指標

	日本	德國	法國	英國	中華民國
加保率（%）	100	90	99	100	96
患者負擔	門診藥劑費依藥品種類部分負擔，其餘負擔2～3成	住院定額負擔藥劑全額負擔齒科55%	住院30日內負擔20%，逾30日全額負擔 門診30％ 藥劑35％	藥劑定額負擔齒科 8成	門診部分負擔藥劑兩成住院伙食費
保險費率（%）	8.5	13.6	13.55	-	4.25
受雇者	4.25	6.8	0.75	2~9	1.275
雇主	4.25	6.8	12.8	4.6~10.4	2.55
國庫負擔	13%	原則無	原則無	81.5%	4.25%

資料來源：日本總理府社會保障制度審議會事務局，「社會保障統計年報」。

附註：另查我國行政院通過於2002年9月起健康保險費率提升為4.55%。

檢視目前各主要國家之健康保險對象多已擴及全體國民；保險費率多在8～14%之間，以德、法國的13.6%較高（表21-4），我國則僅4.25%，低於主要國家；各國醫療費用之給付則多採患者部分負擔，以抑制醫療資源的浪費。由於人口高齡化，主要國家健保財務負擔均重，1993年歐美國家老人使用的健保經費比重均逾三成，日本國民醫療費占GNP比重亦由1960年的3%升至1997年的7.2%，為期健康保險之給付與負擔公平、合理化，各國除逐步提高保險費率以健全保險財務，另亦提高患者自己負擔部分，以抑制醫療費用的快速膨脹。我國全民健康保險精算費率雖在4.25%至6%之間，惟自開辦以來實收費率均僅維持在4.25%，在醫療給付持續增加的情形下，健保財務已呈現不足景況。

5.重複補助有失公平原則：現行低收入戶的補助方式，會導致家庭高低所得序列倒置，不僅會引起邊際低收入戶的不平，亦會降低就業意願，而造成所得差距擴大的不利因素。例如，第一款（無收入）低收入戶老人，可同時支領低收入戶生活補助及中低收入老人生活津貼；再若戶內有二個老人及二個兒童之第一款低收入戶，以台灣省89年度的補助標準，全戶可獲得的政府補助每月即達42,392元，已逾受雇員工平均薪資（41,874元），補助額度明顯過高；由於被救助者領取的津貼，高於自食其力時獲取的報酬，將抑低其「去福利」而「就工作」的意願，陷入「福利陷阱」中。政府應將各種不同身分者的福利服務統合爲單一方案，避免同一對象因不同身分而取得重複的補助。

6.濟助對象浮濫，抑低社福資源的效益：近年來我國各項老人津貼發放的門檻一再放寬，加以87年11月老農津貼取消排富條款之後，目前領取中低收入老人生活津貼、老農津貼或榮民就養津貼即近百萬人，已逾半數老人人口。津貼發放的對象過於浮濫，使得境況尚佳者因而獲得了福利，而需要照顧者又未得到應有的照顧，西方國家「福利詐欺」的現象在我國已逐漸浮現。

7.公立福利機構使用率偏低，宜結合民間資源改善安養環境：目前政府設置的老人扶（療）養機構40餘所，可容納8千餘人，惟實際使用率均未及三分之二；公立福利機構規模龐大、使用率偏低，政府仍須挹注經費，每年政府投注於各類福利機構的增建及設施改善的經費達170億元；惟政府財源有限，且隨國民所得提高，老人經濟自主能力增強，願意自費就養於較舒適生活環境的人數將日漸眾多，89年底就養於已立案私立安養機構者1萬3千餘人，爲公立的2.4倍；惟尚有部分就養於223所未立案安養機構中，其人力、設施均顯不足，影響服務品質及安全至鉅，應儘速輔導改善。另由於多數老、殘與家人同住仍甚普遍，89年老人與子女同住比率仍達七成，致已立案公、私立安養機構可收容餘額仍近萬名，因此政府更不宜以增置照護機構爲發展重點，而應結合民間資源提供較好的安養環境並多規劃社區及居家服務，以有效解決老人的安養問題。

8. 社會福利服務對象與內容區域間差異頗大：地方社會福利費而不惠，部分縣市以近四成的縣市政府社會福利經費發放齊頭式敬老福利津貼，已使有限資源嚴重扭曲；且社會救助及福利服務的對象及內容，地區間差異亦大，如台北縣各鄉鎮即有生產補助、托育補助、老殘三節慰問金、意外死亡慰問金、殘障補助及電費補助等不同的補助內容；另如兒童生活補助，台灣省及高雄市每人每月在1,400至1,800元間，台北市則達5,167元，發放水準因地方財力不一而差距懸殊；爲能均衡照顧各地區弱勢民眾生活，並避免地方首長爲討好民眾，漫無標準競相發放，宜由中央統一研訂社會救助及福利服務辦法。

社會福利對經濟發展的正向功能

社會福利的產生，可以說是在工業社會由於生產型態和家庭關係的變化，使原有依賴家庭、宗族所提供的生存保障，轉而爲政府和社會機構所取代，運用制度化的規劃以滿足民眾生存的基本需求。這種由政府負大部分責任的社會福利，對經濟發展至少可提供下列數項的功能：

1. 促進社會的穩定和諧發展，裨益經濟的提昇：社會福利制度源於工業革命後的社會結構改變。1882年俾斯麥首相於德國首創「社會保險」制度，以期保障工人的最低生活水準。其目的之一，即是希望由此穩定勞工的工作情緒，並以此激發勞工的生產效能。這種舉措無疑地帶來整體經濟力量的提升。
2. 由於生產力的提高和勞動力素質的提升促成了經濟的成長：社會福利的範疇包含了：教育、職業訓練、就業輔導、健康保險、公共衛生、國民住宅等部分。經由這些福利措施，自然有助於人力資源的開發與提升，有助於經濟的升級與發展。
3. 社會福利增進勞資關係，促進經濟發展：由於社會福利的實施，尤期是勞工福利的普遍推行，確保勞工的基本權益，使勞工的疾病、失業與退休等獲得充分的保障，因而促進勞資關係的協調與圓滿，必能提高生產的效率。社會福利措施中的疾病殘障、失業及老年保險等不僅可以提高勞工的生活水準、免除疾病、失業及退休後的經濟問題，而使勞工能夠十分放心地積極從事生產工作，這也就能使經濟發展成爲可期。
4. 社會福利因爲具有縮短貧富之間差距的功能，使經濟資源有效分配，有利於經濟發展： 社會福利中的社會保險對所得的再分配有更直接的影響，同時社會保險採用「危險共擔」的原則，不同職業與經濟階層的共同參與社會保險計畫，因而產生經濟資源的再分配效果，因爲低職業階層所遇到的危險可能比其他職業階層者要來得多，因此基層工作者可以享領更多的社會保險利益，產生經濟資源的垂直再分配，除了具有縮短貧富之間差距的功能外，也能夠達到「均富」的理想目標。

5.有利於資本的形成，以帶動經濟的發展：經濟發展所必須具備的要素之一就是資本的形成，資本愈充裕，則愈有助於經濟的投資與成長。社會安全制度中的社會保險辦法，規定受保險人按期編納保險費。因此，社會保險辦法實際上是儲蓄的一種方式，大部分的社會保險都能夠累積數額相當龐大的社會保險基金，所以社會保險基金往往是資本形成的一個重要來源。

6.社會保險採用「危險共擔」的原則，能激勵生產意願有助於經濟發展的效果：由於社會保險採用危險共擔的原則，有助於勞動生產者的工作安全保障，自然提昇勞工的工作意願，因此鼓勵各職業階層投入生產行列，達到經濟發展的目標。

社會福利對經濟發展的負向功能

福利國家的社會福利服務，在第二次世界大戰以後將近半世紀的發展，雖然已使若干福利先進國度建立起全民性、完整性、平等性的福利服務網路，使任何人遭遇到危害和不安時，均可適時取得福利資源的協助。然而，縱觀歐美的福利服務並非只有百利而無一害，尤其是若干學者專家提出社會福利對經濟運作的龐大負擔，使若干屬於社會福利起步的國家，對福利服務的方向產生了矛盾的情結，社會福利對經濟發展有那些負面的影響：

1.龐大的社會福利支出，造成高通貨膨脹率，影響經濟的穩定發展：由於社會福利是一種「移轉性支付」，也是一種「公共財」，所以一般均由政府透過稅收的途徑，再以社會福利服務方式，移轉給需要福利的個人或家庭，因此社會福利支出在福利國家往往占有很高的比例。而大部分的福利接受者，如老人、殘障、幼童均非生產人口，所以在移轉性支付福利服務時，消費的部分一定超過生產的部分，於是容易導致通貨膨脹，影響經濟的穩定發展。

2.福利國家若縮減福利支出將造成高失業率：福利服務的擴大很容易引起通貨膨脹的問題，但是如果縮減福利支出，則反而引起失業率上升的問題。因爲福利服務是一種「公共財」，在金錢給付的福利服務形成所謂「福利貨幣」（即不需要付出生產代價即可獲得報酬），低收入者、老人、殘障者福利接受者，即可用此貨幣購買所需的生活物質，此種需要帶動工業生產上的需求，亦擴大了供給，並擴充了就業機會。但是如果縮小福利服務的支出，縮小供應福利服務範圍，亦即減少「福利貨幣」的供給數量，於是社會上對生產的需要迅速降低，其連帶的就業機會也隨之下降，很容易導致失業問題。因此，當福利擴大造成通貨膨脹，其縮小造成高失業率，皆對經濟產生不利的影響。

3.龐大的福利科層體制，造成政府財政的沉重支出：福利國家社會福利體制，照顧從出生到死亡的每一個人，爲了辨別個人的福利需求和個人問題，進而分配社會福利給付，因此，福利國家勢必建立起一個龐大的福利科層體制來提供服務，這個福利科層體制可從中央到地方，形成龐大的服務網路，使社會上每個分子都納入其間。綜觀福利先進的經驗，愈是完整全民的社會福利服務，福利科層體制的組織也愈爲龐雜和嚴密。福利科層制的擴大所產生的問題是福利國家爲了維持這個龐大的福利科層體制，必須以相當多的財政來支持它的行政體系，因而形成相當高比例的社會福利支出，是被用來支付福利行政體系的人事、行政費用等。這些往往超過福利經費達20％的費用，不僅導致財政的沉重負擔，亦影響經濟建設與發展。

4.福利服務的擴展造成資源的浪費，有礙於經濟發展：福利國家的理想目標，在於「各取所需」使資源做有效合理的分配。也就是說只要有任何人有福利需求和問題，均可透過社會福利科層體制的運作來取得資源，以解決個人的需求或問題，換言之，在理想的方式上，福利資源的分配是以個人的需求爲基礎。然而在實際運作，這種福利資源的「各取所需」容易造成很多的困難：

(1) 個人難有客觀的標準衡量自己適切需求量。

(2) 資源的有限性，不可能滿足所有人多元且源源不斷的需求。

(3) 產生個人過度依賴福利資源的提供，形成懶惰被動的習慣。

(4) 這種對福利資源的予取予求，造成福利資源的大量浪費。

很明顯的福利國家的理想——各取所需——在實際運作上形成無數的資源浪費，對於經濟發展自然是一種傷害和限制。

5.全民性福利服務的實施，導致缺乏工作和進取的動機：福利服務在早期深受慈善思想的影響，而建立起具有選擇性的「殘補式」福利服務。其後深受英國的馬歇爾（T. H. Marshall）等人思想的左右，認爲福利國家是一種必須的公民權，而漸次發展成「全民性福利服務」；亦即只要是社會的一分子，不論貧富皆有資格享受社會福利。此種方式的優點是每個人都有平等的機會來享受社會福利服務，但其最大的缺點爲容易阻礙社會經濟的正常發展，同時極易造成全體社會的安逸風氣，進而導致缺乏工作和進取的刺激，不利於經濟的發展。

福利服務的支出，被認爲動搖並阻礙經濟的成長，爲此1979年英國政府發表的白皮書宣稱：「公共支出是致使英國經濟陷入困境的主因。」綜合而言，福利服務對經濟發展的負面影響包括：

1. 社會服務的支出幾乎耗盡了勞力和資本，而這些勞力和資本原可以被用於創造財富的生產事業上。
2. 社會服務讓罷工工人享有社會安全給付，因此間接鼓勵更多、更長期的罷工行動，同時也促使勞工強索超額的工資而致傷害經濟運作。
3. 巨額社會福利支出已經導致高稅率，而高稅率又進而影響工作動機與教育意願，並引發通貨膨脹。
4. 社會福利給付是如此地慷慨，以致於許多人不工作反而比工作來得寬裕，因此，工作動機也就相對地受到影響。

社會福利的努力方向

從長期的歷史觀點而言，福利體系的發展原本是針對當時日漸惡化的勞工生活所做的反應措施，另一方面也是爲了維持勞工生產的水準。在資本主義的生產體系之下，工人的平均生產力愈高，整個社會財富的累積也愈多，而維持工人有效生產能力因而成爲整個社會經濟發展的最根本基礎。亦即經濟發展的持續和穩定需要執行生產的工人有足夠的能力和較高的工作意願和動機，爲此政府透過社會福利的實施以達該目標。我們可以由歷史事實的展現中，發現至少在英、法、德、義等國其社會福利的發展直接受到經濟發展，實施工業化趨勢的影響。推敲這項社會政策的推行不論是基於提升工人的生活改善或個人福利；抑是利用福利制度所具有的再分配過程，以補償工人在生產過程中受到資本家剝削的剩餘價值，讓社會及生產關係顯得比較公平，以便能維持整體社會生產力而達到資本主義經濟體制的穩定和擴展。我們均能肯定如芮霖閣（Rimlinger）所說的：「社會的經濟發展程度愈高，其福利制度就愈有『人力資本投資』的意味。」資本家因此種人力投資而提高生產力，也可以間接得到更多的利益，因而保護工人亦即是保護自己的利益。福利計畫的實施已成爲一種工業化過成中的制度性調整機能。以避免過度的不平均分配而妨礙了社會的生產秩序。

我國在現代過程中，追求經濟發展，並以此經濟成長的成果，透過合理的福利服務體系以均霑於全民，成爲政府致力追求的目標，爲了保有高度的經濟成長，並完成社會福利的遠景，如何以西方福利國家發展的經驗，規劃我國福利服務體系，宜朝向下述方向努力：

1.建立各事業單位的「職工福利體系」（occupation welfare system），以取代若干政府直接介入的福利服務：職工福利體系，是由工會或職業會社所辦理的一種員工福利服務。這種福利服務體系不僅可避免因政府過度的介入，造成福利行政體制的過度龐雜，形成「福利國家」祇不過是「權力國家」的代名詞，並且能避免企業家為了繳納高稅收予政府以辦理全民福利，而降低投資意願，影響經濟發展。同時，職工福利體系的建立，也是迴應涂爾幹所說，未來的社會將以各種職業團體做為政府和人民最佳的中介者。並且使得職工能夠與投資者建立起「企業共同體」的關係，裨益企業成長與福利服務。

2.健全並擴張家庭的功能以降低對福利國家社會福利服務的依賴：就社會福利服務而言，許多功能都能由健全的家庭來達成，例如，老人在宅服務的完善可以減少政府興建老人安養中心。尤其是中國人自古以來重視家庭，若能透過有效的措施，如提高「扶養親屬寬減額度」，以輔助或強化家庭功能，則勢必能減少個人對福利國家社會福利服務的依賴。

3.提升志願性福利服務的地位，鼓勵民間志願團體舉辦社會福利事業：為了避免政府對福利服務的過度干預，造成福利服務行政費用龐雜，人員的充斥，財政的沈重包袱。形成福利服務的「外部不經濟」效果。政府應該妥為運用民間志願團體的力量，以有效的規劃，分擔政府在福利服務上所產生的負擔。

4.有效結合民間力量，建立公、民營配合的福利服務體系：由西方的福利服務經驗，過於完善的福利服務網路，形成人們的安逸和怠惰，阻礙經濟的發展，並且形成「權力國家」之譏，然而若政府不願介入福利服務事業，則弱勢團體，各種待助者產生的社會問題，將造成政府職能的疏漏。為此取得平衡的有效福利服務體系，應是政府提供滿足人們最低基本需求的福利服務，而在此之上的福利服務，則可以經由消費者在自由市場上向私人企業購買，由公、民營企業的合作以完成完整服務網路。諸如，社會保險一項，政府提供全民健康醫療服務，至於其他人壽保險等，則可以由需求者視其實際需要在自由市場依其能力購買。

邁向福利社會的省思

台灣經濟經過五十年的經濟發展與財富累積，國家財力已大為提高，是有力量實施較多的福利措施，來保障一般人民在遭遇急難時的經濟安全；然而，社會福利措施是否可以無限制的擴大，是否沒有後遺症？值得進一步探討。

社會福利的主要目的是要藉集體的力量來保障個人的經濟安全，以防止在自由市場的制度下，因為重大疾病、失業等意外而遭遇到經濟的困難。但是，這些制度也剝奪了許多個人選擇的自由，而且由於人性的弱點，制度的設計如果不夠嚴謹，極有可能被濫用，以致造成虧損累累，負債越來越大，國外的經驗很普遍，我國過去實施的公保、勞保與目前的全民健保的情況正是如此。

社會福利最大的隱憂，就是政府往往為了順應民意的要求，使得受益範圍不斷擴大，受益條件日趨寬鬆，成為人人有獎的福利津貼，完全失去了原來的意義。然而整個社會資源是有限的，如全用在不能增加生產的福利上，就不能用在其他有高效益的支出上；就長期看，必然會造成經濟結構的僵化，進而使經濟成長率下降。

社會福利推展還有二個後遺症，一個是爲了執行社會福利措施，政府機構及人員會急速膨脹，且因缺乏競爭，致行政效率低落，這與精簡政府機構、公營事業民營化等世界潮流正好背道而馳；另一個後遺症是社會安全支出不斷增加，政府赤字會持續擴大，爲了支持龐大的支出，遲早要增稅，以歐美先進國家爲例，中高所得者往往要繳納一半所得的稅負給政府，是以努力工作者不能得到相對的報酬，社會大眾努力工作的意願就會大爲降低。

從上所述社會福利的缺點及先進國家的經驗來看，我國雖有必要增加一些制度性的保障，以因應社會變遷的需要，但是應該要記取他國的教訓，不必無限制擴張社會福利的範圍，以免重蹈別人的痛苦經驗。

由各先進國家近年推動社會福利政策改革可以窺知，唯有經濟持續成長及政府財政健全，才能維繫社會福利制度永續發展，有效保障國民生活福祉。鑒於各國社會福利制度多已面臨嚴苛挑戰，過度的社會福利支出，不僅造成政府財政預算赤字的快速累積，亦會經由資源錯置對當代及跨代經濟產生負面影響；衡諸未來，我國社會福利需求仍將持續擴增，惟在政府財政困窘之際，更應持審愼態度，通盤規劃各項社會福利政策，俾使有限社福資源更有效的應用。

量力推動社福措施

西方國家社會福利的困境，主因是過於強調政府的責任，以擴大政府支出及增加企業負擔，來挹注不斷膨脹的社會福利經費，終致傷害經濟的長期發展；惟晚近各國皆已調整政府萬能的觀念，轉而強調個人的責任與風險的分擔。例如，在老人年金的設計上，即採取保險或公積金制，達到「強迫儲蓄」的目的，政府及企業的責任則相對減少。近年來我國隨政治民主化的加速推行，各部門競用資源的現象更爲普遍，但又不斷要求降低賦稅負擔，導致政府預算籌編愈感困難，因此，宜在兼顧社會公平正義與政府財政穩健的原則下，量力來推動社會福利措施，避免政府負擔過重影響正常的施政。

健全社會保險財務

社會保險係屬風險分攤事業，費用應由受益者及使用者負擔，財務力求自給自足，透過權利與義務對等關係，達到公平與效率的要求。就各國保險財源觀之，多以勞資雙方共同負擔方式最爲普遍，由政府與勞資三方負擔者次之，保險費率的訂定，雖因保險制度的類型、適用範圍、給付項目的不同，而相當分歧，惟與各國一般費率相較，我國勞、公保及健保費率均屬偏低。如果國人繼續以低費率享受服務，容易造成過度使用資源，加重政府財政負擔，因此有必要審愼規劃及執行，使社會保險制度可長可久。

適度擴增福利規模，惟須避免過度之給付

我國人口結構已邁向高齡化，適度增長福利確有必要，惟目前社會救助與福利服務措施多採取現金補助方式，現金補助一旦發放後，給付水準易升難降，給付條件易放難收，不但未能有效解決弱勢人口的眞正需求，並會影響就業意願；因此福利規模之擴大，必須避免過度之給付，且應由過去濃厚之濟助色彩，逐漸

轉以健全社會保險制度、提升謀生技能及以激勵工作代替依賴救助等積極措施，亦即社會福利應有幫助弱勢人口「由底層爬升」的機制，俾營造穩固的社福環境。

以激勵工作代替依賴救助

健全的社會福利制度除消極性的解決弱勢人口目前的困境外，更應積極的提升弱勢人口的謀生技能，使能自力更生、脫離貧困；西方國家中，社福政策推行較爲成功者，多係以激發自助意識及加強職業訓練，來提升弱勢者自力謀生的能力與意願，頗堪借鏡。近年來政府在輔導殘障者就業方面，除辦理職業訓練外，更全面實施定額進用殘障者措施，爲協助殘障者提升生活水準的積極措施，因此對於老、貧等弱勢人口，亦應由過去濃厚之濟助色彩，逐漸轉變爲維護其自尊與自助、互助的綜合福利制度，倘能由政府、民間機構與家庭共同建立好的扶助環境，助其自立發展空間、貢獻社會，將更符社會福利之更高意境。

在國際經濟合作發展組織（OECD）1999年發布的「社會安全保障的未來」報告中指出，「我們過去五十年以來所得到的一個寶貴教訓，就是要重視社會政策與經濟政策之間整合的重要性，社會政策的制訂是爲了提高人民的福祉，在快速變動的社會環境下，社會政策亦不可削弱或阻礙經濟體系調整適應新環境的能力，當然經濟政策亦應考慮其對社會所造成的後果。」台灣在快速邁向福利社會的過程中，上述的教訓值得大家省思。因此任何福利措施的實施必須審慎、理性的評估，絕不容許任意揮霍屬於後代子孫的資源。

結語

我國近年來由於經濟的高度發展，國民所得大幅提高，物質生活日益豐沛，教育知識日漸普及，導致社會大眾更加重視生活素質的提升。為了追求財富的公正分配，建立完整健全的社會體系，以期縮短所得之間的差距，使社會中現存的弱勢團體獲得正義力量的支持，人們期盼政府進一步建立完整的社會福利體系。然而，在此增進社會福利、建立福利國家的同時，源自若干開發國家過分重視社會福利政策，形成國家龐大的負擔，其結果一方面必須以重稅以反應社會福利支出，而使投資者裹足不前造成經濟成長的降低；另一方面不工作亦能獲得相當的所得，而導致工作意願的低落。使人們對「社會福利」與「經濟發展」存在著宛如「魚與熊掌不能兼得」的想法。

近年來，國人社會福利需求日益殷切，政府乃採逐步擴展方式推動多項社會福利措施，致社會福利支出節節攀升。睽諸先進國家短期間內社會福利支出的急遽增加，已造成政府財政沉重負擔，且社福資源未能有效配置，不僅社會不均的現象未見改善，並影響了民眾的就業意願，英國工黨於1998年公布之社會福利綠皮書（green paper）即指出，當前英國社會的安全制度，正面臨著三大問題：第一，不平等的增加和社會排除（social exclusion）：儘管多數國民的生活漸趨充裕，仍有些弱勢人口、家庭和社區停滯不前；第二，福利陷阱（the benefit trap）：現行的福利體系提供了許多誘因，使得被救助者在自食其力時，工作所獲得的酬勞，低於失業時領取的津貼，抑低其工作意願；第三，福利詐欺（welfare fraud）：福利服務的對象過於浮濫，大家分食有限的資源，使得弱勢人口未能獲得妥善的照顧；而這些問題也正普遍困擾著其他福利先進國家。

近年我國政府財政亦連年短絀，財政支出成長受限，未來隨人口快速老化，老年安養需求之擴增及國民年金之開辦，政府財政負擔將更形沉重；由於先進福利國家的殷鑑未遠，爰就我國社會福利資源之規模及配置現況加以探討，期使未來社會福利之釐訂及有限資源之配置，更趨合理並符合公義。

援引紀登斯（A.Giddens）對社會福利的推廣，認爲要避開歐洲福利國家的困境，就必須採取積極的社會福利政策，以及積極的勞動力政策。這正是英國、芬蘭、丹麥成功的秘訣。民主國家基於選票不可能不建立相當程度的福利體系。但如果我們採取「現金給付的福利政策」（如給予托兒、托老津貼），政府的負擔會愈來愈重，應有的服務也不見得會出現；如果採取「福利服務的提供」（如建立托兒、托老設施），不但負擔較輕，也可提供大量的工作機會，促進經濟發展。正好提供我們一個寶貴的思辨機會，將社會福利的推動在援引西方經驗時能有更爲契合的思考，以利我們社會福祉的提昇。

本文的簡要說明正凸顯：西方福利先進國家的經驗，提醒我們對福利服務的規則必須循序漸進，否則極易產生對經濟發展的阻礙，在我們邁向福利國家之際，若能有效掌握這些經驗，並考量我們社會的背景、結構、文化特質，將能爲我們邁向健全的福利國家做出最適切的規劃。

第肆篇

個人性社會問題

第22章

犯罪問題

- 前言
- 犯罪問題現況
- 犯罪問題理論
- 青少年犯罪
- 白領犯罪的定義和特質
- 民眾對於犯罪問題的嚴重關切
- 結語

前言

各項民意調查皆顯示：民眾普遍而迫切期待社會治安的改善，以能擁有起碼的安全生活保障。然而若根據內政部所公布的犯罪統計數字則明白顯示：自80年至今，國內刑案發生率、犯罪人口率、被害人口數等方面，皆有大幅增長，顯現治安惡化的情況。

雖然犯罪行為是人類諸多行為中的一種，而如同社會學家孫末楠（Sumner）所說：「民俗締造了眞理，於此同時亦建構了好與壞，對與錯的社會規範。」因此不論在何種時代、地點，都會有犯罪行為的發生；但我們卻不能因此無視於犯罪事件越來越多，犯罪年齡卻愈降愈低，犯罪領域越來越擴大的趨勢，以致影響到社會的正常運作；因此我們必須提出有效的防治辦法，積極將犯罪控制在整體社會能接受的範圍，俾使民眾能在一安和樂利的環境下生活。

法國社會學家涂爾幹曾以「行為迷亂」的概念，說明社會出現無規範的狀態。他發現，在社會快速變遷的時代，傳統的規範已無法有效範定個人行為及社會環境，個人的慾望如同脫韁之馬般快速衝撞社會結構，以往強調以漸進程序提高生活水準方式，已不能讓人群感到滿足。既有道德對於個人的行為，所產生的控制力亦逐漸喪失。社會結構崩壞，即目標、價值、標準、規範、行動模式、社會資源等相互之間，存在著不均衡的關係，社會功能產生障礙，導致成員之間的統合性喪失，造成社會病理現象普遍化，諸如：偏差行為、犯罪現象、高度人際疏離感……等等。而在解體狀況下，原本用以規範人們行為的紐帶顯得鬆弛或者斷絕，人的不滿情緒、挫折感，及相對的剝奪感等感受特別容易產生；加以個人意識的抬頭，因而造成不擇手段、為所欲為等情況，均是急速變遷社會中犯罪情況嚴重的導因。

犯罪問題現況

刑事案件

90年全年之刑事案件發生數為491,245件，平均每十萬人口中之案件發生數為2,199件；相較於十年前（80年），無論是案件之發生數亦或犯罪人口率（304,141件，1487件），均有明顯增加。再就各犯罪類型之案件發生比率來看，其中仍以「竊盜犯罪」為所有刑案之大宗338,423件（68.9％）有待持續防制。另外，「違反毒品危害防制條例」也由十年前的1％躍升為5.9％，成長6倍之多，特別值得有關單位密切注意。

另外，90年全年之犯罪嫌疑犯人數為180,527人，犯罪人口率為每十萬人中有803位，較十年前增加近2倍。其中，以少年（12歲以上，未滿18歲者）及青年（18歲以上，未滿24歲者）嫌疑犯，自80年（比79年成長近2倍）以來，一直維持在千人以上，遠高於兒童（平均每十萬約人26人）及成人（平均每十萬人約850人），值得關注。

竊盜犯罪

縱觀國內歷年來各類刑案中，均以竊盜案件高居榜中之首；90年竊盜案件發生338,423件，較80年之214,383件增加124,040件（57.8％）；倘若再加上「犯罪黑數」，則竊盜案件仍為國人生活中的一大隱憂。

暴力犯罪

暴力犯罪包括「故意殺人、擄人勒贖、強盜搶奪、恐嚇取財及強姦（含輪姦）」等五類。90年台閩地區發生暴力犯罪總件數爲14,327件，平均每十萬人中有63.9件；其中，仍以強盜搶奪案件居冠，占所有暴力犯罪56%；其次爲恐嚇取財占18%；再者爲強姦（含輪姦），占15%；而故意殺人占11%。

就暴力犯罪之破獲率而論，全年之暴力案件破獲率爲60.4%。其中以擄人勒贖破獲率爲最高；其次爲故意殺人；再者爲強姦（含輪姦）。但當中犯案件數最多的「強盜搶奪」，其破獲率卻僅爲所有暴力犯罪類型之末。然再比較近三年來國內暴力犯罪實況，不論是案件總數（87年12,877件，88年11,362件，89年10,306件）或案件破獲率（87年71.6%，88年78.5%，89年66.3%），則顯有改善的空間。

毒品犯罪

我國於87年5月22日公布實施「毒品危害防制條例」；該條例第二條明白指出，第一級毒品爲含海洛因、嗎啡、鴉片、古柯鹼及其相類製品；第二級毒品爲，含罌粟、古柯、大麻、安非他命、配西丁、潘他唑新（速賜康、孫悟空）及其相類製品。

90年因毒品犯罪計有34,434人，並查獲相關毒品數量，第一級毒品108公斤及第二級毒品1,362.6公斤。而累再犯比率高達62.2%，不容忽視。再者，相較於88、89年之毒品犯罪情況，顯然有死灰復燃的跡象，值得有關單位密切注意。

少年犯罪

90年少年嫌疑犯總數爲16,939人；其中又以竊盜少年嫌疑犯8,799爲最，其次爲違反毒品危害防制條例13%，再者爲暴力犯罪10%；而少年所觸犯之暴力犯罪類型中，以強盜強奪最多數47%，其次爲恐嚇取財22%，故意殺人及強姦（含輪姦），各有15%人。

少年犯罪人數雖至85年以後已呈現「隨年下降」的趨勢，但若比較暴力少年人數則可發現，其所占的比率一直維持在一定數額；此數據顯示，少年嫌疑犯之暴力成分，仍爲今後防制少年犯罪之重要課題之一。

刑案統計易受統計範圍或政策施行之影響而大幅變動，如79年10月將持有及吸食安非他命列入刑案範圍、84年7月實施報案三聯單制度，致80年及84年刑案發生率大幅跳升，84年達每十萬人2,023.3件，後呈減少趨勢；90年受警政單位積極防杜匿報及景氣趨緩失業人數走高影響，刑案發生率再增爲每十萬人2,199件，破獲率55.3%，則較75年增加3個百分點；90年每十萬人中有188.2人曾遭受恐嚇、勒贖、傷害、妨害自由等人身傷害，亦較75年增97人。

事故傷害以機動車交通事故爲大宗，爲防止其所造成之傷害，86年6月強制騎乘機車及被載者必須配戴安全帽、88年4月將酒後駕車納入刑法等措施之實施，均使交通事故死亡人數減少，90年事故傷害死亡率爲每十萬人47.8人，較75年大幅減少15.2人。

爲健全公共安全防災體系，提昇緊急救護服務，84年3月成立消防署，並陸續於各縣市成立消防局，另爲提升義消組織功能，各縣市義消大隊陸續改制爲義消總隊，90年每萬人口消防人員數14人，較75年增加4.2人，每萬人口消防車輛數0.9輛，亦增0.3輛。

表 22-1　台灣地區犯罪概況

	項目	90年統計數	說明
台閩地區全般刑案概況	全般刑案發生數	49萬1,245件	較89年 +12.0%
	犯罪率	2,199件/10萬人	較89年 +222件/10萬人
	破獲率	55.3%	較89年 -3.9個百分點
	竊盜	33萬8,423件	較89年 +10.7%
	破獲率	45.9%	較89年 -1.3個百分點
	一般竊盜	9萬4,802件	較89年 +51.2%
	破獲率	25.6%	較89年 -4.4個百分點
	汽車竊盜	5萬1,675件	較89年 +8.2%
	破獲率	65.6%	較89年 +3.2個百分點
	機車竊盜	19萬1,946件	較89年 -1.8%
	破獲率	50.6%	較89年 +1.6個百分點
	暴力犯罪	1萬4,402件	較89年 +39.7%
	破獲率	60.4%	較89年 -5.9個百分點
	故意殺人	1,076件	較89年 -5.0%
	擄人勒贖	77件	與89年相仿
	強盜	3,095件	較89年 +22.8%
	搶奪	7,830件	較89年 +65.6%
	破獲率	39.8%	較89年 -0.6個百分點
	強制性交	2,194件	較89年 +26.9%
	嫌疑犯人數	18萬1,398人	較89年 -0.1%
	犯罪人口率	812人/10萬人	較89年 -6.7人/10萬人

資料來源：行政院主計處，「國情統計通報」，2002年2月18日。

如果以民眾認知之重要度與滿意度加權算得國民生活指標安全領域之綜合指數。（如表22-2）90年較75年改善，主要係每萬人口消防車輛數與人員數分別上升10.5%與8.9%、事故傷害死亡率上升7%所致，惟整體而言，在消防資源擴充、災害防護得宜及事故傷害死亡人數減少下，綜合指數仍微幅波動上升。

表 22-2　國民生活指標安全領域概況

	75年	80年	84年	88年	89年	90年
刑案發生率（件/十萬人）	929.9	1486.9	2023.3	1754.8	1976.7	2199
刑案破獲率（%）	52.3	63.0	53.7	65.6	59.2	55.3
人身傷害受害人口率（人/十萬人）	90.4	98.0	147.2	119.4	135.4	188.2
事故傷害死亡率（人/十萬人）	63.0	66.7	61.1	58.9	47.4	47.8
每萬人口消防車輛數（輛）	0.6	0.7	0.8	0.8	0.9	0.9
每萬人口消防人員數（人）	9.8	10.7	12.4	13.4	14.0	14.0

資料來源：內政部警政署、衛生署、行政院主計處，「國民生活指標」。2002年12月18日。

犯罪問題理論

犯罪行爲的理論，來自於社會學家對犯罪行爲的探究。多年來社會學家對社會問題提出的研究觀點頗多，彼此之間也有相當差異。這是因爲立足的角度及採取的觀點不同所致。本節引介較爲著稱的數端；以供學者參研。

我們可以說犯罪行爲也就是一種社會關係的失調。由於社會的存續與發展，是建構在社會中各單元的和諧互動，並完全發揮其機能，此種關係如果因道德價值的改變、社會制度的變遷，而有所破壞，各部分不能發生適當的作用或相互矛盾，因而妨害整個或部分的順利進展，就成爲社會問題。爲了說明社會問題，社會學者建構了犯罪行爲的理論，其內容分爲「心理面」、「生理面」及「社會面」等三大部分：

生理學上的原因

自從義人朗布羅梭（Cesare Lombroso）提出生理性的犯人以來，學者漸從生物學的觀點來研究犯罪行為，認為犯罪與身體的生理原因有密不可分的關係，其中又細分為從生理學（Physiology）、內分泌異常（Endocrinal Abnormalities）、遺傳病變（Geneties Disorders）、腦功能失常（Brain Dysfunction）、染色體異常（Abnormal Sex Chromosome）等，他們認為生理上的缺陷是犯罪主因。該學派對犯罪行為的探討是建立在客觀的、第一手的經驗資料之上。其要點為：

1. 犯罪人是與生俱來的。
2. 吾人可經由某些徵候判斷一個人是否會有犯行。
3. 這些徵候或生理特徵並非造成犯罪的主因，但卻可做為犯罪類型的辨識。
4. 只有透過嚴厲的社會制裁力量，才能使生來犯罪人的行為受到約束。

心理上的原因

心理學是研究人格的發展與行為，認為人類的行為絕非偶然，犯罪行為也是，所以我們應自內在的心理因素加以探究。佛洛依德（S.Freud）首先提出犯罪的形成乃在於他未能控制犯罪的衝動——「本我」（id）；乃因「自我」（ego）或「超我」（superego）在發展過程中有缺陷，其未能壓制本能（犯罪）的衝動，本我是與生俱來的具有反社會傾向的本能，由於反社會行為常招致痛苦的結果，因而壓抑起本能的衝動而遵循超我的社會標準，進而表現出合法的行爲；如果自我一味追求本我的慾望本能而不受超我支配，則無法發展出良好的自我與超我，而易入犯罪之途。佛洛依德認爲：個體皆同時具備有兩種基本的本能或驅力；一個是「愛神」生存或愛的本能；一個是「死神」死亡或恨的本能。犯行即受制於恨驅力的影響。因此，犯罪的成因是：

1.自我或超我的發展不足，使得個體無法控制犯罪的動機。
2.反社會性格的形成，是由於自我發展受阻。
3.超我過度發展，使得本我的需求，無法獲得滿足。

本學派係將犯罪性格歸因於內在的衝突、情緒的問題、潛在的不安全感、不適應和自卑感等因素的影響。除心理分析論（Psychoanalytial Theories）外，精神醫學論（Psychiatric Theories）在探討這個論題時強調少年的早期經驗，尤其與父母的關係，攸關日後是否淪爲罪犯，故其著重研究與處遇治療各種心理病態（Psychopathology）。還有人格特質論（Personality Traits Theories）則認爲病態的人格特質易導致犯罪行爲的發生，病態人格易引起其高度的侵略攻擊性、缺乏良心等。

社會學上的原因

犯罪是一個複雜的社會現象，任何變項都足以形成犯罪的點、線、面，上述心理學自內在因素尋求原因，社會學者自外在因素加以解釋；犯罪社會學的研究可分三大學派：社會結構學派（Social Structure Theories）、社會過程學派（Social Process Theories）及社會衝突學派（Social Conflict Theories）。

社會結構學派

1.次級文化理論（Subculture Theory）認爲下層社會的少年也想達到中上層社會的生活水準，但由於本身的各種限制，以致在學校或社會中的競爭經常遭遇失敗、挫折，而其本身又無法忍受或妥善處理這種挫敗，因而產生適應上的困難，爲此糾集的一批處境相同的少年，發展出一套有別於正常社會的價值體系以克服其社會適應的困擾，並將此種偏差行爲予以合理化，形成了犯罪少年的次級文化。寇恒（Cohen）提出「犯罪副文化理論」。該理論主張：把犯罪少年視之爲組成副文化的一種價值體系。根據寇恒的說法，低社會階級的兒童，經常使用犯罪副文化，當作對中產階級社會的反應模式。他們無法透過適當的社會化過程，來獲得中產階級社會所能擁有的地位。這種情形，寇恒把它稱之爲「地位的挫折」。低社會階級兒童排斥的價值：

（1）提出雄心。

（2）提出責任感。

（3）提出技術的培養和具體的成就。

（4）提出放眼未來，不急於目前的享樂。

（5）提出先見、計畫和時間支配的理性。

（6）提出態度、禮貌和人格的理性培養。

（7）提出控制身體攻擊和暴力侵犯的需要。

（8）提出從事有益健康的娛樂活動的需要。

（9）提出對財富及保有財富的尊敬。

低社會階級卻把正常的規範翻轉過來使用，以致在犯罪副文化團體中認爲是對的，幫派就是他們犯罪的工具（手段）

之一。

2.社會疏離說（Social Alienation and Criminality）認為：一個人犯罪是由於其參與犯罪率高的團體，這些團體在成員的社會互動上呈現著孤立（isolation）、隱匿（anonymity）、非個人化（impersonalization）和疏離（anomie）等社會疏離的特質。社會疏離可區分為：

（1）個人的疏離：個人的疏離是指個人在人際關係上的疏離和孤立現象。

（2）團體的疏離：團體的疏離是指個人所屬的團體疏離或孤立於大社會之外。此種現象通常擁有文化偏差，或者就是一個有社會障礙的人。

（3）法律的疏離：由於政府運作的功能和程序，自人民的手中移轉到職掌政客和遊說者（lobbyists）手中，造成法律的訂定與民眾意願產生疏離現象。亦即法律的價值和社會中其他機構或團體的價值之間，出現一種所謂法律的疏離。該疏離現象將引發個人的情緒和社會的疏離和孤立，乃為形成犯罪和偏差行為的主因。

3.莫頓（Merton）的結構功能論：莫頓認為偏差行為是來自於文化定義的目標與達成目標的社會結構手段之間的差異。由於社會所強調的是「目標」，而非「手段」，於是許多人因為缺乏平等的機會和合法的手段，迫不得已，只好採取非法的手段──偏差行為，來達成目的。這就是犯罪的由來。本理論對犯罪行為的看法是建構在下述的思維：

（1）擁有滿足需求的消費，和追求成功是人人所期望獲致的。

（2）因資源的分配並不平均，使得達到目標的合法途徑被低階級和少數團體的成員所否認。

（3）衝突往往由達成目標的非法手段來解決。

（4）個人拒絕了達成目標的價值和手段，於是鋌而走險，企圖以非法的途徑來達成目標。

社會過程學派

1.標籤理論（Labeling Theory），論者強調社會對犯罪行爲人的反應過程（包括非難、逮補、偵訊、審判、監禁等）是促使初犯者成爲再犯的重要原因，認爲：「青少年愈早進入司法程序，將來停留在司法體系的時間也就愈久。」因此，司法程序是無計可施之後的最後療方。「標籤」的觀念，首先由勒馬特（Edwin Lemert）提出，並由貝克（Howard Becker）衍伸說明。這個理論的基本觀念：偏差主要是牽扯到社會規範，而不是某類人行動的固有特徵。貝克說：「社會團體經由制訂規範而同時創造偏差，因爲遵奉規範的反面即是偏差；應用規範來界定某些人，並指稱他們爲邊際人。偏差不全是個人行爲品質所決定的，而是他人應用規範及制裁於違犯者的結果。偏差者是那些武斷地被指稱爲偏差的人，而偏差行爲是被扣上『偏差』這頂帽子的行爲。」依據這一觀點，一個人可能偶而會有偏差行爲，甚至經常有偏差行爲，只要他的偏差不被發覺，就不會被認爲是偏差的或病態的。反之，倘使一個人的偏差被發覺，且不被原諒時，他就變成爲被扣上標籤的偏差者。因此，他被迫接受團體所指派的偏差身分與角色。這個情境本身對個人有嚴重的影響，它會促成一種「自我實現的預言」。實際上，這個偏差的標籤或身分使個人成爲「邊際人」。作爲一位「邊際人」，個人再沒有選擇的機會，只有忍受他人所強加的觀念。被迫擔任與遵從「偏差者」的角色並表現於行為上。依照貝克的看法，偏差身分與偏差生涯的最後階段，就是個人投入一個有組織的偏差團體，以獲得情緒支柱、鼓勵及援助，與其成員彼此認同，而安於偏差行為，提供他繼續履行偏差行為的合理化基礎。

2.差別結合理論：蘇壽南（Edwin Sutherland）所建構的差別結合理論（theory of differentiation association）認為：偏差行為和其他行為一樣，都是從學習而得。它是在與他人溝通中學習而得，尤其是從個人所親密歸屬的團體中最易學習。其學習過程，包括偏差活動的技術、內容、合理化、動機和態度。該理論認為偏差行為的產生是因為有利違犯法律的定義或解釋多於不利違犯法律的定義或解釋。亦即，人們同時承受強調守分及偏差的觀念；當其周遭的觀念主張偏差的比例大於強調守分的比例時，偏差就可能會發生。」在貧苦而犯罪率高的地區，許多年青人，在與他人互動中，感受到太多的偏差文化，因而他們可能認為偏差行為是正常的。該理論強調若干因素，它們決定偏差及守分的解釋對於個人的影響，包括：

（1）強度：親密朋友及家人的觀念，比關係較不親密者所持的看法有較大的影響力。

（2）優先：乃指人在早期兒童生活上感受到偏差或守分行為的先後所生的影響，接受一項界定愈早，它的影響力愈大。

（3）期間：乃指人感染一個概念的時間長度。

（4）頻率：乃指人感受守分或偏差概念及行為次數的多寡。

（5）次數：即接觸贊成偏差或守分者的多寡。

依照強度、優先、期間、頻率及接觸偏差概念或守分概念的次數，人們會產生有利偏差行為的印象或有利守分行為的印象，並據此來行動。與他人互動的性質及對行為的定義如何，將會決定偏差與守分行為發生與否。

社會衝突學派

社會衝突學派（Social Conflict Theories）源自馬克斯與恩格斯的階級鬥爭理論，認為政府、法律制度均是社會經濟產物，資本主義愈是擴張刑法愈發蔓衍滋生，使更多下階層行為被宣告為犯罪，故主張自經濟來解決問題：沒有剝削的階級對立，建立社會主義的社會結構才能眞正消除犯罪。亦即如同朋格（Bonger）將犯罪行為歸諸於貧窮。因為貧窮是來自失敗的經濟競爭（economic competition）所造成的，而它又將導致個人的解組，形成了資本主義社會潛在的一種危機。

社會衝突可區分為：

1.文化衝突：施林（Sellin）認為，所有的團體，都有其行為規則或規範。不同的團體，有不同的行為規範和價值。都是不同團體的聚集區，因各團體享領不同的文化，因此產生了文化衝突。另外，文化衝突，有時是文化成長過程中的副產品；有時被視為，是因移民或區域性的遷移，所產生的結果。不論其形成的原因為何，文化衝突的結果，常會導致非法或偏差行為的出現。

2.團體衝突：每一個人均是某一個團體的成員；團體內及團體間的活動，受到相對的個人及團體利益的影響。犯罪被視為是少數團體的一種行為方式。許多個人所屬的團體與法律形成一種敵對的狀態，這就是衝突的團體。從這個角度來看，少年幫派就是此「多數」團體相敵對的一個「少數」團體。

3.社會價值衝突：社會價值衝突論（the value conflict theory），此說是美國社會學家傅拉式（R. C. Fuller）於1937年首先提出，根據他的看法，所謂價值係指一特定社區的標準、理想和信仰，至於社會問題，卻是任何客觀的社會情境依許多人的社會價值來判斷，是要不得的或有害的。因為社會中各團體的人，有不同的價值，它們對某種情境的判斷，便有見仁見智之別，便發生了問題，依所謂犯罪問題，事實上就是價值的衝突。

青少年犯罪

近年來，由於我國經濟的快速發展、人口過度集中都市、社會結構轉型，使得社會狀況因工業化、商業化、都市化及現代化而急遽的轉變，傳統的家庭結構亦有顯著的變化；且由於衛星通訊的發展，各種傳播工具迅速崛起，使得人際關係和價值觀念，產生重大的變化。再加上人口快速增加，使得整個社會狀況日趨複雜。在這種社會情境下，受到最大衝擊的便是成長中的少年，在此時期個體身心變化極大，有關知識、技能基礎的建立，興趣、理想、品德的培養及價值觀與人生觀的形成等，是人生過程最重要的階段。而少年們由於其本身能力的限制、經驗的不足，倘若無力解決其所面臨的問題，勢必感到徬徨無依、誤入歧途，以致淪為犯罪；為能健全社會發展，我們有必要瞭解少年犯罪發生的現況，並謀求完整的防治對策以有效減少少年犯罪案件的發生。青少年問題是以往既存的問題，但是當前社會急速變遷，問題日趨嚴重，尤其青少年犯罪事件在量的方面持續增加，犯罪年齡卻與日降低，甚至已成爲所有刑案的主流，已廣泛影響社會安寧、國家興衰，因此無論家庭、學校、社會、社區環境及青少年個人都必須負起責任。

青少年的意義依照刑法的規定：滿十八歲之人爲完全責任能力人；十四歲以上十八歲未滿之人爲限制行爲能力人。所以青年的起點是十八歲，終點通常爲四十歲以下。其次，少年的意義依刑法規定：十四歲以下少年犯罪者不罰，不負刑事責任，但可交付保護管束或感化教育；十四歲以上未滿十八歲人減輕刑罰。所以十五歲以上未滿十八歲人的犯罪行爲可以減輕刑罰，亦可不予減輕，當視犯罪情節而定。而少年事件處理法所指的少年年齡較刑法低，依該法第二條規定：「本法稱少年者，謂十二歲以上十八歲未滿之人。」未滿十二歲的兒童犯罪者通長亦包括在少年犯之內，只是處分方式依犯罪情節的輕重分別予以少年刑事案件或管訓事件處理。此外少年有虞犯行爲亦列入管訓事件處理。

「少年犯罪」（Juvenile Delinquency）一語，有人譯爲「不良少年行爲」、「少年非行」或「少年過失行爲」等，其實Juvenile Delinquency不僅包括了一定年齡的犯罪行爲，同時它亦涵蓋了某些過失行爲、不良行爲或偏差行爲在內。少年犯罪的主體不僅專指犯罪少年，亦兼指具有犯罪傾向的虞犯少年暨兒童，少年泛指青少年。少年犯罪的被害人不限於少年，惟少年與兒童抵抗力弱，較容易成爲被害的對象。

少年犯罪的行爲特質依據美國社會學者柯恩（Albert K. Cohen）所指的特徵有：

1.少年犯罪行爲類型具有高度轉換性，不像成人犯的專業化

（偷音響的可能只專偷音響）少年犯看到什麼偷什麼，既可偷東西也可以偷人（強姦）或販毒吸膠等。

2.非功利性，少年的竊盜行為不一定在獲取物品，可能只是在享受犯罪行為所帶來的榮耀、勇敢和滿足，犯罪本身非手段，而是目的，為表現能犯罪而犯罪。

3.充滿邪惡性，他只是在享受他人痛苦和違反禁忌的快樂，不知犯罪為何物。

4.即時享樂，對長達目標沒有興趣，少年幫派聚集街頭，想到那兒，做到那兒，隨機作案。

5.團體自主性高，不能容忍外來的壓力及限制，在其所屬的小團體中講究自治、盡忠、團結，對學校、家庭和其他團體的規範具有相當的抗拒感。

根據統計青少年犯罪的方式有三：

1.一人行動，手法雖卑劣狠毒但過程單純，事後較容易感到後悔。

2.與同儕團體行動，作案較大也較複雜，事後因多人參與常會認為「無所謂」。

3.與成人一起行動，經過成人慎密的策劃，案情更為複雜，行為變本加厲，危機更高。

而青少年常犯的罪名排行榜前五名為：竊盜罪（普通竊盜、加重竊盜、親屬間竊盜）；傷害罪（普通傷害、重傷害、義憤傷害、加暴親屬、聚眾鬥毆、過失傷害）；搶奪罪（普通搶奪、加重搶奪、常業搶奪）；結夥搶劫罪；姦淫罪。

就犯罪性質而言，近來少年犯罪有下列特質：

1.多元性：犯罪類型越來越多，舉凡成年犯罪的類型，少年犯罪亦皆有之，甚至連綁架撕票案件亦有十三歲少年參與其事。

2.集體性：二人以上集體少年犯罪案件恆占三分之二以上，尤以輪姦犯罪更是如此。

3.暴戾性：動輒因細故而發生殺人、傷害、勒索、毀損等案件。

4.病態享樂性：少年竊盜及其他財產犯罪案件恆占70%以上，其中又以恣情不正當享樂及高消費額物慾者居多數。

5.墮落性：濫用藥物之少年激增，顯見缺乏成就感與生活目標，因而逃避現實的少年日益增加。

6.低齡化：目前14～15歲未滿少年犯罪量已凌駕16、17、18歲未滿及13、14歲未滿少年而躍居第一位。

7.在學學生犯罪人數激增，教師對其充滿無力感：五專及中小學在學學生犯罪人數激增，爲教育上的一大隱憂。

白領犯罪的定義和特質

就一般大眾的印象及官方的犯罪統計資料，使我們相信：犯罪行爲在社會低階層的比例較高，而在高階層中則比較少見。據統計屬於高階層者，只有少於2%的人被捕入獄。犯罪學家，透過個案史，統計數字和刑事裁判機構的資料，建構了一般犯罪行爲理論。因爲犯罪是集中於低階層，從而他們認爲，這些犯罪行爲的產生，是因爲犯罪者受到貧窮，以及在統計上與貧窮相關的個人和社會特性，如低能、精神病所造成的偏差、貧民窟和墮落的家庭等因素有關。實際上，犯罪與貧窮，以及精神病理、社會病理並不是完全相關的，一般犯罪行爲的說明之所以有偏誤，主要的原因，是因爲其樣本來源有偏誤，該偏誤的樣本無法包括不屬於低階層範圍以外的大部分偏差行爲者。而在此被忽略的範圍中包括了商人和專業人員的犯罪行爲，亦即是白領犯罪。

白領犯罪經常是發生在商業界和專業界。商業中的白領犯罪，經常發生在公司財務報告的虛僞陳述、操縱股票交易、商業賄賂，爲了獲得有利契約成立而直接或間接的賄賂政府官員、廣告和推銷術的欺騙行爲，挪用公款、濫用基金、貨物稅欺詐、管理者和破產者的濫用基金等種種形式，在商業中是相當普遍。至於在醫療過程中，也常發現非法出售酒精和麻醉劑、人工流產等暗中犯罪的非法服務，以及意外事件的虛僞報告和證明等，或是源於職守上監督的便利，而做出有利於自己的判定，甚至由職務上得到非法的利潤。由上述所指陳的這些情況將使我們深信：犯罪行爲並不如一般犯罪統計所說的，該行爲是社會低階層人的專利。同時，透過對白領犯罪的說明我們將發現因爲商業界和專業者以其智慧、能力和職守等，使得該類型的犯罪成本總和要大上好幾倍。這使得我們必須更注視此問題的內涵。

根據首先對白領犯罪進行研究的犯罪學者蘇壽南對白領犯罪的定義爲：一位高社經地位者，在其職業活動中，違反了刑法之謂。就蘇壽南的研究，白領犯罪通常是指涵蓋下列三個範圍的行爲：

1.商業白領犯罪，如違反信託規定的經濟犯罪。
2.專業白領犯罪，如醫師的酬庸介紹費和密醫等。
3.政治白領犯罪，如利用職權上的貪污等。

白領犯罪之所以有別於一般犯罪是因爲此類犯罪具有下列的特質：

1. 犯罪證據的不易提示性：白領犯罪證據，通常不容易在警察局或刑事法庭的記錄中獲得，而通常是存諸於負責商業管制責任的組織裡。
2. 造成較嚴重的財務損失：白領犯罪使公眾招致的財產損失，根據統計甚至遠超過其他犯罪損失的總和。
3. 對社會造成道德低落、解組的危險：白領犯罪，是來自一些高社經地位者，以其專業智能和職守所形成的犯罪行爲，自然對社會產生了道德的墮落，並造成社會解組。
4. 技巧的迴避法律的仲裁：一般而言，行政官署對於白領犯罪採取的處罰，只具徒然形式，而缺乏實質的法律。這使得白領犯罪不像一般犯罪一樣，會被報告出來並加以處理。
5. 犯罪行爲等於被控訴：根據蘇壽南的實證研究，僅有9%的白領犯罪是受到刑罰裁定其行爲。這是因爲法律使其能脫離刑庭而且單獨在外受到處置，以致他們的違法並不曾被法庭視爲污點而加以處置。
6. 聲望和權力的影響阻止了控訴：白領犯罪者往往是與執法者屬於同一類屬的人，因而其社會地位能影響到立法和刑事的執行。同時被害者與諸相較則爲脆落者，通常不具有成功控訴所必須具備的訊息。
7. 白領犯罪的行爲是學習而來的：白領犯罪正如其他犯罪一樣是經學習而來的。此種學習是與那些已經從事犯罪的直接、間接的結合而得。一個人能否成爲白領犯罪者，將視其與該行爲者接觸的頻率和親密度而定。

民衆對於犯罪問題的嚴重關切

近年來由於國內政、經、社會環境的急速變遷，道德觀念日趨淡薄，社會不良風氣日益蔓延，衍生種種治安問題，其中最爲嚴重的包括：黑槍氾濫，走私與非法入境猖獗，尤其來自大陸地區的私槍、私貨與非法勞工；刑事案件大幅增加，尤其暴力犯罪逐年增高。更令人憂慮的是青少年犯罪急遽增加，校園中學生吸食安非他命的病象甚爲嚴重。此外，社會中非法經濟活動亦加速蔓延擴大，不但助長犯罪行爲，同時亦敗壞社會風氣，成爲治安惡化的一大根源。這些現象均顯示國內治安問題的嚴重性，必須加以有效整頓。

層出不窮的治安案件，是民眾心頭揮之不去的陰影。聯合報民意調查中心91年8月所進行的調查發現，青少年犯罪、毒品與強盜搶奪是民眾最憂心的三大犯罪類型；六成九民眾爲了國內治安亂象擔心煩惱，七成七擔心自己或家人可能成爲下一個無辜受害者。

調查發現，有三成二民眾認爲現在治安非常差，四成五覺得不太好，合計有七成七民眾認爲治安欠佳；一成八認爲目前治安不錯。隨機提示各種犯罪類型發現，青少年犯罪（二成七）、吸食與販賣毒品（二成六）與強盜奪（二成二）是民眾最憂心的三項治安案件，一成八最擔心擄人綁架案，最憂心縱火事件、強暴、殺人及恐嚇勒索案件的比例都在一成一上下。由此結果來看，民眾的不安，應與犯罪年齡層下降、毒品氾濫及犯罪手法日益殘暴密切相關。

問到治安欠佳的主因，三成受訪者將問題歸咎於經濟惡化所帶來的高失業率，一成怪罪教育出了問題，8％的人認爲治安惡化是政治不安定所造成的，認爲司法量刑太輕、社會價值觀偏差、媒體渲染、警察執法不力應負主要責任的比例的都在5%左右，3%認爲家庭功能不彰才是問題根源。

調查也發現社會大環境的脫序也成爲民眾個人的壓力來源。六成九民眾爲了國內治安問題而感到煩惱憂心，只有二成六的人不受影響；七成一民眾有「每個人都可能成爲犯罪的受害人」的感受，二成四沒有這種感覺。

此外，雖然只有一成八民眾自認住家附近治安不佳，確有高達七成七的民眾擔心自己或家人受到壞人的傷害，其中非常擔心的人占三成一。

表 22-3　台灣發生那一類治安案件讓你最憂心？

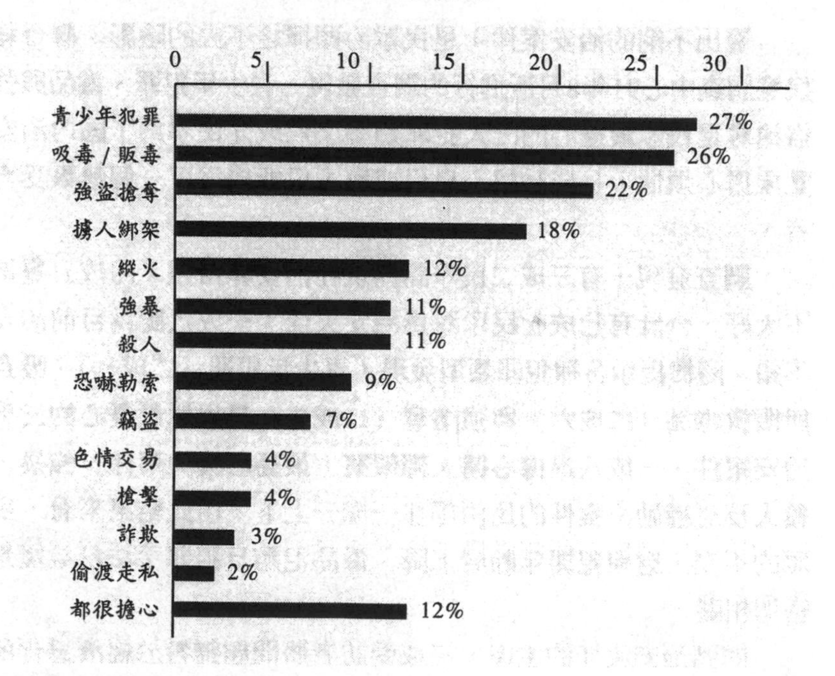

資料來源：《聯合報》，91年8月20日，第五版。

有未成年子女家長的心理壓力更大，八成九表示會擔心自己的小孩會碰到壞人，只有一成的父母並不特別憂慮小孩的安全問題。在治安不安的陰影下，有一成一民眾表示住在台灣非常沒有安全感，二成八覺得不太有安全感，合計有三成九民眾抱怨台灣無法讓人安心居住。

爲了降低民眾心中的恐懼，在重要路口或治安死角裝設監視器，最近成了基層鄰里打擊犯罪、維護治安的熱門手段。調查發現，有八成一民眾相信在重要路口加裝監視器對於防治犯罪有一定效果，只有一成二質疑其成效。

調查還發現，有二成六民眾住家附近已安裝了監視器，這些人當中，七成六覺得監視器的存在確實讓他們覺得比較安心，只有6%抱怨隱私全受到侵犯。

結語

或許有人將目前我們的社會定位在「過渡中」，是傳統結構逐漸邁向現代社會的必經門徑。然而，自解嚴迄今亦已十分久，此階段不僅顯得冗長，同時社會病理現象一再引起人們的憂慮。因此，面對整個社群環境，我們亟需建立新的行爲標準、道德價值、規範律法，並且自心靈的改革做起，經由道德重整、心靈教育，發展人心本有的良善，認清生存的價值和生命的意義，匡除社會亂象。當然，我們亦必須承認，傳統禮教對於今日社會的秩序及人心教化，確有力所未逮之處，因此期望運用過往的章法、標準，作爲生活的規範，甚難產生積極的作用。因此，除經由個人自心靈世界產生深刻的自省，嚴格的自律及澄明的心靈，以尋求「穩、實、安、命」的定位外，以更爲崇高的目標作爲人生發展的標竿，以及經由家庭、法治、教育、文化、宗教、媒體、輿論等機制的共建，以重新形塑符合今日社會的規範、律法、社會風氣等，則的確是整體社會亟待共同努力的方向。

第23章

色情問題

- 前言
- 色情問題的社會學解析
- 變遷的性觀念與色情行為
- 青少年性行為氾濫
- 結語

前言

自1970年代起，政府即不斷針對色情氾濫的問題希能加以處理，但是卻始終沒有獲得有效的解決，甚至還愈演愈烈，先是內政部提出所謂「寓禁於徵」的策略，對於與色情有關的特定營業收取高額規費，企圖使大眾減少從事色情勾當，結果卻從此造成色情業轉入地下化，甚至蔓延至住宅區，形成更嚴重的問題。至此，政府對色情業甚至可以說是到了束手無策的地步，雖然有點誇張，但是就現行法令在管理與規範特種營業的成效上，幾乎讓執法單位無法做出決斷的處理，也因爲如此，色情業存在於台灣社會中因而引起的社會問題及其對大眾生活所形成的負面影響，實在非同小可。

在1985年的台灣地區社會變遷基本調查中，民眾對十六項社會問題的嚴重性作評斷時，色情問題的嚴重性高居第三位，僅次於青少年犯罪和經濟犯罪，有79％的民眾認爲這個問題很嚴重或嚴重，到1990年，更有84％的民眾認爲色情是一個嚴重的社會問題。在中華民國民意測驗協會的另一項1995年的調查中，有高達92％的受訪者認爲在他們居住的城市之中，色情問題嚴重。色情業地下化成爲「特定營業」的主要趨勢後，政府有關單位對實際問題的解決也愈來愈乏力。同時，要全盤瞭解所謂氾濫的狀況變得十分困難。

色情問題的社會學解析

人類性行爲除受生理因素決定外，社會文化的因素，對於性行爲的表達方式和應有的限制都有決定性的影響。每一個社會對於性關係雙方，在年齡、性別、親族關係上，都有特定的規範予以限制，而對於性行爲的方式發生場所，也都有著不同的約束。這種限制與約束，在一個社會中，都有規範可循，在長期以來，家庭制度、宗教制度一直是維繫這類規範的重要憑藉，而法律則將各種約定加以規範確認，並作爲維護這些規範的最後防線。

根據社會學家的研究，發現當社會控制其成員的性行爲時，多半受了三種基本價值取向的影響。生殖取向傾於肯定性的生殖功能，所有的性行爲應僅限於爲生殖而發生。第二種取向是關係取向，是以個人爲中心的。性行爲是個體社會關係的一部分，其目的在於強化異性間的情緒及心理關係的緊密性。最後一種取向是娛樂的，也就是以生理的滿足與愉悅爲主，只要能獲得性方面滿足都被認可。

台灣地區在過去五十多年來，由於經濟發展，教育水準普遍提昇，家庭制度與價值的變遷，乃至於道德方面的實質性變化，都對「性」的問題產生顯著的影響，而色情與娼妓問題不過是其間被認爲有偏差的現象而已。尤以近幾年來，在社會急劇變遷之下，有些從事特種行業的「新新人類」甚至把自己視爲正當的「服務業」，在道德觀與價值取向的變遷不可謂不大。依據楊文山在90年12月間所完成的「台北市民對色情產業及性交易的認知與態度」報告，市民之中贊同以「定點」方式管理北市色情業者高達八成之多。在2001年10月間，德國國會剛剛通過一部提升娼妓地位的法律。娼妓在德國雖然早已合法，卻是違反公序良俗的職業。因此，妓女一方面必須依法納稅，另一方面則又被摒除在社會福利制度的保障之外。新法通過之後，娼妓就與其他職業工作者無異，可以享有健康保險與失業保險。依據推動此案的聯邦婦女部長柏格曼（Christine Bergmann）女士的說法，她雖然希望女性能夠從事其他職業，但是基於每天有一百二十萬個男人嫖妓的事實，德國社會不應該繼續再以僞善的雙重道德標準來歧視性工作者。根據統計，四分之一的德國男人曾經有過尋花問柳的經驗，娼妓人數則可能高達四十萬之多。

眾所周知，荷蘭更是一個性產業的天堂，阿姆斯特丹以及其他的大小城市多有紅燈區的存在，衣不蔽體的櫥窗女郎倚門其中賣笑。除此之外，散處住宅區的妓院與當街在五星級大飯店之前懸掛廣告的性伴遊所雇用的娼妓又爲數不知凡幾。對於這一切，除了禁止皮條客的中間剝削與雛妓營業之外，荷蘭政府的政策都是無爲而治。在十七世紀時，娼妓被查獲者必須面對割下一隻耳朵的嚴厲懲罰。如今，務實的荷蘭人知道禁不勝禁，不如開放。他們承認人性本色，娼妓滿足了人類的生理需求。基於人道的考慮，若干地方政府當局甚至定期提供重度殘障者一筆嫖妓費用。政府官方對於性產業採取如此寬大的立場，難怪阿姆斯特丹紅燈區的警方會印發一份英文小冊子供觀光客索取，裡面除了標明紅燈區的所在之外，同時也提醒各國尋歡客在尋找獵物時睜大眼睛，因爲「不是每個櫥窗女郎都是女人」（指的是其中有某些變性人或陰陽人）。它又警告遊客不可對櫥窗女郎拍照或口出穢言，「對她們尊重一點」。一旦與女郎或皮條客發生糾紛時，務必立刻報警，不要猶豫，「我們非常清楚您的來意」。德國與荷蘭的開放政策印證了「經濟學人」所預見的全球化發展趨勢。早在四年前，這份知名的世界性雜誌就呼籲各國讓性產業合法化。

變遷的性觀念與色情行爲

傳統中國社會裡的賣淫現象，若無特殊的性觀念做爲基礎，是不可能存在的。台灣地區色情氾濫的現象，若無性觀念的重大變遷，亦無法成爲顯著的現象。傳統中國社會裡，很明顯地對性方面的淫亂而斥責女性在這方面的偏差。在許多以男性爲中心的社會裡都有這種現象。在台灣，可以看到民間對性遊戲的開放，並不是來自於西方性觀念的開放。在鄉村地區，到公共茶室、酒家、及妓女戶並不是什麼見不得人的事，而色情電影及情色歌舞更是百無禁忌一般，在一般婚喪喜慶都相當普遍，這些情形都顯示在舊時代的台灣社會就已經存在的一些縱容男性淫亂的習慣。

使得人們在性觀念上產生變化，除了前述台灣社會文化的特徵以外，可能還是媒體充斥著色情資訊所造成的，色情污染媒體本身固然是色情問題的重要部分，但它們普遍影響著民眾的性觀念，促使色情進一步的氾濫，在公開合法發行的許多書報雜誌裡，就有許多有關色情的廣告。例如，在時下的電視中仍不時可以看見不少煽色性的藥酒、補藥廣告肆無忌憚的播出，至於報上的廣告欄上大幅的理容總匯、休閒中心、酒店等類似的特種營業廣告更是比比皆是。此外，近年來在有線電視的發展及裝機率日漸普及之後，俗稱A片的色情錄影帶更是可以透過線路直接入侵一般家庭，雖然可以用鎖碼的方式予以控制，但是其效果仍有待商榷。

以上諸多媒體發達的現象，的確已經對不少人的性觀念發生了一定的影響，而這些媒體還是人們可以很公開的方式就可以獲得的。而且還有爲數不少的非法色情書刊長期在青少年身處的校園中流傳，據警方估計，1990年一個月中就有五萬冊的發行量，在正常的性教育進行不太理想的狀況，這些數量龐大的色情書刊對人們的性觀念的影響不可謂不大。政府雖然一直採取取締這些色情媒體的政策，但實際色情媒體仍有很廣大的市場。再加上這些媒體都是非法的，政府在立法上更沒有訂定什麼成人限閱規範，色情媒體的氾濫就幾乎是百無禁忌了。

早在六〇年代中期，當世界各國還處在相當保守階段，丹麥已發動性開放革命，成群赤男裸女聚街遊行，報章雜誌開始刊登裸體照，並且在那個時期拍攝許多色情影片，至今在歐洲還相當流行。丹麥人認爲性行爲是件很自然的事，就好像吃飯喝水一樣。許多十四歲便搬出來與男女朋友同居，他們追求「自由」的性，許多人同居一輩子，甚至生了孩子當了祖父母就是不肯結婚。結婚率不高，當然離婚率就低。日常生活中除了色情書刊到處可見外，報紙也時常刊登三點全露的裸照。有些雜誌更是舉辦裸照比賽，只要臉皮夠厚，無論身材好壞，每個人都可當上裸體明星。在電視的廣告中也時常出現與性有關的鏡頭。每個星期五至星期日在晚上11點過後，電視台便開始播放色情影片，觀眾甚至可直接打電話進去與螢幕上的女郎通話，這些女郎全身一絲不掛，只在頭上戴無線電耳機，可直接接受觀眾打進來的要求，做各種猥褻動作，所以丹麥人根本不用花錢去租色情錄影帶。在首都哥本哈根市中心火車站後方一帶，是丹麥最有「性趣」的地方。除了琳瑯滿目的色情書刊、性玩具外，還有各個想尋友的寂寞男女的照片及電話，任君挑選。厚厚一本活像學校畢業紀念冊。這一帶常見慕名而來，穿西裝白皮鞋的日本觀光客，來目睹高大金髮美女的「廬山眞面目」。1994年《紐約雜誌》出版了一期專刊，介紹「Mean Sex」，亦即SM文化在紐約風行，蔚爲主流的情形，提及一九七四年是「自由性愛」狂飆，1984年是「安全性愛」盛行，而今是「嚴苛性愛」當道。在部分社會，視「情慾也是一種人權」的觀念，譬如美國書市上可以找到有關SM的書籍，讓此中人士按圖索驥，而非加以討伐。佛洛伊德（Freud）在《性學三論》中，指出「虐待症與被虐待症，其中主動與被動之間的強烈對比原是性生活裡的常見特性。性本能與殘酷行徑之間的息息相關情形，史蹟昭彰。」但是這個「放諸精神分析理論有機可循」的說帖，似乎仍無法為SM解套，因為它始終在人們的觀念中被視為是偏差行為。

由於政府往往以維護正統道德模式為己任，常常以形式主義的做法取締色情行業，但卻無法眞正解決問題。另外，也由於色情行業在經濟成長上的影響，也使得開發中國家因強調觀光事業發展，而縱容色情行業的氾濫，這兩種矛盾的現象，更使得非法的性和不肖的警政人員有了微妙關係的基礎。

從民眾的態度和觀念推敲，對色情的存在多所容忍甚至允許，對色情氾濫又相當憂心，再加上對執法單位的高度不信任，就使得色情的問題難以解決。政府官員，包括警察在內，似乎在理念上有泛道德的傾向，對色情有著不寬容的態度，但在實際上卻又無能解決問題，這樣的矛盾，正顯示色情與警察間微妙的關係。

希望透過政府的力量來禁絕娼妓業，往往因為未能探究問題的成因，因無法處理取締之後的失業問題，結果經常是失敗的。各國禁娼的實例雖多，但效果都不彰，也是犯了相同的毛病，往往公娼被禁絕了，但私娼卻更形猖獗。證諸台灣地區的狀況也是如此，警政機構大力掃蕩的結果，常常收效一時，過後又很快恢復。當政府採取寓禁於徵的政策，則登記有案的風化場所顯然消減甚多，但地下化的趨勢卻更形嚴重。地下化的結果造成了非法營業。這類非法營業為求生存，遂採取非法的手段與警政人員勾結，於是有些負責取締的警察人員，不能嚴守立場，竟成了非法色情營業的保護者。這種情形不唯獨台灣如此，在韓國、菲律賓也多有這個現象。總之，若以形式主義取締色情行業，往往是沒有效果的。換言之，若不能對症下藥，也只有使情況日益嚴重而更難以解決。

青少年性行爲氾濫

根據行政院衛生署統計，國內15～19歲的青少女生育率達17‰，高居亞洲之冠。與亞洲各鄰近國家相較，比日本4‰、新加坡9‰、韓國11‰都要高，顯示這些地區，情況都比台灣好，不僅反映出國內社會風氣日益開放，影響青少年性行爲，也顯示這些懵懂少年，多半不知採取避孕措施。國人性觀念雖仍趨保守，但性行爲卻日益開放，偷嚐禁果的青少年愈來愈多；但像日本等青少年性行爲比率也不低，其未成年人生育率卻不比台灣高，可見國內青少女生育率偏高，關鍵在於避孕觀念的缺乏，許多青少年只知享樂而不知善後。

在社會大環境充滿聲色刺激的情況下，要普遍生理早熟的青少年，還像他們爸爸媽媽那一代，到十六、七歲仍對性懵懂無知，恐怕已不可能；所以與其任由他們自行摸索，做出後悔的事，不如加強教育，讓他們知道：過早生育對身心都不利，應採取適當防護措施，學習兩性正確的交往。十來歲的少女懷孕生子，在老祖母的早婚時代早已司空見慣；到了二十世紀末，卻成了一項令人憂心的現象。專家指出，現代青少年的生理成熟度雖然較過去提早，但心理、人格成長卻相對減緩，少女生育所衍生的問題因而形成嚴重的社會問題。

根據台大醫學院調查兒童生長發育情形發現，現代少女的初經年齡較二十年前提早兩歲，平均十一歲即初經來潮，少男性特徵成熟期也較過去爲早。青少年早熟導致生育年齡提前，加上社會風氣開放，青少年人際層面擴展、媒體資訊豐富，以及「只要我喜歡，有什麼不可以」的自我意識高升，在在都使得兩性接觸機會較以往頻繁，老祖母年代「男女授受不親」的觀念，早在時代潮流下，成爲迂腐的想法，偷嚐禁果早已不是新鮮事。但是，青少年生理發育雖然提早，心理成熟度反而呈現減緩現象。台北市立陽明醫院精神科主任周勵志在一項以高中二年級學生所做的問卷研究發現，現代青少年自我重整的能力較十年前爲低（周勵志，1996）；例如，過去國、高中畢業的孩子多須走入社會，自力更生，或自己規劃未來的就學、就業方向，現代新新人類不但經濟上多倚賴家長，在心理上，對自我前程的規劃也缺乏準備。老祖母時代早婚、早育合乎社會價值，當時少女多及早做好生育的身心準備。現代少女雖然生理早熟，但結婚、生育對她們而言，一切都「還太早了」，即使不必承受未婚懷孕的心理壓力，人格表現上，卻是「大小孩生小小孩」，不少難以承受如此生涯風暴的早婚少女，因而棄子離家，這也是台灣常見青少年問題之一。

導致台灣地區少女生育率攀高的主要因素，除了與早熟或性態度開放有所關聯之外，也與國內至今尚未建立明確、有系統的性教育課程有關。雖然青少年早熟，成年人皆有目共睹，但各界對於國中課程應否教導避孕措施，卻仍莫衷一是。少男、少女對性事一知半解，對避孕方法的認識更是不足，導致台灣少女生育率高於亞洲其他國家。及早規劃青少年性教育課程，由國小至大專，依孩子的身心狀況分別設計性知識及避孕常識，才能根本解決少女生育所衍生的社會問題。

根據台灣省家庭計畫研究所的調查中，青少年學生的「第一次性行爲」，發現有21％是與自認尚未達彼此相戀地步的朋友、同學或同事發生的，其中有3％的人是「以金錢交換的性伴侶」，有2％的人是在妓女戶發生性行爲。該調查也顯示：在學高中、職及五專學生對婚前性行爲的態度相當開放，34.9％的人認爲「只要兩人相愛或互相喜歡即可做愛，何必在乎是否結婚，結婚不過是一種形式而已。」有22.3％的人表示「可以滿足生理、心理的需求，不必刻意抑制許多困擾。」13%的人認爲「會有助於適應未來婚姻生活，促進未來婚姻幸福。」12%的人認爲「可以增進男女雙方的感情。」另有2.7%的人表示「現在只要好好避孕，即不會懷孕，怕什麼！」2.4%的人表示「做愛是很樂（爽）的事，應即時行樂。」也有0.6%的人認爲「很多人都這樣做，不這樣做很遜、落伍。」

有關「學生初次性交對象及地點」的調查是以已有性經驗的學生爲對象，總共4,760人，約有一成的受訪學生在受訪時已有過婚前性行爲。其中三分之二的人是與「相戀的愛人」，與未婚夫或未婚妻發生第一次性關係的僅2.5%，比例偏低。這是因爲在學學生訂婚的情形較少，過去該所針對青年男女所作的調查顯示，有21%的女性及41%的男性在訂婚後首次發生性關係。學生第一次發生性關係的地點，大多在男方或女方父母家裡，約占35.7%，在自己或對方租住的地方則有20.9%，在旅館或賓館有9.2%，在MTV或KTV店發生性行爲的比例也不少，約7.7%。調查也發現，學生接觸色情訊息的管道及場所相當豐富，在色情書刊、色情錄影帶（A片）、色情電話、色情歌舞等管道方面，七成以上的學生表示曾接觸過二到三種；從未接觸過的，男性不到3%，女性也只有16%。男女學生遭到性騷擾的情形也不少，調查發現，有28.7%的人受過性騷擾。

台灣省家庭計畫研究所分析比較72年與88年所作的高中、職與五專學生性知識、態度與行爲調查時發現，學生們的性態度與性行爲大爲開放，與性知識的增加不成比例，這是相當令人擔憂的現象。其中主要內容爲：

1. 有關性知識的變遷方面，學校教授生殖生理及避孕情形的情形已有一些進展，在生殖心理方面，學生表示學校沒教或只叫學生自己看的比例已顯著減少，但在避孕方法方面，仍有約半數的學生表示，學校沒教或在學校沒有學到。一個奇怪的現象是，學校對女學生講授生殖生理及避孕常識者比對男生講得更普及、詳盡，這個情形十年來沒有改變，而且在「墮胎的壞處」、「如何與異性交往」、「戀愛與擇偶」知識的傳授，學校也是教女生比教男生詳盡，只有「性病與愛滋病」的講授是男女平等的。

2.父母在性知識傳授的角色令人慚愧。有半數的學生表示，在「如何與異性交往」、「戀愛與擇偶」方面，父母「幾乎未談過」。在「婚前與異性發生關係可能產生的問題」、「夢遺、月經或手淫方面的事」、「如何避孕」、「生殖生理或懷孕如何發生」、「性病與愛滋病」等方面，都有四分之三以上的學生表示「父母幾乎未談過」。而且父母與學校一樣，對女孩子講這些事比對男孩子講得多，也講的詳盡，這種「重女輕男」的做法是否導致男生在處理兩性關係時較莽撞、不負責任，值得進一步探討。

3.在性態度變遷方面，88年的高職及五專男、女學生都比十六年前的男女生更開放。以「是否可有性行為」為例，認為「與喜歡的人」即可的比例，男生從8%提高到21%，女生從1%提高到5%；如果是「與相愛的人」，則男生由19%提高到37%，女生由3%提高到13%。如果是「與已訂婚的人」，則男生由36%提高到60%，女生也由6%提高29%，十年來開放程度不可同日而語。

4.調查顯示，有近四成的男生與二成的女生表示，只要彼此相愛即可同居，表示須等到結婚才可同居的比例，男生不過兩成多，女生略多於四成；有五成到六成的男女生表示，「非常介意」或「有些介意」未來配偶是否為「處男」、「處女」，不太介意的比例，女生比男生高。

5.在已有性經驗的學生中，有三分之二第一次性行爲時並未避孕，其原因，有半數表示因爲是「臨時發生，沒有預備」，另外，有十分之一認爲那時是安全期，不必避孕；有第一次性行爲者，近四分之三表示沒有導致懷孕，有11%造成懷孕，8%以墮胎結束，3%將孩子生下來。

結語

奧國的心理學家佛洛依德（Freud）認爲：在人類的各項基本欲求中，性行爲除受生理因素決定外，社會文化的影響尤其深遠，亦即社群對於性行爲的表達方式和應有的限制都有決定性的嚴謹規範。每一個社會對於性關係雙方，在年齡、性別、親族關係上，都有特定的規範予以限制，而對於性行爲的對象、方式、發生場所，也都有著不同的約束。這種限制與約束，表達於民俗、民德、法律之中。使得人們在性觀念上產生變化，除了傳統的社會文化特徵以外，可能還是媒體充斥著色情資訊所造成的，色情媒體影響著民眾的性觀念，正如同孩童的暴力行爲與媒體中暴力節目有關；在正常的性教育不足的狀況下，這些數量龐大，種類多元的色情資訊對人們的性觀念的影響不可謂不大。再就經濟學的角度看來，特種營業能在台灣如此猖獗，相對顯示其市場的潛力存在，在「利之所趨」的情況下，甘冒道德、法律雙重危機而投身此業的人口乃自然源源不絕。

面對著日益嚴重的諸多社會問題，雖然各其原由，然而仔細思索這些現象的產生，與我們社會的變遷有關。隨著經濟生活的富裕，物質慾望快速解放，「只要我喜歡」成為新世代的口號，以彰顯我行我素的生活態度，而「只要我敢，有什麼不可以」，成為極端個我主義者所奉行的行為規範。倡行解除既有規範的禁錮，固然可為人本的思維進行深刻的省思，但也應予思考如何以成熟的態度面對自由下的自律，以型構社會；易言之，當社會急速解放，社群畢竟仍需要各自的專業與社區自治。這種追求個人自主與重新定位的過程中，如果缺乏深刻的自省與嚴格的自律，必然形成社會的失序與解體，而弱肉強食毫無人性的嗜血原則，即可能掩飾人們的彼此合作與關懷，以致於在薄弱的人文心靈與強烈的叛逆作為之下迷失自我。

辣妹紅茶、牛郎酒店、第三性公關的色情文化，正凸顯我們處於一個規範鬆弛，人們精神與心靈欠缺皈依的處境。面對這一樣態的社會，如果能喚起人們注重精神修持，鼓勵人文的揚昇，建立個人在社會中的定位與標竿，或許有助於的不僅是情色歪風的阻遏，同時也是清明澄靜社會的到來。

第24章

休閒問題

- 前言
- 國人休閒生活現況
- 國人休閒生活的變遷
- 休閒生活的發展對策
- 結語

前言

政府自宣布實施週休二日制度，象徵休閒時代已經悄然來臨；這項新的措施不僅影響人們的生活作息，也代表著一種新思維的到來。存在主義作家卡繆曾說過：「要瞭解一個人就必須則先瞭解他怎麼營生。」社會學家休斯認爲在人際對應的諸多角色中，以職業角色爲「主角色」，因爲這個角色決定了他的生活型態、人生價值取向，及他人的評價。長久以來當我們提起一個人，通常會是以他的職業角色來涵蓋，因爲工作是個人生活中主要的內容，中國人給滿一歲大嬰兒「抓周」的習俗便是由此而來。工作已深深鏤刻在我們的生活之中，「工作就是人生」的說法並不爲過。

在沈重工作壓力的時代，工作中的短暫休息也只求喘息而已，所謂「休閒是爲工作」正是這番寫照。隨著機械文明的到來，人們廣泛運用機器爲生產的憑藉，雖爲社會帶來更爲便捷的生活，但由於在機械化的工作步調裡，生產勞動不再依循自然的律動而須配合刻板的速度以及遵循機械的運作原理以行動。結果，工作者變成機械的一部分，只在扮演那些尚未被自動化機械所取代的部分角色而已。這種勞動生活容易感到無奈感、無意義感。在精神生活方面特別容易感到空虛和枯燥，這正是馬克思所說的「異化現象」。其克服的辦法便是只有求之於休閒生活，從休閒生活中獲得人生的意義，發展人類的潛能，實現美好的人生，從而對美好社會的實現做出貢獻。人們對這嶄新時代的來臨寄以無限希望。寧願選擇額外休閒，而非更多工作與所得，這種現象顯示的是：偏愛有更多的自由時間來消費金錢；而不是犧牲自由時間，換取更多金錢。這趨勢會繼續進行，因爲人們質疑傳統的工作價值，於是牽動著新的社會型態的到來。這使得社會充斥著「為休閒而工作」的氣息。

國人休閒生活現況

現代社會對於休閒生活的需求有愈為強烈的趨勢，但是現代人對於休閒的定義仍局限於工作之外的餘暇時間，尚不能將工作與休閒視為一體之兩面。佛洛姆（Erich Fromm）認為：現代人沒有眞正自由以享受他的閒暇，消磨閒暇的方式早就為「休閒產業」所決定。這誠是今日休閒生活粗劣情形的寫照，也是當前休閒生活的一嚴重危機。自由時間的增加，不僅意味著美好人生實現的可能性增加，同時也意味著美好和諧社會實現的可能性也愈大。生活在現代社會的人們，十分需要用科技文明所導致的增多時間，以解脫零件地位、擺脫疏離感，並從零件意識中解放出來。是以現代人的理想生活型態是：人人都能夠利用自由時間，接觸更有價值的人類文化，發展自己的人格和能力，並致力於增進家庭、人際與社會之間的接觸，以豐富和充實精神生活，從而通過集體合作的力量以達成美好社會的實現，因為只有在健全的社會中生活，個人的幸福才能實現。

由於所得提高，休閒生活益受重視，且政府先後開放國人出國觀光、赴大陸探親及實施隔週週休二日，出國人數明顯成長，90年國人出國718萬人次，較80年增2.1倍，平均每人出國0.32次，高於美國0.20次及日本0.13次。至於國內觀光遊憩每人每年4.5次遂高於80年的2.3次，增幅近兩倍。足見休閒時代的來臨。

國人休閒生活的變遷

爲提升國人精神生活，近年文化活動的推廣（如表24-1），採取與社區相結合的方式辦理，藝文活動更爲蓬勃發展，90年台閩

表 24-1　國人參與文藝活動概況表

項　　目		90年統計數	與89年比較
藝文展演活動個數		18,375個	+ 8.3%
	政府單位舉辦	13,780個	+ 7.1%
	民間單位舉辦	3,933個	+12.8%
	美術活動	4,447個	+ 5.1%
	音樂活動	3,990個	+33.1%
	戲劇活動	1,635個	+21.0%
	舞蹈活動	865個	+43.7%
	民俗活動	1,038個	+10.4%
	台北市	3,706個	+17.3%
	台南市	1,300個	+30.9%
	南投縣	1,235個	+36.5%
藝文展演活動出席人數		7,962萬人次	+31.7%
	平均每人出席次數	3.6次	3.2次
	美術活動	4,170萬人次	+32.8%
	音樂活動	300.3萬人次	+41.6%
	戲劇活動	258萬人次	-14.6%
	舞蹈活動	180萬人次	+63.4%
	民俗活動	129萬人次	-6.0%
	台北市	1,444萬人次	+44.0%
	宜蘭縣	861萬人次	+132.0%
	台北縣	696萬人次	+237.7%

資料來源：行政院主計處，「國民生活指標」，2002年7月24日。

地區共舉辦1萬8,375個藝文活動，每萬人藝文展演活動出席3萬6,251次，較80年增89.3％，國人參與藝文活動日盛。90年底公立公共圖書館506家，亦較75年底大幅增加1.5倍，惟受網路應用普及影響，近年圖書館利用率漸次下降，90年每百人利用圖書館49.9次，較85年減少36.6次。

由表24-2中所列國民文化休閒領域綜合指數觀之，其中以每萬人出國次數成長19.1％最多；有線電視普及率、每萬人赴主要遊憩區旅遊次數及每萬人休閒空地面積則各較85年、80年及70年微幅成長；僅每萬人藝文展演活動出席次數、圖書館利用率及平均每戶書報雜誌文具支出占消費支出比率近年呈微幅下降。整體而言，顯示近年文化休閒狀況較前進步、改善。

88年出版法廢止，出版言論自由得到進一步保障，出版事業發展益趨蓬勃。根據行政院主計處調查統計：90年底臺閩地區計有報紙454種、雜誌7,236種，五年來分別增32.8％及27.0％。無

表 24-2　國民生活指標文化休閒領域概況

年	70	75	80	85	90
每萬人藝文展演活動出席次數（次）	—	—	17,033	35,450	32,251
圖書館利用率（次/每百人）	—	67.2	75.7	96.5	49.9
有線電視普及率（%）	—	—	—	59.6	72.0
每萬人出國次數（次）	319.2	418.8	1,641.7	2,664.7	3,218
每萬人赴主要遊憩區旅遊次數（次）	—	—	17,975	24,248	43,275
每萬人休閒空地面積（公頃）	27.5	23.8	24.6	27.3	32.3
平均每戶書報雜誌文具支出占消費支出比率（%）	1.0	1.0	1.2	0.9	0.8

資料來源：行政院主計處，「國民生活指標」，2002年9月4日。

線電視方面，民視、公視於86與87年陸續開播；有線電視方面，自82年有線電視法公布施行後，目前已有63家有線電視系統開播營運，籌設中53家；另在電波開放政策下，廣播頻道亦自82年起逐步釋出，廣電節目內容更趨多元。

隨廣電媒體開放及網際網路興起，休閒娛樂型態轉趨於多樣化，90年底有線電視普及率72%，五年來增17.8個百分點，家庭網際網路普及率已逾兩成；平均每人用紙237公斤，全球排名第九，在亞洲僅次於日本。今日台灣地區的休閒生活正呈現著大眾傳播蓬勃發展，文化休閒活動多樣化的景況。

休閒生活的發展對策

過去一般人的觀念，認為休閒乃屬有錢、有閒之輩的活動，普通家庭薪資所得中除食、衣、住、行開支外，所餘不多，娛樂更是可有可無。不過，隨著經濟條件的改善，越來越多的家庭漸漸重視「娛樂」在生活上的功能。從電視機的普及情形也可看出梗概。但是，實證研究的結果顯示，目前台灣地區的娛樂及消遣類支出仍有較高的所得傾向，顯示仍屬奢侈財貨。

根據89年6月由行政院主計處進行「國民休閒生活調查報告」，可簡述如下：

1.室內的休閒生活充滿著與電視螢幕為伴的無奈。
2.戶外的休閒生活則具有高度人際應酬的壓力。
3.休閒生活品質的低俗化成為健康生活的隱憂。
4.較長時間的旅行和觀光旅遊的消費品質有待提升。
5.志願與義務的社會服務工作尚未形成風氣。

社會文化與休閒活動關係密切，因此當探求休閒活動的未來展望時，也要考量社會環境的發展特性。諸如：隨著社會繁榮富庶及經濟型態的改變，工作與休閒意念的換置，所形成休閒文化的勃興。爲能把握未來休閒活動的動向，以符合時代潮流及滿足大眾的需求，其規劃重點，宜朝向下列幾點：

1. 多樣化：爲滿足不同動機偏好的利用者，休閒活動種類應增加並呈多樣化的發展。亦即，依身心發展、年齡、就業、就學、性別等的不同，再根據各地區的特性，不同時段而計畫各項適合人們的多樣休閒活動。台灣各地區因地理環境，文化水準經濟條件，人口特性等不同，休閒活動應依各地區的主觀客觀特性而作不同的適當規劃。
2. 主動化：活動類型應以利用者主動參與的活動爲發展趨勢，如騎馬、露營、球賽、划船等積極性活動。
3. 戶外化：都市過度發展、使得市民住在擁擠且閉塞而採光不良的狹小空間，爲脫離此種壓抑的環境，返回大自然原野，戶外活動就成了未來都市居民所追求的方向。在休閒時我們投身於自然的懷抱，在群山綠水中，行走於扶疏的花木草叢裡，可使人重新體會人與自然之間的感受，進而可尋回自己內在自發的本性。誠如文崇一在《台灣居民的休閒生活》一書中，建議改變休閒觀念和方式，應從室內靜態，和過分依賴傳播媒體的休閒方式，轉變到戶外，動態和更具創造力的休閒活動。另一是開發休閒資源、從森林、海域和天空等「戶外」及「大自然」資料的利用和規劃著手，以擴展個人及集體的休閒活動範圍。
4. 精緻化：由於個人所得提高，支配費用增加，使得從休閒活動的消費提高，休閒品質亦相對的提高。易言之，我們所從事的休閒活動，應使自己的休閒層次提昇，也是所謂高品質的休閒，是不可從事迷亂式或疏離式的休閒，或有害身心健康的活動，也不可破壞環境及浪費資源等。簡單說應對人們具有建設性的活動意義及提昇自我的功能，使我們不再只是強調休閒活動的次數或頻率，休閒品質滿意度才是我們眞正追求的目的。

5.大型化：由於都市的發展，交通的便利，休閒時間的增多，遊憩時間的增長，遊憩設施的型態也就趨於大型化。並且由點、線、而擴大爲全面有系統的連結發展。根據「台灣地區休閒教育設施現況與需求之調查」指出，不管台灣的直轄市或鄉鎮地區居民，對戶外遊憩場所及休閒中心均一致反應很高的需求。雖然目前我們有許多國家公園，但是很明顯是不夠的，而休閒中心有必要大量興建等。

6.計畫性：所謂計畫性休閒活動，簡單說，就是透過各項有正當性、建設性、計畫性，並可達到教育意義與目標之休閒活動，不僅要達到教育的意義也需符合休閒的精神。這種計畫性的休閒活動，必須要滿足人們的各項需求，在活動中使青年發洩、疏導與調和情緒等，進而引導人們培養正確的休閒概念與行爲。

7.冒險性：冒險性活動不僅要有冒險性或充滿刺激性、壓力等特性的活動，還必須要具有教育意義的功能。所謂冒險性活動就是利用自然環境從事各種對人的「精神面、身體面、與體能面」等所產生刺激、緊張、壓力等等的各項活動，而以這種活動經驗爲基礎來達到教育意義的活動。冒險性活動不但可習得如何在危難中解除自身生命危險的技能，而且可使人們在生活中獲得新的觀念與態度，並在緊急情況時能冷靜沈著發揮本身的潛力，進而對他人發揚奉獻犧牲的精神。現在歐美日等先進的許多國家的教育機構，也都紛紛採用此一教育理念，不單是限於學校教育，爲了滿足一般市民對野外冒險性活動的需求慾望，近年來戶外冒險性活動的實施，已成爲社會教育的一環。活動對象不僅從小學生、青少年、青年、成人、連教師、企業主管也是主要對象，其目的在提高野外活動的各種技術與增進各種知識，亦可提昇自我概念。

8.服務性：從休閒活動的需求得知，除了心理、生理、感官等的需求外，還有一種奉獻需求，就是服務性公益奉獻活動或稱回饋社會活動。如：許多學校機關、民間公益團體組織，到各需服務協助場所，孤兒院、醫院……等當義工。爲社會做服務與奉獻，這種熱心服務奉獻的人生觀，最能充實心靈及提昇靈性。這也是未來最踏實可行的服務人生觀。

9.國際性：現階段台灣地區的設施、場地已不能滿足國人的需求，又台灣地狹人稠，許多遊憩場所皆已達飽和狀況。每年的假期眾多國外的旅遊，許多國外資訊已無法滿足國人精神上的需求，透過國際間的各項交流，除了滿足國人感官需求外，也同時可滿足國人對新奇事物的喜好，更直接提昇國人的視野。

10.文化性：培養國民健全而合理的生活方式與生活態度，就要講究生活品質及提昇國民的文化素養，文化係蘊涵於國民的日常生活中，文化水準也從生活實踐中表現，文化因素正是提昇生活品質重要的一環，所以文化建設應該著重於國民生活方式的提昇。休閒活動是人類生活的一環，提昇生活品質也是人類追求幸福快樂的基本要件。

11.整合性：大眾休閒現象是現代社會的產物，其理想型態是人人都能夠利用自由時間，接觸更有價值的人類文化，發展自己的人格和能力，以致力於增進家族、朋友與社會之間的接觸，以豐富和充實精神生活，從而通過集體合作的力量以達成美好社會的實現。但隨著大眾休閒時間的大量增加。一般群聚逐漸成爲商業性娛樂宣傳的犧牲品。這些商業娛樂多半缺乏傳統的民間娛樂所具的消除身心疲勞、恢復體力的「再創造」的積極面。佛洛姆認爲現代人沒有眞正自由以享受其閒暇的時間。現代人消磨閒暇的方式，早就爲「休閒」產業所決定。這誠是今日休閒生活異化情形的殘酷寫照，也是當前休閒生活的一嚴重危機。在眞正休閒時代來臨時，人是處於休閒與工作均衡、並重的社會。人要會工作，也要會擅於利用閒暇。最好是人類同時能在工作與休閒兩領域均能從事創造性活動的機會，都能有自主性與充實性的感覺。

結語

工作與休閒是互補的，只有按照工作的條件來分析，才能瞭解什麼是休閒。例如，某些事對於某些人是一種遊戲，但對於另一些人可能是一項工作。許多人以打網球或釣魚作樂，但有些人則以此爲生，因爲遊戲是他們的職業。休閒機會也常常影響職業的選擇，例如有的人改變他們的工作，是爲了有更多的時間與孩子在一起，或是新的工作靠近遊玩的地方。休閒與遊戲是不一樣的，但兩者均非工作。不僅如此，它們也是反工作，即與工作對立。但他們能使人在工作期間維持精力，則是重要的。工作者採取的休閒與遊戲方式，會隨其工作性質而不同。白領工作者，可能從事於體能的休閒活動。而藍領工作者，因他們的工作涉及體力消耗，可能偏愛靜態的休閒消遣。

人們寧願選擇額外休閒，而非更多工作與所得，這種情況，於1940年代末，首先出現於美國。這種現象顯示那時的人們偏愛有更多的自由時間，來花費金錢；而不是犧牲自由時間，換取更多金錢。這趨勢會繼續進行，因爲人們討厭職業條件、成功的傳統觀念，與其他傳統的工作價值，於是牽動著新的社會型態的來臨。

不論古今中外，在歷史上能夠享受大量休閒時間的，通常只是少數特權階級（如貴族、憎侶、奴隸主或地主階級等）。對占人口絕大多數的一般平民而言，由於生產力的發展有限，加上被統治階級層層剝削，日常生活中的工作壓力沈重，極有限的休閒時間頂多只能作爲解除疲乏、恢復體力的「娛樂」而已。

由於科技的發展仍會持續地進行，自動化生產的機械將會取代越來越多的人工。可是另一方面，由於人工自動化機械所取代，失業問題會變得更爲嚴重。大量失業人口所擁有的大量的自由時間，只是一種無事可做之時間，而非眞正的自由時間。因爲這種空閒時間，既非志願性的，也難有自由感、自主性的感覺。而且縱然有時間，也沒有足夠的金錢來花費，以從事其想做的休閒活動。因此有人認爲有必要對社會做全面性改革，以重視休閒生活的休閒倫理來取代長期以來主宰人類行爲的工作倫理。因爲，爲了解決結構性失業問題，每人均須縮短其工作時間。如此，則每人的自由時間必然大量增加。此時，工作不用被視爲倫理，而不工作也不用被視爲偏差行爲。須以休閒社會的新觀念取代過去一直以工作倫理爲中心的社會。

現代社會對於休閒的需求愈強烈的趨勢，從一些新興如雨後春筍般出現可見一斑，但是現代人對於休閒的定義仍局限於工作之外的餘暇時間，尚不能將工作與休閒視為一體之兩面。不受勞動時間約束的自由時間的增加，實是人類長期以來的願望，也是人類運用其智慧及理性，一方面提昇生產力，一方面取自由和自求解放而不斷努力的一大成果，自由意味著從事創造性活動機會增加，更多的自由時間便人類得以充實自己，豐富生活內容，增進生命的意義，以實現人生目標及美好生活。

人是社會動物，個人的美好人生通當與對美好社會的實現做出貢獻有密切的關係，因此自由時間的增加，不僅意味著美好人生實現的可能性增加，同時也意味著美好和諧社會實現的可能性也愈大。特別是在以機械文明為基礎的現代社會、社會關係、朋友關係……等容易感到空虛和枯燥，所以休閒生活在現代人的生活中也就愈發的重要及必需了。由於科技文明的發展而增多了休閒自由時間，休閒時間的增加，或將有助於克服疏離，促進文明的進步與生活品質。這些都是使得休閒成為我們深思及關切的主題。

誠然，生活在現代社會的人們，十分需要用科技文明所導致的增多時間，以解脫零件地位、擺脫疏離感，並從零件意識中解放出來。過去的人較能夠從自己的工作生活中獲得自我實現。在現代組織中工作的人們，不論是藍領或白領，這種幸運兒愈來愈少。他們愈需依賴更多工作之外的自由時間，以設法達成自我實現的願望。其理想型態是：人人都能夠利用自由時間，接觸更有價值的人類文化，發展自己的人格和能力，並致力於增進家族、朋友與社會之間的接觸，以豐富和充實精神生活，從而通過集體合作的力量以達成美好社會的實現。只有每個人的自我能力得到充分發展，個人人格才會有健全發展的可能。也只有在健全的社會中生活，個人的眞正幸福才能實現。

現代人正處於社會急驟變遷的時期，此時期人們的生理、心理、情緒、道德及社會發展在質量上都面臨著極大的改變。所以適當而正確的休閒活動，更有助於未來良好發展及一生幸福。休閒是生活的一部分，它代表了我們對生活方式的態度，休閒除了要注重活動的參與外，更重要的是每一個人對休閒生活的詮釋，因此，一個不懂得生活，或不懂生活品味的人恐怕很難體會到休閒的眞諦。過去人們所強調的是工作及物質面的改善，卻忽視了休閒生活，以致於雖然我們的國民所得已經超過了一萬兩千美元，生活品質卻沒有得到相對的改善。我們必須擅用我們的休閒生活，創造出一個富而好禮的社會，才能被稱之爲已開發國家。

休閒是一種社會現象，一個國家人民休閒時間的多少，以及休閒生活的訴求，均反應出該國的社會狀況。休閒和我們的生活息息相關，提升國民生活品質，並不是單由物質上來改善就可以達到，還必須要從社會文化面上來改善。因此對我們的挑戰是如何在固有的文化基礎上來創造新時代的生活。然而西方文化透過傳播媒體，使我們對代代相傳的傳統文化愈來愈模糊，再加上電子科技，使得任何事物的速度都加快了，連帶著影響到我們對生活中美的體驗，因此在安排休閒生活方面必須要以現代行銷的觀念來提倡（促銷）、傳統的民俗技藝（產品）、透過事業單位舉行之活動（通路）、吸引人民的參與（價格）在固有的文化基礎上來創造新時代高品質的生活。

第伍篇

社會問題對策

第25章

社會控制

- 社會規範
- 偏差行爲
- 社會控制：社會規範的執行
- 社會變遷與社會改進

社會規範

任何一個人類團體為營共同生活時，都不能像一盤散沙，散漫而且毫無章法，而是如同一個蜘蛛網，具有綿密的組織性和聯繫性。社會規範即是維繫團體生活與人際互動的法則，也是人類為了滿足基本需欲時，社群所認可的行為標準。換言之，社會規範是社會團體或整體社會所遵循的行為模式。

社會規範既是以人的需要為基礎，依據美國著名社會學家孫末楠（Sumner）在所著《民俗論》一書的說法：規範有兩種主要的形式，第一，原生的規範：是由團體生活過程中自然地發展出來，或是從民德中慢慢地衍生出來；例如，財產、婚姻、宗教、節慶。第二，制定的規範：是由團體社群有意識有計畫創造出來的；例如，法律、政治、教育。足見社會規範的形式是多式多樣的，隨著族群的差異及環境的區別，乃至歷史背景的不同而有不同的形式。其中屬於非強制性的規範方式，有風俗、道德、輿論以及時尚、風潮、藝術、信仰等；強制性的規範方式，有政權、法律、制度等。

綜觀人類社會的發展較為普遍的社會規範計有：

習俗

習俗是人類生活中最早產生的一種社會行為規範或社會控制方式。習俗的意義是指：人們在團體生活中逐漸形成並共同遵守的習慣和風俗。人們在社會上的舉止行為，常是世代相傳和互相模仿的。例如交際禮儀，一旦在社會上普遍流行，便成為習俗。這種習俗行之既久，使人養成習慣，於是在不知不覺中傳給後代，即由習俗變為風俗。因此它能在社會上產生極大的規範力

表 25-1　習俗分類表

分　　類	舉　　例
物質生產的習俗	拜師學藝、奉祀宗師、行規禁忌等習俗
消費生活的習俗	服飾、飲食、居位等習俗
居家生活的習俗	家風、鄉里習慣、講求風水等
婚姻節慶的習俗	訂婚、結婚、婚配、宴客等
民間信仰的習俗	占卜、禁咒、巫蠱、祭祀等
生活禮儀的習俗	誕生禮、成年禮、喪葬禮等

資料來源：作者自行整理。

量。風俗對人們行爲的規範作用，不像法律和道德那樣是在強力和輿論譴責的威懾下所發生作用的；風俗是內化爲人們的習慣性行爲，是在沒有外來壓力的情況下自動發生作用的。根據習俗的不同內容，我們可以把它分爲幾類（如表25-1）。

嚴格而言，習俗對社會發展既有積極作用，又有消極的作用。如果風俗符合當時社會發展的客觀規律時，這種風俗對社會的發展就能產生積極的作爲，用以導正人們的行爲並且產生規範的作用。但是當社會快速變遷時，發生傳統的風俗與社會發展相矛盾，那麼該習俗便形成阻礙社會發展的絆腳石。

道德

道德是社會調節人們之間互動關係的行爲規範的總和。諸如如何評價好與壞、善與惡、是與非、誠實與虛僞、正義與非正義等等。道德是由習俗發展而來的。人類最初的行爲規範是風俗習慣。人們在社會中生活，對有道德的行爲加以讚揚，對不道德的行爲加以譴責。當然，是非善惡的道德觀念在不同的時代不同的類群有其不同的評價標準。道德的作用在於控制人的思想和行爲，它比習俗的控制力更強，不遵守風俗習慣不會引起社會太大的注意，但人們對不道德的行為特別敏感。

宗教

宗教也是社會控制的重要形式。宗教是人類社會發展的現象。宗教的作用就在於使教徒安於現狀並對未來織構一個理想祥和社會遠景，使其信徒對既有惡劣情勢能逆來順受，勿以暴力抗惡。從本質上講，宗教對社會發展和淨化人心產生其他社會機制無法取代的作用。但這並不是說宗教規範與現實生活相抵觸，而是相輔相成並具有社會整合的作用。

社會輿論

社會輿論也是社會控制的一種重要方式和工具。所謂輿論，就是社會上眾人的議論和意見。社會輿論具有現實性強、歷時短、彈性大，以及不確定性等特點。輿論是一種很複雜的東西，它既有正面的，也有反面的；既有正確的，也有錯誤的。有自上而下的輿論，也有從下到上的輿論。但是，輿論總是對人們的社會行為有一種巨大的約束力，有時會形成一種巨大的壓力，促使社會大眾必須正視輿論，並對其做成反應。人們常說「人言可畏」就是這個道理。

法律

法律是經過國家制定或認可的，由國家強制力實施的行為規則。法律是現代社會主要的控制工具。凡社會成員生命財產的保障、權利義務的規定、家庭婚姻的維繫都有賴於法律。它不僅在消極方面限制個人的行為，而且在積極方面維持社會上的生活秩序和工作秩序。

社會制度

社會制度是對社會產生控制作用。所謂制度包括三個方面：一是社會形態，如民主制度、法制制度；二是指構成社會整體的具體社會制度，如教育制度、經濟制度等；三是社會組織的某些具體的規章制度。美國社會學家殷格斯（Inkeles）認爲有四種制度，即政治制度、經濟制度、表意整合制度（如科學、哲學、教育等）、親屬制度（關於婚姻、繼承等）。制度的社會作用在於：規範人們的行爲、傳遞社會文化、調適人際關係、促進社會發展。

按照社會控制對象，還可以把社會控制分爲外在控制和自我控制。前面介紹的社會規範都屬於外在控制。所謂自我控制，是指社會成員自覺地用各種社會規範來約束自己的行爲，控制自己的慾念和行爲。

自我控制是自我意識的一種形式。自我控制除使人受社會控制外，還以自己的修持來教育自己，進行自我修養，達到自我完善的目的。自我控制與人生態度有密切關係。正確的人生態度可以促使我們進行良好的自我控制。有了正確的人生態度，人們就獲得了一種精神支柱，就能在各種非規範行爲面前行止得宜。正確的人生觀要求我們時刻將自己的言行與團體、社會聯繫起來，自覺培養社會意識。

前面我們介紹了控制人們行爲的因素包括：習俗、道德以及政治、法律、制度等。這些因素對個人行爲控制是經由人的動機、態度、意識、個性各角色而產生作用的。具體體現在社會的各種控制方式，對行爲主體各範疇之間所構成的各種關係上（如圖25-1）。

圖 25-1　社會控制過程圖示

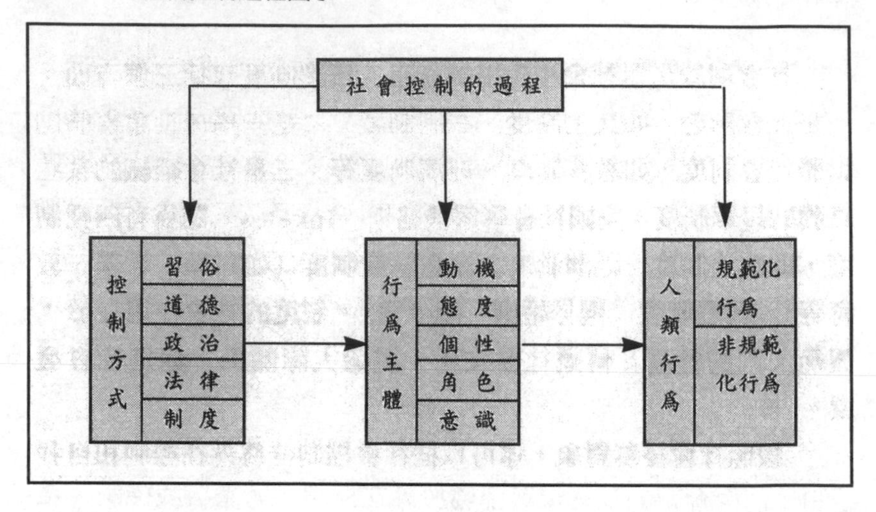

在這些規範因素，如果人們調節得越好，那麼行爲發展也就越完善，反映在行爲上的規範化就會越符合社會期待，準則性就越高。

偏差行爲

偏差行爲就是指偏離、超越或違反社會規範的行爲。社會規範有社群性和差異性，各個族群和個個時代環境都有自己的行爲規範，對人們行爲的要求也就有不同的標準。此時此地被視爲偏差不宜的行爲，彼時彼地則可能認爲是正常的行爲。

一般類型的偏差行爲是普遍存在於各社群，並且是經常發生的社會現象，不能籠統地把這類偏差行爲說成都是壞的。判斷這類偏差行爲的好壞的唯一標準，就是要看這種行爲是否符合當時社會發展的需要。由於社會規範是人們在長期的共同生活中逐步

表 25-2　偏差行為分類簡表

<table>
<tr><td rowspan="6">偏差行爲</td><td rowspan="4">一般違反社會規範的行爲</td><td>違反既定的辦事程序</td></tr>
<tr><td>違反傳統的風俗習慣</td></tr>
<tr><td>違反公共秩序</td></tr>
<tr><td>違反社會公德</td></tr>
<tr><td>特殊類型</td><td>未構成犯罪行爲（觸犯法律、但情節輕微）</td></tr>
<tr><td>違法犯罪行爲</td><td>已構成犯罪行爲（依照法律應當受到刑罰處罰的）</td></tr>
</table>

形成和建立起來的，一旦建立起來，就成爲人們的習慣或規則，就具有相對的穩定性。而社會生活每時每刻都在變化，因此，相對於時刻變化的社會生活來說，社會規範就表現出一定的穩固性，總是有一部分過時的不適應現實生活需要的規範來束縛著人們的行爲。這時人們超越這部分行爲規範去辦事，也是一種脫軌行爲。這種超越行爲是對傳統規範的挑戰，具有標新立異創新精神。任何進步的社會改革、發明創造，都是打破陳規陋習的結果。這種偏差行爲，一方面破壞舊的社會規範，同時設計和創造一套新的社會規範來替代舊的規範，這套新的行爲方式，需要經過一段時間才能被社會所認可。但是，在一般類型的偏差行爲中，那些擾亂社會秩序、生產秩序、工作秩序、生活秩序，違背時代潮流和社群利益的、妨礙社會進步的行爲、是需要積極導正的不良行爲（如表25-2）。

由於偏差的種類和性質不同，所以對偏差的原因也不能一概而論。根據偏差行爲的情況，一般學者將偏差行爲發生的原因歸納爲三種：一是失序狀態。社會處於大變動的時期，舊的社會規範明顯地失去其控制作用，而新的社會規範又未建立起來，我們無所適從，在這個時候，有少數人可能大膽地出現某種新的行爲規範。二是規範的僵化。某種已經不適合社會發展需要的行爲規範，對人們的行爲控制得過嚴苛，形成某種僵化的模式，這樣必然會有人超越這種僵化的模式去行事，產生反傳統行爲。三是文化衝突。新文化或外來文化對舊文化和本地文化是一種衝擊，引起一些人的排斥，而發生衝突。在這種衝突開始時，一些人是站在自己的傳統文化方面去反對新文化或外來文化的，但也有少數人會脫離自己的傳統文化去接受新文化，這些人的行爲則成爲偏差行爲。犯罪是偏差行爲的特殊類型。犯罪行爲指的是對社會危害性大、觸犯刑律、應該受到刑事處罰的行爲。

西方學者對這種犯罪的偏差行爲的原因，有各種不同的解釋。佛洛依德（Freud）認爲人有一種好鬥的內在驅動力本能，正如人們會感到飢餓一樣，人們也會有偏差侵犯的慾念。勒溫（Lewin）的研究則認爲，偏差侵犯行爲往往是挫折的結果。挫折就是指某些在目標實現中受到干擾或阻礙。如果一個人想去某地做某件事或想獲得某件東西，被阻止了，受到了挫折，因此對既有的體制或規範加以侵犯而形成偏差行爲。也有學者從生理學角度分析：認爲偏差者的行爲是由於其身體素質因素構成的，人體中XYY染色體常在暴力罪犯體內顯示出來，在平常人中則極少見。李默德（Lemert）等人則認爲犯罪率之所以增長，是由於領導階層和社會群體制定了越來越多的刑律，發明了越來越多的犯罪分類體系，把越來越多的行爲列爲犯罪行爲。這種理論被稱爲「社會標籤理論」。還有「機會結構論」則認爲青少年犯罪是由於社會上滿足個人要求的機會不平等所致的。「行爲感染論」認爲犯罪行爲和其它行爲一樣，是在與他人互動中學習得來的。尤其是與個人關係密切的親密團體，更容易導致偏差行爲的學習和作爲。這些理論及概念皆提供我們對偏差行爲或犯罪行爲更深入、客觀的理解。

社會控制：社會規範的執行

「社會控制」是指：經由社會力量使人們遵循社會規範，限制人們發生不利於社會的行爲，以維持社會秩序的過程。社會控制既指整個社會和社會中的群體、組織對其成員行爲的規範、約束或制裁，也是社會成員間的相互影響、相互監督、相互批評。社會控制有狹義和廣義的解釋；狹義是指社會或其群體對偏離社會規範的行爲所採取的限制措施及過程。廣義的是社會或其群體爲達到維持社會秩序而採取的手段。所以，社會控制亦稱爲社會約制，當一個社群沒有社會控制，就沒有正常的社會秩序和穩定的社會形態，進而影響社會運作；足見社會控制對社會而言是不可或缺。

一般說來，個人的社會行動是回應個人生理需求、人格特質及社會期望的作爲。當該項行動會影響個人的社會化，進而危害人與人的關係和社會秩序時，社會控制就是爲了導正這些不協調的社會行爲而採取的組織措施。爲了達成社會的系統運作，社會控制也對社會成員進行宣導作爲，使之瞭解社會的各種規範。無論是制裁還是引導，都說明社會控制的必要性。

因爲社會控制對團體生活的必要性，所以中外古今的社會皆能發現控制現象的存在，早在二十世紀的初期，社會學家羅斯（Rose）便著有《社會控制》一書，其後的社會學家巴納德（Parnater），亦承續該觀點，強調社會控制的普存性，但其類別則可區分爲（如表25-3）。

表 25-3　社會控制分類表

標準	類別	特點
依組織形式劃分	有組織控制	有組織結構的控制，如政府、法律、宗教等
	無組織控制	沒有組織結構的控制，如時髦、潮流、謠言等
依控制手段 的表現形式劃分	正式控制	具體的控制，如運用制度、法律進行控制
	非正式控制	抽象的控制，如運用習俗等
依控制的性質劃分	強制性控制	國家政權、法律、紀律的控制
	非強制性控制	風俗、道德、輿論控制
依控制者的人數劃分	個人控制	個人運用權力影響他人的行爲，如師傅指導徒弟
	團體控制	團體運用其權力管制他人或團體，如幫派對所屬成員
依控制接觸形式劃分	直接控制	控制者親自約束被控制者的行爲
	間接控制	控制者與被控制者之間不直接發生關係
依控制的工具劃分	積極控制	鼓勵受制者的某種行爲，如獎賞等
	消極控制	禁止受制者的某種行爲，如懲罰等

社會變遷與社會改進

依照我們以上所說，社會控制，一部分是人爲的，一部分卻是在共同生活時自然發生的，自然發生的社會控制，不但對於社會改進可能不具有貢獻；有時且產生阻礙的情形。例如新奇的時裝，有時可以發生傷風敗俗的影響。守舊的風俗，有時可以扼阻社會的進步。但此類控制的影響，既是在無形之中，自然發生；似出乎人力控制之外。其實不然，無意的社會控制雖係無形中自然發生，但仍可由人力予以指導。譬如時尚，我們可以利用之以提倡節儉。我們亦可以用政府的力量，禁止新奇裝束的流行，以矯正人民的嗜好。又譬如輿論，我們可以利用之以開通智識，並可借輿論之力量，以獎勵善良，抑制罪惡。又譬如風俗，我們可以利用以改進人民的習慣，安定人民的生活與秩序。故無意的社會控制，其發生進行雖非出於社會有意的計畫，但社會卻可利用其自然的趨勢，用人力予以指導。故無意的社會控制，亦可以利用以改進社會。

至於有意的社會控制，既出於人類自力的計畫與努力，故其與社會改進的關係，尤為密切。為維繫社會運作，社會控制有多種不同的形式，也有其不同的功能，較為顯著的包括：

道德控制

道德控制是人類鑑於不道德的行為，足以紊亂社會制序，於是建立道德標準，做為人們的行為的規範，並且用以引起義務的心理，使人人自願遵循道德的標準，於不知不覺中，即受社會的控制。因為惟有以道德標準，規範人心，而後可以免除禍亂，增進安寧幸福。

道德標準係產生於有意的建制，故可因環境的變遷與社會的需要，而加以變革，故道德標準，可以適應並引導社會的改進。

宗教控制

宗教控制是利用超自然勢力的力量，與人民信仰的心理，以控制行為於無形之中。因此，必先使人民信仰宗教超自然力量的存在及其作用，而後產生畏懼的心理，自願依照教條行事，不願違反。凡此，皆所謂以宗教觀念，使人知所趨避，以指導其行為。故獎善懲惡，為宗教重要功用之一。同時，宗教尚有一重要功能，即使全社會的成員能將精神團結一致。因為有此精神上的共同信仰，常可促成種種共同行動。故社會在統一之時，可使人民趨於共同規範；在社會呈現解組情形之時，將可維繫墮落人心。且宗教內容，非一成不變。既爲社會上一種重要的力量，亦可隨社會變遷，而加以適當改革。因而宗教改革，既可促進社會上一般的改革。有些宗教較傳統的社會力量尤其宏大，有時遠勝於政治與道德。故宗教控制與社會改進，有密切關係。

政治控制

政治控制是利用法律爲根據與政府的力量，以控制人民的行爲。道德控制與宗教控制，雖非出其意願。但前者由於義務心的催迫，與良心的督促，後者由信仰而生畏懼與希望。政治控制，雖亦利用人類畏懼與希望的心理，而實出於外力的強迫；與宗教的道德出於內心之自覺者不同。政治控制，以法律爲範圍，以懲獎爲手段，而以政府之力量行使之。故政治控制，是屬於最直接的控制，因此與社會改進的關係甚爲密切。因爲社會改革的計畫，如能以法律規範，以政府的力量執行則其效力必大。

教育控制

教育控制是依據人類心理的特質，利用習慣養成與改變的的方法，以控制人類的行爲。教育控制是最基本的。因其控制人類一切的行爲，故無論道德控制、宗教控制或政治控制，方面雖有不同，而興教育莫不發生連帶密切關係。換言之，凡道德、宗教、政治等控制，莫不假手於教育的方法，以實現其控制。教育控制，爲一種基本控制，或民心控制，故社會改進與教育控制，關係最爲密切。任何改進計畫，如從教育方面著手，則事半功倍；從事於社會改進如不能有效結合教育，則其成功便不易達成。

以上略述社會控制與社會改進的關係。總之，無論是自然的控制，純然是出於不知不覺的結果，或有意的控制，出於人類自己的計畫，無不可用人力加以指導。故用人力改進社會，即係用人力控制社會。如能依社會改進的計畫，用社會控制的方法與工具，以求實現，則社會秩序便能依原有的期待加以落實。

綜上所述，可知社會控制的形式很多，概括起來說，有強制性的社會控制形式，如政權、法律的紀律等；觀念性的社會控制形式，如習俗、道德、宗教、社會輿論與勸服等，以及自我控制形式，即人們經由社會化過程而樹立的道德價值觀或是社會集體意識，以期能運用社會規範來指導和約束社會成員的行爲。各種控制形式，構成了社會控制體系，也是社會運作的重要工具。每一種控制形式都具有一定的作用，並且與該社會的發展狀況和社會制度的性質息息相關。隨著社會的發展，社會的分工越來越細膩，社會互動也越來越複雜，社會成員彼此間的依存度越加密切，爲謀社會的整合發展，社會控制也就顯得越加重要，以期達成社會制約的效力。

第26章

社會安全制度

■前言
■社會安全制度的建立
■福利服務工作的推動
■我國社會安全制度的實施
■結語

前言

自有人類以來，就有「社會福利」的概念；遠在洪荒世界，人們必須依賴平日儲糧食以備不時之需。發展至農業時期，大家族的多子多孫觀點，其目的之一也是在「養兒防老」。及至工業社會，受到社會型態的改變，家庭已不再是保障個人藩籬，由政府和專業機構起而代之扮演著社會福利的特色。尤其是自「福利國家」的觀念推廣開來，福利服務工作成爲民眾的共同期待，也是政府責無旁貸的職能，其目標即爲建立社會安全的必要機制。社會安全主要目的爲透過政府和社會大眾之集體力量，利用社會資源，協助社會中之個體，能在具有社會保障制度下生活及生存。面對今日社會問題導致人民生活的影響，社會安全制度的建立可謂爲社會發展的良方對策。

社會安全制度的建立

社會安全制度的定義

憲法爲國家的根本大法，也是人民權利保障書，自然是一個國家施政的主要目標。我國憲法第十三章基本國策的第四節，便以「社會安全」爲專節，明訂政府應於民眾基本生活上提供必要的保障。社會安全一語，是來自於第一次世界大戰後各國的新憲法中，其內容係以社會保險爲主，社會救助、福利服務爲輔；目的在保障國民由生到死的生活；其功能是使工作者在遭遇到威脅其工資收入的事故時，仍有足以維持其基本生活的費用。以往社會安全工作係由私人施捨、慈善者同情、家族照顧、雇主恩惠……等加以擔負；今日則成爲政府的職責。因爲政府的基本責任不僅需照護民眾免於凍餒，同時，由於社會安全的實施，將保障勞動者的安全，消除貧困、疾病的影響，以促進生產效能，並用以維持國民消費能力，維繫經濟繁榮，達到民生均富、安和樂利的目標。

社會安全制度的起源

論及社會安全制度的起源，可溯及工業革命，因工業生產大量增加，以致造成生產與消費失調、貧富差距加鉅等情形，工資制度形成勞資對立情勢，有助於共產主義的勃興。歐美各工業國家爲防止並消弭這種社會病態的產生，便由政府訂定各項社會安全制度，並以社會福利爲號召。而美國於1929年遭逢空前的經濟恐慌，失業人口驟增，羅斯福以「新政」（New Deal）爲號召，當選總統後；即致力於研討經濟社會根本改革方案，於1935年創立社會安全制度。不出數年間，消除了經濟危機並創造社會繁榮景象。因此，第二次世界大戰後，各民主自由國家相繼建立社會安全制度。是以社會安全制度的起源與發展，可以說是來自社會改革、經濟發展及政治演變的影響。

根據美國於1988年各國社會安全制度要覽（Social Security Programs Throughout the World）的調查統計顯示，世界各國社會安全制度，大致上可區分爲下列五大部門，分別爲：老年、殘廢、遺族、疾病與生育、工作傷害、失業、家庭津貼。由於社會安全制度的範圍廣泛，並且與一個國家的政策、政綱、民族的歷史與文化、社會的風俗與習慣和國民的財富與生活……等有密切關係；是以前至今日各國的社會安全制度各有不同的類型與範疇。

社會安全制度的內容

爲了回應聯合國人權宣言中列有：「各人均爲社會中之成員，具有享受社會安全保障得權利。」世界各先進國家無不致力於社會安全制度的建立。然而，由於國情的差異、政經的發展程度，著重內容亦有所區別。如，西歐等國偏重社會保險，北歐及澳、紐著重社會救助，英、美、加則兩者並重。（詹火生，1987）總體而言，社會安全制度是以社會保險及社會救助爲主，以兒童福利、衛生保健、國民就業、國民住宅、家庭津貼等爲輔。其所保障的程度，則以維持國民最低生活水準爲原則，就其主要內容可略述如下：

（一）社會保險

社會保險是由商業保險演進而成，爲考量對國民生活上的保障，乃由政府舉辦。德國於1883年所推行的疾病保險法，爲社會保險的開端。社會保險之所以爲各項社會安全計畫中最主要的部分，是因爲有其功能，它除了可共同分擔危險之外，尚具有：

1.國民勞動力的維持：參與保險者遇及疾病、傷害時，能獲得醫療上的診治與經濟上的補助，使其恢復勞動及生產能力，繼續從事工作。而國家的總體經濟力量亦可獲得維持。

2.國民身體損害的賠償：參與保險者因故致身體殘廢或死亡，其本人或遺族可獲得賠償，用以度過餘年及維繫生機，免除匱乏的危機。

3.國民儲蓄能力的培養：保險是要求具有工作能力者，自其平日所得收入，繳納小部分的保險費，經日積月累，及至年邁退休，可得退休金以安養晚年。

4.財富的重分配效果：保險金的繳納，除由工作者負擔外，事業雇主亦負擔部分。當被保險人發生保險事故時，均可獲得保險給付。此種方式，可使財力雄厚者透過保險方式以補助財富不足者。

社會保險的保障範圍，主要是以人生歷程中，可能遭遇的各種事故，因此，實踐了社會安全理念由搖籃到墳墓的保障。其保險事故的類別，大致上分為：生育、傷害、疾病、殘廢、失業、家庭津貼、老年及死亡等八類。並視其情形予個人或家屬，免費醫療或金錢補助，以維持生計。

（二）社會救助

社會救助亦稱為公共救助。是政府以資金扶助老弱、孤寡、殘疾等無力自謀生活的國民，獲得最低生活並進而使其自立謀生的福利措施。該資金大多數是來自政府的預算，受領資格以生活窮困為基準，為此其資格的確定往往需經過專業人員為必要的調查手續。社會救助的主要內容包括：家庭救助、免費醫療、急難救助、教育補助、收養保護、借住住宅、喪葬補助、職業輔導、創業貸款。社會救助的目標，是希望經由濟助力式，增進個人幸福，並對社會有所貢獻。即「化無能為有用」，達到「老而不衰，殘而不廢」的理想境界。

（三）家庭津貼

家庭津貼制度起源自法國。原為私人企業，為減輕工人子女眾多造成員工的負擔，遂採取家庭子女補助辦法。其後，由政府採納，正式制定法律，普遍實施，以減輕家庭因撫育子女產生的困窘。及至各國漸次重視社會福利的發展，將此種撫養兒童的責任，轉由國家或社會共同負擔，用以維持一般子女較多家庭的生活品質，並保障民族的新生力量。

（四）兒童福利

兒童福利事業的發展，是源於英國十五世紀的同業公會組織，該組織對貧苦兒童加以濟助，乃對參加公會會員家庭的孤兒寡母予以照顧。其後，許多西方先進國家頒行兒童福利辦法，以達到對兒童的保護及照顧。由於兒童是社會未來希望的寄託，因此必須促進兒童身心健全發展，培養其完整的人格與情操。是以兒童福利的積極意義，是在周延的「生、養、教、保」原則下，使兒童有合理健全的生活；至於消極方面，是禁止妨害兒童正常的發育與應享有的權利。

（五）醫療衛生保健

一個社會提供醫療衛生保健的照顧，最早來自於慈善濟助的立場，由教會施捨醫藥，以救濟無力就醫的貧民；其後到貴族熱忱捐獻，設立半醫院式的救貧慈善機構；進而到由地方政府捐款設立醫院；迨至1911年瑞士率先實施公醫制度，並相繼受到紐西蘭、英國、澳大利亞、愛爾蘭的響應，確立了政府對醫療衛生保健工作的責任。

政府介入醫療衛生保健工作，並視為社會安全的重要環節，實乃係該工作在積極上可增進民族健康，使國民體格臻於健全，進而延年益壽；消極上則可避免傷害、殘病貧困及死亡。是以強調社會安全的國家，對其國民由生到死的健康保健，均由國家負責，以確保國民身、心得到健康保障，並助於社會的穩定發展。

（六）國民就業輔導

在英國發生產業革命之前，人類的生產形態為農業，工作簡單，分工粗略，就業容易，因此並不需要就業輔導機構的設置。及至工業革命之後，生產方式快速變遷，國民就業產生困難，於是就業輔導的工作乃應運而生。 就業輔導工作，就是辦理人才供需的工作。其目的在使「人盡其才，人盡其用」，給予必要人力適當安置，以發揮其才能。是以，就業輔導工作的推展，對於教育革新，以配合社會環境的需欲，乃至社會進步，經濟繁榮……等均有甚多助益。所以為世界各國在推展社會安全時的重要政策。

（七）國民住宅

國民住宅政策，起源於1842年的美國；當時該國的紐約市「改善貧民生活協會」，為了將該市貧民區的污穢住宅加以改善，乃進行一連串的措施。影響所及，促使全美各大城市制定房屋法案，以及各國現行國民住宅立法的精神。其目的在推行國宅政策，給予一般民眾能獲得適當的、衛生的、安全的住宅。

該國民住宅政策的方法，包括：政府興建平價國宅以出租收入微薄的低收入戶；運用低利的住宅貸款提供改善住宅品質的國民；拆除貧民區住宅，補助民眾遷移至新建的住宅區；獎勵民間業者興建國民住宅；出售廉價的國宅……等。以其使每一國民，均能享受合適的住宅，以增進國民健康，提高國民生活水準，達到社會安全的目標。

福利服務工作的推動

根據內政部完成的「89年台灣地區國民生活狀況調查提要報告」顯示：我國國民對社會福利服務，有愈來愈高的期盼。而就服務項目的迫切性，依序為：「老人福利」、「健康保險」、「醫療保健」、「社會救助」、「殘障福利」、「社會教育」、「國民住宅」、「兒童福利」。這除了能認知福利服務的範圍外，也能瞭解民眾對社會福利服務的需求情形；亦促使政府宜儘速推展各項社會福利事宜。

社會福利的定義與特質

「社會福利」，已成爲人類所追求的目標。這是一種以協助個人與社會環境的相互適應，以便獲得生活健康的適當水準爲目的的有組織活動；通常是由公私立機構或團體，運用組織及系統的方式，提供公共福利的社會服務。其福利服務的項目包括：就業安全、社會保險、國民住宅、醫療保健、社會救助等。

社會福利儘管爲現代人所重視，然其思想淵源可追溯至希臘時代，並隨著社會變遷而有所差異，茲簡述要項如下：早期的思潮源流，有來自希臘時代的幸福論，認爲幸福應與別人共享而得，羅馬時代的責任觀，認爲富有的人有責任幫助窮苦及不幸的人，希伯來時代的公正觀點，認爲個人應依其需要享有資源的提供，並主張以大同的分配原則，部落時代的德政觀念，主張部落的領導者，對於所屬社群的成員有保護的責任，宗教的慈善觀念，認爲對貧病殘疾者給予施捨，現代福利國家思想，認爲政府應保障每一國民生活的最低標準。如健康、教育、住宅、營養；並且主張此種保障是基於每一個國民的基本權利而不是慈善的施捨。

就上述的福利服務淵源所展現的服務項目，原來可由民間公益團體辦理，但隨著農業社會轉換至工業社會，早期僅賴家庭、慈善組織提供的照顧，逐漸成爲不可能。特別是在工業化國家，由於人口流動加劇且集中於都市中心，導致都市病徵的出現。因此，除了由原有的私人團體提供福利之外，更有賴於國家加強福利立法，興辦福利措施及推行社區發展，使社會上每個人能獲致生活上與健康上的滿足。是以新近福利社會的思想則主張透過各種制度的功能，以促進每一國民的高度發展，以達成和諧社會的理想目標。

由於社會福利服務的內容繁瑣，所需經費相當龐大，單由政府預算負擔，財力則有不足之憾。1962年聯合國工作小組對社會福利經費的規劃，便主張：「社會福利服務機構，必須有可以預知數額的可靠財源，以便有計畫的推動各項服務措施。」爲謀社會福利的財務充實，目前世界各主要國家的經費籌措，主要包括：政府稅收、企業主及受益人納費、社會捐贈等部分。

由於福利服務工作日益受到重視，同時諸多先進國家亦視爲政府責無旁貸的職司，是以自1970年代以後，社會福利的理論探討已成爲一項重要的研究領域，不僅有助於使社會福利爲一門學科的地位，並且裨益這項工作的推動，進而建置福利國家的願景。

（一）功能論的觀點

社會福利係於社會體系中的整合制度，其重要性在促進社會的效率、正義、秩序與和諧。因此，社會福利的實施將有助於社會的團結及利他精神的發揮。持功能論的觀點其主張可概括爲三個主要的方向：認爲經濟發展水準爲福利國家發展的基本原因，並且是福利推展能否成功的要件；隨著工業化程度，政府於社會福利服務上將逐漸擴大與深化；社會福利可以適時矯正社會病害，並將社會問題進行理性解決的一種最道德的方法。

（二）衝突論的觀點

該論調認爲：社會福利服務並非是社會價值共識的結果，而是在不同階級利益對立下，優勢階級企圖運用該服務以緩和衝突與對立的策略。

（三）現象學觀點

強調要探索社會福利的眞正內涵，必須從一般民眾如何認知社會福利，如何界定其福利需求，及詮釋社會福利的意義著手。因爲社會福利只有深切認知一般民眾對其解釋語意所含的條件下，才能彰顯其眞正的意義。

（四）交換的觀點

社會交換理論認爲社會福利就是一種概化的社會交換，此種雙方受惠的相互交換關係有助於強化社會聯結，並用以解決工業化社會中職業分工的問題。

我國社會安全制度的實施

誠如憲法前言所敘：中華民國憲法是依據孫中山先生創立中華民國之遺教而制定。是以我國社會安全制度的實施，係以民生主義的基本精神爲張本，以「均富」爲目標。所以「社會安全制度爲達到均富的途徑，民生主義則爲實踐社會安全政策的指導原則。」爲達到社會安全體系的建立，政府曾先後頒布社會安全政策，以作爲推行該工作的重要藍圖。

我國社會安全支出包括社會福利支出（社會保險、社會救助、福利服務、國民就業、醫療保健）、社區發展及環境保護支出及公務人員退休撫卹支出等項。近年來隨著全球思潮及民眾的高度期待，使得政府施政方針更強調以人民福祉爲優先，並全力推動社會福利工作，以建立現代福利國爲願景，故在社會安全經費支出方面亦大幅增加，並且先後先後訂頒了：兒童福利法、老人福利法、身心障礙保護法、社會救助法．勞工保險條例、公教人員保險法、全民健康保險法……等，以期建構我國社會安全體系，達到民生主義揭示的理想。

表 26-1　主要國家社會安全支出占 GNP 比例　　單位：%

年度別	中華民國	美 國	日 本	德 國	法 國	英國
1992年	2.1	7.5	9.1	17.2	19.6	6.2
1993年	2.2	7.5	9.4	17.8	19.8	6.3
1994年	2.3	7.5	10.1	18.2	19.3	6.3
1995年	3.0	7.6	10.2	18.5	19.4	6.4
1996年	4.2	7.5	10.3	18.9	19.6	6.3
1997年	3.9	7.5	10.2	18.9	19.8	6.3
1998年	4.0	7.5	10.1	19.1	19.8	6.3
1999年	3.9	7.6	10.2	18.9	19.6	6.4
2000年	3.6	……	……	……	……	

資料來源：行政院主計處統計手冊。

由於社會福利需求日益殷切，政府的支出結構也產生明顯變化，各級政府社會安全支出在政府總歲出中，所占比例逐年增加（如表26-1），89年（包括88年下半年及89年度，為法定預算數）各級政府社會安全支出為8,962億元，占政府總歲出26.7%，較88年增加5個百分點。若與81年占政府總歲出18%比較，則增加8.7個百分點。歷年來各級政府社會安全支出，均以中央政府支出比例最高，由81年占61.3%至89年占69%，增加7.7個百分點。若就社會安全支出占GNP比例來看，我國社會安全支出占GNP比例約在2.1%~4.2%間（如表26-2）。與國外比較，高於亞洲的韓國、新加坡、香港及中國大陸，但低於日本的10.2%；歐美各國均較我國為高，法國占19.6%、德國占18.9%，英、美也都在6%以上。89年中央政府社會安全支出為6,187億元，以退休撫卹支出

2,139億元，占34.6%，社會保險支出1,958億元，占31.6%，福利服務支出1,291億元，占20.9%較多。若與81年比較可發現，各項目分配比例明顯變化，尤以社會保險支出變化最大，增加16.2個百分點，主要爲84年實施全民健康保險且撥補公、農、勞保等虧損經費後遽增所致；退休撫卹支出則有明顯下降趨勢，減少10.5個百分點。若與國外比較，歐美各國在中央政府支出結構中，社會安全福利支出比例，均居其他各項支出之冠，尤以瑞典（1996年）占51.1%最高，英國（1998年）占36.4%居次，美國（1998年）占28.7%再次之；亞洲地區，我國占19.4%（1999年），較韓國（1997年）占10.8%、泰國（1998年）占4.1%及新加坡（1997年）占1.8%爲高。

結語

社會安全的建置與推展是在預防、減輕或解決社會問題，增進個人、家庭、團體及社會之福祉，以提升民衆生活品質，並促進國家建設整體發展。在我國社會已逐步邁向「高所得」及「高齡化」的時刻，社會安全體系的建構，必須根植於下述兩項基本精神。第一是免於匱乏的精神：福利服務起源於人類互助的概念，其出發點在尋求免於匱乏，使人人可得到生活上的基本滿足，並具備公允的社會競爭規則，以實踐自我。第二是自助助人的精神：社會安全必須是經由團體的力量以協助個體，使其得到自立自強的結果方能可長可久。是以社會安全機制應本諸於「取之於社會，用之於社會」，方能使整個體系穩健、良性的運作。如能本諸這些精神，將可促使我國完成社會安全體系，並漸次邁向福利國家的目標。

表 26-2　歷年中央政府社會安全支出

單位：百萬元；%

年度別	社會安全支出總計	社會福利支出						社區發展及環境保護支出	退休撫卹支出	社會安全支出年增率
		計	社會保險支出	社會救助支出	福利服務支出	國民就業支出	醫療保健支出			
實　數										
81年	188,001	84,576	28,961	5,784	37,557	1,794	10,480	18,558	84,867	－
82年	204,896	89,833	34,289	3,125	40,137	1,977	10,305	26,540	88,523	9.0
83年	213,607	91,046	30,789	3,364	44,708	2,232	9,953	29,205	93,356	4.3
84年	254,950	134,183	66,155	9,408	48,251	2,051	8,318	24,820	95,947	19.4
85年	272,171	143,737	61,992	17,316	54,808	3,207	6,414	19,834	108,600	6.8
86年	304,786	150,019	62,484	15,532	62,773	3,636	5,594	15,246	139,521	12.0
87年	305,742	150,152	69,124	16,373	58,298	1,563	4,794	15,758	139,832	0.3
88年	306,120	157,588	77,786	9,986	63,062	1,768	4,986	19,260	129,272	0.1
89年	618,698	366,965	195,817	19,146	129,147	2,548	20,308	37,877	213,856	34.7
百分比										
81年	100.0	45.0	15.4	3.1	20.0	1.0	5.6	9.9	45.1	－
82年	100.0	43.8	16.7	1.5	19.6	1.0	5.0	13.0	43.2	－
83年	100.0	42.6	14.4	1.6	20.9	1.0	4.7	13.7	43.7	－
84年	100.0	52.6	25.9	3.7	18.9	0.8	3.3	9.7	37.6	－
85年	100.0	52.8	22.8	6.4	20.1	1.2	2.4	7.3	39.9	－
86年	100.0	49.2	20.5	5.1	20.6	1.2	1.8	5.0	45.8	－
87年	100.0	49.1	22.6	5.4	19.1	0.5	1.6	5.2	45.7	－
88年	100.0	51.5	25.4	3.3	20.6	0.6	1.6	6.3	42.2	－
89年	100.0	59.3	31.6	3.1	20.9	0.4	3.3	6.1	34.6	－

資料來源：審計部，中央政府總決算審核報告。

說明：社會安全支出包括社會福利支出（社會保險、社會救助、福利服務、國民就業、醫療保健）、社區發展及環境保護支出、公務人員退休撫卹支出等項。

福利國家理念的揭示，首推於1941年由英國大主教威廉·鄧普（W. Temple）的倡導，該觀念是爲了取代先前的「權力國家」（Power State ）。其後，美國總統羅斯福於第二次世界大戰期間提出人類應追求四項基本人權：「言論自由」、「信仰自由」、「免於恐懼的自由」、「不虞匱乏的自由」，加以響應；尤其是後兩者，成爲自由世界爭取社會安全的依據。加以一般公民於戰爭期間苦難共承的經驗，改變原有的階級對立，企圖謀求一個普遍而全民共享的社會福利系統。社會有共同的責任消弭：貪、愚、懶、髒、病等五害；並且政府有義務建立一個「由搖籃到墳墓」的社會安全服務網絡。在政府與全民的努力下，社會福利以建立社會安全體制，遂逐漸成爲世人共同的期待。

我國近年來由於經濟的高度發展，國民所得大幅提高，物質生活日益豐沛，教育知識日漸普及，導致社會大眾更加重視生活素質的提升。爲了追求財富的公正分配，建立完整建全的社會體系，以期縮短所得之間的差距，使社會中現存的弱勢團體獲得正義力量的支持，人們期盼政府進一步建立完整的社會安全體系。然而，此項目標的推動與落實無不端賴社會福利服務工作的作爲，方能使社會安全揭示的「民眾能享有免於恐懼」、「免於匱乏」的情境獲得實踐。

參考書目

一、中文部份

文崇一（1991）。中國家庭及其變遷。載於喬健主編，《台灣工業化與家庭關係的轉變》（頁171-181）。中文大學社會科學院暨亞太研究所。

王清龍（1992）。《自我概念與相關因素對國中生違規行爲之預測研究》。高雄師大研究所碩士論文。

王立文（1996）。《在台菲籍女性勞工之工作滿意與海外適應：以兩顯示器製造廠之外勞爲例》。大同工學院事業經營研究所碩士論文。

王秋絨（1997）。《成人教育的思想與實務》。台北：心理出版社。

王梅影（1984）。《在台灣的韓僑：國際移民的個案研究》。台灣大學社會學研究所碩士論文。

內政部（1999）。《老人生活狀況分析》。台北：內政部統計處。

內政部（2001）。《中華民國台閩地區人口統計》。台北：行政院主計處。

行政院主計處（2002）。《國情統計通報》。台北：行政院主計處。

朱岑樓（1981）。《我國社會的變遷與發展》。台北：三民書局。

宋宗德（1994）。《從教學生涯談校園暴力行爲處理策略的轉變》。中國心理學會：「校園暴力、藥物濫用與兩性關係」研討會。

余漢儀（1996）。《兒童虐待——現象檢視與問題反思（增訂版)》。台北：巨流圖書公司。
李錦旭（1987）。《教育社會學理論》。台北：桂冠圖書公司。
李錦旭（1998）。《Bowels 與 Gintis再製理論之研究》。國立台灣師範大學教育研究所博士論文，未出版。
金耀基（1980）。《從傳統到現代》。台北：時報文化。
金耀基（1980）。《中國現代化歷程》。台北：時報文化。
林顯宗（1986）。《社會學概論》。台北：五南圖書公司。
林顯宗（1986）。《家庭社會學》。台北：五南圖書公司。
林清江（1988）。《現代化》。台北：台灣商務印書館。
林敏生（1987）。《迎向新「階層消費」時代》。台北：書目出版社。
林萬億（1982）。《代社會工作》。台北：五南圖書。
林孝慈（1986）。《國中校園暴行之研究——台北市實證分析》。中央警官學校警政研究所碩士論文。
林方皓（1997）。生命中不可承受之母職。《中華心理衛生學刊》，10（1），61-70，中華心理衛生協會。
林坤隆（1992）。《被虐待兒童與少年暴力犯罪之研究》。中國文化大學兒童福利研究所碩士論文。
邱天助（1993）。《Bourdieu文化再製理論之研究》。國立台灣師範大學教育研究所博士論文。
邱琡雯（1998）。外勞族群媒體研究初探：以台灣泰語廣播節目爲例。《台灣社會研究季刊》，第31期，169-193。
邱琡雯（1999）。在地國際化：日本農村菲律賓新娘。《當代》，5月號，108-117。
高淑貴（1991）。《家庭社會學》。台北：黎明文化。

胡幼慧（1995）。《三代同堂──迷思與陷阱》。台北：巨流圖書公司。
胡幼慧（1998）。《質性研究：理論、方法及本土女性研究實例》。巨流圖書公司。
周震歐（1996）。青少年逃學逃家行爲的社會心理因素。《犯罪學期刊》。第2期，中華民國犯罪學學會。
周鴻玲（1988）。《組織社會學》。台北：桂冠圖書公司。
徐宗國（1998）。《質性研究概論》。台北：巨流圖書公司。
徐立忠（1989）。《老人問題與對策》。台北：桂冠圖書公司。
章英華（1994）。《變遷社會中的家戶組成與奉養態度──台灣的例子》。台北：內政部統計處。
馬傳鎮（1993）。《吸安、財產、暴力犯罪少年與一般少年性格特質、環境因素及因應能力之比較研究》。行政院研考會。
彭駕騂（1985）。《青少年問題探討》。台北：巨流圖書公司。
張麗梅（1993）。《家庭氣氛、父母管教態度與兒童偏差行爲關係之研究》。中國文化大學兒童福利研究所碩士論文。
張茂桂（1984）。各地移民在美國適應的種類：階級與種族影響力的探討。《美國研究》，第14期，81-103。
張德勝（1986）。《社會原理》。台北：巨流圖書公司。
許春金（1995）。《青少年犯罪原因論》。台北：五南圖書公司。
許嘉猷（1987）。《社會階層與社會流動》。台北：三民書局。
許春金、黃翠紋（1996）。兒童虐待與偏差行爲關聯性之研究。《警政學報》，第32期。桃園：中央警察大學。
陳奎熹（1990）。《教育社會學研究》。台北：師大書院。
陳超凡（1988）。《兒童被虐待與少年犯罪相關性之研究》。中央警察大學警政研究所碩士論文。

陳祥水（1984）。紐約新華僑的社會結構與適應。《中研院民族所集刊》，第57期，31-55。
陳秉璋（1985）。《社會學理論》。台北：三民書局。
陳秉璋（1989）。《邁向現代化》。台北：桂冠圖書公司。
陳小紅（1991）。《社會學概論》。台北：華杏出版社。
陳麗秋（1990）。《新階層消費的時代》。台北：遠流出版社。
陳澤軍（1995）。《富裕的孤獨》。台北：錦繡出版公司。
夏曉鵑（1997）。女性身體的貿易：台灣／印尼新娘貿易的階級與族群關分析。《東南亞區域研究通訊》，第2期，72-83。
孫得雄（1991）。中國家庭及其變遷。載於喬健主編，《社會變遷中的中國家庭：以台灣爲例》（頁33-51）。香港：中文大學社會科學院暨亞太研究所。
孫本文（1973）。《社會學原理》，台北：台灣商務印書館。
馮莉雅（1997）。國中生偏差行爲與社會控制因素之相關研究——以高雄市爲例。《教育資料文摘》，39（2），171-92。
黃明明（1994）。《電視暴力內容對兒童之涵化效果初探》。新聞學研究48 隻手指下手之重刀。
黃明堅（1981）。《第三波》。台北：聯經出版社。
黃恆正（1988）。《符號社會的消費》。台北：遠流出版社。
翁慧圓（1995）。《影響國中少年中途輟學因素之探討》。東海大學社會工作研究所碩士論文。
郭昭佑（1995）。《台灣省各級學校中途輟學因素演變趨勢及相關因素之研究》。國立政治大學教育研究所碩士論文。
葉至誠（1997）。《社會學》。台北：揚智文化。
葉啓政（1991）。《台灣的社會問題》。台北：巨流圖書公司。
葉啓政（1993）。《社會科學概論》。台北：空中大學出版。
詹火生（1986）。《社會學概論》。台北：三民書局。

詹火生（1987）。《社會政策要論》。台北：巨流圖書公司。
詹火生（1992）。《當代社會變遷與問題》。台北：空中大學。
楊國樞（1988）。《中國人的蛻變》。台北：桂冠圖書公司。
楊明仁（1996）。外籍勞工之適應困擾與心理障礙。《社區發展季刊》，9月號，193-204。
楊國樞、瞿海源（1988）。《變遷中的台灣社會》。台北：中央研究院民族學研究所。
楊國樞、葉啓政（1993）。《台灣的社會問題》。台北：巨流圖書公司。
趙怡淵（1993）。《在台外國人跨文化適應之研究》。中國文化大學新聞研究所碩士論文。
蔡培村（1997）。新新人類的人際關係。《教師天地》，87，8-15。
蔡德輝（1984）。《現代社會變遷中防治少年犯罪之新對策》。台北：五南圖書公司。
蔡明田（1998）。台灣地區外籍勞工跨文化適應問題分析。《勞資關係論叢》，3月號，153-185。
蔡文輝（1982）。《社會變遷》。台北：三民書局。
蔡文輝（1989）。《社會學》。台北：三民書局。
蔡文輝（1992）。《社會學》。台北：三民書局。
蔡勇美（1978）。《都市社會發展之研究》，台北：巨流圖書公司。
蔡啓明（1981）。《發展理論之反省》。台北；巨流圖書公司。
蔡宏昭（1989）。《消費者主權時代》。台北：遠流出版社。
劉毓秀（1995）。《台灣婦女處境白皮書》。女性學學會著。台北：時報文化。

劉蔚之（1992）。《一個山地學校的多元文化教育之俗民誌研究》。師範大學教育研究所碩士論文。
劉宏恩（1996）。婚姻暴力犯罪受害者與加害者之研究——兼論受婦女殺夫之責任能力與逭法性問題。《律師雜誌》，222，51-66。
劉曉春（1997）。《社會團體工作》。台北：揚智文化。
廖正宏（1986）。台灣社會與文化變遷。載於瞿海源、章英華編，《台灣農業人力資源之變遷》（頁179-208）。台北：中央研究院民族學研究所。
廖立文（1986）。《當代社會理論》。台北：桂冠圖書公司。
謝高橋（1986）。《社會學》。台北：巨流圖書公司。
謝淑芬（1991）。《人際問題解決之認知歷程、攻擊信念與攻擊行爲之研究》。國立台灣師範大學教育心裡與輔導研究所碩士論文。
謝臥龍等（1997）。台灣外籍勞工工作滿意度與生活適應性之探討。《中華公共衛生雜誌》，8月號，339-354。
藍佩嘉（1999）。《外籍家務勞工在台灣：國家政策及其衍生的日常勞動控制效果》。「跨世紀的台灣社會與社會學」學術研討會。
瞿同組（1984）。《中國法律與中國社會》。台北：里仁書局。
瞿海源（1991）。《社會心理學新論》。台北：巨流圖書公司。
蕭新煌（1985）。《低度發展與發展——發展社會學選譯》。台北：巨流圖書公司。
鐘群珍（1995）。《台灣中部地區菲籍外勞心理需求之調查研究》。彰化師範大學輔導研究所碩士論文。
龍冠海（1985）。《社會學》。台北：三民書局。
葉至誠（2001）。《社會學概論》。台北：揚智文化。

二、英文部份

Apple, M.(1981). "*Social structure, ideology and curriculum*" in M. Barton (Eds).

Appelbaum, Richard P.(1970). *The Theories of Social Change*. Chicago: Markham Publishing.

Babbie, Earl R.(1977). *Sociology By Agreement; An Introduction to Sociology*. Blmont, California：Wadsworth.

Becker, Howard S. (1963). *Outsiders: Studies in the Sociology of Deviance*. New York: The Free

Bell, Daniel (1973). *The Coming of Post-Industrial Society*. New York: Basic Books.

Bottomore, T. B. (1972). *Sociology, a guide to Problems and Literature*. London: Unwin Uninersits Books.

Cohen, Albert (1966). *Deviance and Control*. Englewood Cliffs, NJ: Prentice-Hall.

Cooley, Charles H. (1966). *Social Process*. Carbondale: Southern Illinois University Press.

Duncan, Otis Dudley (1960). *Toeard Social Reporting:* Next Steps. New York: Russel Sage Foundati

Edair, Ronald S. (1976). *Social Change*. Dubuque, Lowa: Wm. C. Brown.

Eisentadt, S. N. (ed) (1968). *Max Weber on Charisma and institution Building*. Chigaco: University of Chicago Press.

Federico, Ronald C.(1975). *Sociology*. NY: John Wiley & Sons.

Finkle, Jason L. and richard W. Gable (eds). (1966). *Political Development and Social Change*. 2nd ed. New York: John Wile.

Freeman, David M.(1974). *Technology and Society*. Chicage: Rand McNally.

Goldscheider, C. (1971). *Population, Modernization and Social Structure*. Boston: Kittli, Brown.

Giroux, H. A. (1981). *Ideology, culture & the process of schooling*. Temple University press.

Hall, Richard (1987). *Organizations: Structure and Process* (2nded.). Englewood Cliffs, N.J.: Prentice-Hall.

Hirsch, F. (1976). *Social Limits to Growth*. Cambridge. mass.: Harvard University Press.

Howard, John (1974). *The Cutting Edge: Social Movements and Social Change in America*. New York. Lippincott.

Kinloch, Grahan M. (1977). *Sociogical Theory: Its Development and Major Paradigm*. New York: McGraw-Hill.

Landis, Judson R.(1974). *Sociology*. Belmont, California: Wadsworth.

Martindale, Don (1962). *Social Life and Cultural*. Princeton, N.J：D. Van Nastrand.

Mead, George H.(1934). *Mind, Self and Society*. Chicago: University of Chicago Fress.

Mills, C. Wright (1956). *The Sociological Imagination*. London: Oxford University Press.

Nisbet, Robert A.(1969). *Social Change and History*. London:

Oxford University Press.

Netzer, J. K. (1994). *Intergeneration Solidarity and Plans for Care in Later Life Families*. Unpublished Doctoral Dissertation, University of Florida.

Popenoe, David (1977). *Sociology*. New Jersey: Prentice-Hall.

Quinney, Richard. (1977). *Class, state, and crime*. New York: David McKay.

Scott, W. Richard.(1992). *Organizations: Rational, Natural And Open Systems*. Englewood Cliffs, NJ: Prentice-Hall, Inc.

Shepard, Jon.(1990). *Sociology*. Minneapolis: West Publishers.

Smelser, Neil J.(1981). *Sociology*. Engelwood Cliffs, N.J: Prentice-Hall.

Tonnies, Ferdinand (1963). *Community and Society*. New York: Happer and Row.

Turner, Jonathan H.(1978). *The Structure of Sociological Theory, Revised ed*. Homewood, Illinois:Dorsey.

Weber, Max (1958). *The Pretestant Ethic and the Spirit of Capitalism*. New York: Charler Scribner's Sons.

當代社會問題

社會叢書 29

著　　者／葉至誠
出 版 者／揚智文化事業股份有限公司
發 行 人／葉忠賢
總 編 輯／林新倫
登 記 證／局版北市業字第 1117 號
地　　址／台北市新生南路三段 88 號 5 樓之 6
電　　話／(02)23660309
傳　　真／(02)23660310
郵政劃撥／19735365　戶名：葉忠賢
法律顧問／北辰著作權事務所　蕭雄淋律師
印　　刷／鼎易印刷事業股份有限公司
E-mail／yangchih@ycrc.com.tw
網　　址／http://www.ycrc.com.tw
初版一刷／2003 年 10 月
定　　價／新台幣 550 元
ISBN／957-818-530-8

國家圖書館出版品預行編目資料

當代社會問題=Contempary Social Problem
/ 葉至誠著. --初版. --臺北市：揚智文化，
2003[民 92]
面：公分. --(社會叢書；29)

ISBN 957-818-530-8(平裝)

1.社會問題

542.09　　92011838